教学生

品《道德经》

阿奎◎著

团结出版社
UNITY PRESS

图书在版编目（CIP）数据

教学生品《道德经》/ 阿奎著 . -- 北京：团结出版社 , 2023.3

ISBN 978-7-5126-9790-4

Ⅰ . ①教… Ⅱ . ①阿… Ⅲ . ①道家②《道德经》- 通俗读物　Ⅳ . ① B223.1-49

中国版本图书馆 CIP 数据核字（2022）第 203714 号

出　　版：团结出版社

　　　　　（北京市东城区东皇城根南街 84 号　邮编：100006）

电　　话：（010）65228880　65244790（出版社）

　　　　　（010）65238766　85113874　65133603（发行部）

　　　　　（010）65133603（邮购）

网　　址：http://www.tjpress.com

E-mail：zb65244790@vip.163.com

　　　　　tjcbsfxb@163.com（发行部邮购）

经　　销：全国新华书店

印　　装：三河市东方印刷有限公司

开　　本：170mm×240mm　　16 开

印　　张：27.75

字　　数：379 千字

版　　次：2023 年 3 月　第 1 版

印　　次：2023 年 3 月　第 1 次印刷

书　　号：978-7-5126-9790-4

定　　价：60.00 元

前　言

　　写此书源于给思政专业的学生开设"中外哲学史"课，在介绍中外哲学家的过程中，发现学生们对老子很感兴趣，同时又觉得老子的东西难懂。只言片语地介绍老子，的确不容易搞懂，甚至会使学生对老子的理论产生神秘感，于是我就产生了给学生全面剖析老子的想法。

　　对学生来说，首先要树立唯物主义的宇宙观。中国古代哲学家中，有宇宙观的并不多，老子有宇宙观，并且是中国唯物宇宙观的源头。他把万物起源及其运行规律称之为道，把道的具体体现称之为德。道是自在自为的，人们只要遵循道，遵循规律，不违背规律行事，就体现了德。在科学日益发达的今天，唯心主义的宇宙观，所谓神的世界，灵魂的世界，其破产是不言自明的，而老子的宇宙观，对世界万物源起的猜想，那种"无中生有"，从"一"而生万物的哲学思想，基本符合当今科学"宇宙大爆炸"的认知，完全能与康德的"星云假说"媲美。所以讲解老子的宇宙观，对树立唯物主义宇宙概念是很有帮助的。

　　其次，学生要树立历史唯物主义的价值观。历史是人民创造的，最底层的人民群众是现实力量的中坚，历史的发展是人民的现实力量推动的，人民是创造社会价值、财富的主人。老子处于奴隶社会与封建社会的交替时代，我们不能要求老子用唯物史观看清自身的时代，但他对统治阶级的剥削现象还是有所认识的；我们不能要求老子拥有社会发展的科学认识，但他把自然之道与社会之道等同的观点，有其合理之处。在摩尔根揭示母系社会，马克思揭示父系社会（奴隶社会、封建社会、资本主义社会）之前，老子能把自然规律引申到社会规律，要统治阶级遵循"道"，不要"有为"地剥削，而要"无为"地治理，已经是对剥削现象的有效批判了。老子"无为而治"的思想，在科学社会发展规律揭示前，应该是最好的治国思想了。通过对老子这一思想的讲解，能让学生理解社会的异化，理解父系社会是异化的社会，是文明与野蛮同时向前推进的社会。扬弃异化必须有为，社会也是在有为过程中建立起文明原则的。扬弃了奴隶社会，建立起自由观念；扬弃了封建社会，建立起平等观念；现在社会正在走向对资本主义社会的扬弃，我们要建立起博爱观念。历史唯物主义，不仅是对社会规律的认识，也是在认识过程中构建起文明的价值观。

再次，学生要树立共产主义理想和信念。老子时代还不知道有母系社会，可无论是老子还是孔子，都向往远古时代，都把解决社会异化的理想建立在尧舜时代的氏族社会之上。虽说不科学，但有其合理性。老子"小国寡民""老死不相往来"的社会理想，是母系社会尚未揭示之前，最为合理的理想了，有对剥削、异化否定的人性光芒。当今社会，在认识到父系社会前还有母系社会，许多人却依然陷在私有制的陷阱里，不能很好地认识原始共产主义社会。没有对原始共产主义社会的清醒认识，就无法树立共产主义的理想与信念。共产主义理想，就是回到远古社会的信念，不是回到"小国寡民"，也不是简单地回归原始共产主义，而是在经济发达之后的回归，是在更高意义上的回归，在吸取了人类历史文明（责任、自由、平等、博爱）上的回归。很多人会认为这是理想主义的空想，其实不是。共产主义在经济发达之后，正在朝我们走近。社会化养老，孩子教育免费，生孩子有补贴，医疗免费，家务劳动社会化（被家政业取代），等等，这些都是共产主义实现的措施。原始共产主义，不仅财产共有，最主要的是没有私有制个体家庭，氏族就是公共家庭。人要有理想，这个理想就是实现共产主义，我们尤其要坚定这个理想。

最后，学生要建立起辩证法的思维方法。马克思的辩证唯物主义，之所以能超越费尔巴哈的机械唯物主义，是因为继承了黑格尔的辩证法，同时又否定了黑格尔的绝对理念。老子的思维方法是辩证思维，是对立走向极端并达到统一的辩证思想。我们把老子的辩证思维与黑格尔的辩证法相比较，老子除了正题、反题外，无非没有合题，即事物发展到对立统一后提升到新的层面运行。因为老子的辩证思维缺少合题，使得老子认为事物永远重复着过去，事物的运行就是从一个极端走向另一个极端。这就导致了古人所说的"分久必合，合久必分"的历史观。实质上每次"分"与"合"两个极端的历史运行，都会把历史推向一个新的高度。老子虽然没有合题，可他毕竟在两千多年前就提出了辩证思维的方法，这在人类历史上是非常杰出的。也就是说，老子的思维方法在两千多年前，就超越了马克思时代的费尔巴哈。我们去解析老子的辩证思维，可以对马克思的辩证法有个很好的认识，可以对辩证法在人类历史上的作用，有很好的认识。在思维方法上，老子超越了西方两千年，直接可以跟黑格尔对接。这也是老子在人类历史上不可磨灭的功绩。

在中国哲学中，老子的思想最接近现代科学思想，也最接近马克思的唯物主义，所以通过对老子《道德经》的学习，对建立马克思主义的思想观念，是非常有帮助的。正是出于这样的目的，我才用对话的形式来阐述老子，阐述一直被人们认为高深莫测的老子之"道"。

序

● 师：这部东西没有标题，后人干脆就叫《老子》，或者叫《道德经》。其实《道德经》的"道德"跟我们现在所说的道德没啥关系。因为这部东西分上、下两部分，上部讲的是"道"，下部主要讲"德"，所以才叫《道德经》。

☺ 生：老师，有次我坐公交，公交车上的视频在放《上下五千年》，说老子生下来时，长着白眉毛、白胡子。哇，咋这么老相啊？所以后人才叫他老子。

☺ 生：我也看过这个视频。

● 师：你们相信会有生下来长着白胡子、白眉毛的孩子？

☺ 生：不相信，这不成怪物啦？

● 师：这个胡思乱想可能源起于老子的姓。

☺ 生：对呀，我正想问老师，孔子、孟子、荀子、韩非子，都是姓后面加上尊称，《史记》里说，老子姓李，名耳，字聃。应该叫李子才是吧？

● 师：老子这人生平不详，先秦以后就争论不断。司马迁给他作了一百四十几个字的传，说是姓李。有学者说，春秋两百四十年中没有李姓，却有老姓。说老姓是颛帝之子老童之后。还举出例子说，当时宋有司马老佐，鲁有司徒老祁，等等。

☺ 生：司马迁搞错了？

● 师：也有学者说，"李"和"老"古音相同，甚至说李姓是从老姓演化出来的。要是那样的话，司马迁未必搞错。春秋时的老姓，或许就是后来的李姓。

☺ 生：太复杂了，这让后人把老子想象成生出来就是老头子。

● 师：司马迁的时代离老子已经好几百年了，我们对有文字记载的元朝和明朝的东西，也搞不太清楚，何况老子时代文字记载太少，司马迁自然不容易搞清楚。

☺ 生：为啥他父母给他取名叫"耳"？这多难听，现在有人取名叫耳朵，要被人笑死的。

● 师：估计老子生下来，耳朵比一般孩子大吧，聃的意思是大耳朵。

☺ 生：招风耳都比较大，生就一副招风耳的老子，肯定算不上帅哥。

● 师：颜值有那么重要么？

☺ 生：司马迁说："老子者楚苦县曲仁里人也。"这应该是真的吧？

● 师：司马迁起首这句基本上没多大争议。

☺ 生：老师，苦县是哪里？

● 师：春秋时苦县是陈国的地盘，到春秋末年，陈国被楚国灭掉了，所以司马迁说"楚苦县"。这是今天河南的鹿邑县。除了老子是哪里人，其他的都有很多争议。

☺ 生：老师，司马迁《史记·老庄申韩列传》里说老子做过周王朝的"守藏吏"，这也应该是真的吧？

● 师：说是"守藏室之史"，我们姑且当真吧。

☺ 生：那是啥官？

● 师：仓库保管员呗。朝廷收藏的重要东西，都应该放里面。

☺ 生：那就是朝廷的重要仓库。在《史记》里说："居周久之，见周之衰，乃遂去。"看上去是辞职不干了。朝廷衰落，估计工资减少或者拖欠工资，没法干了。

● 师：你就别估计了，应该是司马迁估计。可能是辞职，也可能是裁员。

☺ 生：司马迁说，老子离开"至关"，关的守卫硬逼着他写了《道德经》。

● 师：啥叫硬逼呀。只是说："子将隐矣，强为我著书。"说成勉强比较好。意思是说，先生要隐居去了，勉强替我写篇东西吧。

☺ 生：好无礼的要求。老师，你要退休了，勉强替我写本书，你愿意吗？

● 师：我又不欠你的。老子能替他写书，肯定欠他。从欠守关军官的角度看，老子应该是偷渡出国，没有相关手续。

☺ 生：哇，像只无须的蟋蟀嘛。

● 师：这样说老子可不好。

☺ 生：老师，有没有可能老子监守自盗，偷了国家仓库里的宝贝，才要偷渡出国？那个关，一定是嘉峪关。他要走丝绸之路哩。

● 师：把老子想得那么坏，说明你自己心地不正。

☺ 生：不管咋说，老子是非法出境，只好写书来行贿。后来呢？

● 师：司马迁也不晓得，说写完了就离开了，"莫知其所终"。正因为这样，想象力丰富的人就说啦，老子到了印度，创建了佛教。

☺ 生：有这种可能么，老师？

● 师：别扯淡了，没这可能。既然不知道，就没必要去猜。看看他写的东西，才是正题。

目　录

一章

1-1

道可道，非常道；名可名，非常名。

● [注] 常：永久、固定。

☺ 生：道是可以说的，但不是平常说的道。

● 师：不应该是这个意思。老子开篇提出"道"的概念，这个概念意思蛮多的，可以指万物的本源，也可以说是万物的运行规律，甚至有时指某种标准、规范之类。所以这句话的意思是：**道可以说的话，就不是永久恒常的道了；名称（指道）可以被命名的话，就不是恒久不变的概念了。**

☺ 生：老师，这理解起来很不容易哩。

☺ 生：是啊。既然道不可以说，不可以命名，为啥又称之为"道"呢？

● 师：开篇提出自相矛盾的概念，这就是老子哲学辩证性思维的基础。"道"原本没法说，你一定要我说，那我也只好暂时给出个概念，起个名称说一说。不过先说好，给出个名称，就不能完全涵盖"道"恒久不变的概念了，这概念之所以说恒久不变，是因为它是万物之源，同时它又时刻变动着，它支配着万物，诞生着万物。

☺ 生：难怪当时老子离开"至关"时，那守关的军官要老子"强为我著书"，老子原本认为没啥可说的，勉强之下，只能姑且说说呗。

● 师：正因为这样，在后面的叙述中，老子道的概念涵盖了诸多的意思。对老子的开篇，后代就争论不休。中国哲学在"名实论"问题上一直纠缠，所以有人就认为老子开篇，就提出了名与实的问题。

☺ 生：老师，啥是"名实论"？

● 师：就是存在与思维的关系，实体与概念的关系问题。现代人评价说，把存在、实体放第一位，就是唯物主义，把思维、概念放第一位，就是唯心主义。

☺ 生：老师对唯心唯物咋看？

● 师：唯心主义那是找打。有风吹得旗帜哗哗的，一个和尚说风在动，一个和尚说旗帜在动。两个和尚争论不休。唐朝那知名的和尚慧能说，不是风在动，也不是旗帜在动，是你的心在动。这就是唯心主义。

1-2　　"无"，名天地之始；"有"，名万物之母。

☺ 生："无"，称之为天地的开始；"有"，称之为万物的根本。这句话的意思是不是这样？

● 师：大致就是这个意思。后代哲学家认为，老子第一次把"有"和"无"作为学术概念提出来。二十世纪法国存在主义哲学家萨特还写了本叫《存在与虚无》的书。

☺ 生：那本书被称为存在主义的经典哩。

● 师：没有主词和宾词的"有"、"无"，都是虚的，是爱玩抽象的人搞的文字游戏而已。

☺ 生：老师，哲学难道不是玩抽象么？

● 师：不是。哲学发展到现代，到底是一门怎样的学问，已完全众说纷纭、莫衷一是了。不同流派的哲学家碰到的话，彼此都搞不清楚对方在说什么，甚至都听不懂对方使用的专业术语。

☺ 生：那还咋玩呀？

● 师：哲学到底是门啥学问，现在很成问题了。

☺ 生：老师，我还真不明白哲学是研究啥的学问。

● 师：原本哲学有本体论和方法论之说。本体论是研究宇宙和世界的本原问题，可惜的是，宇宙和世界的本原问题，被科学一步步地解决了，没有解决的，也正在想办法解决。

☺ 生：老师讲明白一点啦。

● 师：比如老子说的道，说是天地的开始和万物的根本。现代科学已完全解开了这个谜团：我们的宇宙产生于一次质点大爆炸，爆炸后的三分钟，第一分钟产生元素，第二分钟产生物质，第三分钟降温，从万亿摄氏度降到亿摄氏度。宇宙和万物就是这样产生的。至于宇宙产生前是咋样的，科学家们还在探索——当然也有不同意见。不过天地之始，万物之母，就没哲学家啥事了。老子时代，科学不发达，可以发挥想象，也不需要啥科学证明，只要讲得玄而又玄，让听的人一愣一愣的，自然被奉为高深的哲学。现代社会行吗？再讲这种本体论，除了笑掉别人的大牙，没啥意义。

☺ 生：老师的意思就是说，老子的这话说得啥都不是呗。

● 师：并非如此，老子的时代是幼稚的时代，正像人的童年是幼稚的，这种幼稚是孩子的可爱。现在再用有、无的概念来讲宇宙万物之源，就不是幼稚，而是愚蠢了。

☺ 生：老子说的意思，世界就是无中生有而来的呗。

● 师：宇宙大爆炸之前是咋回事，科学尚不能确定，并不能说就是"无"。再者，像哲学本体论中的物质是由什么构成的，从古希腊哲学家阿那克萨哥拉的"种子"、德谟克利特的"原子"，到德国哲学家莱布尼茨的"单子"，哲学家总想要搞明白世界的起源和万物的构成，不过靠猜想和想象是无法搞清楚的，只有科学探索和实践，方能解开宇宙和物质之谜。

☺ 生：这样一说，科学发达的现代，哲学显然成了瞎想的胡言乱语。

● 师：不能说都是胡言乱语，也有猜想对的，给科学研究提供了启发性的思路。比如康德的"星云假说"，就被科学家证明是对的。

☺ 生：那么老子的有、无猜想，是不是对呢？

● 师：就目前的科学经验来说，显然是不对的。物质和元素不可能"无中生有"，只是彼此转换。宇宙中可能没有纯粹的虚空，科学家已经认为有大量的暗物质存在，我们能看到的物质只占小部分。所以"无"的概念是不是应该存在,恐怕也是有问题的。

☺ 生:老师,老子把"无"作为天地的开始,把"有"作为万物的根本,算不算唯心主义?

● 师:唯心唯物之争,包括中国哲学长期纠缠的"名实"之争,也是哲学本体论的一个重要方面,在科学发展到现代后,这种争论已显得毫无意义了。

☺ 生:为啥?

● 师:随着科学的发展,除了硬蹲在愚昧之坑里的人,思维正常者均不会相信鬼神的存在,客观唯心破产;至于说心外无物的主观唯心,有点现代医学常识的人都知道,心只是一个供血的泵,脑子才是意识的来源,脑子只有接收知识,才能有正常思维。

1-3

故常"无",欲以观其妙,常"有",欲以观其徼。

● [注]徼:jiǎo,边际。

☺ 生:老师,"欲"在这儿是不是"将"的意思?

● 师:是。徼,前人解释不一,不过以"边际"为多,我们从众吧。

☺ 生:**因此常秉持着"无",将用以观照道的奥妙;常秉持着"有",将用以观照道的边际。**老师,这样翻译对不对?

● 师:这样断句的话,翻译得没错。不过还有另一种断句法,就是:故常"无欲",以观其妙,常"有欲",以观其徼。如此就可译为:因此常无欲,用来观照道的奥妙;常有欲,用来观照道的边际。

☺ 生:这也讲得通嘛。老师认同哪种断句呢?

● 师:我比较认同后一种。多数学者不认同后一种,认为老子讲清静无为,主张"无欲",怎么能常"有欲"呢?不过要知道事物的边际,包括道的边际,就应该"有欲"。有欲才能落实到具体事件中去,有欲望才能去做某件事,只有在现实中做某件事,你才能认识到每件事物的规律,才能认识现实运行的规律,才能认识现实中每件事物的"道"都有其局限性，有其边界。

☺ 生：听起来有点道理。

☺ 生：有点大隐隐于朝的意思。老是把自己悬在虚无之中，的确不能认识每件事物的具体局限性，自然也无法认识具体的道之边际。

● 师：无欲无为确实是老子提倡的，但有欲有为，才是认识具体的有边际有限定性之"道"的方法。老子讲德时，似乎也意识到不可能无为，只可能少为和寡欲。

☺ 生：无为无欲就是不想活了，少为寡欲还能活。

● 师：在现实社会中生存，清心寡欲就是让自己边缘化生存，这也要看社会环境。在社会生态恶化的环境下，多为寡欲方能生存，少为寡欲活下去就很艰难。

☺ 生：多为多欲说不定就是作死。世界大战的年代，战火遍地，边缘化生存都不可能，只好东躲西藏，不欲而多为或许还能保住一条命。

● 师：抽象尽可能说，具体现实则是有局限的，有边际的。

1-4　　**此两者，同出而异名，同谓之玄。玄之又玄，众妙之门。**

● 师：此两者，指的应该是"无"和"有"。

☺ 生：那么这句的意思是：此"无"和"有"两者，出于同一源头而具有不同名称，都可说是很玄妙的。玄妙又玄妙，是众多玄妙的关键。

● 师：翻译得很到位。有些学者总是用自己的意思来延伸老子的话。玄妙译成深奥，把最后一句说成是"一切变化的总门"。我没看出老子这里有变化的意思。

☺ 生：把玄妙译成深奥是对的吧？

● 师：这没错。玄原本指黑色。据说商朝祖先汤，是他母亲吃了玄鸟下的蛋而生的。玄鸟就是黑色的鸟，不是乌鸦就是燕子。后来演化成了凤凰。草窝里飞出金凤凰，要是说成"草窝里飞出黑乌鸦"，文化人就不能接受了。他们老想着把玄鸟说成"五彩鸟"，什么青鸾啦，孔雀啦，山翟啦，天鹅啦，等等，尽往好的方面说。照我看，作为商部落的图腾，不是乌鸦就是燕子。

☺ 生：老师，黑色的咋会转成玄妙的意思呢？

● 师：黑色延伸出的意思就是看不清，看不清再引申出深奥的意思，深奥就成了玄妙。汉语的词从本意会引申出许多其他的意思。

☺ 生：是不是最早的那个意思就是本义？

● 师：未必。到了后代，往往把用得最多最广的意思视为本义了。比如"兵"字，最初的意思是兵器，士兵是引申出来的意思，后来士兵的意思用得最多，士兵就成本义了。"玄妙"一词现代也用，所以就没必要译成深奥。

☺ 生：老子开篇讲道不可说，又提出没有主词或宾词的有、无概念，随后感叹深奥哇。这也太故弄玄虚了吧，好像啥也没说。

● 师：实质上这是传统哲学本体论的问题。在老子的观念里，"道"是世界的源头、动力、实体，又是万物运行的规律，还是社会必须遵循的法则。总之，是一切的最高本体。在现代科学之下，传统哲学本体论破产之后，我们再来看老子的"道"，那就成了孩子的天真之语。

☺ 生：还没开讲，就感叹深奥，是故弄玄虚吧。

● 师：谈不上故弄玄虚。老子的看法与众不同，甚至与众相悖，听起来有些不可思议。说深奥，是针对当时一般见解而言的，其实理解了，就没啥深奥的了。

二章

2-1 天下皆知美之为美，斯恶已；皆知善之为善，斯不
善已。

☺ 生：老师，我们现在把美与丑相对，善与恶相对。老子把美与恶
相对，很不好理解哩。

● 师：估计是老子行文比较随意所致，所以现在一般都译为：天下
人都知道美之所以为美，这样丑的观念就产生了；都知道善之所
以为善，这样恶的观念就产生了。

☺ 生：这没啥问题吧？有美就有丑，有善就有恶。

● 师：问题大了去了，否则后代也不会去建立美学和伦理学。美学
是十八世纪德国哲学家鲍姆嘉通提出并建立起来的，他想在哲学
之下建立一门感性认识的学问，正式提出这门学问叫美学。

☺ 生：以前哲学家也有论述美的吧，记得苏格拉底说"美就是
有用"。

● 师：的确，以前的理论家论述美的不少，不过都不是建立一门学
问来研究的。既然要建立一门学问来研究，说明这个问题很是复
杂，并不像老子说的，天下人都知道美。

☺ 生：好像人人都知道美和丑。

● 师：美丑是主观感性判断，这种判断不用理性分析和推理，是直
接感受到的。可每个人的感受并不完全相同，背后有价值观在起
作用，社会习惯和生活环境也起着作用。所以人们认可的美与
丑，会有很大差异。

☺ 生：据说唐朝以胖为美，讲究"环肥"。

● 师：我们根据唐朝人画的一些仕女图，来做如此判断。这或许只
代表文人士大夫的兴趣，代表他们的审美观，当时的社会大众是
不是也以此为美，很难说的。

☺　生：审美观的确很不一样。

●　师：这是欣赏习惯的问题，说天下人皆知美之所以美，那是一厢情愿的事情，各民族、各社会环境中的人，对美的感觉千差万别。不过老子的时代，尚未具有研究科学的精神，随口一说，很不科学的。

☺　生：形式美总应该人皆同感的吧，我们眼睛长于鼻子上面的两边，所以觉得对称是一种美。

●　师：对称一多，审美疲劳，又掀起了不对称美。

☺　生：老师真会挑刺儿。

●　师：不是挑刺儿。一切似是而非的"公理"，只有在具体环境中，才能检验其对不对，离开了具体环境，就不能作为衡量事物的标准。既然是形式美，也会受到价值观的影响。比如，改革开放之初，流行起喇叭裤，一些思想守旧的人就视之为流氓的服装，在他们眼里，肯定不是美，而是丑了。

☺　生：这么一说，审美背后的价值观真的起大作用哩。

●　师：善恶虽不属于主观判断，却也带有很大的主观性，也属于价值判断。各个社会时期和各个社会阶层，其价值观并不完全相同。比如古希腊的民主制度，看上去公民之间讲平等，但对奴隶呢？雅典城邦大概几万平民，将近五十万奴隶。他们会对奴隶讲平等吗？

☺　生：善恶也是要落到具体的社会环境中的，我赞同老师的观点。

●　师：善恶之说，后代人们建立起伦理学，也不是老子说的那么简单。

☺　生：伦理学就是探讨善恶的学问么？为啥不叫道德学？

●　师：西方的学者往往在伦理学的框架内探讨道德，界定善恶，实质上不是太严格，对我们来说，并不可取。

☺　生：为啥不可取？

●　师：有人说我们是一个伦理国家，指的是我们特讲究血缘关系、亲情关系，从根本上说，是家庭观念很重。以此来定义伦理的话，跟道德真没太大关系，甚至有些矛盾。在处理事情时，到底是血缘亲情为先，还是道德为上呢？

☺ 生：老父亲倒地却讹诈扶起者，子女们跟着讹诈，肯定是伦理为先，道德踢到一边。

● 师：我认为应该把道德从伦理学中分离出来，单独建立一门道德学，不能混为一谈。

☺ 生：大家喜欢把"真善美"连起来说，也没道理的吧。

● 师：真的、现实的，其中包含了美丑、善恶。美的也不一定是善的，丑的也不一定是恶的。法国作家雨果写了本很出名的小说《巴黎圣母院》，对美丑善恶进行了组合。

☺ 生：我看过这部小说，吉卜赛女郎艾斯米拉达，善良又美丽，敲钟人卡西莫多，善良又丑陋。

● 师：那个卫队长邪恶又帅气，里面的牧师则邪恶又丑陋。雨果对美丑善恶进行了交叉重组，把"真善美"连用彻底否定了。现在人弄出许多偶像，粉丝一大群，偶像们不是帅哥就是美女，谁能告诉我，他们是善者还是恶棍呢？

☺ 生：表面上都打造成善者的，到底怎样，还真说不清。

● 师：所以必须把"真"放在第一位，真实才是最重要的。

2-2

　　有无相生，难易相成，长短相形，高下相盈，音声相和，前后相随，恒也。

☺ 生：老师，这里的"形"和"成"应该是一个意思吧，我们现在连用了。

● 师：是一个意思，有些版本写作"刑"，不过"形"和"刑"相通。"盈"原本是满的意思，这里转了一个意思，可以解释为"包含"。

☺ 生：那"音"和"声"不是一样的嘛。

● 师：我想老子这里的"音"指自然界的声音，或者指音乐。"声"指的是人的声音。

☺ 生：明白了。这句话的意思应该是这样：有（存在）和无（不存在）相互生成，难和易相互完成，长和短相互形成，高和下（低）相互包含，自然之音和人为之声彼此调和，前与后彼此相随，这是永恒的规律。

● 师：这才是老子的重要价值，至少从中国人的思维来说，他最早提出了对立依存的辩证思维方式。

☺ 生：对立依存的观点，看起来也没啥特别的，现在一般人都应该有的吧。

● 师：现在是变得简单了，那可是哲学的功劳。哲学在认识论上的功劳显然要大于本体论。本体论的问题，科学一个个解决了。没有解决的，也有待于科学来解决。哲学没必要再做无谓的猜想或假设。哲学在思维能力上，贡献远胜过本体论。

☺ 生：思维方法不是有形式逻辑嘛，这方面逻辑学不已经替代哲学了吗？

● 师：形式逻辑实质上是从哲学发展出来的。从亚里士多德的演绎推理，到弗朗西斯·培根的归纳推理，没有哲学家的努力，我们不可能有今天的形式逻辑的。包括现代的数理逻辑，也是罗素和维特根斯坦这些哲学家努力的结果。

☺ 生：是不是有了逻辑学，哲学在认识论上的任务也结束了？

● 师：这倒未必。哲学家康德给哲学开启了一个新的方向，他研究的问题是思维能力的局限。康德认为我们认识思考事物时，已经给事物加上了时空和许多先验性的概念范畴，我们的思维是在自己设定的认识范畴里活动，根本不可能认识真正的"物自体"。

☺ 生："物自体"是康德弄出来的概念吧？

● 师：是的。他认为"物自体"才是我们无法认识的真正的世界。不过他的研究遭到了黑格尔的嘲笑。黑格尔认为思维能力只有在思维时才能体现，他说康德就是个老学究，企图不下水，在岸上先学会游泳。

☺ 生：看起来，黑格尔的看法更正确一些，不下水是没法学会游泳的。

● 师：黑格尔开启了辩证法的思维模式，这种思维模式从源头上，不能不追溯到老子。

☺ 生：老子就已经创立了辩证法？

● 师：这倒不是。不过辩证思维的基础是对立统一，事物走到极端，就向对立面发展，最终达到对立统一，从而超越事物本身。

☺ 生：听起来也很玄妙哇。

● 师：这种思维方法是从现实发展中得出来的。比如国家政权产生后，从管理事情走向管理人，最后走向其极端，彻底控制人，大多数人沦为了奴隶，随后又从这个极端朝相反的方向发展，即解放奴隶，取缔奴隶制，从而产生了更高一级的国家政权。

☺ 生：明白了，这种对立统一的思维，最早就是从老子对立依存而来的。

● 师：从认识论的角度说，老子的贡献是巨大的。

☺ 生：中国哲学与西方哲学有得一拼嘛。

● 师：拼啥拼？老庄之后，各朝各代都崇奉孔子。孔子的思想方式最多也就符合形式逻辑，做到不矛盾已经不错了，根本达不到辩证思维的高度。比如孔子建立"君子"、"小人"的标准，然后去具体衡量人的行为，这是君子，那是小人，根本不用发展的目光，也不意识到标准的局限性。

☺ 生：就是康德说的，认识时已经加上了许多先验性的概念范畴？

● 师：康德把逻辑思维的壳给打破了，在这个基础上，黑格尔发展出了辩证法。

2-3

　　是以圣人处无为之事，行不言之教；万物作而弗始，生而弗有，为而弗恃，功成而不居。夫唯弗居，是以不去。

☺ 生：因此圣人以无为来处理事务，推行不用语言的教导方式。老师，老子讲的"圣人"，跟儒家讲的圣人，是不同的吧？

😊 师：儒家的圣人，指道德方面的至高者；道家的圣人，则是指完全与自然融为一体的无为者。在庄子的《逍遥游》里说："至人无己，神人无功，圣人无名。"

☺ 生：至人忘却了自己，神仙们没有功名？

😊 师：庄子认为圣人属于道德高尚者，"无名"就是忘我、无私，忘却功名；神仙们则忘却了社会，这里的功名指社会。至人则没有意识概念了。神仙们飞来飞去，还要凭借着风。至人连风的概念都没有了，完全与自然融为一体了。

☺ 生：这后面的"始"不太好理解。

😊 师："始"是开始、曾经的意思。这里转了个意思，可以理解为倡导。万物兴起而不加干涉，生生不息而不据为己有，培育万物而不认为是自己的能力，成就事物而不据为自己的功劳。

☺ 生：老师，"不去"本义应该是不离开，这里啥意思？

😊 师：只有不据为自己的功劳，才能不淹没自己。"不去"在此处应理解为失去的意思。说不淹没，老子的意思应该是与自然融为一体了，只有在自然中才能得到永存。

☺ 生：老师，为啥儒家和道家都会按照自己的意思，推出圣人呢？不会真有什么圣人吧？

😊 师：别忘了《国际歌》是怎么唱的："从来就没有什么救世主，也没有神仙皇帝……"老子这句后面的意思，就是要顺应自然地做事，做了不要以为自己做了什么，做成了也不要以为有啥功劳，不要拿功劳自居，一切都是自然的过程。顺应着自然，你就在自然里，你就不会被淹没了。

☺ 生：这话听起来好像也很自然。

😊 师：人真的应该这样子吗？老子说这话时，心里难道不绝望吗？

☺ 生：绝望的吧，属于无奈的叹息。

😊 师：个人力量往往是很难改变社会现状的。要改变社会现状，个人力量得转变成社会力量，这种转变，个人至少部分地要被社会同化。被同化的你，是不是还那么绝望呢？

☺ 生：说不定如鱼得水了，自己也变成了残暴的力量。

☺ 生：难怪老子要辞职不干，他不想被彻底同化。

● 师：既然不想被同化，还能深怀绝望，那就只能求助于不切实际的幻想来拯救时代了。啥也不做，或者做也只是顺势而为。这能改变社会么？

☺ 生：不能。可老子或许根本没想改变社会。

● 师：不想改变，你也得在社会中生存。老子过关卡，不也得贿赂守关官员嘛。要是生存在战国时的秦国，连出门旅游都不行，坐在家里也要被邻居监视，所以，无为只是幻想。

☺ 生：可个人无法改变社会，却又不满于社会，又能咋样呢？

● 师：个人力量微薄，可无为。要是大家都无为，社会就不能进步。在能够生存的前提下，尽可能做得好一点，是一种社会责任。比如春秋时齐国宰相晏婴，"君有道，即危言；君无道，即危行"。

☺ 生：啥意思？

● 师：君主开明，就正直地说话；君主不开明，就正直地做事。

☺ 生：君主不开明能正直做事么？

● 师：尽量吧。纳粹时期，让你去枪杀无辜，你把枪抬高一寸，这也算你的"有为"。人人都抬高一寸，就会形成一种无声的抗议。

☺ 生：幸亏老子不是奴隶，否则无为就是不想干活，早被奴隶主弄死吃掉了。

☺ 生：我要生活在那个年代，如果我是奴隶，只要有机会就反抗；如果我是奴隶主，也要当最善良的奴隶主。

● 师：点赞！

三章

> 3-1　不尚贤，使民不争；不贵难得之货，使民不为盗，不见可欲，使民心不乱。

☺ 生：这句很好理解：不崇尚贤能，就会使老百姓不争求功名；不把难得的东西看得很贵重，就能使老百姓不做偷盗的行为，看不见可欲望的东西，就让老百姓心里不纷乱。

● 师：翻译得不错。老子的这种思想，完全是一种倒退。

☺ 生：为啥这么说？

● 师：任何社会要发展，都必须崇尚有才能的人，连原始社会的人都知道这点。火的发现，弓箭的发明，制陶术的出现，都是崇尚才能的结果。要是不尚贤，谁还有那工夫去发现、探索、琢磨事情，大家都糊里糊涂地混日子，人类是不可能进化到老子的时代的。

☺ 生：就是说，老子要倒退，连倒退的路都没有。

● 师：私有制产生了，老百姓就不可能不为利而争，因为生活就建立在私有财产之上。在私有制社会里，通过权力和资本掠夺私有财产成为合法化行为，在"合法"的掠夺之外，必然伴随着"不合法"的掠夺——偷盗。让百姓不看，来忘却生活之本的私有财产，这可能吗？

☺ 生：不可能的。"朱门酒肉臭，路有冻死骨。"杜甫能直视社会的贫富差距，愤愤不平，他比老子伟大。

● 师：老子毕竟还是站在统治者的角度说话的。你不竞争，别人在竞争中发展得更快，到时候肯定灭了你；你要老百姓没有欲望，心里宁静，可其他国家都工业化了，你还处在小农经济，最终别人还是会把你灭掉。

☺ 生：发展才是硬道理。别人有好东西，不是我不看，而是我要弄出更好的。

● 师：老子在奴隶制时代劝大家无为无欲，显然是说给奴隶主们听的。

☺ 生：奴隶主肯定不会听，要听了，还能坐稳奴隶主的位置么？那时代也是有竞争的吧，不竞争会被淘汰。

● 师：想做善良的奴隶主，仅仅是愿望，历史上就没有这样的奴隶主。

3-2　是以圣人之治，虚其心，实其腹，弱其志，强其骨。常使民无知无欲。使夫知者不敢为也。为无为，则无不治。

☺ 生：老子说：因此圣人治理国家，掏空老百姓的想法，让他们吃饱，削弱他们的志向，强壮他们的体魄。常常使老百姓没有知识，没有欲望。使那些聪明的人不敢有所作为。推行"无为"，就没有治理不好的了。

● 师：这就是老子的治国方略，所谓的"无为而治"。

☺ 生：弄得老百姓四肢发达，头脑简单，没知识、没欲望，像植物人似的，天下当然太平无事了。

☺ 生：这也太可笑了，社会还能进步吗？

● 师：有历史学家说，汉高祖刘邦统一中国后，奉行"无为而治"，效果还不错。

☺ 生：老师，这好像是"愚民政策"哩。"愚民政策"真能治理好国家？

● 师：老子说出自己的梦想，梦想与现实完全不着边。只要国家政权存在，就不可能"无为而治"，最多也就为多为少的区别。不管为多还是为少，老百姓都不可能没有志向，没有想法。统治者不让他们学知识学文化，他们就成没欲望之人了么？

☺ 生：老百姓不就想多赚点钱，日子过得好点吗？

☻ 师：日子过得好点，是所有人的欲望，也是社会发展的原动力。真正的知识也是源自老百姓的生产实践活动。书本知识，有些是生产实践活动的结果，那是真理，有些则是文人们的胡说八道，那叫谬误。

☺ 生：要是统治者不让老百姓认字，他们不就无法学习前人留下的知识啦？

☻ 师：反过来也可以这样说，要是前人留下的知识，不能运用于生产实践，不能在生产实践中得到检验发展，那么这些知识就没有用。

四章

4-1

　　"道"冲，而用之或不盈。渊兮，似万物之宗；湛兮，似或存。吾不知谁之子，象帝之先。

● ［注］冲：盅。器虚也（说文）。盈：满，穷尽。湛：深，沉。没也（说文）。象帝：象，有形。帝，万物之祖。象帝，有形万物的开始。

● 师：注释中的"说文"，指汉朝的《说文解字》。这句话能翻译么？

☺ 生："道"是虚的，而它的作用却无法穷尽。好深奥哇，就像万物的根本；好玄妙哇，好像是实实在在的。我不知道它是谁的产物，在有形万物诞生之前就存在了。

● 师：点赞。翻译得很准确。

☺ 生：老子在说世界万物的起源吧，起源于很虚幻的"道"。

● 师：说它的作用无法穷尽，也就是万物都从"道"中产生，又被"道"支配着运行。

☺ 生：在老子的时代，能这样说万物起源，应该了不起吧。

● 师：是了不起，尤其在中国文化当中，相当了不起。

☺ 生：为啥说中国文化当中？

● 师：古希腊哲学家大多会探究万物的起源，比如泰勒斯说，万物起源于水，水是万物的本原；阿那克西曼德说，万物起源于"无限"……

☺ 生：这有点像老子的"道"。

● 师：再比如，阿那克西米尼说，万物的本原是"气"；赫拉克利特认为万物本原是"火"，火向下运动变成万物，万物向上运动再变成火，这种向下向上运动的规律叫"逻格斯"，就是我们后来说的逻辑。

☺ 生：和老子说的"道"支配万物运行差不多吧。

● 师：有点类似。到后来，毕达哥拉斯学派提出万物本原是"数"，爱利亚学派提出是"存在"。本原从具体走向了抽象。老子的"道"也是抽象的。

☺ 生：我记得还有人认为本原的构成不是一种东西。

● 师：是。比如恩培多克勒就认为，一切物体都由火、气、水、土四种元素组成，这四种元素按一定的数量和比例组合，构成了物质的各种性质。

☺ 生：中国的"金木水火土"，是不是也讲的万物构成？

● 师：不是。那是以这五种物质来代替东、西、南、北、中五个方位的，是从占卜的迷信而来。

☺ 生：好像中国先秦哲学家，除了老子，没谁探讨万物的起源和本原问题。

● 师：这就是老子了不起的地方。哲学从源头上说，哲学家们都会探讨万物本原的问题，这才是哲学的本体论。

☺ 生：老师前面不是说，哲学本体论问题被科学取代了吗？

☺ 生：对呀，您说哲学在本体论上已经破产。

● 师：的确，就现代哲学来说，本体论已经破产，必须让位于科学。但哲学本体论的求索精神，是推进科学发展的动力，也是人类不断进取未知世界的动力。从古希腊阿那克萨哥拉提出万物由"种子"构成，到德谟克利特认为万物由最小的、不可再分的物质粒子——原子组成，再到后希腊化时代伊壁鸠鲁的"原子论"，不断地猜想，也就不断地接近真理。哲学的求索精神，为科学研究提供了方向和动力。

☺ 生：老子唱了一出，后面没人跟着唱，中国哲学就没给科学提供求索的精神？

● 师：太对了。除了后来庄子跟唱了一回，先秦诸子有人唱出不同的调子没？没有。大家都盯着现实的问题，不是做起了社会学家，就是做起了伦理学家。

☺ 生：也是。孔子连鬼神的问题都不想，更不要说万物起源这种不切实际的问题了。

● 师：在那个时代，不追求本体论问题，基础上很难称之为哲学家。

五章

<table>
<tr><td>5-1</td><td>天地不仁，以万物为刍狗；圣人不仁，以百姓为刍狗。</td></tr>
</table>

天地不仁，以万物为刍狗；圣人不仁，以百姓为刍狗。

● 师：刍狗就是用草扎成的狗，古人用于祭祀，用完就扔了。

☺ 生：天地不讲仁心，把万物当作一般使用的东西；圣人也不讲仁心，把百姓当作一般使用的东西。是这个意思吧？

● 师：意思是这个意思，不过你这样翻译的话，许多人会不满意。说圣人没有仁爱之心，让百姓自生自灭。一般人在感情上难以接受。

☺ 生：可老子就是这个意思呀。

● 师：对"圣人"一词，中国传统文人大多加入了儒家的人文感情，儒家往往把道德品德最高尚的人封为圣人，讲"圣人不仁"，他们在感情上是很受打击的。

☺ 生：老子的圣人和儒家完全不是一回事，老子认为完全融入自然，才是圣人。

● 师：对。后来儒家大讲圣人，庄子就改口了，把最高境界的人叫"至人"，把"圣人"一词让给儒家去用了。

☺ 生：老师眼里的圣人是啥样的？

● 师：在我这儿没啥圣人。人就是人，从观念上说，人人平等，当然现实中还做不到这点。

☺ 生：总有境界高和境界低的区别吧，境界最高的，可以视为圣人的。

● 师：没有境界，境界是自我标榜的产物。

☺ 生：老师也太绝对了。人有社会地位的高低，有素质的高低，还有知识修养的差别，说没有境界之分，故作惊人之语，哗众取宠。

● 师：人都是社会人，谁也不能脱离社会。不管你有多少知识、多少文化、多少修养，如果没有起到社会作用，没有产生社会影响，也没为社会做过什么，那就没有价值。马克思说："人是社会关系的总和。"在这种社会关系里，你必须通过你的行为，使你的本质力量对象化。

☺ 生：啥叫"本质力量对象化"？

● 师："本质力量对象化"也是马克思提出的概念。意思是说，你的本质力量不是你是怎样的人，你具有什么品质，而是你做的事成为社会的现实，成为你面对的对象，即社会对象。你作为人，不是你的纯粹个人，而是你成为社会中的人，即你在社会中造就的东西，造成的影响，你社会化的那部分才是你。

☺ 生：听起来有点玄，意思还是明白的。只有把你自己社会化，社会化中的你，才是真正的你，才是你的本质。是这样吧？

● 师：是。说这人修养如何好，品质如何高尚，知识如何渊博，境界如何完美，都是虚的。只有他给社会做出的贡献，才是实的，才是此人的本质。管仲在齐国进行改革，使齐国经济上去了，老百姓生活好了，这是实的，是管仲的本质力量对象化为了社会现实；孔子收了许多弟子，教育了许多学生，这些学生在职业生涯中给社会带来了进步，这才是孔子的本质力量对象化，才是真正的孔子。

● 老子留下的这部《道德经》对中国社会产生了巨大的影响，产生了道家学说，甚至产生了道教，其影响的深远，在社会意义上，不输给孔子的《论语》。这也是本质力量对象化为社会现实。

☺ 生：有点意思，人必须经过社会，在社会中留下东西或影响才是你自己。

● 师：人从源头上说，就是集群性生物，离开集群性生存，就不存在人。离开社会谈人，标榜某人的境界，都是自我满足的虚幻说法。

☺ 生：以老师的观点看，脱离社会的人啥也不是。

● 师：奥地利作家卡夫卡，生前没发表过几篇作品，他的三部长篇都是在他死后，他的朋友帮他出版的，他成为了西方现代文学的三位奠基者之一。他的作品几乎影响了那个时代的每个人，这才是他的本质力量社会化。要是他死后，他的朋友把他的作品都烧了，没有发表，他对社会就成了几乎毫无影响的人。不管人的价值还是境界，都要在社会上体现才能成为现实；再把自己说得天花乱坠，做的事却邪恶得不得了，那纯粹就是坏人。

☺ 生：明白了，境界也是人的行为构成的。

● 师：自视清高，隐居山林，在社会中边缘化生存的人，谈不上境界，只是想剥离自己的社会属性，却又做不到。

[5-2]

天地之间，其犹橐籥乎！虚而不屈，动而愈出。

[注] 橐籥：风箱。屈：竭。

● 师："愈出"原本是更加溢出来，这里转了意思，可以理解为生生不息。

☺ 生：这样就容易翻译了。天地之间，难道不是犹如风箱吗？空虚却不会竭尽，运行起来生生不息。

● 师：风箱是空的，能助火燃烧。天地是空的，帮助万物生长。老子的意思是，虚空与实在是相互依存、彼此帮助的。

☺ 生：从现代科学的角度看，虚空并不是空的，空气是一种物质。

● 师：老子的时代当然不会有这种看法。现在看来，真空都有可能被否定。科学家已经认为宇宙中存在着大量的暗物质，我们能见到的物质，只是一小部分，大部分是我们看不见的暗物质。

☺ 生：古人难道不知道虚空中存在着气体么？

● 师：西方有科学家从中世纪就开始研究，虚空到底有没有物质，如果是气体的话，是什么物质构成的。中国古代，科学家也知道虚空存在气体，但没人去探究气体是由什么物质构成的。

5-3 **多言数穷，不如守中。**

☺ 生：这句话不太好理解。

● 师："数"应该解释为"速"，快速的意思；"穷"就是穷途末路，没出路叫穷。

☺ 生：那"中"呢？

● 师：有人认为是"冲"，虚的意思。有学者认为"多"指政令太多，我倒觉得未必。我认为老子的意思是：**说得太多，很快就穷尽了，不如守静持虚。**

☺ 生：根据老子前面的意思，虚空与实在是相互依存的，所以说话与沉默也是，不能啥都说，该沉默时就得沉默。

● 师：如果讲政令的话，那就指政令不能太烦琐。不过我看不出老子这里在讲政令。

☺ 生：人真的不能成为话痨，有时候沉默是金。

● 师：比如，荒诞派剧作的顶峰作家贝克特，年轻时做过乔伊斯的私人秘书。

☺ 生：乔伊斯就是写《尤利西斯》的作者吧?

● 师：是。他是西方现代文学奠基人之一，晚年时患眼疾，差不多看不见了，贝克特帮他整理手稿。他们有时在一起聊天，说一句，彼此沉默二十分钟，思考完了再说一句。

☺ 生：这样的聊天很尴尬吧，长时间冷场。

● 师：要是尴尬就不聊了，思考并不是冷场。

☺ 生：我肯定受不了。

● 师：其实我们是很少讨论问题的，往往提出一个问题来讨论，结果变成了各自表现自己的机会。

☺ 生：怎么说各自表现自己？

● 师：每个成年人都会有一套自己的价值体系和在此价值体系之上建立起来的各种观念，这种价值体系很少有人自己审视过、怀疑过、思考过。当有一个问题摆在面前，他们就急于用自己的这套价值体系来进行判断，急于表明自己的观点，以此来表现自己有观点、有思想。

☺ 生：人不都这样嘛，总得表明自己的观点。

● 师：思考问题是一个双向互动的过程，以价值观来考虑问题，同时问题本身又在检验你的价值观。很少有人会用现实发展与自己想象的不一致，去检验自己。不去检验的人，说明他对人与社会、自身与外界的关系意识，是有出问题的。问题是什么导致的，为啥会建立起不准确的甚至是错误的价值评价标准，这还会导致怎样的失误判断……

☺ 生：老师，这样也太累了。

● 师：思考就是很累的事情，很少思考的人往往是缺乏思想的。不跟不思考的人去争口舌之快，就得像老子说的，"不如守中"。

六章

6-1　谷神不死，是谓玄牝。玄牝之门，是谓天地根。绵绵若存，用之不勤。

● [注] 牝：雌性。

☺ 生："谷神"是啥？

● 师：我们现在说"虚怀若谷"，老子用"谷"来比喻虚空。"神"并不是指鬼神，而是指虚空的精神、精髓。

☺ 生：老子相信有鬼神么？

● 师：估计不相信，总的来说，老子是唯物论者。庄子倒是相信的。

☺ 生：那么这句应该是：虚空的精髓是不会死掉的……

● 师：**虚空的精髓是不会穷尽耗竭的，这称之为玄妙的母性。**

☺ 生：后面容易理解了：玄妙母性之门，这称之为天地的根源。"不勤"啥意思？

● 师：现在用双音节词"勤劳"，就是劳的意思，转一层就是疲劳，就是穷尽。

☺ 生：噢。那这句是：**绵绵不绝若有若无，却用之不尽。**

● 师：有学者翻译为"作用是无穷尽的"。

☺ 生：差不多吧。

● 师：都说得通。虽说有单性生殖，也有像海马这种雄性生殖的，但总的来说，生命是通过母体诞生的，所以老子把母性作为天地的根源，这是可以理解的。

☺ 生：把母性作为虚空，那老子是把雄性作为实在的吧？

● 师：应该是这样。当然，女同学估计很不满意。

☺ 生：男女和虚实，应该把男的比喻成虚空才对。

● 师：从这点上说，老子所处的时代跟我们没啥不同，都是私有制社会。重男轻女是私有制社会特有的产物，老子把虚空比作母性，并且强调虚空的重要性，认为这是天地的根源，已经很不了起了。

☺ 生：老师，这跟私有制社会扯得上关系么？

● 师：私有制是男性拥有多少财产，是男性的私有，而不是女性的私有。私有制个体家庭的产生，从源头上说，就是一个男人拥有多少财产、奴隶和女人，也就是男人作为个体其拥有的私有的东西。这是恩格斯在《家庭、私有制和国家的起源》中告诉我们的。

☺ 生：现在不是家庭财产夫妻共有了吗？

● 师：那是文明发展，社会进步了。

☺ 生：老子的时代重男轻女思想应该很重的吧？

● 师：奴隶社会是父权的顶峰时代，自然把女性作为虚空，把男性作为实在，后来中国人还把万物分出阴阳，阴为女阳为男，阴为下阳为上。反正阳是主要的，阴是次要的，甚至还弄出阴阳八卦。

☺ 生：老师不信阴阳的吧？

● 师：阴气和阳气都是什么分子构成的，如何区别？要有科学精神，我们不能乱说。古人甚至把原始图腾也分出了阴阳。龙为阳，凤为阴。生个男女双胞胎叫"龙凤胎"。龙是什么？龙是蛇，是夏、周族人的原始图腾，夏和周据说是同出一源，不过还不能完全确定。凤是商朝族人的原始图腾玄鸟，也就是黑色的鸟，不是燕子就是乌鸦。

☺ 生：不会吧，乌鸦叫起来贼难听的。

● 师：你不喜欢并不意味着就不是。原本龙凤并没有阴阳之分，啥都分出阴阳，其实也不妥。

☺ 生：真要否定阴阳，汉语中许多词不就完全没意义啦？

● 师：虽然语言并非在父系社会产生的，但文字肯定是父系社会的产物。不然我们凭什么说父母、夫妻、男女？在母系社会，应该说成母父（当然母系社会还没父亲）、妻夫、女男。

☺ 生：好别扭。

● 师：父系社会要被否定的话，有许多东西会让我们不习惯的。我们习惯了男女不平等的社会现实，思考问题要是被这种习惯左右，基本上就很难正常思考了。老子在父权顶峰时代，能提出虚空的重要性，把母性作为天地之根源，那是了不起的思想。

七章

₇₋₁　天长地久。天地所以能长且久者，以其不自生，故能长生。

- ☺　生："自生"在这里啥意思？
- ●　师：不为自己而生长。
- ☺　生：这句很容易理解：天地长久。天地之所以能长久，是因为它不为自己而生长，所以能够长久地存在。
- ●　师：古人对天地的认识并不科学，往往会认为天地是永恒的。就现代科学来说，既然我们的宇宙是在一次大爆炸中产生的，有一个起点，也就应该有一个终点。
- ☺　生：老师认为宇宙的终点会是怎样的呢？
- ●　师：以前科学家有两种推测，一种认为，既然宇宙源起于一个点，那么最后还会回归到一点。这种说法的困难是，回归的动力在哪儿？说是宇宙最后会坍塌、回缩。另一种推测认为，宇宙爆炸的动力穷尽后，最后处于彻底静止状态。不过最近科学界发现宇宙原初爆炸的动力并没有越来越小，也就是说，爆炸炸飞出来的万物还在加快往外飞，那么这种推动力在哪儿？据说宇宙中存在大量暗物质，是这些暗物质推动着万物向外扩张。要是这样的话，宇宙最终的结局就更说不清了。
- ☺　生：那宇宙之外还有没有其他宇宙呢？大爆炸之前是啥样的呢？
- ●　师：这正是科学家要搞清楚的，估计未来的科学会给出答案。
- ☺　生：老子时代的人并不清楚地球是圆的，也不清楚所谓的天只是地球表面的大气层，所以他们会认为天圆地方，天是柱子撑着的，地是由绳子系着的。老子好像比那时的人要聪明，认为天地是永恒的，是自己存在在那里的，没有目的性。
- ●　师：是。老子没有给天地赋予人类观念的属性，认为天地是自然的存在，这要比以后"天人感应"之说科学得多。同时他的"不自生"观念，阻止了私有观念向自然界的延伸。

☺ 生："天人感应"是汉朝的董仲舒提出来的吧。当时的认识的确有局限性。

● 师：中国古代的那些哲学家们，还煞有介事地讨论这个根本不应该成为问题的问题。

☺ 生：自然就是自然，人只是自然界中的一个物种，自然肯定不会为人而存在。老子是对的。

● 师：私有观念产生之后，人的自我意识就膨胀起来，觉得自然必须为人而存在，随着人们改造自然能力的提高，这种盲目自信像肥皂泡似的越吹越大，最终喊出了"人定胜天"的口号。

☺ 生：老师，"人定胜天"是人类表示一下改造自然之决心的好吧，有啥不可以的？

● 师：真的只表示一下决心么？我看未必。人类已然通过群体的力量脱离了自然生态链，但自然依然是存在的，不会为人而存在，人如果不尊重自然，肯定会受到自然的惩罚。人与自然的关系有一条不可逾越的红线。

☺ 生：啥红线？

● 师：人是地球上的一个物种，地球物种的生存必须满足其生存的自然条件，如果人的生存破坏了自然条件，那么人最终就可能会走向灭绝。自然并不在乎怎么生存，也不在乎人类破坏它，它只是"自在的存在"。

☺ 生：人类生存的自然条件，这就是红线吧？

● 师：阳光、空气、水。这些生存的最基本的自然条件被破坏的话，病菌流行起来，那是人类自找的。

☺ 生：这点大家都明白，现在保护自然的意识也一天天地增强了。

● 师：说起来似乎都明白，做起来绝对是不明白的。问题就出在私有财产的竞争上。人类已经不仅仅是为了集群化生存去攫取自然，而是为了私有财产竞争去占有自然，似乎拥有财产越多，生活就越好，就越有荣耀感，所以，即便超越生存所需，也不可阻挡其攫取自然的步伐。

☺ 生：好像是这样。吃穿住行都解决了，而且很好地解决了，人们还在疯狂敛财，这就是疯狂攫取自然。

● 师：最终受伤的是人类的生存环境。

7-2　是以圣人后其身而身先，外其身而身存。非以其无私邪？故能成其私。

● 师：这里的"身"解释为自己比较妥当。老子的意思是：因此圣人把自己放在别人后面，反而得到别人的推崇，把自己置之度外，反而能保存自己。

☺ 生："身先"是转了一层意思？

● 师：是。放在人后，却被推到人前，就是受到别人推崇。

☺ 生：后面应该是：不就是因为圣人无私吗？为此他能成就他自己。

● 师：老子的意思是说，境界最高的人跟自然一样，是"自在存在"，没有"私"这个目的，不为"私有"这个目的存在。

☺ 生：老子没有讲"私有"吧，只是说自己、我。

● 师：自己、我就是私有制下产生的概念，老子那时候当然不明白。

☺ 生：我也不明白。

● 师：父系社会是私有制产生之后的事，在私有制产生之前的母系社会，人们的观念跟父系社会完全不一样。就拿称谓来说，那时候的人是类别式称谓，就是把人归类来叫的，称呼的中心不是"我"，而是"我们"。

☺ 生：啥意思？

● 师：我们的母亲们，我们的舅舅们，我们的妻子们，我们的丈夫们，我们的孩子们……

☺ 生：就没有"我"？生自己的女人，应该叫我的妈妈吧。

● 师：当然有"我"，也知道自己的生母，但主要还是以"我们"

为主。

☺ 生：那我们现代的称谓应该是以"我"为中心的。

● 师：是。私有制社会诞生之后，称谓就不再是类别式的，而是叙述式的，一切都以"我"为中心。我的父母，我的老师，我的兄弟姐妹，我的孩子……

☺ 生：现在许多时候，还是用"我们"的。

● 师："我们"不是观念的核心，核心则是"我"；母系社会正好倒过来，核心是"我们"，"我"是次要的。

☺ 生：想想就很别扭。

● 师：别扭就对了，因为我们都是私有制社会里的人。老子也是，所以老子这里的"自己"肯定是概念中的"私有"。

八章

8-1 上善若水。水善利万物而不争，处众人之所恶，故几于道。

- **[注]** 几：近。
- 师："上善"可以理解为高级的善，也可以理解为崇尚善的人，都讲得通。
- 生：崇尚善的人就像水一样。水有益于万物却不和万物相争，水往往处于众人厌恶的地方，所以最接近于"道"。
- 师：理解得没问题。这里众人厌恶的地方，指的是低下的地方。所谓人往高处走，水往低处流，人们喜欢高的地方，不喜欢低下的地方。至少老子是这样理解的。
- 生：老子承接上面的意思，说最高的善就是无私，不与人争。
- 师：水的确滋养万物，没有水就没有生命。许多人都喜欢引用老子的"上善若水"，水处于低下之位，无私无畏。不过人们在引用这条时，似乎忘了还有"洪水猛兽"一说。
- 生：水也有很邪恶的一面，人不会游泳，落水便可能有生命危险。
- 师：水只是一种自然，加以品德上的属性，那是人为的看法。水有益还是无益于万物，那得落实到具体。开沸的水和冻成冰的水，清澈的水和恶臭的水，有益还是无益，只有到具体的环境中，我们才知道。善也一样，没有具体的环境，我们很难认定是善还是不善。
- 生：不能这么说吧，做好事总归是做好事，比如舍己救人，能说不善吗？
- 生：我认为老师说得对，离开具体环境，离开具体的社会现实，真的很难评判善恶。
- 师：这是法律的困境。

☺ 生：怎么跟法律扯上啦？

● 师：法律条文都是抽象的，都是脱离具体社会环境的东西，每个案件都是在具体环境中发生的，这就要考验法官的智慧了。

☺ 生：的确这样，丈夫家暴不断，妻子忍无可忍把丈夫给杀了，法官不会判防卫过当，还是以杀人罪判的。

● 师：我们看《水浒传》，个个都是拔刀相助、伸张正义的绿林好汉，在具体的社会环境中，个个又都是犯罪分子，你到底是站在道德一边，还是站在法律一边？

☺ 生：对呀，这太难了。

● 师：没有抽象的善，只有在具体社会环境里的善。社会环境是谁构成的？是我们每个人。与世无争肯定是不对的，社会环境人人有责。遇到不合理的现象，就要相争。普天之下，没有单纯的人，只有"社会人"。想与世无争，那就不是人，人是集群性生存的物种。

8-2

居善地，心善渊，与善仁，言善信，政善治，事善能，动善时。

☺ 生：渊是深渊，这里转意了吧？

● 师：转成宁静，这样容易理解。

☺ 生：住在环境好的地方，心灵善于宁静。后面呢？

● 师："与"是跟人交往。跟人交往讲仁爱，说出的话守信用，为政善于治理，做事善于发挥能力，行动善于把握时机。

☺ 生：老庄好像不讲仁爱，仁爱是儒家提倡的。

● 师：是这样。所以有些学者把"与善仁"理解为跟人交往讲真诚，跟后面的"信"联系起来。

☺ 生：有点妄自猜测。

● 师：老子也没告诉我们，他这里的"仁"是啥意思，后人爱咋说就咋说呗。

☺ 生：老子这里说的善人，好像也不是啥无为之人，好有心机的样子嘛。把握时机，发挥能力，善于理政，又讲信用。

● 师：说着说着，老子自己也忘了。

老子讲的是一些原则，落到具体环境里怎么做，那才是真正的智慧。与人为善，要讲信用，保持心灵的宁静。这些听起来都不错，从原则上来说，都是对的。为人处世，也应该如此，否则你也很难在社会上生存。不过所有的处世原则，落到具体环境里，都有其边际，都有其限制。

☺ 生：啥是边际、限制？

● 师：就是做事到哪一步才是正确的。比如说真诚不撒谎，若你是医生，查出病人得绝症，最多只能活半年，你当然不可以直接告诉病人，你也不可以什么人也不告诉，得告诉病人的家属。这就是真诚不撒谎的"度"。再比如个体家庭是以私有财产为基础的，如果你们找对象组建家庭，就得看看对方的经济状况，只讲感情不讲经济，家庭生活可能会很不幸的。

☺ 生：搞清楚对方的存折很重要哟。

● 师：只看钱不顾感情，也可能会很不幸的。这就是"度"，是爱情的边界，也是金钱的边界。如果你找对象越有钱越好，把金钱作为唯一标准，那么你越过了感情的边界，你只能对钱有感情，失去了爱别人的能力。

☺ 生：金钱的光芒会掩盖很多缺点的，穷人的感受您体会不到。

● 师：你对金钱拥有猪对泥坑般的感情。

☺ 生：过分。

8-3

夫唯不争，故无尤。

☺ 生：只有与世无争，所以才没有幽怨的心态。是这样吧？

● 师：也有学者把"尤"理解为"咎"，差错的意思。

☺ 生：与世无争，才不会有过错。也讲得通。

● 师：前面说了，人都是"社会人"，不可能独立于社会，父系社会就是私有制社会，与世无争肯定是无法活在这个社会上的。老子提出了一个"反社会"的理想，安慰一下心灵可以，但肯定是不现实的，也是实现不了的。

☺ 生：现在有些青年玩"躺平"，早早地与世无争了，不知道他们心里是不是很踏实。

● 师：玩"躺平"，那得"啃老"。老人要有得"啃"，瘦得皮包骨，一口啃下去牙崩掉；老人还得愿意被子女啃，不愿意是啃不到的。

☺ 生：看来"躺平"青年啃得心里也不踏实。

☺ 生：要是看破红尘，出家当和尚呢？

● 师：美的你。没有佛学院本科文凭，寺庙会要你么？进了寺庙，没有硕士、博士文凭，要升到住持，很难的。想在佛教界拼搏，也不是件容易的事儿。

☺ 生：看来出家当和尚这条路行不通。

● 师：人既然不可能与世无争，心态就不可能保持无忧无虑。得而患失，失则愁怨；赢而嘚瑟，输则窝火。心态大乱，必然过错剧增。错则急，急则跳，跳则失智，失智则狂为，狂为则狂错……人哪，太混乱了。

☺ 生：老师是不是也混乱了一生？

● 师：年轻时当然也是很混乱的，那叫青春。人到中年再混乱下去就有心理问题了，上了年纪之后，想混乱也难。

九章

9-1

持而盈之，不如其已；揣而锐之，不可长保。

● 师：拿着盛水的器皿，水满了，不如马上停止盛水。

☺ 生：文字里没有"器皿"一词吧。

● 师：是没有，省略了，或者指一切盛东西之物。

☺ 生：后面"揣"是指揣测的意思么？

● 师：是揣测、琢磨的意思。揣测把东西怎么削尖。

☺ 生：那咋理解？

● 师：揣测如何显露锋芒，但不会长期保持锐利之势。

☺ 生：老子的意思就是万物不要太出头，不要做到极端。水满了会溢出来，器物太尖锐了会钝。

● 师：就是这个意思。不过老子不走向极端的思想，跟儒家的"中庸"是不同的。老子反对走极端，是因为物极必反，走到极端反而会走向事情的反面。儒家的中庸思想，不是来自物极必反的哲学思考，而是来自社会政治的职业技巧。所谓枪打出头鸟，出头的椽子先烂。这是一种在政治斗争的旋涡中明哲保身，混得更长久的生存技能。

☺ 生：我爸妈就老是对我唠叨，除了学习成绩要争先，在学校里万事不要强出头，也不能做落后分子，混在中间总不会有错的。我说要是大家都错了呢？他们认为受惩罚的肯定是出头者，其他人没事。

● 师：典型的中庸之道。中庸是儒家的社会生存之道，你们认为这好不好？

☺ 生：千百年实践下来，很有智慧的生存之道吧。

☺ 生：要是遇事大家都不出头的话，事情可能永远无法解决。要解决一件事情，总得有人出头。

☺ 生：混在一个集体里，如果这个集体有救，那么中庸一下没关系。如果集体都没救了，大家一起死，还中庸不出头，那么混也没得混了。

● 师：说到点子上了。集体行为也是有对有错的，有合理有不合理的。当集体做错或做不合理之事时，没人挺身而出，那后果也是集体承担的，是每个人都要承担的。承担死当然比较极端，轻于死的不利后果，也会因为中庸而必须集体承担。

☺ 生：明白老师的意思，社会环境人人有责，集体好坏人人有份。面对丑恶现象，没人愿意出头，无人挺身而出的集体，肯定是个坏集体。

● 师：我们常说，人人服从集体。至少得有个前提吧，这个集体属于好集体，集体的决定是正确的。如何成为一个好集体，集体的决定怎样才能正确，还得靠每个人的思考，每个人对集体的维护。坏事不出头，好事争破头。在单位里有点利益，谁会不出头？都争得焦头烂额。

☺ 生：对对对，在利益面前，谁都不想中庸，总想比别人多争一点。

● 师：遇事中庸，遇利争先。如此素质之人组成的集体会咋样呢？

☺ 生：一天天烂下去呗，还能好吗？

9-2 **金玉满堂，莫之能守；富贵而骄，自遗其咎。**

☺ 生：金玉满堂，不能守住；富贵却骄横，自己留下祸患。

● 师：老子是说，财富是守不住的，要是有钱人还很骄横，必然招致祸患。

☺ 生：社会一动荡，个人财富也不能保全的。

● 师：战乱、社会变革，都是社会财富重新洗牌的过程。旧富豪沦落、新富豪诞生，私有财产还是私有财产，只是放在谁的名下而已，从社会的角度来说，没有任何意义。国家政权从源头上说，是在私有财产基础上诞生的，是私有财产扩张的结果，可在君主专制结束之后，毕竟成了社会"公器"，其一己之私的私有性开始褪色。这是文明的进步。

☺ 生：封建社会所谓"溥天之下，莫非王土"，就是皇帝把国家政权作为私有权力吧？

● 师：国家权力从私有权力变成公共权力，这是资产阶级革命的真正意义。国家权力从保护一个人的私有，变成保护每个人的私有，封建政权的私有性被公共性取代。

☺ 生：在封建时代，那些贵族、大地主的财产还是受国家保护的吧？

● 师：保护的性质不一样。皇帝一个人怎么保护自己的私有财产？当然需要建立保护体系，需要维护此体系的众多人员，所以这些维护皇权的人，也必须受到保护。不过这些人随时可能被清除，只要你维护皇权不力，皇帝就能夺取你的私有财产，甚至性命。资本主义政权保护的是每个人的私有财产，任何人都没权力褫夺别人的财产，至少在法理上是这么界定的。富而不骄者鲜。个别富贵的人比较骄横，即便在没有战乱的情况下，因为骄横而导致自己的个人环境恶化，甚至触犯法律这是不对的。

☺ 生：照现在的说法就是，有钱就任性。他们有钱、有资本骄横呗。

● 师：你们会喜欢骄横任性的同学么？

☺ 生：当然不喜欢，除非是受虐狂。

● 师：很少会有人喜欢傲慢者，有钱人以为有钱就可以独立于社会，不做"社会人"了，那是给自己下套呢。

☺ 生：这话咋说？

● 师：再有钱也生活在社会中，就算你生活在有钱人的圈子里，对跟你一样有钱的人傲慢，人家就不待见你，遇事踩着你，有生意撇掉你。最后你身边只剩下拍马屁的人，你就被想弄你钱的骗子们围剿着。人落到这样的个人环境中，还能好吗？

☺ 生：自己作死，真的像老子说的，留给自己的只能是祸患了。

● 师：重要的是把傲慢的原因打掉。

☺ 生：把钱都扔了？傲慢的原因不就是有钱嘛。

● 师：有钱为了啥？

☺ 生：生活得好呗。人们不都想有钱生活得好点嘛。

● 师：大多数人都以此作为生活的目的，所以那些靠自己奋斗而拥有财富的人，无疑是社会中的成功者，因为大获成功，相对于不成功或不太成功的大多数人来说，他们有理由自豪。

☺ 生：有理由自豪又不能自豪，太憋屈了吧？

● 师：可社会上并不全都是以赚钱为生活目的的人，否则就不可能有真正的科学家、文学家、艺术家之类的。总之还存在少数超越赚钱为目的的人，他们的人生目标更高级。所以在低级目标上成功的人，不能目空一切。杜甫再穷，在后人眼里也就是"诗圣"。一部世界名著，就算销路再不好，也是世界名著。诸如瑞士作家戈特弗里德·凯勒的《绿衣亨利》，每次出版都销不到一千本，赚不了钱，只能贴钱，但就是世界名著。1990 年，在他逝世 100 周年时，瑞士还发行了印有他头像的五瑞士法郎硬币。

☺ 生：这么牛哇。我得去找来读一读。

☺ 生：为啥销不动？

● 师：这书被称为教养小说，主人公到大城市追求绘画事业，事业没成功，他把感情寄托在一个寡妇身上，寡妇去了美国，抛弃了他。在事业与情感双重失败后，他回到农村老家，母亲已经去世，他悲痛过度，也去世了。这个长篇情节就这么简单。

☺ 生：难怪没人看，这么简单的情节，弄成个长篇，掺水太多了吧？

● 师：生活就是这么简单，把简单的东西写仔细了，那叫厚实。只有没生活经验的人，才把情节弄到复杂得像洒狗血似的。

☺ 生：也是。面对不以金钱为人生目的的人，有钱人还真算不得什么。

● 师：所以自豪、傲慢、骄横，都是建立在低层次上的。实质上每个人都可以在比自己更不如意的人面前自豪，自我感觉来自你的参照系。

☺ 生：懂了。想自豪的话，跟比自己差的人去对照；想自卑的话，跟层次更高的人去对照；要不亢不卑的话，就不对照了。

9-3

功遂身退，天之道也。

☺ 生：功成名就，自己就退下来，这符合天地自然之道。老子提出功成身退，保全自己，是这个意思吧？

● 师：这想法来自老子"物至必反"的思想。物极必反，是老子辩证思维的核心价值。世间万物在矛盾对立中发展，事物发展到一个极端，就会走向它的反面。老子把这个思想应用到个人的处世哲学上，认为一个人达到了他辉煌的顶峰，就会走向反面，从辉煌的顶峰退下来，遵循物极必反的运行规律，自动走向衰弱，这符合自然运行的"道"。

☺ 生：物极必反是自然运行规律，是不是社会运行规律呢？

● 师：规律是从自然和人类历史的发展中总结出来的，把自然界的规律套用于人类社会，我不认同。老子是把自然规律和社会规律等同的。不过个人的兴衰，也是有极端的。人生苦短，社会形态也不可能长久永恒，总有一个兴衰过程，有兴衰未必就能套用物极必反。

☺ 生：老师，话是这样说，可很难判断走到哪一步才算到了极端的吧？

● 师：问到了关键点。从一种社会形态来说，走到极端必须是社会体制阻碍了生产力的发展。比如春秋时私田已经产生，这意味着奴隶制社会形态的没落，私田代表着自由民的生产力，这种生产力完全释放了耕作者的积极性，远高于奴隶的耕作，承认私田就是否定奴隶制的社会形态。公元前 594 年（周定王十三年），鲁国正式承认私田的合法性，楚国在公元前 548 年（周灵王二十四年），郑国在公元前 543 年（周景王二年），也先后承认私田。这都表明奴隶制已经走到了极端，你否定这是极端，继续走奴隶制的路，就只能落后，最终灭亡。

☺　生：物极必反的"反"是不是就是否定自己？

●　师：应该是这样，你自己不否定，现实会否定你。从社会来说，所谓的"反"不是回到原来的地方，而是否定自己，扬弃自己。

☺　生："扬弃"好像是黑格尔的哲学用语吧？

●　师：是。扬弃就是在成功的基础上，否定自己。这是继承精华，抛弃糟粕的否定过去，开创新的未来。

☺　生：那跟返回的"反"没多大关系嘛。

●　师：物极必反说到底还是自然的运行规律。植物生长，花开花落，年年来一次。中国专制社会漫长，朝代更替看似很乱，社会形态还是一样的，仿佛和自然循环规律没啥区别。

☺　生：就是古人常说的"分久必合，合久必分"吧？

●　师：这是封建时代文人的错觉，以为朝代更替永远会这样，所以才会把物极必反的自然规律套用到社会规律上来。但人类自脱离自然生态链之后，其社会形态是不能用自然规律来理解的。人类社会一直在向前发展，不可能返回到最初的原始社会。

☺　生：人类社会发展就没有极端么？

●　师：当然有极端。从近了说，封建专制发展到了极端，就会被彻底推翻，辛亥革命就彻底推翻了封建王朝；从远了说，私有制发展到极端，也会被彻底推翻。资本主义的私有制与人类作为共同体生存是矛盾的，当私有制威胁到人类共同生存时，它就走到了极端。

☺　生：不到极端就不能否定么？

●　师：不走到极端，要彻底否定是很难的。

☺　生：老子说个人功成名就，应该退下来，符合自然之道。个人走到极端，是不是应该把自己打回原形呢？

●　师：中国人受物极必反的影响是很深的。这个思想最早出现在《易经》里。《史记》当中有一段记载说，战国时蔡泽就利用《易经》物极必反的原则，说服秦国宰相范雎把相位让给了他。他对范雎说："《易》曰：'亢龙有悔'，此言上而不能下，信而不能诎，往而不能自返者也。"

☺ 生：就是说，上去了不能下来，直了不能弯曲，去了不能回来。

● 师：对。范雎知道自己做官已经到顶了，功成名就，再不退只能
倒霉。

十章

<u>10-1</u>　载营魄抱一，能无离乎？

- ● [注] 载：名首语助词，相当于"夫"。营魄：魂魄。抱：合。
- ☻ 师：古人有种说法，营身叫魂，镇形叫魄。营身就是经营身体。从这种说法上理解，营魄就是魂魄的意思。
- ☺ 生：那这句是"魂魄合一"？
- ☻ 师：老子的意思是：灵魂与肉体合一，能不分离吗？
- ☺ 生：他质问是做不到还是很难做到？
- ☻ 师：应该是不容易做到。作为唯物论者的我们，知道灵魂与肉体是不可能分离的。古人不这么想，他们往往认为人死之后，灵魂依然存在。
- ☺ 生：现在也有不少人会相信，人死后灵魂存在。否则那些吓人的鬼片就没有市场了。
- ☻ 师：愿望与现实是两回事儿。人当然希望自己的灵魂不死，或许这也是人类的愿望。在科学不发达的老子时代，基本上人们都会相信灵魂不死，这种观念可能承继于原始宗教的万物有灵之说。
- ☺ 生：万物有灵是啥都有灵魂？连石头都有么？
- ☻ 师：是这样。这种原始宗教源起于人类的渔猎时代。这是人类历史上最漫长的时代，主要靠打猎捕鱼和采摘野果为生，也就是说，我们跟其他动物一样，靠大自然生长的东西为生，是食草兼食肉动物，不过主要还是食草动物。
- ☺ 生：为啥算是食草动物？
- ☻ 师：男人打猎和捕鱼的成功率并不高，食物的主体还是妇女采摘来的野果。
- ☺ 生：那个时代是母系社会，因为女性是生产的主体？
- ☻ 师：对。渔猎时代，人类没有脱离自然生物链，人觉得自己有灵魂，也会视与自己一样的万物是有灵魂的。

☺ 生：自己在自然的生态链中，会把自己与万物同等看待的吧？

● 师：风吹草低现灵魂，我有灵，万物皆有灵。因为有灵，才不会对某一物种赶尽杀绝，对自然的攫取尽量在不影响自然生长的范围内进行。

☺ 生：老子应该不信仰原始宗教了吧，他信不信灵魂不死呢？

● 师：估计不信，总的来说，老子还是偏唯物的。

☺ 生：那他为啥还说灵魂与肉体合不合一？

● 师：论述有时候会很自然地屈从于一般说法，比如说我们现在都知道，无论人的情感还是思想，都是从脑子里出来的，由脑子决定的，心脏只是人体供血的泵。古人一直认为人的情感是由心脏决定的，所以不少成语都由"心"而成。什么"心心相印"、"心有灵犀"、"心如死灰"、"心有不甘"等。你总不能把心都改成脑吧。

☺ 生：改成脑太别扭了，"心脏停止了跳动"说人死了，改说"脑子停止了活动"，很难接受的。

● 师：叙述有叙述的对象，顺从习惯性说法，也是可以理解的。老子讲灵与肉的合一，并不见得老子具有灵魂出窍而存在的观念。

10-2 **专气致柔，能如婴儿乎？**

● [注] 专：抟，聚焦。

☺ 生：聚焦精气达到柔顺，能像婴儿那样吗？在老子眼里，婴儿是最柔顺的吧？

● 师：老子崇尚柔弱，在大家都"示强"的环境里，老子"示弱"，提出柔弱胜刚强的观点。

☺ 生：是不是有点制造惊世骇俗、哗众取宠的味道？

● 师：不管是不是刻意的，用对立面、反面来提醒世人，总归是一种清醒的认识。大众思想意识的趋同性是可怕的，因趋同而导致走向一个极端，没有提醒，就会在极端上不能回归，最终毁灭在极端上。

☺ 生：啥叫毁灭在极端上？

● 师：比如中国的洋务运动，弄了许多先进的武器，学了许多先进的西方技术，最终还是没有摆脱挨打的命运。把物的现代化推到一个极端，却无视人的现代化，肯定是要在物的极端上被毁掉的。

[10-3]

涤除玄鉴，能无疵乎？

☺ 生：玄鉴是啥意思？

● 师：玄是深奥的、深邃的。鉴，有学者认为指镜子，也有学者认为是览、关照、看的意思。

☺ 生：那意思不一样哩。

● 师：我觉得把"玄鉴"作为"深邃的镜子"比较好。*清除杂念，心灵像深邃的镜子似的，真的能做到毫无瑕疵吗？*

☺ 生：清除杂念，心如明镜。一般人做不到的吧？

☺ 生：哪是一般人做不到，所有人都做不到。

● 师：啥是杂念？身无分文、饥肠辘辘，一心想弄点吃的，这是杂念么？

☺ 生：不是。

● 师：居无定所，无家可归，想拥有自己的房子，能有个家，这是杂念么？

☺ 生：解决最基本的吃穿住行，仅仅为了活下去，为了过上安定的生活，把这归为杂念，恐怕太没人性了。

● 师：为生活奔波的底层阶级，本来就没什么杂念。有杂念的无非是两种人，一种是生活无忧，去实现更高生活目标的人，另一种是为了生活的奢侈，为更多钱拼命的人。像你们尚未进入社会的学生，有没有杂念并不重要。

☺ 生：为啥我们就不重要？难道我们不是社会的一分子吗？

● 师：一旦进入社会，你们就得为生活而奔波，杂念自然就清除掉了。除非你成为"啃老族"，靠父母养活，父母养你，自然也养着你的杂念。

☺ 生：所以有些人就是不想长大，长大就得进入社会，为了活下去，工作累，杂念就是不切实际的梦想喽。

● 师：衣食住行无忧的人才会有杂念，有事业的人才会有杂念。把老百姓为"一口饿不死饭，一件冻不死衣，一片遮风雨瓦"而产生的念头，称为杂念，那是没人性。

☺ 生：人家有事业心，你称其为杂念，也不对吧？

● 师：有事业心要搞清楚啥事业。现在赚了点钱叫事业有成，没赚到钱是事业无成，赚到大钱叫事业大成。把事业与钱直接挂钩，我认为这是杂念丛生。

为解决生存的念头不叫杂念，解决生存之后，认真做好一件事，也不叫杂念。为了钱和名才去做，尤其是为名利投机取巧，那才是杂念。

☺ 生：如此一分析，我觉得自己心如明镜似的。

● 师：先别说你心如明镜。学好一门课和为了考试通过而学，这是有没有杂念的标准，你敢说你没杂念？

☺ 生：不敢。

10-4

爱民治国，能无为乎？

☺ 生：爱民治国，能无为吗？这句不用翻译，意思自明。

● 师：老子的"无为"并不是啥都不做，而是按自然规律，顺其自然地做，就是按他说的"道"来做。在老子眼里，自然之"道"和社会之"道"是差不多的。

☺ 生：人类社会和自然界还是很不一样的吧？

● 师：人类群体从脱离自然生态链的那天起，无论个人、家庭，还是群体、社会，都和自然界完全不一样了。国家的建立，国家政权的出现，本就是人类的发明，是私有财产发展到一定程度，拥有财产者想通过武力来保护和掠夺私有财产的产物，想用无为治理这个有为的产物，恐怕是痴人说梦。

☺ 生：老子时代根本搞不清国家的产生，所以他的话在现在看来具有局限性，不可信。

● 师：不可信，却可用。老子的意思是，爱民治国，很难做到无为。我的意思是，爱民治国，就是要有为。

☺ 生：反其意而行之？

● 师：国家是有为的产物，当然得有为而治。不过，有为不是胡为。

☺ 生：啥叫胡为？

● 师：就是不按科学的方法来治理国家，只按权力的需要来统治国家，整个封建社会都这样，基本上都是胡为。

☺ 生：那是不是可以认为历史是在胡为中发展过来的？

● 师：我认为是。国家的治理，都会宣称以人为本，也就是"爱民"，不过封建帝王是说一套做一套。哪个封建帝王是真正为老百姓着想的？说爱民，也只是为了诓天下之人而已。

☺ 生：历史在胡为中发展，要接受这样的观点，好像很难哩。

● 师：准确地说，私有制社会是被私有财产操纵着发展的。人们要是拿科学发展来衡量，那是胡为，可相对于个人的私有财产来说，不是胡为，那是有为。

☺ 生：要是按照科学的方法来管理国家，历史会咋发展？

● 师：说科学方法，其实也没有。

☺ 生：老师越说越混乱了。

● 师：社会科学是从社会历史的发展中总结出来的。私有制社会是被私有财产操纵的社会，这就是社会规律，你甚至可以把这叫"科学"。但私有财产与人类的概念，与人类命运共同体，是矛盾的。父系社会实质上只是人类发展的一个小小的阶段而已。从人类的角度去讲科学的话，国家的治理就得真正"爱民"，就是让每个人生活得更好，以这样的目标来治理国家，不仅要有为，而且要有大作为。

天门开阖，能为雌乎？

● 师："天门"的说法很多。有人认为是天地自然之门，有人认为是治国之门，也有人认为是心灵之门。甚至有人认为天门指的是鼻孔，引申为感官之门。庄子在《庚桑篇》中说："入出而无见其形，是谓天门。天门者，'无''有'也，万物出乎'无''有'。"

☺ 生：庄子的意思就是万物诞生与死亡之门吧，是看不见的，叫"无""有"之门。

● 师：我觉得还是用庄子的意思为好。

☺ 生：那"雌"咋解？

● 师：古人常以雌雄来说阴阳，来形容静与动。这里"为雌"应该理解为"守静"的意思。

☺ 生：面对万物生死之门的开合，能守静不动吗？翻译出来了，可还是有些别扭的。

● 师：老子质问的是，面对万物生死，社会兴衰，这些不断的变化，人要守静是很难做到的。

☺ 生：的确很难做到，人非草木，孰能无情？面对亲人的生死，"守静"看来是不可能的，只能守夜了。

● 师：据说庄子老婆死的时候，他的朋友惠子去凭吊，没想到庄子乐着呢，"箕踞鼓盆而歌"。两腿放直了坐那儿在放声歌唱。惠子就说，你这人咋这么没心没肺，老婆死了还那么高兴，一点都不悲伤。庄子理直气壮地跟他讲了一番道理："气变而有形，形变而有生，今又变而之死，是相与为春秋冬夏四时行也。"

☺ 生：意思就是：阴阳之气变化产生事物，事物变化产生生命，现在生命再变化就死亡了，这就像春夏秋冬四时相互交替运行的规律，没啥好悲伤的。

● 师：庄子是不是做到了生死之门开合，能"守静"呢？

☺ 生：光提抽象道理是说不通的吧，庄子对他老婆肯定没啥感情。

● 师：人要是能做到对啥都无动于衷，那就不是人了。我把这叫作"植物性生存"。动物也是有感情的，面对同伴的生死，也会有喜怒哀乐之情。人的感情当然要比动物丰富得多。如果一个人要向植物的方向倒退，只要智商，不要情商，他肯定会在社会生活中成为失败者。

☺ 生：人家本来就不想成功，看破红尘了呗。

● 师：看破红尘，如果不去死的话，也得在社会中生存，最多也就让自己在社会中边缘化一点而已。

☺ 生：老师，追求平平淡淡过一辈子，不想太折腾，是许多人的梦想哩。

● 师：你们还没踏入社会，不应该有这样的梦想。大致有这样一些人会有这样的梦想：能力不够，毅力不够，智力不够，体力不够。总之要么无力拼搏，要么无心拼搏，或者两方面兼有。

☺ 生：照老师的意思，我们一定得拼搏。

● 师：不拼搏混一辈子，不仅无聊，而且无趣。

☺ 生：我不觉得无聊无趣。

● 师：那是你没体会到拼搏的兴奋和乐趣。人到没体力了，老了，当然想平淡与"守静"，想拼搏也有心无力。人老了，剥去身外之物，还剩下什么呢？

☺ 生：剩下的只能是等死的吧？

● 师：剩下的是理智与情感。一生平淡"守静"，情感也不会太丰富，那就只剩下理智了。

☺ 生：老年痴呆一得，理智也没了。

● 师：年轻时拼搏，想法就多，理智就丰富，接触的人也多，情感也丰富。上了年纪，没体力拼搏了，可以享受丰富的理智与感情。所以我不赞成平平淡淡过一生的观念，人要拼搏，动荡曲折的人生，才是有财富的人生。

☺ 生：如此一说，想必老师是个有故事的人。

● 师：有故事也不讲。

☺ 生：不讲等于没故事。

● 师：啥时间"守静"，啥时间"拼搏"，要看个人的情况。平平淡淡才是真——那是平庸者的人生。

10-6

明白四达，能无知乎？

● 师："四达"是四通八达，这里指四面八方。

☺ 生：明白四面八方，能没有智慧吗？

● 师：意思是这个意思，"无知"理解为"不用智慧"更好一些。

☺ 生：通晓四方，能不用智慧吗？这样翻，贴切了吧？

● 师：老子时代交通不发达，通信更落后，通晓四方怕是做不到的。不过老子似乎做到了。

☺ 生：不会吧？那时丝绸之路还没打通，中国人的目光局限在自己的一亩三分地，把看得到的地方叫海内，看不到就是海外了，海外的世界根本不清楚是咋样的。

● 师：我说老子做到了，不是他知道世界上的一切，而是通过自己的思想去理解世界上的一切，理解如何生、如何死。他把一切归结为从"道"中产生。至于产生的万物都有些啥，发展过程又是咋样的，作为哲学家，他没必要知道，或许他也不想知道。他只想做一个理性的归纳。至于归纳得对不对，那是后人的评判，他肯定认为自己是对的。

☺ 生：太简单了吧，不需要知道就总结一番，总结出来就算知道一切了？

● 师：现在看当然简单啦，可在老子的时代，老子算得上最有知识的人了，他不总结谁总结？他总结出来的道理，应该是那时最有智慧的思想了。

☺ 生：我们一生下来，就站在巨人的肩膀上了。

● 师：就是。不是我们比老子有智慧，而是科学的发展超越了老子的智慧。要是你跟老子去比，除非你成为现代中国最有智慧的人，才有得一拼。这就是我说的：人只有在他自己的具体社会环境里，才是他真实的自己。有些人说起来一套一套的，可在自己的个人环境里，一点本质力量都没有。

☺ 生：啥叫一点本质力量都没有？

● 师：只是被环境打造，从来不敢用自己的力量去改变环境。

☺ 生：改变环境很难的，大多数人都是被环境打造的对象。

● 师：就算你被打造，你若是最不容易被打造的那一个，那也是对环境的改造。比如结婚大操大办，奢侈浪费，你看不惯这种恶俗的现象，结婚时却还是怕别人说闲话、怕被别人看不起，不情愿地大操大办了，你就是被环境彻底打造者，却是很不情愿的被打造者。

☺ 生：懂了。就算你不敢抗拒环境的压力，还得大办婚礼，但尽量节俭，也算是对环境的改造，在你的个人环境中，也算是有点本质力量了。

● 师：人不能脱离自己的社会环境而存在，环境好坏有你自己的一分子，改造社会从你自己的个人环境做起。无法改变恶劣的社会环境，不顺从、少顺从也是一种改良，不仅顺从，而且扩大，就是一种落后倒退了，你就成了恶劣环境的制造者。

☺ 生：这就是社会生态，人人有责。

● 师：话再套回来。我们既然都站在了巨人的肩膀上，加上现在网络通信那么发达，那真的能通晓四方了么？

☺ 生：知道的并不等于理解的，理解的并不等于正确的。对不对？

● 师：对。我们现在的确知道得很多，世界是个地球村，有什么消息，马上都知道了，但理解的人却不多。就算理解了，也都按照自己的价值体系、思想观念来理解。这些理解有可笑的、幼稚的、狭隘的、似是而非的、无知妄想的，等等，总之，有多少价值观就有多少理解，有多少情绪化的东西，就有多少谬误。

10-7 ［生之畜之。生而不有，为而不恃，长而不宰，是谓"玄德"。］

● 师：这句与上面的文意对不上，在五十一章中又出现了。估计这里是排错混入的，所以加了"［　］"。我们这里不解释了，到五十一章再解释。

十一章

11-1 三十辐，共一毂，当其无，有车之用。

● 〔注〕辐：车轮的木条。毂：车轮中心插车轴的圆孔。

☺ 生："无"指车轮中的空当吧。

● 师：应该指毂的中空。

☺ 生：三十根辐木条的车轮，总共只有一个车轴的圆孔，当它有了圆孔的中空，才会有车的作用。老子讲的是空缺的作用，虚无的意义呗。

● 师：很难搞清楚祖先是啥时候发明车轮的，最早的车轮是实体的还是有车辐条的，我们也不清楚。

☺ 生：说不定是实体的，没有车辐条。

● 师：是实体的，当中也应该有插车轴的圆孔，否则不叫车轮了。

☺ 生：古代的车轮都是三十根辐条么？

● 师：我觉得不一定。有学者认为车轮辐条三十，是按照每月三十天来设计的。

☺ 生：这有点牵强吧？

● 师：对此我外行，不敢断言车轮到底要几根辐条才结实。老子主要不是说辐条，说的是毂，插车轴的圆孔，要有这样的空孔，才能插车轴，车子才能跑起来。

☺ 生：用这样的比喻来突出虚无的作用，贴切么？

● 师：做东西把要使用的地方空出来，我看没啥不贴切。不过从现代科学的角度看，我还真不敢说，中空就是虚无。

☺ 生：啥意思？

● 师：现在我们都知道，空的地方有空气，并不是真的空，只不过不是固体物质，而是气体物质。有人把气体抽掉，弄成"真空"。"真空"真的是空的么？是完全没物质的么？

☺ 生：说不定还有暗物质。

● 师：所以很难说有真正的虚无。要是宇宙中除了看得见的物质，其余的地方均被看不见的物质占满了，那还有"空"，还有虚无么？

☺ 生：那萨特的《存在与虚无》就很扯淡了，除了存在还是存在，没有虚无。

● 师：我说在现代科学面前，哲学的本体论应该破产，一些哲学家就是意识不到这点，20世纪像萨特之类的哲学家，还在写"破产的书"。

☺ 生：本体论破产后，哲学应该搞啥？

● 师：哲学应该寻求社会发展规律，应该在自然科学和社会科学的基础上，给人类的发展指出方向。从这个意义上说，马克思才是最伟大的哲学家。

☺ 生：这是不是叫历史哲学？

● 师：现在的历史哲学，仅仅在有文字记载的东西里倒腾，文字记载只是在人类历史长河中最近的一小段而已。

☺ 生：历史哲学就是在文字记载的历史上，进行一番思考？

● 师：宇宙的起源、物质的构成，那是自然科学家的事儿。在学科尚未细分的时代，哲学家可以充当科学家去进行猜想，如今学科划分得很细，哲学家又不进行科学实验，去管自然科学的事儿，那是不务正业。

☺ 生：不务正业的猜想是胡说八道。那哲学的正业是啥？是寻找社会发展规律么？

● 师：我们是谁，我们从哪儿来，我们到哪里去——这才是哲学的正业。"我们"指的是社会、社会人。这样的思考离不开对社会发展的研究，也离不开考古研究。正是在摩尔根揭示了母系社会之后，马克思才有了共产主义理想，提出人类最终的发展方向。这才是哲学真正的本体论。

11-2

> 埏埴以为器，当其无，有器之用。

● [注] 埏埴：埏，和；埴，土。埏埴，和土。

☺ 生：和泥土做陶器，有了陶器当中空的地方，才构成陶器的作用。器皿自然当中是空的才能盛东西啦，这个比喻太浅显了点吧？

● 师：老子并不是在说空的地方可以起到盛东西的作用，他说的是虚无与实在的依存关系，"有"与"无"的依存关系，因为人们只在乎有，并不在乎无，所以老子才强调"无"的作用，强调"无"的重要性。

☺ 生：有和无都是虚的，要是加上宾语的话，坏的，人们不喜欢，好的，人们就喜欢。有病和无财，人们当然是不喜欢的，人们在乎的不是有无，而是有无之后的东西。

● 师：这样说恐怕没有很好地理解老子的意思。使用的东西，有没有中空才起作用，当然得看是咋使用的，盛器、车轮有中空才能使用，那屋里的柱子、切肉的砧板呢？当中是空的，恐怕就不好使用了。老子不至于连这都不晓得。他只是做个比喻，来说明作为抽象概念的"有"与"无"之关系。把抽象概念落到具体的东西之上，是不是适用就得由具体而定了。

☺ 生：落到具体的东西上，有可用也有不可用，那能说明抽象概念么？

● 师：不能。抽象概念用到具体环境里，只是为了便于理解，不是为了证明这个概念的正确。我们常常通过具体的例子来说明自己的思想观念，这也只是为了方便别人的理解，可就是有人忘了这点，用具体的例子来证明自己的思想观念正确。这样的错误几乎每个人每天都在犯。比如看到一个老外随地吐痰，你就认为老外素质差。你有了老外素质差的观念，找到一个老外乱扔垃圾，于是以此证明老外素质差。

☺ 生：好像是这样，大多数人是用具体的例子来证明自己观点正确的。

● 师：不仅证明，更可笑的是以具体的例子来建立观点。有人看到老人倒地没人扶，就认为现在社会风气很差；有人看到他人舍己救人，就认为现在社会风气很好。到底是好还是差，得有数据调查，而不是用看到的个例来证明。

☺ 生：都要用调查的数据来说明问题的话，我们基本上没啥观念了。

● 师：大多数人通过个例建立的不是观念，而是情感，但他们就是把这种情感引申为观念。每年总有人死于车祸，你觉得这个倒霉蛋会是你么？

☺ 生：当然不会，要不我还敢出门呀？

● 师：买彩票有人会中大奖，你会觉得可能是你，否则就没人会买彩票了。没有人因为车祸而不敢出门，却有许多人会去买彩票。

☺ 生：懂了。这就是感情建立的观念，人们都爱自己。好事落我头上，坏事跟我无关。

● 师：没有准确的数字比例，是很难证明观念正确的。大学生喜欢搞辩论赛，我说那只是练个口舌而已，并不能辩论清楚什么问题。人们对我的观点群起而攻之，认为我胡说八道，打击大学生搞辩论赛的积极性。

☺ 生：辩论时用数据说明问题，少用个例，不也能辩论清楚吗？

● 师：大多数出辩论题的老师不这样想。比如我看到过一个辩题：广场舞扰民是不是应该禁止？既然定性为"扰民"，就得禁止。这就像"杀人犯该不该判刑"一样，已经定性，还有啥好辩的。我质疑后，出题老师修改了辩题：广场舞是不是应该禁止？我说也没啥好辩的，结果不好的禁，结果好的不禁。出题老师说，那就让他们辩一辩啥是好的，啥是不好的。

☺ 生：这咋辩呀，正方找一些不扰民的，反方找一些扰民的，谁也没法把全国的广场舞统计一遍，到底扰民的多，还是不扰民的多。

● 师：辩题总是抽象的，落到某个具体环境中，结果就很明显，没法辩。抽象的就如同"先有鸡还是先有蛋"，你叫人家咋辩？一方说隔壁王大妈的鸡蛋孵出了小鸡，一方说对门李大爷家的鸡生下了蛋。具体的环境中只有一种结果，抽象的概念里正反都有可能。

☺ 生：如此一说，辩论赛还真有点扯淡。

● 师：岂止辩论赛，大多数的争论也都是个人在自己的具体环境中说着自己的感情性观点。

☺ 生：这样看来，换位思考真的很重要哩。

● 师：老师上课常常用"举例说明"，那是为了更好地理解，千万不要把"举例说明"当成"举例证明"。

☺ 生：老子这里也应该是"举例说明"，而不是证明。

11-3

凿户牖以为室，当其无，有室之用。

● 师：户原来指的是门，牖指的是窗，户牖就是门窗。

☺ 生：开凿出门窗作为屋子，当屋子有了中空之地，才有房子的作用。老师，屋子有门是肯定的，最早的屋子是不是有窗，不一定吧？

● 师：还真不一定。我们现在很难推测人类最早是啥时候建房子居住的，最早的房子是不是有窗，当然也无法考证。有些东西，我们还能做出推测。比如上面说的陶器，我们发现最早的陶器出现在距今大约 12000 年的样子。最早的房子都坍塌了，我们不可能挖掘到。

☺ 生：知道啥时候出现重要么？

● 师：还是很重要的。知道陶器什么时候出现，我们可以推测农业社会是啥时候诞生的。

☺ 生：农业社会必须有陶器？

● 师：谷物种植出来，必须有可以烧的容器才能煮来吃，陶器是可以放在火上烧的最早的容器了。所以农业社会必然是陶器出现以后，才有可能出现，也就是说，人类进入农业社会是在距今

12000 年左右。

☺ 生：有道理。如果知道房子最早出现的年代，那我们就知道了人类啥时候开始过定居生活的。

● 师：我猜想，人类建造屋子居住，从简陋到完善，经过一个很长的阶段。开始人们应该是住在洞穴里来避风躲雨，随后用竹木搭起简单的窝棚。七万年前我们祖先从非洲走出来，随后有一批人渡海去了澳洲。

☺ 生：用啥渡海的？

● 师：应该是用竹木扎的筏子。许多人觉得不可思议，有人就扎了一个竹木的筏子，沿着祖先们可能漂流的线路，真的漂到了澳洲。这说明那时人们就很会利用竹木了。既然这样，肯定也会利用竹木来搭建避雨挡风之所。什么时候用泥土和木材来造房子的，还真无法考证。

☺ 生：那些东西都腐烂了，是挖不到的。

● 师：实质上中国境内盛产竹子，我们民族祖先可能是制造竹制工具的能手，在中国境内就很少挖到石器时代的工具，估计是用竹制工具取代了。

☺ 生：竹子做的刀肯定比石头打造的刀好用。

● 师：但竹制工具在地下烂掉了，不可能挖到石器时代使用的竹制工具了。同样，要是我们祖先用竹子搭起竹楼用来居住，也腐烂在地下了，无从考证。

☺ 生：竹楼出现应该很早吧，现在傣族人不是还住竹楼嘛。

● 师：傣族的竹楼是很精致的，体现了很高的建筑水平。那些竹楼甚至都不打地基，直接在石头上把结构架起来。

☺ 生：要是古人也这样，竹子烂掉，地基也没有，就更不可能挖到这些上古建筑了。

☺ 生：老师，我听说傣家竹楼还有一个名字叫"孔明帽"，说是诸葛亮七擒孟获时，看到傣族人还住在洞穴里，于是按自己帽子的样子，替傣族人造了竹楼。

● 师：这是情感性思维导致的。

☺ 生：跟情感性思维有啥关系？

● 师：诸葛亮七擒孟获，根本就没打到傣族地区。傣族是较早进入有文字记载历史的民族，现在傣文还分新傣文和老傣文，傣历记元也应该快 1500 年了吧。怎么说在三国时代，傣族也不至于落后到还住在洞穴里。"孔明帽"的说法肯定来自汉族，估计跟《三国演义》的影响有关，这部小说使汉族人把孔明奉为智慧的象征。

☺ 生：有可能，汉族人对自己民族的感情，加上对诸葛亮的感情，可能是情感性思维导致的。

● 师：我们不能小看古人的智慧，也不能小看其他民族的智慧。

11-4　　**故有之以为利，无之以为用。**

☺ 生：因此"有"是作为使用的便利，"无"是作为使用的功能。老子举那些例子，就是为了说明这一句吧。有是便利，无是功能，这对么？

● 师：无关乎对错。有无总是存在的，而且相互依存。如果你加上宾语，再放到具体环境中，可以找到对的例子，也可以找到错的例子。

☺ 生：有钱总是好的吧，提供生活的便利；没钱肯定不好，没钱还有啥好处可言？

● 师：钱太多就会泛滥成通货膨胀，钱和物资要有一个平衡，或者说与生产能力要有一个平衡。

☺ 生：但愿有的便利落到我头上，无的功能落到别人头上。

● 师：这种愿望强烈的话，会不自觉地影响到思维，最后导致感情性思维。

● 师：绝大多数感情背后都有价值观支撑的，价值观纷乱繁多，正确的价值观并不见得占多数，所以人们的感情扭曲错误比比皆是。比如人们说"一切为了孩子"，听起来好像理所当然，其实很难说正确。生存与繁衍是人类永恒不变的两大主题。"为了孩子"其核心就是繁衍，可繁衍不能完全凌驾于生存之上。生存与繁衍必须并重，人类生存的目的不可能仅仅为了繁衍，也就是说，一个人不能只为下一代而活着。要是那样的话，每代人都应该为下一代而牺牲，人类生存的本质就被扭曲了，生存与繁衍不再是并重的了，而成了生存为了繁衍。保证下一代能健康成长是对的，一切都为了后代肯定是错的，错在代际平等没有了，自身的生存本质没有了（或者说被繁衍的本质取缔了）。我们可以观察一下，在"一切为了孩子"这样一个错误观念支撑下，诞生了多少感情。

☺ 生：老师说得好有道理。我爸妈老说一切为了我，为我干这干那，我也无法阻止，结果弄得我总觉得欠他们多多，要是有啥不听他们的，心理负担很重。我跟父母之间就没有平等可言。

☺ 生：我也是。现实中，父母仿佛是我的奴隶，心理上，又觉得我是他们的奴隶。在家里，一点平等都谈不上。我说难道你们就是为了我活着的吗？他们会反问，不为你活着为谁活着？我发脾气说，你们就不能为自己好好地活一次吗？于是我跟父母之间就会发生争吵。我已经过了 18 岁，不想让他们管着；他们认为我忘恩负义，无视他们的辛苦付出。

● 师：现在你们体会到"有"为便利，"无"为功能了吧？

☺ 生：体会到了。"有"了父母事事替我们做的便利，就"无"自己独立的功能了。

● 师："有"和"无"要达到平衡。把"有"全部留给自己，把"无"全部留给父母。在不正确的观念下扭曲了父母与子女的感情。要修正这种关系，你们得学会拒绝，自己能做的事，坚决不让父母做，属于自己的事儿，坚决自己完成，拒绝让父母为自己做一切。当你获得父母为你付出的便利时，你得想一想自己失去了什么。要成为一个独立的人，与他人平等的人，就得记住，天下没有免费的午餐，在家庭里也一样。

☺ 生：糖衣留下，炮弹打回。

● 师：留下的不仅是糖衣吧，还有心理负担和感情的扭曲。有得到必有付出，得到现实的好处，付出人格的缺失。这就是有得必有失，就是"有"与"无"的平衡。

☺ 生：再怎么说，父母为我们付出，那是强迫性接受。

● 师：既然父母还能强迫你，说明你还没有独立，还没有成熟。

十二章

12-1

　　五色令人目盲；五音令人耳聋；五味令人口爽；驰骋畋猎，令人心发狂；难得之货，令人行妨。

● **[注]** 五色：红、黄、黑、白、青。五音：宫、商、角、徵、羽。五味：酸、甜、苦、辛、咸。爽：伤，亡。妨：伤，害。

☺ 生："口爽"是啥意思？

● 师：味觉受到破坏。"令人心发狂"中的"发"，有学者认为是混进去的一个字。不过就算混进去也没改变意思。

☺ 生：老子这句的意思也很明白的：**各种颜色叫人眼花缭乱；各种声音叫人听觉混乱；各种味道叫人丧失味觉；奔跑打猎叫人心生狂野；稀有物品叫人行为不轨。**"行妨"就是行为受到伤害，行为不正常，翻成行为不轨，不会有错吧？

● 师：很到位。老子举的例子均是外界的诱惑，音、色、味、玩都是好东西，这些也是导致人们惑乱的诱因。要让人们不惑乱，要么去掉外界的东西，要么摆正自己的态度。

☺ 生：老子提供的方法好像是去掉外界的东西。

● 师：不是。外界的东西作为现实的存在，不可能去掉。老子是明白这点的，所以他还是说要摆正自己的态度，用自己的态度去除外界的东西。

☺ 生：有点像孔子教颜回，"非礼勿视，非礼勿听"之类的。

● 师：既然外界的诱惑现实存在，你不可能去除，那只好从主观入手，要么接受，要么拒绝。

☺ 生：拒绝很难的。色彩缤纷的衣服不穿，硬是穿灰一色的服装；有音乐不听，好吃的放在面前不吃，像颜回那样，吃个白饭加白开水；到了游乐场，硬是不玩；别人送你钻石项链，就是不要。我肯定做不到。现代人都做不到的。不知道老师有没有这种毅力。

● 师：我采取接受的态度，我想不出什么理由要拒绝好东西。

☺ 生：老师也太理想化了。

● 师：五色目不盲，五音耳不聋，五味口不爽，玩乐心悠然，得到宝贝心坦然，这才是境界。靠杜绝来使自己心清静，实在是太低级了。

☺ 生：我不行。我喜欢听音乐，又是个吃货，美食当前，大快朵颐，激动不已。

● 师：青春激情荡漾，还在长身体，可以理解的。老师上了年纪，激动不起来了，有好吃的也不能多吃，必须防着"三高"。有难得之货，欣赏一下即可。想想不久就要去敲死神家的门，占有对上了年纪的人来说，真的不太重要了。

☺ 生：靠年龄来拒绝诱惑，不算啥境界吧？

● 师：我不赞成年轻人拒绝诱惑，诱惑是一种动力，没有诱惑，对许多人来说，就没有在社会上奋斗的动力。当然感官的诱惑还只是低级诱惑，更高级的诱惑是精神上的。

☺ 生：那就是荣誉、地位和权力了。

● 师：我认为权力、地位也属于低级诱惑。

☺ 生：个别人就很享受权力，指使人做这干那，很满足的。当个官也没多少物质上的好处，但人们还是很愿意当的。

● 师：当然有这种人，把权力作为精神享受，不过大多数人追求权力是因为权力能带来物质方面的好处，最简单的就是做官比普通百姓收入高。

☺ 生：20 世纪 90 年代四川有个副市长嫌收入太低，辞职"下海"，后来成了富翁。

● 师：据说古罗马帝国做官不拿工资，行政开销不够的话，还得自己贴钱。他们官员是平民选出来的，当选后还要付"新职费"。一般人连"新职费"都交不起，所以平民做不了官，做官的只能是贵族。

☺ 生：这样还有人做官呀？

☺ 生：古罗马帝国做官完全是为了权力么？

● 师：不全是。主要还是爱国。

☺ 生：爱国？

● 师：古罗马人尤其是贵族，爱国热情高涨，一些有钱的商人为国捐款甚至到了倾家荡产的地步。

☺ 生：现在中国商人哪个可能捐款到倾家荡产？

● 师：我们现代人可能无法想象，在古罗马帝国这很正常。比如在人口稠密的奥斯地亚港，发了财的卢西亚，体面地宴请了全城居民，铺了一条又宽又大的大道，修复了七幢庙宇，重建了浴室，并捐献给市库 300 万银币。还有著名的小普尼林发财后，献出 60 万塞斯脱，相当于 75000 多美元，其中六分之五作为穷人的粮食基金，其余建造了图书馆。

☺ 生：古罗马富人如此乐善好施，那国家也不用投资公共设施建设了，靠富人捐款就行了。

● 师：的确如此。古罗马帝国的公共设施基本上都是富人捐款建的。比如庞贝古城，这座城市在公元 79 年被威苏维火山湮没，所以保存完好。庞贝是约两万人的小城，市中心是聚会的公共会堂，也是交易中心，城中心的一边是朱庇特神，另一边是阿波罗和城市守护神维纳斯。城里共有三个公共浴室，一座体育馆，一座可容纳 2500 人的小剧场和一座可容纳 5000 人的大型剧场，还有一座可容两万人的圆形竞技场。城市设施非常齐全，不靠有钱人捐款，两万人的小城能有财力建造这些设施么？

☺ 生：颠覆想象。要是老子生活在古罗马帝国的话，估计也会爱国热情高涨的。

● 师：举古罗马帝国作为例子，并不是说古罗马帝国有啥好，毕竟那还是奴隶制社会，绝大多数人是奴隶。我只是想说，除了物质方面的低级诱惑外，还有精神方面的高级诱惑，古罗马帝国的城邦爱国主义，就属于高级诱惑，老子认为去掉低级诱惑，人就能"守静"，这是不可能的。

12-2 是以圣人为腹不为目，故去彼取此。

☺ 生：老子的确认为，去除感官享受，就能达到"守静"的圣人境界。他说：因此圣人只为满足温饱，不追求感官享受，为此去除感官享受而求取安宁。把"目"理解为感官享受，可以吧？

● 师：就是这个意思。老子把人看得太低级了点。人是社会动物，除了感官享受外，还有"社会享受"。

☺ 生：啥是社会享受？

● 师：社会动物的社会性源于集群性质，凡是集群性的个体，自然有荣誉感，就社会来说是荣誉感，就个人来说，就是面子了。面子的基础在于社会性，即他人的目光。

☺ 生：好像也是感官享受吧。富豪的钱完全超出了个人生活所需，他们还拼命赚钱，不就是享受他人羡慕的目光吗？

● 师：有他人的目光，也有社会的称赞、别人的乞助、施舍的快乐、媒体的话语权等之类。总之，已不是财富的个人消费享受，而是社会属性上的享受，所以可以称之为"社会享受"。

☺ 生：好像权力也一样，做官除了收入比一般老百姓高，还拥有许多"社会享受"。要是做官必须对老百姓点头哈腰，献上谄媚的笑，那就没有"社会享受"了。

● 师：社会享受是高级享受，它是社会环境导致的。古罗马城邦爱国主义热情高涨，在贵族甚至平民中形成了社会氛围，要是一个有钱人不肯为国捐款，就会被人看不起，就会觉得自己很没面子。但在占人口绝大多数的奴隶中，恐怕不会有这种热情。

☺ 生：每个社会阶层都会形成自身的社会环境。奴隶阶层没有话语权，只有靠行动来争取生存权，所以才有斯巴达克起义。

● 师：社会环境是每个人本质力量对象化的社会能量的总和。一个阶层没有话语权，并不意味着这个阶层不存在，也不意味着这个阶层不构成社会力量。老子"为腹不为目"是针对统治阶层提出的，被统治阶层，一生"为腹犹不饱"，还能有啥感官享受。

☺ 生：这也是老子自己所处的个人社会环境决定的。

● 师：每一个社会阶层总有其本质存在的，统治阶层不可能完全违背其本质而存在。即便古罗马帝国城邦爱国热情高涨，可富人捐款公益、贵族做官不拿钱，毕竟是违反私有制社会本质的，是不符合统治阶级本质的，最后还是要破产的。

☺ 生：这恐怕是在帝国最繁荣强大时期，才会导致的贵族阶层的社会环境吧。帝国没落了，谁还会捐款，谁还会爱国，自己赚钱要紧。

● 师：是这样。到古罗马帝国后期，贵族们也没了爱国热情，捐款自然不愿意，做官不拿工资还得贴钱，就更不愿意了。没办法，古罗马帝国出台法律：老子当官，儿子必须当官。原本靠选举产生的官员，现在靠强迫。法律一出，"官二代"们纷纷逃亡国外。

☺ 生：真是好奇葩的事儿。

十三章

13-1 宠辱若惊，贵大患若身。

☺ 生：有成语"受宠若惊"，老子这里把受辱也放进去，啥意思？

● 师：惊慌失措是因为觉得自己不该得到。"贵"在这里是重视的意思。

☺ 生：那意思应该是：得宠和受辱都惊慌失措，重视大祸患要像重视自己的身体一样。

● 师：老子后面对这句有自己的解释，我们连起来看。

13-2 何谓宠辱若惊？宠为下，得之若惊，失之若惊，是谓宠辱若惊。

☺ 生：啥叫宠辱若惊呢？宠是对下的，下面的人得宠心不安，失宠心发慌，这就叫宠辱若惊。敢情得到也心慌，失去也心慌，真要得心脏病了。

● 师：这就是封建等级，尤其是在官僚阶梯上攀爬的人，下级官员总想得到上级官员的赏识，受宠不知所措，失宠也如此。中国封建时代的文人、知识分子尤其没出息，读书就是为了做官，所以从小就培养起了谄媚上级的性格，一旦科举成功，进入官场，"宠辱若惊"是他们生存的常态，很是可悲。

13-3 何谓贵大患若身？吾所以有大患者，为吾有身，及吾无身，吾有何患？

☺ 生：老子解释：啥叫重视大祸患像重视自己身体一样呢？我之所以会有大祸患，是因为我有身体，等到我没身体了，我还会有啥祸患呢？

☺ 生：没身体了，就是死了呗，死人当然没啥祸患。

● 师：老子还是偏向唯物论的，不能说他相信灵魂不死的观念。他在这里说"无身"，实际的意思恐怕不是没有身体，而是不重视身体。

☺ 生：无视自己的身体？

● 师：不一定是无视，应该是不重视。不重视自己的身体，也就不重视祸患，不再担心祸患落到自己头上。

☺ 生：很少有人总担心有祸患落到自己头上吧。要是老担心有啥灾难降临自己头上，整天忧心忡忡，还活个啥劲？

● 师：现在是和平时期，当然很少有人有这种担心。若在非正常时期，这种担心还是存在的。

☺ 生：反正我们都没经历过，我们不担心，我们处在一个很安全的时代。

● 师：新冠肺炎疫情来了，还是担心的吧？

☺ 生：那当然。真像老子那样，不看重自己的身体，才能不担心。不过人们都很看重自己的身体，自觉地在家隔离起来了。

● 师：在正常时期，人们还是很重视自己的，当然并不见得重视自己的身体。

☺ 生：觉得天上掉馅饼会砸到自己头上，又怕把自己砸死，很矛盾的心态。

● 师：重视自己，觉得好事会落自己头上，祸患肯定不会惹上自己。很少有人会像老子那样整天担心祸患沾身。

☺ 生：老子生活在动荡年代，有这种担心可以理解。

● 师：不一定动荡，老子是说给那些在等级阶梯上的人听的，他们整天患得患失，提心吊胆，生怕灾难落到自己头上。

☺ 生：不看重自己，就不会在意灾难了？

● 师：唯物论者一般比较重视身体，没有身体就没有灵魂。唯心论者说一套做一套，表面上否定肉体或肉体的重要性，实际做起来把自己的身体护得牢牢的。

☺ 生：我没见过相信灵魂不死就愿意放弃肉体的人，也没见过精神至上者有饿死自己的。有人说唯心论者由于相信灵魂不死，或者灵魂进天堂之类的，在面对死亡时，就不会那么痛苦。唯物论者知道死亡意味着灵与肉俱灭，面对死亡时会很痛苦。老师认为是不是这样？

● 师：只是猜想，无法证实。死者死了，不可能告诉你他如何面对死亡，如何感受死亡之痛苦的。猜想的东西完全没有科学依据，只能作为闲聊时的乐趣，不能作为问题来探讨。你可以这样猜想，别人可以那样猜想。好像现在还没有仪器来测试痛苦的程度。

☺ 生：不过我觉得这种猜想有道理。要真是清楚地认为死亡意味着灵与肉的灰飞烟灭，一定是非常痛苦的。要是觉得死亡后灵魂升入天堂，或许还蛮乐意的哩。

● 师：就算相信存在出壳的灵魂，人们还是很在乎自己的身体的，而且往往在乎的是身体的感官快乐，并不在乎身体自身的健康。

☺ 生：吃货们只在乎味觉享受，不在乎吃出"三高"；懒人们享受"葛优瘫"，不在乎会不会肥胖；热衷于视觉刺激的人，才不在乎会不会眼睛近视哩……身体是要用的，不用也会老去的。马拴在厩里不跑，难道不会老死吗？所以看重自己的身体，照我说，就是看重身体的使用。像老子那样，看重身体是为了清心寡欲，放弃身体的享受，我们恐怕做不到。

● 师：的确，人们往往并不在乎身体本身，而在乎其使用价值。不过，要让自己的身体好一点，你就不得不合理使用，不能过度使用，否则很快就用坏了。

☺ 生：对呀，合理使用才是关键。

● 师：咋才算合理使用呢？学习、工作都得使用，剩下的时间还得维修，真正让你感官享受的时间并不多。

☺ 生：悲剧。除非把学习、工作作为享受，否则加上吃饭、睡觉、休息，真是没多少时间可以享受。每每想到此，我就不那么在乎身体了，在乎的是，自己把多少时间用于没多少乐趣的事上。

● 师：为啥学习、工作没乐趣？学习的目的是考试拿文凭，工作的目的是赚钱生活，学习和工作似乎不是生活本身。

☺ 生：就是。把工作当生活的人，那是工作狂，很变态的。

● 师：问题出在哪儿？

☺ 生：感兴趣的事儿不能当饭吃，不能成为工作。

● 师：那就转移兴趣，把可以当饭吃的事儿弄成自己的兴趣。

☺ 生：干一行爱一行，那是正确的态度。有些人是干一行怨一行，可能刚开始干的时候爱这一行，干长了就烦了、厌了、痛恨了。

● 师：喜新厌旧是普遍的心理。要满足这样的心理，可以不断换工作。

☺ 生：换工作可不容易。就算你有能力找工作，可老换的话，就不容易升职，不升职，到老还混在单位底层，收入无法增长，越混越差。

● 师：这才说到点子上了。为了收入稳定和增长，就算没了兴趣，你也不得不干下去，于是工作就成了负担。你们来学校读书也是为了能有收入高一点的工作。谁能说自己读书纯粹是为了个人爱好，为了提升自己的修养？说来说去，收入才是重点。身体的使用，主要是为了收入。有一定的收入，可以维持生活；有更高的收入，可以过更好的生活；不断提高收入，积累起财富，可以为生活提供保障；把财富积累得越来越多，可以在与别人的攀比中胜出，以满足心理上生活的优越感……总之，人们在收入和财产面前，尽可能地把身体使用到极限，人自然成了财富的奴隶。

☺ 生：为生活和为财富，是有本质区别的吧？

● 师：很难量化赚钱到什么程度是为生活和为财富的转变。这或许还取决于你的生活方式，取决于你生存的社会环境。

☺ 生：生命是有限的，赚钱是无限的，把有限的生命全花在无限的赚钱上，不太明智。

● 师：所以嘛，合理使用身体才是明智的。

13-4

 故贵以身为天下，若可寄天下；爱以身为天下，若可托天下。

☺ 生：老子说：因此以看重身体的态度去治理天下，才可以把天下托付给他；以爱护身体的态度去治理天下，才可以把天下托付给他。看来老子很注重自己的身体，把身体放在首位。难怪后来的道教追求"金刚不坏之身"，炼丹吃药，企图长生不老。

● 师：佛教从东汉时传入中国，当时很受汉族人排斥。西汉时，被"方士"们改造过的儒家学说被统治阶级认可。

☺ 生：啥是被"方士"改造过的儒家学说？

● 师：所谓"方士"，就是有文化的巫师。

☺ 生：巫师搞迷信的，还有文化呀？

● 师：用文化来搞迷信，比较高级而已。现在也有不少文化人搞什么祭祀祖先，搞祖先崇拜，表面上说是崇尚传统文化，你能说搞祭祀活动不是迷信？

☺ 生：把祭祀场面搞得很庞大，为的是吸引游客来赚钱。

● 师：汉武帝喜欢有文化的巫师，信这些人，所以董仲舒的"天人感应"得到了汉武帝的推崇，天上的道理就是地上的伦理，汉族人就特注重伦理、血亲和家庭的观念。佛教讲啥呀？

☺ 生：看破红尘，出家当和尚。

● 师：抛弃老婆孩子，出家当和尚，一点家庭的责任都没有，这太不是东西了。儒家学说能容忍这套东西么？佛教刚传进来时，汉族人很是鄙视，认为是"蛮夷之教"，政府也不支撑，汉朝法律不允许国人出家。

☺ 生：后来因为战争，人口锐减，人们对生活失望，才使佛教站稳脚跟，迅速发展的吧。

● 师：中国历史上每次战争混乱时期，都要使人口丧失很多。每次战争都会使佛教兴起，儒家学说衰弱。三国之后，中原人口丧失90%，遍地都是尸体，埋都来不及埋，你不看破红尘，心理肯定有问题。是出家当和尚，还是隐居修道，这是正常心理的选择。道教认为："炼人身体，故能令人不老不死。"战争年代，生活没了希望，人们总得弄个希望活下去，看不见，无法证实，才是希望。

☺ 生：要涅槃使灵魂去极乐世界很难的吧，生前得积德行善，不杀生，普度众生之类的，一般人就是信了也做不到。

● 师：玩虚的还不容易呀，人家有的是办法。西晋佛教大翻译家鸠摩罗什有个弟子叫竺道生，灵机一动，提出"人人都有佛性"，甚至提出"一阐提人（作恶多端的人）皆得成佛"。

☺ 生：连最坏的人也可以成佛，那好人自然很容易成佛了。这种说法应该叫"放下屠刀，立地成佛"吧？

● 师：对。不过要成佛还是很难的，要面壁、坐禅、念经什么的，没有艰难的修炼，成了不佛。对此佛教也有办法改变的。到了唐朝，禅宗出了个慧能和尚，他提出放弃佛教经典，不但不坐禅，而且也无须念经，一切都是心灵的顿悟。你啥也没做，一天早上醒来，突然顿悟了，就成佛了。

☺ 生：这也太简单了吧？

● 师：就因为简单，老百姓觉得自己都有可能成佛，愿意接受，所以禅宗打败了佛教的其他流派，风靡中国。到这份上，道教还在搞长生不老这一套，自然就不行了。

☺ 生：要是道教追溯到老子的话，看重自己的身体还真是从老子这儿来的。

● 师：老子看重身体只是要人们遵循人体的自然规律，并不是追求违反规律的长生不死。人人都想长寿，对人类来说，并不是啥好事。

☺ 生：为啥？

◉ 师：生老病死是自然规律，过于长寿会使我们这个地球种群数量过大，只有老的不断死亡，年轻的才有足够的生存空间。地球空间有限，人类的社会空间也是有限的。

☺ 生：啥是社会空间？

◉ 师：作为群体生存的人类，其社会化生存不仅要有文明提供的物质空间，也要有文明提供的文化空间。老人的社会生存要占用很大的医疗资源，也要占用很多文化休闲资源，他们不是活着就行了的，必须在社会空间里活着。

☺ 生：懂了，这是社会老龄化问题。

◉ 师：长寿有好的一面，也有不好的一面，要辩证地看问题。

十四章

¹⁴⁻¹ 视之不见，名曰"夷"；听之不闻，名曰"希"；搏之不得，名曰"微"。此三者不可致诘，故混而为一。其上不皦，其下不昧，绳绳兮不可名，复归于无物。是谓无状之状，无物之象，是谓惚恍。迎之不见其首，随之不见其后。

● ［注］致诘：追究。皦：光明。昧：昏暗。绳绳：延绵不绝。惚恍：若有若无。

☺ 生：视而不见叫作"夷"；听而不闻叫作"希"；抓而不得叫作"微"。老子这是在讲他的"道"吧？

● 师：是。有学者解释说，夷是没有颜色，希是没有声音，微是没有形象。反正老子认为"道"是看不见、听不着、抓不住的东西。他还说，这三方面是不可以追究的，因为它们是浑然一体的。

☺ 生：就是不要去分别视觉、听觉、触觉，因为"道"在这三方面浑然一体，无法分别。我觉得老子讲不清楚，也有点啰唆。

● 师：一般人说不清，老子认为自己说得清，他又怕一般人听不懂，所以得啰唆点。既然直接讲不清楚，老子运用了侧面的形容和描写。在"道"的上面不显得光明，在它的下面也不显得昏暗，它延绵不绝得不可名状，无限伸展之后又回复到"无"。这就叫没有形状的形状，没有物体形象的形象，这才叫若有若无。迎面看它，看不到它的头，尾随其后看它，又看不到它的尾。

☺ 生：说它是某种规律，是一个抽象概念不就得了，弄一大堆词来形容，把简单的事说得很复杂、很玄乎了。

● 师：要理解老子的时代，那会儿或许根本没有抽象概念这个说法呢。就算今天我们观念里有抽象概念这个说法，真要你讲清楚一些抽象概念，恐怕你也很难讲清楚吧。比如"永恒"，你咋解释？

☺ 生：没头没尾，一直延续下去，不受时间限制……好像不太贴切，要解释清楚不容易。

☻ 师：再比如"真理"，你咋解释？

☺ 生：永恒不变的规律？必须遵循的原则？违反了会招致灾难的东西？

☻ 师：不好解释了。要讲清楚一个抽象概念是不容易的，更何况在老子那个科学还很不发达的年代。老子的伟大不在于他提出并讲清楚"道"，而在于他否定了用具体形象来理解抽象概念的思维方法。他话的意思就是，用具体的形容是讲不清楚"道"的。

☺ 生：今天我们是不是有些人还在用具体形象来理解抽象概念？

☻ 师：不是有些人，而是大多数人。

☺ 生：不会吧？

☻ 师：我们在讲规律、概念时，喜欢举例说明，举例说明就是用具体形象来理解抽象概念。每门学科的概念都是抽象的，比如哲学、文学、社会学等。我们给这些抽象概念一个定义，说文学是反映社会生活的一种艺术。这个定义看似简单，深究起来根本就不明白。

☺ 生：咋不明白啦？我觉得蛮清楚的嘛。

☻ 师：社会是啥？社会生活又是啥？艺术是啥？这些都是抽象概念。用抽象概念去定义抽象概念，要是抽象概念都需要解释才能明白的话，这个定义就是不明不白的。当你解释一个抽象概念时，肯定需要借助新的抽象概念，这就像俄罗斯套娃，一直套下去。

☺ 生：这样说就有点意思了。抽象概念最终必须通过具体化、形象化才能解释清楚，而老子否定了具体化、形象化可以解释抽象概念。也就是说，老子下了个套，使他的"道"不可能解释清楚，他的"道"自然成了不可捉摸的东西。

☻ 师：老子有必要下这样的"套"么？否定用具体化、形象化来说明抽象概念，这是对的。一旦用具体化、形象化来解释抽象概念，这个概念本身就落到了具体的片面性之中。比如"自由"，用奴隶社会的具体情境来解释，那就是人身自由。落到封建社会，可能就是行为自由了；而资本主义社会，人们会理解为思想自由。

☺ 生：那放在宇宙环境里，是不是指离开地球的自由？

● 师：有可能就是。法国作家圣·埃克苏佩里的小说，比较多地反映了这样一个观念："自由就是责任。"

☺ 生：怎么解释？

● 师：他是一个飞行员，经常翱翔天空，感觉到很自由。但飞上天不是为了自己翱翔的，而是有任务的、有责任的。所以在他的情境里，自由就意味着责任。

☺ 生：没想过用具体解释抽象会出现片面性问题。用抽象解释抽象，陷入对抽象无限性解释的困境，用具体解释抽象则会陷于片面性，那么抽象概念就无法解释了？

● 师：抽象概念也是从具体情境中产生的，只不过一个概念往往是从众多的具体中得出的结论，不会是单一的具体实现中的总结结果，当我们把它用到单一的具体现实中时，它就进入了片面。所以用具体来说明白抽象是可行的，也是很有必要的。只是不能用单一的具体现实来证明抽象的正确性，要证明抽象的正确性，必须通过众多具体现实的验证，还必须通过理性思维。

☺ 生：听起来很复杂嘛。

● 师：比如说国家这个概念。你下个定义，有政权、人口、国土面积、法律制度、军队警察，等等。但世界上有不存在军队或警察的国家，现在意大利境内还有一个只有一幢大楼没有国土却被承认的国家。历史上也存在过没有法律制度的国家。总之，你得考虑到各个具体的国家，才能准确地给国家下定义。

☺ 生：老子认为他的"道"作为抽象概念，看不见摸不着，无法用具体形象理解，这总是不对的，再怎么抽象，也是从众多具体中总结出来的，通过众多具体现实中的解释，总可以解释清楚的。

● 师：老子讲的"道"有点复杂，并非单纯的抽象概念。它被视为万物的本原，从这个意义上说，它是实体，是现实的；同时它又被视为万物运行的规律，从这个意义上说，它又是抽象概念了，是从万物运行的具体中得出的规律性概念。不过，即便是作为万物本原的实体，老子也认为是看不见摸不着的，即他所谓的"无"。一切的"有"是从"无"中诞生的。

☺ 生：那老子的"道"到底咋看？

● 师：老子的时代科学不发达，无法证明"道"的存在与否。既然无法科学证实，那就是一种猜想。老子的伟大在于，他的这种哲学本体论上的猜想基本是合理的。

☺ 生：为啥叫基本合理？

● 师：今天的科学证明，宇宙是一个质点上爆炸产生的，爆炸产生了各种元素，各种元素产生世界万物。爆炸之前是咋样的，我们现在还不清楚，如果我们忽略爆炸的那个点，那么万物的确是从"无"当中产生的，的确是"无中生有"。万物也铁定有其各自的运行规律，起始盛衰是不可避免的，把规律称之为"道"并尊重之，也是正确的。在科学不发达的年代，有这样的哲学猜想，是很了不起的。

14-2　执古之道，以御今之有。能知古始，是谓道纪。

● ［注］纪：纲纪，规律。

☺ 生：这里的"古"不能翻译成古代吧？

● 师：原初的意思。

☺ 生：把握原初就存在的道，来驾驭现在的具体现实。能了解原初的开始，这才叫"道"的规律。按意思翻译过来，有些别扭。

● 师：从行文来说，是有些不顺，可意思还是蛮顺的。老子的"道"说起来意思蛮多，但最重要的两个意思，即万物的本源和万物运行的规律。老子的这句也就强调了这两个意义。

☺ 生："原初的开始"就是万物源于"道"吧，那么"道"就是"无"，万物从无到有。驾驭现实，应该指"道"在具体的现实中的规律，那"道"就是"有"了。

● 师：老子是要让人们明白，万物有源头并有规律支配着运行。这个思想从今天来看，依然是正确的。如果你不是神秘主义者的话，应该不会反对这观念。

☺ 生：为啥神秘主义者会反对？

● 师：没说神秘主义者一定会反对，是可能会反对。我们很难跟神秘主义者对话的，他们中有人会认为万物有源头，有人认为没有；有人认为万物运行有什么东西支配着，有人认为没有。神秘主义者之所以神秘，是因为完全靠自己的猜想，他们不需要任何依据，或者他们的依据根本不需要科学论证。

☺ 生：唯心主义者不也完全取决于自己嘛，我没瞧见，就不存在。

● 师：哲学上的唯心主义跟神秘主义毕竟不一样，唯心主义是讲道理的，虽然讲的是一套歪理，可思维方法上还是要理性，并非随心所欲。比如斯宾诺莎的"上帝"概念，有点跟老子的"道"相类似，也有万物原初的意思。他跟犹太教之间的矛盾在于，他不承认上帝世俗化，不承认世俗化为耶稣。斯宾诺莎有自己的哲学观点，是个理性主义者。

☺ 生：哲学上的唯心，往往是理性主义者吧。像笛卡尔的"我思故我在"，是靠理性来否定一切的存在，最后只肯定我的存在，因为我在思考。唯物论者应该说成"我在故我思"。

● 师：唯心并不一定就是理性主义者，像叔本华、尼采这种哲学家就不讲道理。叔本华说一切取决于自己的意志，我想生出来，所以我就出生了。

☺ 生：真是不讲道理。

● 师：唯心论者往往也有世界原初的说法，当然一切源于心灵。

☺ 生：老师前面说过，这种世界原初的本体论问题，在哲学上现在已经破产，没有任何意义了，那老子的这一说法，现在也没啥意义了吧？

● 师：现在当然没意义了，不过在老子的时代，这样的猜想是很有必要的。

☺ 生：为啥？

● 师：猜想走在科学前面，给科学提供方向性的帮助。老子当然不认为自己是猜想，几乎所有哲学家对自己的本体论都充满信心，不认为自己是在猜想。在我看来，没有科学实验论证的理论，均属于猜想。说现代哲学作为本体论的形而上学破产，并不是说不需要本体论的猜想，而是说这种猜想完全被科学取代了。比如量子力学的出现，科学家们猜想有平行宇宙的存在，有一个跟我们完全一样的世界在另一个宇宙里同时存在，有一个跟你完全一样的你在平行宇宙里也同时存在。这种猜想现在还无法证实其对错，但科学完全能进行这样的猜想，不需要哲学的帮助了。

☺ 生：为啥以前需要哲学的帮助？

● 师：科学不发达，哲学家才能进来"浑水摸鱼"，科学发达，沿着科学发展的路径，科学家就能做出种种猜想，就没哲学家们啥事了。

☺ 生：也是，现在要是有哲学家跳出来说宇宙的起源、万物的生成，那就可笑了。

十五章

15-1

　　古之善为道者，微妙玄通，深不可识。夫唯不可识，故强为之容：

　　豫兮若冬涉川；犹兮若畏四邻；俨兮其若客；涣兮其若凌释；敦兮其若朴；旷兮其若谷；混兮其若浊；[澹兮其若海；飕兮若无止。]

● ［注］豫：迟疑。犹：警觉。俨：端庄。涣：水深。凌：冰。澹：水深。

☺ 生：古代善于遵循道的人，奥妙而通达，深不可测。只因无法认识他们，因此才勉强形容。老子说的古代，肯定是没有文字记载的时代吧？

☻ 师：没有文字记载，就能随便说。老子和孔子都推崇古代，似乎那些没文字记载的时代才是开明盛世，自己所处的时代一代不如一代。

☺ 生：现在犹和豫两字连用，也就是迟疑不决的意思。

☻ 师：据说豫和犹是两种动物，豫生性多疑，犹则胆小警觉。古人指的是什么样的动物还真不清楚。

☺ 生：迟疑谨慎哪，像冬天过河，这河结着冰，所以才要谨慎。

☻ 师：应该是担心冰面开裂。

☺ 生：警觉小心哪，像提防着四周的邻居；端庄严肃哇，像来做客的嘉宾；水很深啊，像冰融化的河；敦厚得像纯朴的素材；空旷得像深深的山谷；浑浊深厚得像看不清的水；[深刻得像深不可测的大海；飘逸得像无止境之物。]老师，为啥最后一句用中括号？

☻ 师：有人认为这句是后人添加上去的。

☺ 生：噢。老子的这段形容不像哲学，倒像是文学。

☺ 师：有点文采就是文学呀，把文学贬得太低了点吧？

☺ 生：反正老子来了一串比喻，尽往好的方面说。

☻ 师：从文采上说，中国哲学家中庄子恐怕是文采最好的。有西方的学者把庄子归为文学家，因为庄子文章里有许多寓言，他们把庄子归为中国早期的寓言作家，就像古希腊的伊索。

☺ 生：西方哲学家当中有文采好的么？

☻ 师：恐怕非西方现代哲学奠基人，法国哲学家柏格森莫属了，他获得了诺贝尔文学奖，以表彰他哲学著作中非凡的文采。

☺ 生：可惜呀，我不懂法语，否则拿来读一读应该很不错的。

☻ 师：哲学家当中获得诺贝尔文学奖的，还有法国哲学家萨特和美国哲学家罗素，不过萨特也是个作家，而罗素因为书写得多，表彰的是他影响力大。

☺ 生：跨行业获奖，而且是世界最高奖，那太牛了。

☻ 师：学术有专攻，文采可没有专攻。我觉得马克思和恩格斯的文采也是很不错的。

☺ 生：我总觉得他们的书很高深，看不太懂。

☻ 师：老子的文字在很多人看来，也很高深，其实用白话一说，至少在文字上也就这样了，并不见得高深。

☺ 生：文学化的赞美的确会让人心生敬意，老子这样一说，我还真觉得遵循道的人很了不起。

☻ 师：尼采认为他写得最好的一部书是《查拉图斯特拉如是说》，其实书里充满了对上古预言家查拉图斯特拉的赞美。哲学可不是赞美，是要讲道理的。

☺ 生：用赞美来讲道理，就是不讲道理。

15-2

孰能浊以静之徐清；孰能安以动之徐生。

☻ 师：有学者为了与"静"相对，把"浊"理解为"动"。

☺ 生：老师咋理解？

● 师：我认为老子的意思是：谁能在混乱中保持宁静并慢慢让自己清静起来；谁又能在安宁中保持运动并慢慢使自己生龙活虎。

☺ 生：老师，生龙活虎有点过了吧？

● 师：那就翻成"生气勃勃"。

☺ 生：这还差不多。

● 师：看来你成老师了。

☺ 生：不敢。

● 师：至少是一字之师。老子这句的意思蛮清楚的，就是静中能动，动中能静，两者兼备。

☺ 生：有点中庸之道的意思。

● 师：老子并不讲究中庸，他只是认为不能走到极端，走到极端就会物极必反。所以他才提出乱中求静，安中求动的思想。只有这样，才能不导致极端。

☺ 生：老子认为走极端是不好的，老师，难道就没有走极端是好的例子么？

● 师：任何道理都得放在具体环境里，才能知道是啥"道理"，也只有针对具体环境中的事件，才能知道这"道理"是不是真理。

☺ 生：我认为不管啥环境，走极端总是不好的。

☺ 生：戊戌变法的失败，是不是不肯走极端，抱着"中学为体，西学为用"的理念不放？

● 师：应该是失败的一个重要原因吧。走极端的人自然也有好的一面，比如"工匠精神"就是一种走极端的精神。

● 师：精益求精的"工匠精神"，往往跟走极端的个人性格是分不开的。差不多，做得不比别人差就行，这样的中庸观念，绝对不可能培养出大国工匠的。

☺ 生：老师，行为上走极端也是很危险的吧，遇挫折一时想不开就走极端，不是危害社会，就是伤害自己。

● 师：所以呀，脱离了具体事件，我们很难去评判走极端是好是坏。

15-3

> 保此道者，不欲盈。夫唯不盈，故能蔽而新成。

- ● [**注**] 蔽：敝，旧。
- ● 师：蔽而新成，就是推陈出新的意思。
- ☺ 生：这样的话，这句指：遵循不走极端道理的人，不会把事情做得太绝对。只有不到绝对的地步，因此才能推陈出新。
- ● 师：有学者把"盈"理解为自满。我觉得不妥，自满与骄傲义近，完全脱离上面走极端的意思了。
- ☺ 生：不走极端，才能推陈出新。这有因果关系么？好像没有吧。
- ● 师：这样要求老子有些过分。逻辑学最早是亚里士多德建立的，老子时代不能说不讲逻辑，但肯定没有严格的逻辑性要求。老子的意思是走到极端了，那就做死了，只能走向反面了，不能再改革更新了。
- ☺ 生：这样说还能理解。按老师认为"工匠精神"就是要走极端的说法，那就不是"不欲盈"，而应该是"必欲盈"。不过我觉得要是真走到了极端的话，就应该像老子说的，无法再推陈出新了。
- ● 师：要确定什么才是极端，恐怕并不容易。网络通信 3G、4G，现在正在推广 5G，将来还有 6G，还能不能推出来 7G、8G，真是不好说。走到哪一步才是极端，才是"盈"，不能再推陈出新了，谁也说不准。我把老子的这种思想放到技术创新上说，只是想说明，不走极端并非在所有的事情上都是对的，有些事就得走极端。但老子的这一想法主要不是指做事，而是讲为人。为人不要走极端，凡事要给自己和别人留点余地，这样人际关系才能推陈出新地发展。
- ☺ 生：做人凡事不要做绝，大多数人都知道这点，应该没错。
- ● 师：对此我也不完全认同老子的观点。做人做人，是做出来的，不是说出来的，做人就是行事。凡行事必涉及他人，涉及他人就得看涉及的是什么样的人。事情不做绝，本不在事情，而在事情涉及的对象。如果你们考试有谁作弊，我就得严惩，你能说我事情做得绝么？我不严惩，就会对不作弊的同学不公正。对此我必须在规定的条款下做绝。

☺ 生：我赞成老师的做法。法律上对坏人就要做绝，老想着治病救人，教育为主，惩罚为辅，那对受到伤害的人就太不公正了。我认为杀人偿命是天经地义的事，现在一些国家废除了死刑，那对被杀者是很不公正的。这事也应该做绝，不能给杀人者推陈出新，重新做人的机会，要不然你让死者如何安息？

● 师：有些事你不做绝，就会伤害到其他人。宽容一个坏人，不仅对被伤害的好人不公平，而且还可能会使更多的好人受到伤害，这样社会生态就会恶化，所以决不姑息的态度还是要有的。教育挽救，只能针对那些无意间犯罪，造成对别人伤害不严重的人。对故意犯罪，造成严重后果的恶者，应坚决把他们从人类社会里清除掉，实现社会的公平公正和社会环境的正常化，这是必须的。

☺ 生：疾恶如仇，做到极端，我也认为这是必须的。坏人虽说也是人，如果他不让别人做人，他就不配做人。

● 师：一定要记住，人都是"社会人"，没有纯粹生物意义上的人。即便是生物学意义上的人，那也是在社会意义上进化出来的。

☺ 生：这咋说？为啥说生物学意义上的人，也是社会意义上进化出来的？

● 师：人是集群生物，集群性就是社会性，如果没有这种社会性，你能从树上下来直立行走么？你能褪尽体毛吃到熟食么？一切人类进化都是在社会意义上的进化，是在集群力量强大下的进化，从来就没有单独个人生存意义上的进化。所以说，根本就没有纯粹生物学意义上的进化。

☺ 生：照老师这么说，那其他集群性动物的进化也应该是社会性进化。

● 师：那不一样，其他集群性动物没有脱离自然界的生态链，其进化还属于纯粹的生物学意义上的进化。人类学会了使用火，学会了吃熟食，学会了制造使用各种武器，无论是家庭模式还是个体行为，完全从自然生态链中脱离了出来。脱离靠的是集群性力量，脱离之后的进化，靠的也是集群性力量，这种集群性已经与动物的集群性完全不一样了，已经是社会性了。

☺ 生：明白了。我们之所以不用采集打猎了，体力退化了，体毛很少了，有汗腺了，都是因为我们可以战胜自然，而战胜自然的能力，来自社会力量。

● 师：正因为这样，否定社会性之人，就不再是人了，连集群动物都不如了。社会性就是人具有的社会规范、社会原则，以及与其他人相处的道德要求，犯罪就是否定人的社会属性，把一己的生理属性置于首位，而这些所谓的生理属性，大多也是在社会性之下进化出来的。

☺ 生：那就是人性吧。如果人性就是人的社会性，或者在社会性之下进化出来的本性，我同意老师的观点。

十六章

致虚极，守静笃。

☺ 生："笃"也是极度、顶点的意思吧？

● 师：是。老子总是把心灵的空明和宁静作为人生的境界。

☺ 生：**把招致空明、安守宁静做到极致**。是这个意思吧？

● 师：理解得没问题。

☺ 生：老师，我认为空明就是空虚，空洞得啥都没有，咋会啥都明白呢？

☺ 生：哦，照你这么说，老子就是要把心灵弄得极度空虚，把寂寞进行到底？

● 师：也可以这么理解。

☺ 生：这也对呀。

● 师：意思就是这么个意思，理解的不同在于赞成不赞成。

☺ 生：老师是赞成还是不赞成？

● 师：谈不上赞成与否。现代人知道，一切都源于脑，并不在心。所谓心灵空虚做到极致，就是脑子啥都不想，你们认为自己做得到么？

☺ 生：做不到。除了睡觉外，我脑子一直在想问题。

● 师：脑子一直在运行着的，所谓空虚，最多也就是想一些没啥纠结的问题，或者像意识流小说那样，毫无目的地东想想西想想。脑细胞不运行，就是脑死亡，脑死亡人就没气了。

☺ 生：老子的心灵空虚，在老师的嘴里就成了不着边际的瞎想。

● 师："守静"也一样，你说的，马拴在厩里也会老的。人坐着不动，细胞也在更新死亡。绝对的静止是不存在的。

☺ 生：老师这是钻牛角尖。老子的意思是不要为世俗之事烦恼，不要为世俗之事奔忙。

● 师：只有衣食无忧的贵族才能做到吧。一切由仆人们为之操劳，自己才能极度空虚、百般无聊。就一般人而言，即便生活无忧，能做到的也只是让自己在社会生活中边缘化，想一些与发家致富、争夺私有财产无关的事，并不能脱离社会。无论如何，生活琐事还是要想的。

☺ 生：据说达摩老祖面壁十年，他到底在想什么呢？脑细胞不动的话，早死了。

● 师：面对着墙壁，只想佛教之理，那才叫钻牛角尖哩。

☺ 生：说是人睡觉时，小脑都在动，所以才会做梦。

● 师：睡觉时脑子咋样，是科学问题，我不太清楚。但人醒着时，脑子是一直在运行的。有人聪明，有人笨，其实是针对某事而言的。一个孩子读书不好，并不意味着他笨，只是他对读书这事没兴趣，脑细胞活跃不起来，或许他对玩很在行，因为遇到玩的事儿，他脑细胞就活跃起来。

☺ 生：要这样说，面对自己有兴趣的事儿，脑细胞都会活跃，人都很聪明。没有读不好书的孩子，只有对读书不感兴趣的孩子？

● 师：理论上是这样。问题是，如果一个孩子对读书不感兴趣，接受的知识少，他对其他的事情再感兴趣，也聪明不到哪里去。感兴趣是一回事儿，通过学到的知识对感兴趣的事儿深入了解、深入研究是一回事儿。

☺ 生：明白了。赌徒对赌博都感兴趣，因为读书少，不懂得"概率学"，要是读书多，就会研究赌博，就会认清赌博就是个骗局，或许他就成了反赌英雄。

● 师：读书多也未必认得清，要看读的是哪方面的书。俄国文学大师陀思妥耶夫斯基也是个好赌分子，不能说他读书少，只能说他没读过概率学这方面的书。

☺ 生：有些孩子对感兴趣的事儿，不仅脑细胞活跃，而且会主动去读这方面的大量书籍，这样的孩子，应该能成为这方面的专家吧？

● 师：那要看感兴趣到什么程度。有些人爱玩鸟，看了一些养鸟方面的书，比一般人对鸟知道得多一点，他感兴趣的程度到此为止，成不了鸟类专家。除非他能做到自己没有不知道的鸟，对每种鸟的习性了如指掌，他才能成为鸟类专家。

☺ 生：成为专家好难。我爱玩游戏，还真没兴趣知道所有游戏的制作过程和制作规则。

● 师：对某件事能持续兴奋一辈子，兴奋到必须了解其所有，才能成为专家。和尚面壁十年，脑子里尽在想佛理，成为这方面的专家，也是情理之中的事。

☺ 生：这样看，"空明守静"是不存在的，脑细胞是在一直活动着的。

● 师：所谓"空明守静"，就是让脑子去想大家不想的问题，不去想世俗的问题和令人烦恼的问题，想一些不着边际的事儿，或者干脆让脑子漫游式地瞎想。

☺ 生：老子的崇高境界，在老师这里咋变成这样可笑了。

● 师：难道真能让脑细胞不活动？对活着的人来说，显然这是不可能的。

16-2　　**万物并作，吾以观复。**

☺ 生："观复"是啥意思？

● 师：看到循环往复的规律。

☺ 生：**万物蓬勃生长、共同运行，我为此看到了循环往复的规律。**老子认为啥都周而复始、循环往复，没啥新鲜玩意儿，所以还是啥都不想为好，让心灵极度空虚。

● 师：历史上在很长时间里，这种观点被认为是正确的。日子一天天过，一年年重复，动植物和人本身从生长到死亡，一代又一代重复生命过程。即便发现了地球自转、公转，也会认为这种转动周而复始。社会似乎也一样，剥削阶级压迫被剥削阶级，哪里有压迫，哪里就有反抗，历史上农民起义都是这种反抗。反抗了，建立起新政权，诞生新的剥削阶级，最后又起义反抗了，循环往复，周而复始，一成不变。

☺ 生：教科书上说，农民起义推翻封建王朝，好像也没建立起不是封建王朝的政权。

☻ 师：农民起义若成功，建立起的也都是封建王朝，所以只能说，农民起义更新了封建王朝。这一规律在封建时代的人看起来，就是循环往复。所以《三国演义》里说"分久必合，合久必分"，就是这个意思。

☺ 生：老子在他那个时代看透这个规律，是很了不起的吧？

☻ 师：的确是很先进的思想。不过到了现代，我们已经知道这个规律是完全错误的。看似周而复始地重复，其实都不是重复，是进步。

☺ 生：有道理。陈胜、吴广起义没有预谋，黄巾军起义有预谋；黄巾军起义提出"苍天已死，黄天当立"，还是借助于天人感应，朱元璋就不需要这种口号，而且搞赢了。到李自成提出分田分粮，再到洪秀全提出"男女平等"，观念上看起来一直在进步。

☻ 师：这就是从量变到质变的过程。没有东西是单纯地重复的，生物和人的进化也如此。一代代的人看似没什么变化，或者变化极其细微，那是量变的积累过程，某一代骤然产生了基因突变，完成了一次进化。地球自转公转，从几十亿年的角度看，当然是有变化的，其实并非是一成不变的重复。

☺ 生：老子要是有今天对宇宙的科学认识，有进化论，怕也不会提出万物循环往复的规律。

☻ 师：中国传统知识分子被这种循环往复的表面所骗，以为在重复，所以才会导致黑尔格认为"中国没有历史，只有朝代更替"。中国是有历史的，只是量变的过程有点长而已。

16-3

　　夫物芸芸，各复归其根。归根曰静，静曰复命。复命曰常，知常曰明。不知常，妄作凶。

☺ 生："芸芸"原来指草木茂盛，这里指啥？

● 师：转了个意思。万物蓬勃生长，各自又回归到它的起点。"根"是根本，意思就是起点。

☺ 生："复命"又是啥意思？

● 师：重新开始新的生命，孕育新的生命。"常"是经常，这里指"规律"。

☺ 生：回复到起点叫"静"，归于静寂了又重新孕育新的生命。重复开始一轮新生命和运动，这才叫规律。懂得了规律才是明白。不懂得规律，就胡乱地搞出许多乱子。

● 师：翻得不错。要是我们不去意识从量变到质变的变化，仅从表面上看，社会与个人生命，还真是遵循周而复始的规律。老子的时代，能看到表面的周而复始，也算是明白人了。

16-4

　　知常容，容乃公，公乃全，全乃天，天乃道，道乃久，没身不殆。

☺ 生：这里的"容"理解为宽容好还是包容好呢？

● 师：都可以。

☺ 生：知道规律就能包容，能包容就能做到公正，能公正就能顾全大局，能顾全大局就能符合自然的规律，自然规律就是"道"，能符合"道"就能行事长久，终身免于灾祸。老子说来说去，都是为了躲灾。他那个时代灾祸很多么？

● 师：春秋时是不是天灾频仍，我们不知道。至于人祸，恐怕也没法跟后来的战国时期相比，老子不属于奴隶阶层，不会有被主人随意杀掉的风险。我感觉，老子对灾祸的恐惧感，可能主要来自官场争斗。老子怕是在朝廷弄不过别人，去当了仓库保管员。这样的职务应该没啥升迁的机会，也没人跟他争。

☺ 生：老师还真能想。或许这样的职务人家也要争，老子搞不过人家，只好辞职不干了。

● 师：有这种可能的。二十世纪五十年代，沈从文搞不过那些北大中文系的不良教授们，只好去当了图书管理员。

☺ 生：要是老子在朝廷干不过人家，被边缘化才当仓库保管员的话，那他还在讲包容、公正、顾全大局，心也够大的。

☺ 生：那是自我安慰好吧。哦，知道规律就能包容，那对违反规律、践踏规律的人，他咋包容？

● 师：你这是把老子理解得太狭隘了。老子的意思是万物都周而复始，不管为恶为善，最终都会走向极端而毁灭，又从头开始来过，所以他提倡睁只眼闭只眼。他认为的社会大局就是"分久必合，合久必分"，周而复始地循环，而这就是规律之下的"公正"。

☺ 生：人们常说"事在人为"，老子的意思正好相反，事在人不为，为了也白为，因为事情总是从诞生到死亡，由兴而衰，从头再来。

● 师：这就是老子的无为。要是社会真的是一成不变、周而复始地循环，那老子的无为还真可谓最好的处世方式了。但，社会一直在改变，看似循环，却是在量变，最后达到质变。有为的人努力改变社会，不为的人，社会拖着你为。

☺ 生：啥叫"拖着你为"？

● 师：你们读大学拿文凭，真的都是自觉自愿的么？我看有些同学就是被社会拖着而为的。不读没法就业，只好读。这不是被社会拖着而为么？老子本不想写这书，不写守关的军官不让他过关卡，很无奈，也属于拖着而为。

☺ 生：也是。无为得有人养着你，否则没法活。

● 师：老子讲究顺其自然，得过且过。他不可能无为，只是被社会拖着走而已。

☺ 生：我们应该积极向上，积极作为。

● 师：弄潮儿、顺潮儿、逆潮儿，社会潮流不可阻挡，你们自己选做哪种人？

☺ 生：不弄潮也被潮冲走，还不如弄弄。

● 师：积极而为也一生，消极应对也一生。人的一生只有一次，没有试错的机会，你们可要想好了。

十七章

17-1 　太上，不知有之；其次，亲而誉之；其次，畏之；其次，侮之。信不足焉，有不信焉。

● ［注］太上：至上，最好。

☺ 师：老子这里讲的是统治者。

☺ 生：噢。这句意思是：最好的统治者，老百姓不知道他存在；其次是老百姓觉得他很亲切，纷纷赞美他；再次一级的，就是老百姓害怕他；最差劲的，就是老百姓侮辱他。统治者诚信不足，就会有人不相信他。

● 师：老百姓不知道统治者的存在，恐怕是老子美好的想象，这是不可能的。

☺ 生：我也觉得不可能，就算以前信息不发达，统治者还是要收税的吧，老百姓能不知道谁收了自己的钱？

● 师：至于亲切、害怕、侮辱都是可能的。对于封建社会的统治者，老百姓害怕是主要的，说亲近、赞美，怕是拍马屁的为多，真心实意的很少吧。老百姓的生杀之权掌握在封建统治者手里，还觉得封建统治者很亲切，有这种可能么？

☺ 生：装出来的。老师考试都会给我们及格的话，我会觉得这个老师很亲近。否则赞美老师，就是想混个及格而已。

● 师：这才是大实话。老师与学生的关系可不是敌对关系，而封建社会的统治者与被统治者的关系可是敌对关系。老子根本就没认识到这种关系的性质。

☺ 生：一个社会、一个国家，总归有统治者的吧，他们与被统治者的关系，一定是敌对关系么？

● 师：氏族社会的管理靠的是血缘亲情，那时候的统治者对于氏族成员来说，觉得很亲近。

☺ 生：对老百姓没有生杀大权么？

● 师：没有。酋长和头领都是大家选出来的，选举的标准是道德至上。谁被认为是道德高尚者，谁就能当选。他们所谓的权力，就是代表氏族跟其他氏族交涉，在氏族内部比其他人更有话语权，更有权威，大家都愿意听他的。

☺ 生：那管理起来太难了吧。要是有人不听，就没法管。

☺ 生：要是有人犯罪，你没生杀之权，咋办？

● 师：氏族社会有"神判"，他们靠神来判决。

☺ 生：这是啥判决？

● 师：磨手掌、走火炭、上刀山、下油锅……

☺ 生：把人扔油锅里？太残暴了吧？

● 师：不是。在烧开的油锅里扔两颗石子，争执双方各捞起一颗，看谁的手先起泡，起泡的一方就是理亏。磨手掌、走火炭也一样，看谁的手掌，谁的脚先起泡。

☺ 生：这也太不讲道理了。

● 师：大家都信这个，这就是道理。这种思维方式叫野性思维。

☺ 生：是够野的，一点理性也没有。那要是有人被杀，杀人偿命，这样的惩罚应该有的吧？

● 师：有。不过也不是酋长或头领的权力，而是大众的权力。

☺ 生：啥叫大众的权力？

● 师：大家投票表决谁是凶手，或者由巫师指认谁是凶手。一般来说，巫师不敢随便指认，他要是指认一个大家公认的好人，巫师自己可能会被处死，因为他违反了民意。

☺ 生：啊？那谁还敢当巫师呀？

● 师：所以大家投票表决比较多。众人一般都会把道德最差的，人人都讨厌的人，指认为凶手，然后处死他。

☺ 生：要是这样的话，谁都得讨好别人，争当道德模范。不然不知道哪天就挂了。

● 师：虽说"神判"不讲道理，可氏族社会道德至上，还是很和谐的，大家都懂得谦让，争执不多，杀人事件更是非常罕见的。在氏族成员眼里，管理者是最值得亲近和信赖的人。

☺　生：难怪老子希望统治者讲诚信。

●　师：老子肯定不会了解没有文字记载的氏族社会，他所处的时代国家已经产生，管理已经从血亲管理质变成了地域管理。管理者早就不靠道德来维持其权力，而是靠武力来对不服管的子民实行镇压。

☺　生：靠武力维持的权力，提倡管理者讲诚信，这不可能的吧？

●　师：所以我说，这是老子的幻想。

17-2　　悠兮其贵言。功成事遂，百姓皆谓："我自然。"

●　师：老子这句是讲最优秀的管理者。"贵言"是看重语言，这里指很少发号施令。

☺　生：很悠然呀，很少发布政令。事事都能办成，老百姓都说："我们自己就是这样的。"老百姓的意思是不是指，没有管理者，也事事都能办成？

●　师：你们觉得没有管理者，老百姓每件事都能办成么？

☺　生：可以的吧。没有城管，老百姓摆摊更容易，只是乱一点而已。

●　师：真的只是乱一点么？

☺　生：我看不行的。没有城管，占道经营、抢占地盘、争夺摊位、以大欺小……没有管理者，社会乱套了。

●　师：集群化生存没有管理者，肯定是不行的。狼群有头狼，猴群有猴王。终归有发号施令者，有维护集群规则的人，否则集群就散了。集群化生存的物种，要靠个体独自生存，那是不可能的。

☺　生：人猿泰山，独自在森林中生存，征服各种野兽。

●　师：那是文学的幻想。在社会化生存基础上发展出的智力，以这种智力再去森林中独自生存，那体力呢？社会化生存进化出的体力，能与森林中的猛兽对垒么？

☺ 生：体力很强壮的人，应该可以。

● 师：个例不能说明问题的。前面讲过，用极端的个例说明社会问题，那属于偏执型思维。武松打死老虎，个人体力很强。人要能在自然中独自生存，不靠群集的力量，除非绝大多数人都是武松。

☺ 生：肯定不行。我也觉得任何集群化生存都需要管理者。

☺ 生：老子的意思不是不要管理者，而是管理者顺应百姓的自然生存，使百姓感觉不到自己被管着。

● 师：愿望是好的，现实却很残酷。或许母系社会管理者能做到这点，父系社会，尤其是国家产生后的父系社会，根本就没这种可能性。

☺ 生：为啥母系社会可以做到？

● 师：母系社会属于亲情管理，从母亲的血缘上说，大家都带有血缘关系。你做得不对，违反集体规则，亲戚们都要说你。要是你很没道德，说不定哪天集体投票就把你灭了，所以大家都很在乎亲戚们对自己的看法。

☺ 生：道德不良者会感觉很不自在，一般人或许真的不会感觉到有管理者。

● 师：不过这种管理只能在人口不多的情况下有效，人口一多，血缘就分辨不清了，就无法靠亲情管理了。按照人类学家摩尔根的观点，超过50万人，氏族社会的管理模式就不适合，血亲管理必然会转换为地域管理。

☺ 生：不管血缘关系，只管住在哪里？

● 师：对。国家管理属于地域管理，不管你血缘源自哪里，只管你生活在什么地域。不过在国家政权诞生之前，即便是地域管理也不带有强迫性。你觉得这个部落不适合你，完全可以跑到别的部落去。

☺ 生：别的部落会要你么？

● 师：一般来说都会接受，尤其是部落扩张时期，来者不拒。氏族和部落的首领们为了不让氏族成员流失，就会努力维持公正、公平，所以美洲的印第安部落会举行散财宴。

☺ 生：啥是散财宴？

● 师：印第安部落都已经不再是母系共产主义社会了，而是私有财产产生后的父系氏族社会，只是国家尚未产生。为了提高氏族集团的聚焦力，富有的酋长就会举行一年一度的散财宴，把自己的财产分给氏族的其他成员，甚至分给其他氏族或部落的成员，以"均贫富"的形式来使氏族中的贫困者脱贫，也以此来招徕其他氏族成员投奔自己的氏族。

☺ 生：那是氏族社会的脱贫攻坚战哪。

● 师：母系社会对财富实行"酌量取用，不可带走"，父系社会有了私有财产，贫富差距就开始拉大，对管理者没感觉就不可能了。酋长拥有很多财富，不分给我们，我们就不选你当酋长，不让你再拥有权力。到国家政权诞生以后，有钱的酋长就花钱组建自己的军队，你要不服就灭了你，酋长就变成了国王。毛主席说的很正确："枪杆子里出政权。"

☺ 生：那西方现代所谓的"民主"制度，国家的头是老百姓投票选出来的，好像跟枪杆子没关系吧？

● 师：国家政权跟谁当头并没直接关系，跟私有财产是直接挂钩的。要是父系氏族社会酋长的财富，足以组建军队、供养警察，谁还搞什么散财宴？资本主义社会的"民主"，国家政权已经发展到维持社会的整个私有财产体系，所谓普选，就是选出私有财产的代言人，谁做代言人并不重要，重要的是竞选者背后的财团，各个财团的属性不同，就会推出偏向于自身属性的竞选者，目的是当选后在私有财产的竞争中，自身的财团立于不败之地。所以西方国家的总统竞选之争，其实是私有财产的属性之争。争的是私有财产的性质偏向，根本就不是政权的性质。

☺ 生：这样一说就明白了。难怪西方国家那么敌视社会主义，社会主义政权的性质与西方国家的政权完全不同。

● 师：老子时代当然对国家政权的性质是认识不清的，老子认为管理者顺应老百姓的"自然"，就是管理的最高水平。其实整个奴隶社会和封建社会，国家政权的目的就是对社会财富进行再分配，管理者并不创造财富，却拥有对财富进行再分配的权力，这就是国家政权。

☺ 生：照老师这么说，社会财富分配得公平一点，才是国家管理者的正道。

⚫ 师：有学者认为，原始社会是抢"蛋糕"，封建社会是分"蛋糕"，资本主义社会是做"蛋糕"。这种观点，完全是往资本主义社会脸上贴金。

☺ 生：任何社会都要做"蛋糕"的吧，没"蛋糕"的话，抢什么，分什么呢？

⚫ 师：原始社会的"蛋糕"是平均分配的，封建主义社会是用权力抢"蛋糕"，资本主义社会是通过资本即生产资料来抢"蛋糕"。所有的"蛋糕"都是劳动人民创造的，剥削阶级不是通过权力，就是通过资本来抢"蛋糕"。这就是马克思的观点，就是《资本论》。

☺ 生：如此一分析，马克思真的很伟大，揭示了资本主义的本质。

十八章

18-1

　　大道废，有仁义；智慧出，有大伪；六亲不和，有孝慈；国家昏乱，有忠臣。

☺ 生：大道废弃了，才有了仁义的渴求。老子的"仁义"跟孔子的"仁义"是有区别的吧？

● 师：孔子的仁义是针对社会和人的，老子的仁义概念更加宽泛，主要指顺应自然规律。老婆死了，庄子放声歌唱，就是顺应生死的规律，否则庄子就成了毫无仁义之人了。只不过老子把社会规律等同于自然规律，这肯定是不对的，主要是老子时代还无法认清社会规律。

☺ 生：社会规律真的与自然规律完全不同么？有没有相同的地方呢？

● 师：不能说没有，相同也只是巧合而已。

☺ 生：此话怎讲？

● 师：人类的生存与繁衍都脱离了自然生态链，我们吃的粮食和蔬菜都是种出来的，野生的东西只占很少部分，以后会越来越少，甚至完全杜绝吃野生的。如今地球上的人口极其庞大，超过74亿，要是再吃野生的，不管是植物还是动物，很快就会灭绝，人类也将无法生存。

☺ 生：老子说，有智慧出现，就伴随着欺骗的产生；亲人不和，就会提倡慈孝；国家昏乱，就会显示出忠臣。

● 师：这是老子最重要的思想，也是最有价值的思想。就是对立面相互依存，并同时发展。

☺ 生：为啥说这是老子最重要的思想？

● 师：我认为直到现代，这个思想还是正确的。一些学者总认为，原始社会是野蛮社会，国家建立之后的社会是文明社会。其实我们反过来，也可以这样说，原始社会是文明社会，而国家建立以后的社会是野蛮社会，甚至可以说，古代社会是文明社会，现代社会是野蛮社会。

☺ 生：能这样说么，老师？

● 师：原始社会科学不发达，智慧不高，可注重道德，很少出现尔虞我诈的欺骗。母系氏族是没有私有财产，亲属间很少有矛盾，大家和睦得很，不需要提倡什么慈孝观念。私有财产产生之后，才会闹出那么多家庭矛盾。

☺ 生：这是实话，现在大多数家庭不和，就是为了钱，为了家庭财产。

● 师：国家尚未产生，谈不上忠奸，和平时期，要做背叛国家的奸臣，恐怕机会都没有，只有君主昏聩，国家动荡，才会有奸臣。

☺ 生：对呀，外族入侵时，才会出民族英雄。

● 师：私有财产的产生，导致人类进入野蛮时期，它的对立物——文明也就诞生了，野蛮发展得越来越厉害，文明程度也就越来越高，正所谓"道高一尺，魔高一丈"。

☺ 生：老师的说法跟别人正好倒过来呀。

● 师：因为他们没搞清楚原始共产主义是怎么回事。科学落后，生产力不发达，或许在私有制面前，在物质上可以跟"野蛮"相提并论。在私有财产没有产生之前，或产生后尚未以武力来保护私有财产之前，会产生野蛮吗？

☺ 生：不过在出版的书籍和影视作品中，都把落后氏族当野蛮，难道都是不对的？

● 师：当然是不对的。你能说一个不懂事的孩子是野蛮的，成年人是文明的么？

☺ 生：要是把原始社会比喻成孩子，现代社会比喻为成人的话，那只能说原始社会是幼稚的，成年人既有文明，也有邪恶。

● 师：规律是自然和社会发展中总结出来的，当人类步入野蛮后，文明也随之发展。老子对立面相互依存，彼此助长的观点，在现代社会还适用，所以是很有见地的。

十九章

[19-1] 绝圣弃智，民利百倍；绝仁弃义，民复孝慈；绝巧弃利，盗贼无有。此三者以为文，不足。故令有所属：见素抱朴，少私寡欲，绝学无忧。

● [注] 素：未染色的丝。朴：未雕琢的木。

☺ 生：这是老子的典型想法吧。杜绝圣人，抛弃智慧，对于老百姓来说，好处百倍。老师，前面老子不是也提倡过圣人嘛，这里咋要杜绝了呢？

● 师：老子圣人的概念是与自然融为一体的人。

☺ 生：拒绝并抛弃仁义，老百姓就能恢复孝慈观念；拒绝智巧并抛弃利益，盗贼就不会再有。老子执意要返璞归真呀。

● 师：社会的发展是没有回头路的，这跟我们的人生一样。你已经不是孩子了，还装得像孩子一样啥都不懂，这就不是天真了，而是傻。

☺ 生：老子要人家拒绝智慧和抛弃仁义，说明社会已经有仁义和智慧了，已经不再是孩子了。老师，社会要发展，只有否定不好的方面，而不是拒绝和抛弃好的方面。

● 师：按照老子的观点，好与不好，是相互依赖、彼此共存的，要是否定不好的一面，那不也否定了好的一面么？

☺ 生：对呀老师，你不是认为老子对立面相互依存的观点是正确的嘛。要是这样，就应该接受老子的观点，抛弃好的一面，坏的一面也就没有了。

● 师：表面是这样，其实社会的发展并不是抛弃好的或者坏的，而是继承历史地发展。辩证法大师黑格尔喜欢用"扬弃"一词。

☺ 生："扬弃"就是继承发展，抛弃坏的，继承好的？

- 师：没那么简单。比如用在社会体制上，应该是否定旧的而发展出新的，新的和旧的不可能完全不同，旧体制被否定了许多东西，却还会留下一些在新体制内，留下的东西并不一定都是好的。比如封建时代结束，进入资本主义社会，但许多国家并没有废除君主，实行的却是君主立宪，还保留了君主。

- 生：对呀，英国有女王，日本有天皇，说是国家的象征，那没有君主的国家就没象征了？不成为国家了？我看毫无用处，养着这些国王，白白浪费纳税人的钱。

- 生：还是我们国家好，把国王弄掉了。

- 师：一般资产阶级革命比较暴力的国家，就把国王"咔嚓"了，比如法国，把路易十六送上了断头台。

- 师：新社会是在旧社会之上发展出来的，否定旧社会也只能是扬弃，不可能彻底抛弃。所谓扬弃，就是有些被否定了，有些还留存着，留存下来的未必都是好的，只能慢慢改变。

- 生：就不能一下子全部否定么？

- 师：不能。否定的力量并非凭空而来，而是来自旧社会的蜕变。人不能拉自己的头发飞起来，而必须凭借地球上的物质创造出的力量脱离地球。

- 生：事物就是对立面斗争才得到发展的，发展出的新东西并不是彻底否定坏的方面，而是通过吸收坏的方面的某些东西，从而扬弃坏的一方，诞生出新的东西，这新东西里，仍然有好坏双方的对立面。

- 师：理解得不错，只是并非一定是好的扬弃坏的。历史是螺旋式发展的，有时候是坏的覆盖了好的，时代就倒退，变得更加糟糕。

- 生：难怪历史发展得如此缓慢，我看一战到二战，社会是在倒退。

- 师：老子认识到了事物都有对立面的斗争，却执意认为取消这种斗争，事物才能变好。

- 生：而且认为取消好的一面，坏的一面也会消亡。老子后面还说：**这三者（智慧、仁义、利益）是作为表面修饰的，不足以治理国**

家。所以应该让老百姓有所归属：只让他们看到纯朴，减少他们的私利、欲望，杜绝学问，保持无忧状态。

● 师：智慧、仁义、货利，是不是表面文章呢？

☺ 生：不是。人类社会的发展难道不需要智慧？大家都很蠢的话，科学不会进步，说不定我们现在还在茹毛饮血哩。

● 师：科学技术是第一生产力，现在大家都知道这个道理，尤其是进入互联网时代，科学技术会很快传播，很快被人用于生产，成为生产力的发动机。

☺ 生：地球人都知道，高科技公司越来越牛了。

● 师：科学不仅仅指自然科学，社会科学是不是生产力呢？

☺ 生：好像不能算。老师，您说文学、心理学能算生产力么？

● 师：一切生产力的主体都是人，人是生产力的真正原动力。社会科学和人基本上都有关系，尊重社会科学就是尊重人，尊重人就能发挥人的积极性，生产力才能真正发挥出来。

☺ 生：就算心理正常的人比心理不正常的人生产力高，但文学只是娱乐，跟生产力扯不上关系吧？

● 师：关系大了。文学是人学，是关于人及其社会生活的学问，没有文学修养的人一般情商都比较低，情商低的人要跟人处理好关系不容易。我们的生产都是集体性生产，集体的力量来自其内部的关系。你能说提高人情商的文学，跟生产力没关系？

☺ 生：难怪一些企业要搞企业文化，就是想让企业有凝聚力。

● 师：现在的企业文化绝大多数都是低层次的，搞点娱乐活动，大家沟通一下，企业内部的关系好一点，以此来提升企业的凝聚力。这跟文学扯不上边。

☺ 生：素质再好，也需要低层次劳动力吧，我看当农民就不需要跟文化、文学扯上边。

● 师：德国当农民都需要本科，甚至硕士、博士文凭。德国的农业实现了机械化，没有专业技术，很难玩转这些机械的。

☺ 生：这么牛呀。

● 师：自二十世纪初创立诺贝尔奖以来，只有八千万人的德国拿走了一半的奖，可以想象，德国人的素质之高。一战战败后，德国迅速成为欧洲数一数二的发达国家；二战战败后，德国又迅速成为欧洲经济龙头。说明这个民族素质很高，拥有智慧和科学。那仁义和货利不是表面文章，而是本质么？

● 师：货利指商业利润。中国古代社会一直"重农抑商"，把农耕经济捧上了天，这跟古人的"倒退意识"不无关系。

☺ 生：啥是"倒退意识"？

● 师：农耕社会已经进入了专业化的经济，专业化发达到一定程度，就会出现资本主义萌芽。

☺ 生：人们不是常说，小农经济自给自足嘛。

● 师：那是相对工业文明而言的。私有制发展到小农经济，已经不可能自给自足了。你种粮食，吃饭可以自足，穿衣呢？你得种棉花，得织布。盐咋办？难道还得晒盐？农具哪里来？你还得弄铁矿石，炼铁、打铁。即便是刀耕火种的民族，也已经有专业分工。有专业分工，就得有交易，就要有商业，就必须有商业利润。

☺ 生：老师，重农抑商并没取缔商业，只是不重视。

● 师：专业程度越高，商业就越发达，反之亦然。专业程度意味着行业细分率。行业细分程度决定了商业发达程度。你抑制商业，就是抑制行业的细分率，也就抑制了私有制社会的经济发展。

☺ 生：明白了。货利不是表面现象，而是私有制社会追逐的标的，是社会的本质。社会是由经济决定的，那么"仁义"肯定不是社会的本质，应该是表面文章了吧？

● 师：这要看仁义到底是什么概念，如果是道德的概念，就更不能说是表面的东西了。

☺ 生：不管是什么社会，道德总是社会的基础。不讲道德，人与人的关系就成了狼与狼的关系。

● 师：狼是集群性生存的动物，集群性生存的动物都是有行为规则的。这些规则落到人类社会里，那就是道德。

☺ 生：按老师的这种说法，狼也是有道德的啰？

☻ 师：视角不同而已。在狼眼里，人是它的食物；在人眼里，猪是我们的食物。猪会认为人是有道德的么？我们看狼，就如同猪看我们。

☺ 生：老师有点强词夺理。猪是人养来吃的，人也有把猪当宠物养的。

☻ 师：狼也有把人当"宠物"的。在二十世纪，我们至少发现了十几起"狼孩"事件。

☺ 生：我听说过，有人类的孩子被狼群养大，成了"狼孩"。我一直没想明白，狼为啥要这么做，为啥不吃掉被人类遗弃的孩子呢？

☻ 师：其实集群性动物都有"助弱"的本能。这种"助弱"本能会延伸到其他动物身上，动物幼崽也是弱者，人们觉得很可爱，于是就不忍心吃掉，反而养起来。

☺ 生：这样看来，狼真的跟人一样，有"助弱"的本能，什么狼心狗肺、狼子野心之类的，都是人类的偏见。

☻ 师：当然"助弱"行为也得在食物并不匮乏的情况下，才会产生。

☺ 生：奴隶社会连人肉都买卖来吃，古代一些野蛮军队把人肉当军粮，如此残暴。

☻ 师：这就是文明与野蛮同时发展的道理。正因为文明与野蛮是依存着发展的，老子才提出不要文明，意思是文明没有了，野蛮也不存在了。

☺ 生：他没这样说，只是说智慧、仁义这些文明是表面现象。

☻ 师：恐怕谁也不敢跳出来说，我们不需要文明。其实老子说的这些都是社会的本质，还真不是什么表面现象。

二十章

20-1

唯之与阿，相去几何？美之与恶，相去若何？人之
所畏，不可不畏。

● 师："唯"是应答的声音，"阿"在这里也是应答的声音，只不过
"唯"是下对上的应答，"阿"是上级对下级的应答。

☺ 生：是态度恭敬跟轻慢的区别呀。

● 师：所以有学者认为"阿"是"呵"的假借字，有呵斥的意思。

☺ 生：那美与恶不是相对词吧，今天美与丑、善与恶才相对。

● 师：前面讲了，中国古代知识阶层从来就没有科学精神，没有真
正去区别真善美，所以真善美都是可以替代的，老子这里应该是
指善与恶。

☺ 生：恭敬和不屑的答应，相差有多少呢？善与恶，相差又怎样
呢？人们所畏惧的，就不可以不畏惧。老子这里还是承接上面的
意思，认为善恶差别不重要，只要去掉向善之心，也就不会有恶
了。是这个意思吧？

● 师：老子在这里是提醒，虽说你可以在观念上认为相互依存的两
方面相差不多，但在现实中还是要尊重习俗观念。善与恶就更加
明显了，你认为善恶区别不大，你做件坏事看看？就算没坐牢，
也会记入档案，成为你终身背负的包袱。

☺ 生：观念上可以自由，行为上不能自由，老子也知道谨小慎微地
生存。

20-2

荒兮，其未央哉！

● 师："荒"指开阔，蛮荒之地就是开阔的地方。

☺ 生：这里好像不是指地方。

● 师：老子指的是思想、精神、意识领域。

☺ 生："未央"指没有结束么？

● 师：央是尽头的意思。

☺ 生：噢。思想领域很开阔哇，它是没有尽头的呀。老子是说思想无尽头，现实有局限，所以应该在思想上自由发挥，在现实中顺从习俗。

● 师：大致就是这个意思。

☺ 生：思想的巨人，行动的矮子。哲学家大多是这种人。

● 师：不能这样说。思想是寄存在肉体上的，一个人没了肉体，思想也就消亡。你首先得活着，才能有思想。等你们进入社会，在社会夹缝中艰难生存时，就能深切体会到这个道理了。

☺ 生：那萨特"存在先于本质"的观念，也是对的吧？

● 师：不对。任何存在都有本质，没有先于本质的存在。比如一个革命者被捕后，扛不过严刑拷打当了叛徒。难道他是先存在，然后再找机会体现革命本质？

☺ 生：他已经成了叛徒，革命队伍岂能再容他？

● 师：本质与存在不可能有先后。换一种存在，却想保留原来的本质，那是不可能的。本质随着存在的变化而变化。

☺ 生：既然是同时存在的，那么是存在决定本质，还是本质决定存在呢？

● 师：不能脱离具体的社会环境去讨论这个问题。人为了活下去，可以改变原来的本质；也能不改变原来的本质而放弃生存。

☺ 生：这就是做不做叛徒的区别吧。不过放弃生存，本质也就消亡了。也就是说，本质是随生存而改变的，不肯改变，只好跟生存一起消亡。

- 师：我觉得是社会环境决定你的本质和存在，当然在具体的社会环境下，有各种各样的存在，也有各不相同的本质，不过人的选择是有限的，因为每个人的个人环境不同，个人环境决定了你选择存在的方式，这种存在方式决定了你的本质。

- 生：人是行为的存在，哲学家不是行为的矮子么？

- 师：人的行为并不一定是在现实中的行为，也有在历史中的行为。教师现实中看上去平凡地生活着，可他教出了许多优秀的学生；知识分子没有做过现实中惊天动地的事儿，可能他留下了一部影响深远的著作，影响了后代。

- 生：懂了，行为不仅仅是在现实中倒腾。

20-3

众人熙熙，如享太牢，如春登台。

- [注] 太牢：古人用作祭祀的猪牛羊。

- 师："熙熙"原本指热闹，这里转一层意思，指大家兴致很高，很兴奋。

- 生：众人兴高采烈，好像享受了丰盛的肉食，如同春天登上高台远眺般心情舒畅。

- 生：你呀，就喜欢吃肉，看到肉就眉飞色舞。这里应该是大家享受丰盛的筵席才对。

- 师：讲吃肉也没错。古代老百姓恐怕只有过年时才能吃上肉。有人做过研究，古代老百姓每年吃肉，人均才一斤多一点。

- 生：啊？一个月一两都不到？

- 师：你每天只有一两肉吃的话，是不是觉得很痛苦？不要说一个月一两了。

- 生：难怪杜甫要写出愤怒的诗句"朱门酒肉臭，路有冻死骨"。

- 师：不体会古代百姓生存之艰难，真的无法体会诗句里的感情。孟子的治国理想中，就有希望百姓七十岁能吃上肉，有"朝吃肉，夕死可矣"的悲壮吧。

☺ 生：现在人喜欢看穿越剧，真能穿越到古代，肯定活不下去哩。

● 师：老子描写众人兴高采烈、心情舒畅，是为了跟后面的自己比较的。

20-4

　我独泊兮，其未兆；沌沌兮，如婴儿之未孩；累累兮，若无所归。

● **[注]** 泊：淡泊，宁静。兆：征兆，样子。孩：同"咳"，婴儿笑。累累：疲倦闲散的样子。

● 师：老子这里的"我"既指自己，也指与自己一样遵循"道"的人。

☺ 生：只有我宁静淡泊，没有一点兴高采烈的样子，混沌懵懂得如同婴儿还没学会笑；闲散慵懒的样子，好像无所归依。老子的意思就是大家很乐呵，只有像他这样的人很严肃，样子很无聊，对众人之乐没啥兴趣。

● 师：是这个意思。把自己跟缺少文化知识的普通百姓去比较，以此来显示自己了不起，满足自己的心理。

☺ 生：人总会跟别人比较的吧，尤其是跟不如自己的人比较。我考上大学，就会跟没考上大学的同学比较，心理上满足一下。

● 师：私有制社会，以"我"为中心，把"我"跟别人比较是很自然的事儿。不过一个人有幸接受了高等教育，应该具备不与人相比的素质，尤其是不与比自己文化低的人相比。

☺ 生：做不到吧，有知识、文化的人，总是自我感觉良好，良好的自我感觉，当然来自攀比。

● 师：做不到也得尽量注意，刻意把自己与缺少文化的大众对立起来，以此建立优越于大众的自我感觉，实质上是不懂文化或文化层次不高的表现。

☺ 生：老师认为老子文化层次不高？

● 师：是老子不懂文化，准确地说，是老子那个时代文化刚刚兴起，很多人还不知道文化是啥东西。

☺ 生：虽然文化积累不多，那时的知识分子还是懂当时文化的吧？

● 师：人类发明文字，把知识文化积累传承下去的目的是啥？为了人类共同的福祉。文化并非为了个人接受它并为之炫耀，以此建立个人的自我感觉的。有幸接受文化的人，应该具有人类命运的责任，更应该替没有文化、缺少文化的人造福。

☺ 生：明白老师的意思。老子的时代，文化知识为统治者所占有和垄断，作为统治人民的工具。所以，拥有文化必须是高高在上的统治阶层中的一员，为此看不起被统治阶级，也是必然的。

● 师：在剥削和被剥削的时代，剥削阶级始终垄断着文化知识，从而导致文化知识成为统治阶级的属性，创造文化知识的阶层是为统治阶级服务的。他们高高在上，完全不可能理解文化知识应该为人类福祉服务的道理，把文化知识的有无作为区别统治与被统治的标志。如果现代社会的文人还以此自傲于底层人民，那就是反人类的标志了。

☺ 生：老师的话有点重啊，现在个别文人自恃有文化，藐视没文化的人，还真是有哩。

● 师：老子的时代不能意识到这点，是情有可原的，现代文人还不能意识到这点，是脑子里没有人类命运共同体，只把文化知识作为个人的竞争工具。

☺ 生：知识改变命运，难道知识不是为了改变个人命运么？

● 师：知识改变命运是不错，但不要忘了，知识是人类长期发展积累下来的，接受知识也就接受了对人类的一份责任。

20-5 **众人皆有余，而我独若遗。我愚人之心也哉！**

● [注] 遗：同"匮"，不足。

☺ 生：众人都有多余，而只有我好像不足。我是愚人的心情啊！老师，这不太好理解。

● 师：老子的意思是，大家在生活之资上有富余，就很满足了，而像他这样有精神追求的人，总觉得精神上有所贫乏，有所不足，所以有精神追求的人，像很愚蠢的家伙，怀着永远不满足的心情。

☺ 生：老子时代难道大家生活有富余么？

● 师：那个时代基本上还是奴隶社会，老子眼里当然不会包括奴隶，这里指的是统治阶级，是贵族阶层，或许还包括中产阶级，肯定不会指底层的劳苦大众。

☺ 生：老子前面自比俗众，这里自比贵族，讲贵族没有思想，没有精神追求，总之，要在对比中抬高自己呗。

● 师：不是抬高自己，有思想的老子就是比那些没思想的统治者伟大。

☺ 生：这样自视甚高不妥吧，哦，大家都没思想，只有自己才有思想？

● 师：奴隶社会统治者有思想吗？权力拥有者均是站在奴隶主的位置上说话，坐在奴隶主的位置上替权力说话，这是思想吗？

☺ 生：那人家有想法，想一套说一套，不可以么？

● 师：内心想的跟嘴上说的不一致，谁知道他内心有没有想法。如果这样，那人人都很有思想，只是他不说，不让大家知道而已。

☺ 生：我同意老师的说法，有思想，要么说出来，要么写下来；没有任何表达，烂在肚子里，那就只能归于无思想。老子就算在做官时不敢说，至少在"不知所踪"前写了下来，否则谁知道有老子这么个人。

● 师：老子指责统治阶级没有思想，只满足物质富余，还是对的。大众没时间没能力思想，贵族没有思想，余下的，只有在文化上自觉的人。

☺ 生：这样就把自己抬得很高了吧。文化人就是觉得自己了不起。

● 师：你可以在拥有知识和能力的贵族面前，觉得自己了不起；

千万不能在没有知识文化的底层百姓面前，觉得自己了不起。这两者是有区别的。

☺ 生：人不能跟下比，要跟上比，或者跟同等层次的人比。比的不是财产的多少，而是精神、思想的多少。这是老师的意思吧？

● 师：谁不想拥有知识和文化，但每个人的社会环境、个人环境不同，能不能接受教育，尤其是高等教育，并非完全靠个人努力就能决定。个人的财产也一样，有人发财，有人努力却失败，这多少与其家庭环境和社会环境有关。社会化生存免不了攀比，攀比也是社会发展的动力之一。与谁攀比，攀比什么，是一个人素质的体现。

☺ 生：这样一说，老子的素质还是蛮高的，不比财产比思想。

20-6

俗人昭昭，我独昏昏。俗人察察，我独闷闷。[澹兮其若海，飂兮若无止。]

● [注] 昭昭：光鲜亮丽。察察：严厉、细致。闷闷：淳朴。

● 师：[ ]内的，第十五章有解释。

☺ 生：大家都表现得光彩亮丽，只有我浑浑噩噩的样子；大家都精明细致，只有我啥都不分，傻傻的样子。老子在这里把自己说成了大智若愚。

● 师：愚智是啥模样，本来就很难说。一般人会认为反应敏捷的、伶牙俐齿的人比较有智慧，反应迟钝的、言语木讷的人比较愚蠢，实际情形却不一定这样。反应和语言表达能力，是人的个性，也是人的外在表现，跟他的思维能力没有直接关系。如果我们把人的外在反应和语言表达能力作为智慧的标志，那的确有大智若愚的人，也会有大愚若智的人。

☺ 生：那老子通过这种比较来标榜自己，就没啥意思了。

● 师：话不能这么说。老子这样比较是针对一般人的认知的。一般人是通过外在表现来断定智慧与否，老子否定这种外在表现与智慧的联系，就是否定了一般人的认知。

☺ 生：也对，这跟老子无为的思想是一致的。

☺ 生：我看无为就是傻。啥都不干，那活着干啥哩？还不如死掉算了。再说，你不是富二代，没父母养着你，你能无为么？啥都不干，立马饿死。

● 师：不能这样理解老子的无为，老子的无为并非啥都不做，而是顺应自然规律地做，也即顺应他所谓的"道"来做，而不是按照人的意愿去做。

☺ 生：老师，我觉得人类社会的发展是违反自然规律的，是违反老子所说的"道"的。

● 师：此话怎讲？

☺ 生：从自然规律来说，有发动战争屠杀同类的吗？有把同类沦为奴隶，强迫其劳动，攫取其劳动果实的吗？有把同类随意杀掉，为其殉葬的吗？自然界的动物不可能这样做，不可能这样残暴的吧？

● 师：说到点子上了。自然规律与人类社会发展的规律是完全不同的，人类的衣食住行，完全脱离了自然界的生态链，其集群性即社会性，也不再是动物界的原始集群性，甚至人类的家庭模式也是动物界完全没有的。

☺ 生：家庭模式应该跟有些动物类同的吧？

● 师：完全不同。作为集群性动物，最早的家庭模式都应该是"公共家庭"。猴群有猴王，马群有头马，狼群有头狼。不过人类最早的公共家庭有点像象群，是以最年长的母象为首领的。

☺ 生：所以才叫母系社会的吧？

● 师：主要还是因为经济收入，采集狩猎民族的食物主要来源是女性的采集劳动，男性的打猎是食物的次要来源。谁是社会经济的主体，谁的地位就高。老子的时代不可能认识得这么清楚，把自然之道与社会之道等同，是可以理解的，但肯定是错误的。

☺ 生：要是自然之道与社会之道不同，那到底哪个更重要呢？要是自然之道与社会之道发生冲突，我们应该遵循哪个呢？

● 师：理论上说，自然之道高于社会之道，固然人类已脱离自然生态链生存了，脱离生态链并不是脱离自然，人类的任何生存方式都还是在自然中的生存，地球环境的好坏决定了人类能否生存，更不要说宇宙的变化。人类社会能不遵循自然之道吗？比如自然界中一物降一物，形成循环。腐肉有食腐动物，垃圾有动物界的"清道夫"清理，像屎壳郎就是专门清理粪便的。要是一个循环的环节缺失，整个自然生态就被破坏。社会体制也必须像自然生态那样，才能存在下去，否则就会毁灭。

☺ 生：这样说有些不妥。封建社会皇帝最大，谁去制约他呢？要说官员们一级压一级，形成一物降一物的"官场链"，那么最高统治者皇帝，就没有降住他的东西了，形不成一个循环的吧？

● 师：我们想一下自然界生态链。恐龙时代的霸王龙，如果它处于食物链的顶端，那么制约它的是什么呢？

☺ 生：要是霸王龙数量过多，其他动物就会被吃光，霸王龙之间为食物的竞争也会很激烈的吧？

● 师：一个国王无所顾忌，其他国家就会打他。道理是一样的。他要不被打，就必须得民心，老百姓能替他卖命，否则就只能挨打。所谓顶端，并非到头，而是与底端对接，从而形成循环。

☺ 生：有道理。国王的克星是百姓，国王如果不顾百姓，最后百姓起来反抗推翻他，要是他血腥镇压，其他国家就要打他，百姓倒戈，他还是会被推翻。这样才形成一个社会各阶层的"生态循环"。

● 师：在食草类动物之中，大象应该是顶级型的，其个头让食肉动物不敢造次，那么大象有没有克星呢？

☺ 生：好像没有。

● 师：食肉动物和食草动物，如果是顶端型的，其克星是自然本身，自然不可能让它无限制发展，它的食物来源限制了它的数量，也限制了它的生存。大象由于对食物的需求量大，对森林的破坏也大，所以一群大象很少在一个地方待很长时间，它们在一个地方待的时间很短，以便自然修复其破坏的地方，让树木生长出被吃掉的部分。

☺ 生：那么人类脱离了自然生态链，是不是可以不遵守自然规则了呢？

● 师：脱离自然生态链之后，人类就不再遵守这些自然规则了。人类不再靠自然的生长生存了。我们食物来源于种植和畜养，不再靠采集和狩猎。这样就会导致人类的数量不再受自然生长条件的限制。

☺ 生：种植和畜养同样需要地球资源，种植要土地，畜养也需要饲料。需要地球资源，就不能无限制扩张，人类的数量也应该有极限的。

● 师：当然不会让人类无限扩张。不过人们在科技迅猛发展中，有段时期完全失去了理智，处于"人定胜天"的狂热中，根本不再认为我们是地球上的一个生物种群。脱离地球上的生态链，并不能脱离地球上的自然环境。生态链的规则对人类不起作用，但自然的规律还是制约人类生存的规律，遵循自然规律是必须的。

☺ 生：人类的盲目自豪感是咋来的呢？是因为科技进步么？科学家难道连生物的脆弱性都不知道么？

● 师：这种自豪感主要来自社会，是我们的社会科学进入了误区，已经很难称之为"科学"了。

☺ 生：社会科学真的有那么愚蠢吗？

● 师：我认为人类对自然有意识地去认识，应该是比较早的。我们在自然中生存，很想认识我们所处的自然。我们对自身有意识的认识，尤其是对自身群体化的社会性认识，相对较晚。设想一下，要是这种认识晚到私有制产生之后，那么私有财产的意识必然会对社会认识产生影响，使社会科学从源头上说，就会具有不科学的偏差。要是社会认识产生于国家政权建立之后，那么权力就会对这种认识产生巨大冲击，并且在以后的发展过程中，会持续不断地扭曲它，使之为权力所用。所以历史上发展过来的社会科学，具有多少科学性是令人怀疑的。

☺ 生：社会科学为权力所扭曲，人类就会产生自豪感么？

● 师：封建权力会无限扩张，只有遇到跨越不过去的地方，才被迫停止。这种无限扩张的能力使权力拥有者具有无限自豪感。封建权力的拥有者必然会强迫知识分子为其建立理论基础，为此封建权力势必会向社会科学，甚至自然科学扩张。你研究宇宙星空，他要讲"天人感应"；你要讲天地自然，他要讲上帝天子；你要讲物质生命，他要讲阴阳之气；你要讲文学人性，他要讲为我所用；你要讲文明发展，他要讲江山社稷……国家政权诞生后的社会，是再分配经济的社会，知识分子和文人属于再分配的对象，而分配的权力归封建朝廷所有。你要乱讲，就不分配或少分配给你，以此而说，知识分子属于"嗟来之食"的阶层。在中国古代，他们是没有勇气追求真理的，也没勇气追求真正的科学。

☺ 生：为啥说尤其是中国古代？

● 师：中国古代人们学知识是为了做官的，孔子招学生培养礼仪，目的就是能让学生做官，这和古希腊柏拉图学园教授各种知识完全不同。科举建立之后，中国的知识分子更是唯做官乃求学之目的。真正在科学上做出点成绩的，往往是科举失败者，是个别现象，整体而言，中国古代的知识分子学知识的目的就是做官。

☺ 生：不也是为了就业嘛。现在我们读大学学知识，虽说不是为了做官，同样是为了就业。

● 师：现在大学生就业跟古代的科举就业有本质不同。现代就业是三百六十行，大学针对各行的专业学各科的知识，纵然读大学不是为了追求科学真理，至少学的东西包括各学科的真理。古代科举就业只是为官，学的东西单一化，传授为官之道，那是科学真理么？

☺ 生：那也要学习怎样做人，孔子就教学生如何做人。

● 师：学习做人是没错的，这是任何教育都不能回避的主题。不过这与追求真理的科学精神没有直接关系。

☺ 生：封建社会，权力才是真理呗。

☺ 生：难怪孔子把人分为君子与小人，君子就是做官的或为了做官的知识分子，小人才是不以做官为目的而生存的人。

● 师：现在知道古代知识分子的自豪感来自哪里了吧？

☺ 生：老子的时代，还不至于有这种自豪感吧，那时科举还没建立呢。

● 师：拥有知识的人与没有知识或文化素质低的人相比，总会不自觉地产生自豪感的。

☺ 生：难怪老子把自己放在众人的对立面。

20-7
众人皆有以，而我独顽且鄙。

● [注] 以：用。顽：愚。鄙：陋。

☺ 生：**众人都很有用，只有我愚昧而笨拙。**老师，老子的意思是指自己因为愚昧、笨拙，所以没啥用处吧？

● 师：表面上是这个意思，老子心里也许可不这么想。

☺ 生：咋想？

● 师：在老子看来，无用才是最大的用处，无为才是最大的作用。

☺ 生：老师怎么看？

● 师：我既同意老子的看法，又不同意。

☺ 生：故弄玄虚。

● 师：有些无用之人确实有很大的用处，不说最大的作用，对人类社会的作用是不可小看的。

☺ 生：为啥说有些无用之人？

● 师：一个人对自己总是有用的。有用没用是针对社会来说的，像食利阶层、"啃老族"、躺在父母钱上的富二代，这些人对社会肯定是没用的，以前称之为社会的寄生虫。一个人有一份工作，无论是管理者还是生产者，对社会都是有用的。不管这种作用是好是坏，至少他是社会的一分子，而不是纯粹的个人。

☺ 生：不介入社会的寄生虫才是真正无用之人，只要介入社会，总是有作用的。

● 师：不介入社会或介入社会不深的人中，有一些思考者，有一些会给人类文明留下东西的，像老子这样，辞职不干了，不介入社会了，却留下了《道德经》，你能说他是无用之人么？

☺ 生：有大用处的哩。对现时的社会没作用，对人类的历史、人类的文明有作用，那才是大作用。

● 师：李白、杜甫这样的诗人，可能对当时的社会没啥作用，可放到历史上去看，作用可就大了。奥地利作家卡夫卡生前没发表过多少作品，死后他朋友把他的三部长篇手稿出版，影响了那个时代几乎每个文人。你说他有用还是没用？

☺ 生：有用无用的标准不一样吧。有的人成了网红，非常出名；有的明星到处露脸，家喻户晓；有的人成了首富，被媒体追逐。放到历史的价值标准之下，一点用处都没有，在历史上不会留下任何痕迹。老子说大家都有用，只有自己没用，那是针对现时价值说的。

● 师：正是这个意思。从宇宙的角度说，保不准存在更高级的文明，我们的文明对他们来说，实在太低级了，毫无用处。一个人如果对别人没帮助，对社会没帮助，对历史、文明更没帮助，除了制造麻烦，损害他人，这才是真正无用之人。

☺ 生：不过大多数人都是以现时社会作为标准的，很少有人拿人类历史和文明作为标准。权力、名声、金钱是现时社会的三大标准，有所获取叫事业有成，否则就是一事无成。

● 师：私有制社会，人们自然会以私有财产占有多少作为成功与否的标准。所谓权力和名声地位，也都是以金钱为内容的。如果像古罗马帝国那样，当官拥有权力不领工资，行政开销不够还得自己掏钱，我看可能很多人对当官获取权力就没兴趣了。

☺ 生：有些痴迷权力的人还是会有兴趣的吧。回家吃糠咽菜，出门吃五喝六，也会有人愿意的。

☺ 生：那是极个别的。

● 师：名声地位是可以换来钱的。古希腊的雅典城邦有"陶片流放法”，一个人名声太大，名气太响，就会被流放，流放到边境，在那里待个十年，等大家忘了你，才能让你回来。

☺ 生：啊？这为啥？

● 师：古希腊雅典城邦的政治体制是奴隶主民主制度，其执政官是公民选出来的，要是一个人名气太大，大家可能会选他，因为名气而当选，其执政能力是让人担忧的。一个明星，拥有众多粉丝，大家选他当总统，他有执政能力么？

☺ 生：这倒是。不过也不能做得这么绝吧。一旦成为明星就被流放，到边疆去垦荒，最多也就当个乡村教师，也太惨了。

● 师：要是名声换来的不是钱，而是流放，你们愿意要名声么？

☺ 生：坚决不要。要是有这样的法律，我看没人敢当明星，没人敢出名了。

● 师：所以不管是权力、地位还是名气名声，其核心内容还是钱。自从私有财产产生之后，世俗的评价标准就一个字——钱。不过人类历史却并不以此为标准，名垂青史跟钱的多少没有太大关系。

20-8

我独异于人，而贵食母。

● ［注］食：用。母：万物之源，指“道”。

☺ 生：只有我不同于别人，我看重的是本原性的生活。老师，翻译成“本原性生活”可以的吧？

● 师：还是比较贴切的。老子的意思是别人都追求世俗化生存，他追求的是自然化的生存，这样的生存可以说是“本原性”的，即遵循“道”的，顺其自然的。

☺ 生：顺其自然的生活在私有制社会做不到吧？

● 师：当然做不到，这是老子理想化的生活。现在有些人不想参与社会的激烈竞争，想早早退休，以为退休了就能过上顺其自然的生活，其实并没那么简单。退休并不意味着退出社会。

☺ 生：有的人赚了点钱，以为退休够用了，就不干了。可敌不过货币贬值，弄得越来越穷，到老了，只好再出来找工作。钱不保值，得看社会的发展。

● 师：人总得干点什么。年轻时就到处跑，周游了世界，也算一种生活方式。"诗和远方"的梦想，也是对人的激励，激励人们去看看世界。有些人跟着旅行社开发的旅游线路到处打卡，对自己当然有益，对别人就毫无益处了。他们才是真正脱离社会价值的边缘人。

☺ 生：人家旅游也是消费，消费拉动经济，不能说完全无益处吧？

☺ 生：照你这样说，活着就得吃穿，吃穿就会拉动经济，人只要活着就有益于社会啦？

● 师：有用无用、有益无益是有评价标准的，把评价标准降到最低，什么都有用、有益了。一个生物存在着，从这个种群维持生态链上的一环来说，肯定是有用的，为此就肯定此种群中的每一个个体都有用、有益，那等于没有标准。把人类存在的意义作为某个人存在的意义，那还有啥标准呢？

☺ 生：就是。活着就有益，这样无知的论断可以休矣。

● 师：对谁有用，对什么有益，才是我们设立的标准。标准本身不是事物自身的属性。老子讲自己无用，众人有用，是用的世俗标准，最后说自己遵循"道"的本原性生活，就是提示，以道为标准，他才是有用的，众人才是无用的。

☺ 生：知道啦，不就是为了夸自己嘛。没有生活之资，谈何自然生存，有钱才能任性。

● 师：估计老子有点钱，否则辞职不干靠啥生活呢？人到一定年纪，退出社会竞争，寻求边缘化生存，情有可原，也是理所应当的。毕竟生命只有一次，你在社会中奋斗过，甚至为人类的文明奋斗过，当自己老了，享受相对宁静的生活，是一个人的权利，也是对生命的尊重。

☺ 生：老师是不是也想着退休啦？也想着边缘化的生存？

☻　师：不想不行啊，到这个年纪，老子会觉得自己无用乃大用，我可没那份自豪。无用就是无用，对社会无用了，至于留下点什么，会不会被历史记得，那是后人的事，对我，一个短暂存在的生命体来说，已经没啥意义了。

☺　生：好悲观哪。

☻　师：不悲观是假话，骗人骗己。人的健康状况从四十五岁开始走下坡路，五十五岁以后，下坡加速度。一个人可以不顾衰老奋斗到死，演绎激荡的一生。对于不以此为人生目的的人来说，或许再努力也得不到大家的认可，更得不到什么赞许，甚至连说话的机会也没有。

☺　生：啥是说话的机会？

☻　师：像凡·高这样的画家，生前卖不掉一幅画；像普鲁斯特这样的意识流小说大师，生前没有出版社愿意出他的小说；像休谟这样的哲学家，出版了自己的著作也死不承认是自己的东西……这些都是没有说话机会的人。

☺　生：咋会这样？

☻　师：世俗价值与历史价值不可能相同，甚至是对立的，所以说，有些具有历史价值却没有世俗价值的人——就像老子那样，你要他在看不到自身价值的社会里奋斗终生，似乎太残酷了。我看这种人到老了，还是像老子那样去享受边缘化生存比较好，至少对自己的生命有一份尊重和敬畏。

☺　生：老师是不是在说自己呢？

☻　师：随你们怎么想吧。

二十一章

21-1 孔"德"之容，惟"道"是从。

● ［**注**］孔：大。容：样态，形态。

● 师：从二十一章开始，老子是讲"道"与"德"的关系。

☺ 生：老子说，**大德的形态，是随道变化的**。老师道德的形态是啥意思？

● 师：老子的意思是，道德是道的外在表现。道是事物的源头和运行规律，在具体的各种事物中其表现的形态是不一样的，这些不一样的形态都是"道"这个规律在起作用。

☺ 生：有点意思了。在混乱的社会里，路见不平，拔刀相助，那是德；在文明社会里，路见不平，打"110"救助才是德，你要拔刀相助，那是行凶。所以说，《水浒传》中的英雄放在今天的社会，个个都是歹徒。

● 师：理解得那么具体，老子听了也会愕然的。

☺ 生：难道不是这样么？

● 师："道德"一词应该来自老子这种说法，道是德的内核，德是道的表象。正因为这样，老子的德与我们今天说的道德还是有很大差别的。

☺ 生：明白老师说的意思。老子的道存在于宇宙万物之中，而我们今天说的道德，仅仅指人类社会中人们的行为。所以老子作为道之表象的德，要比我们今天的道德概念宽泛得多。凡是符合道的现象，包括社会现象和自然现象，都是德。

● 师：就是这个意思。

☺ 生：以哪种德的概念作为标准好呢？

● 师：不能一概而论，要看具体环境吧。在人与社会的关系中，与他人的关系中，世俗的道德标准当然是重要的；在人与自然的关系中，就不能不考虑老子的道德标准了。

☺ 生：以前人们不太考虑人与自然的关系，肆意破坏自然，现在开始意识到这个问题，保护自然的意识增强了，尤其是保护濒危物种。

● 师：达尔文提出进化论之后，人们往往关注适者生存的问题，适应环境的才能生存下来，很少有人关注适应者对环境的改造问题。

☺ 生：人们意识不到，是因为以前人们对环境的改造能力很差吧？

● 师：我看不是，应该是人们的自我感觉太好所致。自哥白尼的《天体运行论》打破了人类乃宇宙中心的思想之后，人们还是认为人类乃上帝创造的高级生灵，达尔文把这个也打破了。可人们还是觉得，纵然我是无尾猿猴进化来的又咋样，我还是万物之灵，我进化成了自然界无与伦比的优秀品种。

☺ 生：不是这样么？人就是万物之灵。

● 师：人是万物之灵，不过说这话时别忘了人也是万物之一。人在社会中必须遵循某些行为规范，这些规范包括人与人之间的道德规范，不遵守，社会有惩罚措施，后果是很严重的。

☺ 生：以此类比的话，自然却没有惩罚措施，所以人在自然中就缺少行为规范，违反的话，也不会受到惩罚。

● 师：人是地球上的一个物种，纵然脱离生态链，也还是一个物种。是物种就离不开地球的自然环境，就得遵循自然的规律。达尔文不仅告诉我们人是进化而来的，更告诉我们，人是地球上的一个生物。前一点人们接受了，还能保持一些人类的自豪感，毕竟我们进化得好；接受后一点就完全没有自豪感了，所以人们尽量忘记后一点。

☺ 生：人毕竟创造了文明，科技文化都发展到很高级的阶段，难道不应该有自豪感吗？

● 师：古人未能认识到宇宙的浩瀚，拥有这样的自豪感，是可以理解的。一个现代人，知道宇宙是咋回事了，还拥有这样的自豪感，那就太傻了。

☺ 生：毕竟我们还没看到比我们更高级的生物，自豪感还是应该有的。

● 师：像太阳系这样的星系，在银河系里至少有一千亿个，而银河系这样的星系，在我们的宇宙中少说也超过一千亿个。我们还不清楚，在我们的宇宙之外，还有多少个像我们一样的宇宙，或许也超过一千亿个。

☺ 生：哇噻，那么多。

● 师：虽然一个星球诞生生命的环境非常苛刻，是概率极低的事，可面对如此庞大的宇宙和宇宙之外的宇宙，我们就很难说是概率极低的事了。我们没有发现宇宙中像我们一样的其他高级生物，是我们能力太有限了。

☺ 生：这倒是。我们甚至连太阳系中有没有适合人类居住的星球都搞不清楚，更不要说太阳系以外、银河系以外的星球了。

● 师：搞不清，你就不能确定具有高级生物存在的星球是极低概率的事。假定太阳系中只有我们地球上的人类是高级生物，那么一千亿个太阳系的银河系就可能有一千亿个像我们人类一样的高级生物。那一千亿个像银河系这样的星系呢？

☺ 生：这样一想，真是不得了，宇宙当中的高级生物似乎是普遍现象，外星人比比皆是。

☺ 生：老师，外星人真的到访过地球么？

● 师：我哪儿知道，这得去问自然科学家。不过我想，我们除了月亮，连地球附近的星球都不能上去，外星人要比我们高级多少倍，才能登陆地球呢？

☺ 生：在能登上地球的外星人眼里，我们恐怕连原始社会都不如哩。

● 师：要能离开自己星系，跑到其他星系的生物，那得活多少年？这完全超出了我们科学所能提供的想象。所以我说，像我们这样的高级生物，放到大自然中，就不是独一无二，可能是普遍现象。对某个星系来说，可能是极低概率事件，对我们的宇宙和宇宙之外的无数个宇宙来说，或许就是很平常的事了。

☺ 生：这样一说，真是一点自豪感也没有了。

● 师：这还是横向比较。纵向比较的话，就更难说了。地球存在了46亿年，在我们之前，地球上就没有出现过比我们更高级的生物么？

☺ 生：要是出现过的话，我们可以挖掘到的吧？

● 师：难说。我们知道地球出现过冰冻期，地球表面被一层冰包裹起来，冰的厚度超过一千公里。地球也开裂过，被厚厚的烟尘包裹。地球难道就没有成为过火球，地表温度高达几千摄氏度？

☺ 生：好像地球诞生时，地表温度高达几千摄氏度。

● 师：文明毁于地球自然环境的变化，一点痕迹都没留下来，这是完全可能的。

☺ 生：据说地球在20亿年前，有一个阶段很适合人类居住，那是真的么？

● 师：不知道，科学家们也没给出明确答案，不过这种可能性完全存在。我们设想一下，如果地球上存在过比我们更高级的生物，因地球自然环境的巨变而灭绝了，那么其他星球也可能一度甚至几乎拥有过适合生命存在的环境，其他星系的星球呢？

☺ 生：如此一算的话，我们自己的宇宙在130亿年的演化中，就可能有无数适合生命存在的环境，生命在宇宙中就算不上什么奇迹了，高级有智慧的生命也可能无数次地存在过。

● 师：纵向一看，人类又有啥值得自豪的？在宇宙间或自然演化的历史中，跟人类一样，或比人类更发达的物种，可能无数次地存在过，最后都在自然中灭绝了。

☺ 生：唉，在老师嘴里，人是万物之灵的说法，那就是井底之蛙的观点。"人定胜天"的口号，仿佛成了在自然面前的绝望号叫。

● 师：以此而言，老子遵从自然的"道"，把遵从自然之"道"的行为视为"德"，那是正确的。

21-2

　　"道"之为物，惟恍惟惚。惚兮恍兮，其中有象；恍兮惚兮，其中有物。窈兮冥兮，其中有精；其精甚真，其中有信。

● ［注］恍、惚：仿佛，若有若无。象：形象。窈：深远。冥：昏暗不明。精：微小中最微小的物质。信：信验。

● 师：这几句是老子形容道作为表象，是啥样的。

☺ 生："道"作为事物，只是若有若无的。看上去若有若无，其中是有形象的；以为是若有若无，其中是有真实之物的。既深远又捉摸不透，其中却有最微小的质量；这种最微小的质量是很真实的，其中也有可以验证的东西的。老师，我翻得咋样，很不错吧？

● 师：给你点赞。

☺ 生：老师，"精"指最微小的质量到底是啥意思？

● 师：西方古代哲学家提出"单子"、原子之类的，指的是物质分解到最后的元素。老子的"精"应该也是物质分解到最后元素的意思。不过现在不用哲学家们去猜想，这方面留给科学家们去解决，通过科学的方法去验证。

☺ 生：老子说"其中有信"，在他那个时代不可能验证的吧？

● 师：不能要求老子的时代这么科学，更不能要求老子进行科学验证。哲学就是哲学，提供思维的方法，肯定不会提供科学验证。

☺ 生：那哲学就是猜想，信不信由你。

● 师：至少哲学家自己认为自己的想法是对的，你让老子做科学实验来证明"道"的存在，那是不可能的。不过随着科学的发展，到了现代，哲学家要再做这样的猜想，恐怕很难。像这种物质构成的最小因子是什么的问题，哲学家多什么嘴，科学实验已经解决或正在解决。

☺ 生：老子把道的表象也说得很神秘，似有非有，暧昧不清，他自己都觉得没啥底气吧，他真的很确信么？

● 师：老子说得玄，是以众人的眼光来看，那是很玄的。为了告诉众人，也必须从众人的眼光去看。

☺ 生：老子的眼光和众人的眼光有啥区别？

● 师：众人一般很少用理性思维的，即便到了现代，真正通用理性思维的，也不多见。

☺ 生：不能这么说吧。难道大家都没理性，只有哲学家有理性？

● 师：环境与具体个例困住了众人的思维，使大家的思维陷入情感性思维，或者说理性思维被情感所扭曲。

21-3 自今及古，其名不去，以阅众甫。吾何以知众甫之状哉！以此。

● [注] 众甫：甫，父，始也。众甫，众父，万物之始。

☺ 生：从今天追溯到远古，它的名字不会消亡，凭借这个可以看到万物的开始。我怎么知道万物开始的样子呢？就是凭借这个。老师，老子这里所谓凭借的"这个"，指的就是"道"吧？

● 师：对。其实他说反了，是因为意识到万物有开始，才认识到"道"的存在。我们去研究事物的起源，事物的发展，才认识到事物运行规律的。后人通过前人认识的规律，再从今到古地溯源事物的发展过程。

☺ 生：那老子没错呀，他作为后人，通过"道"来认识。

● 师："道"是老子提出来的，也没听以前的人提出过"道"，他根据这个来认识，我认为他是说反了。

☺ 生：万物有没有开始呢？

● 师：就我们这个宇宙来说，是有开始的，宇宙大爆炸的理论已经揭开了这个谜团。大爆炸最初三分钟，第一分钟产生各种元素，第二分钟产生各种物质，第三分钟急速降温，从一万亿摄氏度降到一亿摄氏度，然后产生了我们的空间和时间。至于爆炸前是咋样的，科学家们还在研究。在我们这个宇宙之外，还有没有其他的宇宙，在科学上尚无定论。从理论上说，应该有，甚至可能有无数个宇宙。

☺ 生：真的假的？听起来有点像天方夜谭。

● 师：现代科学家的研究能力，完全超过了哲学家们的想象能力，哲学本体论不破产才怪呢。

☺ 生：既然哲学本体论破产了，那么讲哲学还有啥意义呢？

● 师：哲学本体论在历史上还是起到巨大作用的，哲学家们的猜想，引导了科学家的研究方向，其对科学的启迪作用是不可低估的。科学的兴趣往往建立在哲学基础之上。

☺ 生：老子提出万物之始的"道"之后，中国的知识分子好像没啥兴趣研究万物的起源，研究"道"到底存不存在，他们的兴趣似乎都在解释"道"是啥玩意儿，各自提出自己的猜想。

● 师：我前面说过，中国知识分子缺少科学精神，他们没兴趣去科学研究万物的起源，兴趣在于提出自己的想法，这些想法往往是依据权力的需要提出的。什么"天人感应"，阴阳交合生万物之类。你说一套，我说一套，谁都不会证明其科学的真实性，也不会有谁要求证明。目的都在争自己的说法怎么更受统治者的喜欢。

☺ 生：看来中国知识分子自古以来就是权力的附庸，中华文明就是拍权力马屁的文明。

● 师：世界文明大部分也是拍权力马屁的，只有少数不畏权力者，才在创造真正的文明。

二十二章

22-1

曲则全，枉则直，洼则盈，敝则新，少则得，多则惑。

● ［注］枉：弯曲。洼：低洼之地。

☺ 生：委曲就能保全，弯曲就能伸直，低洼就能充盈，敝旧就能更新，缺少就能得到，贪多就会迷惑。老师，老子讲得有些绝对吧。委曲未必能求全，弯曲了也未必能伸直。

● 师：你对老子就委曲求全了。老子讲的只是一般的情况，而不能要求他涵盖全部。我们说个例往往不能说明问题，因为个例或许只代表少数。同样反过来说，我们讲一般规律的时候，也不能用个例去反驳，个例也可能只是少数，甚至是极个别的特殊现象。

☺ 生：按老师的说法，那辩论就没啥意义啦？人们辩论不就是各举各的例子来战胜对方嘛。

● 师：我还真没看出辩论有啥意义。在我看，辩论都是"春秋无义战"。

☺ 生：大家都自己的个例来说明正确，也不能说完全没意义吧？

● 师：举个例真的不能说明问题，能说明问题的还必须是数据。有人还喜欢纵向比较，比如生活越来越好，说以前没电视、电话，现在不仅有手机、网络，还有了汽车，物质生活从无到有，提高得很快。真正的比较是横向比较，世界经济都在发展，谁先用上手机，谁先开上汽车，那才是生活质量提高。热衷于纵向比较的人，往往是情感性思维所致。

☺ 生：我也觉得纵向比较没意义，现在吃的东西，慈禧老佛爷当年都吃不到哩。

● 师：纵向比较会导致有些人满足，不思进取。我们媒体报道发达国家负面的多，还是正面的多呢？有人做过统计，我国媒体报道发达国家的负面新闻，要比正面的多得多。

☺ 生：我们从直觉上都能感觉到。

● 师：不管初衷是啥，起到的效果是揭人家的短，显自己的好。这是向人家学习的态度么？很明显，横向比较若以彼之长比我之短，我们就会丧失幸福感。可从学习提高的角度，就得以其之长比己之短。

☺ 生：不比较，只能拿数据说话。拿数据说话，不要说辩论，就是跟别人争论都很难吧。比如有人认为榴梿味道很香，有人认为很臭。统计一下，到底认为香的人多，还是认为臭的人多，以此决定榴梿到底是香还是臭。且不说能不能统计，就算统计了，认为臭的还是臭的，认为香的还是香的，彼此之间还会争论。

● 师：这是进入死胡同了。个人爱好与客观规律是两回事。真要探索和搞清楚客观规律，就必须搞清楚数据，而不是看个例，更不能掺进个人爱好。即便以数据为依据，也得看具体的环境。像老子说的这些道理，都是脱离具体社会环境的，放到具体环境中，有时对，有时不对。说缺少就能得到，在具体环境中，往往是穷人会越穷，越缺少越无法得到。

☺ 生：对对对。我就发现，我越没钱就越无法得到，富人越贪越能来钱。所以老子讲的只是一般道理，听听而已，不必当真，落到具体社会里，恐怕完全不是那么回事儿。

22-2 　是以圣人抱一为天下式。不自见，故明；不自是，故彰；不自伐，故有功；不自矜，故长。

● ［注］抱一：一，道也。抱一，守道。式：范式。伐：赞美。

☺ 生：因此圣人守着道示范于天下。不自我显摆，所以就显明自己；不自以为是，所以就彰显自己的观念；不自我夸耀，所以能显现他的功绩；不自我满足，所以能长久不倒。

● 师：老子这个思想，用现在的话说就是：谦虚使人进步，骄傲使人落后。

☺ 生：老师，老子时代人口少，酒香不怕巷子深。现在人口这么多，你不显摆，谁会知道你；你不夸耀，你的功绩就会被别人占有。当今社会，谁不想成为网红，谁不想到处夸耀？这就是老师教导的，具体情况具体分析。

● 师：要是老子活在现代，他会说，都想成为网红，就没有网红；都想夸耀自己，不夸耀者才能显现自己。

22-3　　夫唯不争，故天下莫能与之争。古之所谓"曲则全"者，岂虚言哉！诚全而归之。

☺ 生：只有不与人争，才会天下没人能与他争。老子这话说了也白说，你不争，当然别人没法跟你争。

● 师：老子的意思是谦让。当然他不明白，私有制社会，如果事事都不争的话，生存的机会都没有。

☺ 生：就是。孩子一出生，为了不输在起跑线上，就开始竞争了。读书得争，工作得争，升迁得争，要是不争，退休说不定连养老金都没有。沦落到捡垃圾的行列，还是得跟别人争垃圾，讨饭也得占地盘呢。像老子这种不知道百姓生存之艰难的贵族，属于坐着说话不腰疼。

● 师：这样说老子不好吧。他生活的圈子妨碍了他的视野，这就像大臣反映百姓没有饭吃，皇帝反问，他们为啥不吃肉呢？皇帝的生存圈子构成了他视野的"井"，他自然成了井底之蛙。老子毕竟属于统治阶级，纵然在统治阶级之内他把自己边缘化，可最终这个阶级的"井"还是局限了他的视域，他能提出不与世争，已经很不错了。

☺ 生：他后面说，古代所说的"委曲就能保全"的道理，难道是空话么？实在是完全可以做的呀。老师，相对前面"虚言"，把"归之"理解为"可以做的",应该对的吧?

● 师:不错的理解。我估计,老子所谓古代"曲则全"的说法,是他自己想象出来的。

☺ 生:老师武断哟,保不准老子看到哪本书上说的,现在这书失传了。

● 师:好吧。不过委曲能不能保全,要看具体的情况。东西弯曲了,有的可以伸直,有的直接就断了。人也是一样的。

☺ 生:到底是保全的概率大,还是直接被灭掉的概率大呢?

☺ 生:好像没法用数据统计。环境才是最关键的影响因素。

● 师:照我看,在私有制产生之后的人类社会,委曲能保全的概率小得多,大多数情况下,委曲只能受损。

☺ 生:不会吧,遇到一个心地还算善良的人,你退一步,他不至于步步紧逼。天底下还是好人多。

● 师:天底下的确是好人多。不过好人在一起,需要委曲才能保全自己么?

☺ 生:不需要。好人对好人,彼此都是讲道理的嘛,就算不彼此让一步,也会依理行事,并不需要委曲才能保全自己。

● 师:只有面对蛮不讲理的人,你才会有要不要委曲的问题。私有制社会,说白了,就是私有财产占有竞争的社会。既定的社会结构和社会环境,提供了一定的竞争规则……

☺ 生:要是大家都按规则办,竞争也会很公平的吧。

● 师:要是竞争规则是完全公平的话,也没啥好争了。可这些规则并不公平,比如老子时代,制定规则的是统治阶级。他们当然会制定有利于自身的规则。像印度的种姓制度,有些国家的君主制度,即便没有君主制度,一些民主国家还有总统豁免权。这些规则是公平的么?有钱人犯罪还可以保释,没钱的人只能在监狱里待着。这是公平么?

☺ 生:依此而言,人人平等只是一句屁话,穷人完全不可能与有权或有钱的人平等。

● 师:不服气,想破坏规则的人,法律会整治他。被统治者只好忍气吞声，直到再也无法忍受，群起反抗。反抗有失败、有成功。成功者会对私有财产拥有者的财产彻底剥夺，进行重新分配，从而诞生新的统治阶层。新的统治阶层制定新规则，重启私有财产的占有竞争。真正创造财富的，则是底层劳动者，是被掠夺者。

☺ 生：那就是说，整个私有制社会的发展，就是重复这样一个过程?

☻ 师：至少中国漫长的封建社会是这样一个重复的过程，所以黑格尔说，中国无历史，只有朝代的更替。

☺ 生：有道理。农民起义成功，建立新的封建王朝，于是新一轮对百姓的剥削就又开始了。

☻ 师：在封建社会体制之下，委曲能求全的概率有多高呢? 我看委曲求损，委曲不全的概率大得多。

☺ 生：看来老子委曲求全的想法太幼稚了。说不定他自己在单位里委曲了，别人认为他好欺负，炒了他鱿鱼。

☻ 师：他是自己下岗，还是被迫下岗，这个不清楚。

二十三章

23-1 **希言自然。**

- ● 师：老子这里"希言"，大多数学者认为是要政府少说话，也就是少发布政令。

- ☺ 生：那意思就是：**少发布政令，才是合乎自然的。**这就是老子无为而治的思想吧。政府不要管得太多，老百姓才能自然生活，国家才能兴隆。应该有可取之处。据说刘邦统一天下后，采取了无为而治，使国家很快恢复了元气。

- ● 师：刘邦那也是无奈之举，他统一中原后，老百姓实在太穷了，不让百姓休养生息，也没东西可以压榨，杀无肉，剥无皮。做"蛋糕"的，永远是底层的百姓，管理者想分"蛋糕"，也得等"蛋糕"做出来不是，不休养生息，老百姓做"蛋糕"的力气都没有。

- ☺ 生：也是。想吃，也得等人家做好。百姓穷得狼见了都哭，也没东西好抢夺。

- ● 师：每个朝代初建时，一般都比较"仁慈"，因为夺取政权不容易，靠的是底层反抗者的努力，这点建立新朝的统治者都明白，所以新制度与社会新规则的制定，往往也会考虑底层百姓的生存。

- ☺ 生：随后底层百姓越来越没有话语权，上层盘剥就越来越厉害，最后又导致群起反抗，朝代再次更替。中国漫长封建史好像真如黑格尔说的，只是朝代更替重复，还真看不出有啥历史的发展。

- ● 师：发展是有的，只是量变的过程缓慢了点。西方如果不是基督教势力大到与国家政权抗衡，西方的历史也是这样重复朝代更替的，至少在资产阶级革命前是如此。说中国没历史，恐怕太过分，说中国没资本主义发展的历史倒是可以的。

- ☺ 生：为啥中国没资本主义发展的历史？历史学家不是说，宋朝的商业就很发达了。

● 师：商业发达的确有资本主义的萌芽，但资本主义不仅仅是商业的发达，主要是生产方式和社会制度的革命。

☺ 生：期而后可，请老师说得明白点。

● 师：生产方式革命就是从手工业生产变成大机器生产，这就需要蒸汽机的发明。中国人把蒸汽的热量视为天人感应，怎么可能发明蒸汽机呢？同时　大机器生产需要形成一定规模的廉价劳动力市场，这就需要"圈地"运动，夺取农民的土地，把他们从自己的土地上赶走，使失地农民只能靠出卖劳动力生存，这样才能形成廉价的劳动力市场。中国漫长的专制社会，一直重农抑商，要说"圈地"，也只是贵族抢占农民的地，使他们失去土地后成为自己的佃农，"圈地'不是为了形成大工业生产的廉价劳动力市场。

☺ 生：中国知识分子没有科学精神，不能发明蒸汽机，老师前面已经讲过了。可西方社会为啥能进行"圈地"运动，形成廉价劳动力市场呢？西方社会不也是封建专制，贵族不也抢占农民土地，迫使他们成为雇农吗？

● 师：西方与中国不同，其宗教势力异常强大，在整个中世纪，基督教势力一直居于君主势力之上。资产阶级革命最初是以反宗教的面目出现的，文艺复兴的本质就是资产阶级反对宗教势力。

☺ 生：文艺复兴发源于意大利，跟欧洲宗教中心在意大利有关吧？

● 师：是有关的。当时荷兰的资产阶级势力也很强大，在阿姆斯特丹最早成立了证券交易所。可教皇毕竟在意大利，意大利的宗教环境比较浓厚，资产阶级尤其是银行家们，心理压力巨大。根据基督教原则，借钱给别人是不能收取利息的，收取利息属于不道德的邪恶行为，死后不能进天堂。银行业是靠利息存在的，不能收利息，哪还有银行呀？

☺ 生：银行家统统要下地狱了，他们一定很憋屈。

● 师：知道要下地狱，他们还敢开银行，说明他们根本就不信宗教那一套。问题是你不信，别人信哪。大多数人相信宗教，就会用异样的眼光看这帮"要下地狱的人"，这谁受得了。

☺ 生：据说是发现了古希腊、古罗马的一些文物，一些文人提出要恢复古希腊、古罗马的文化，才叫文艺复兴的。

☻ 师：文人对基督教压制思想自由，很是不满，反宗教的情绪强烈。不过光是文人反宗教，提倡恢复古希腊、古罗马的文化，还不足以引起大众的关注，这背后受到了资产阶级尤其是银行家、金融家们的支持。他们把发掘出来的古希腊、古罗马的艺术品价格炒得老高，这样才吸引了大家的眼球。

☺ 生：为了不下地狱，他们真是拼了。资产阶级与文人联合，又与君主联合，获得了反宗教的力量，这的确是中国的资产阶级不具有的。中国的商人一直受到君主与文人的打压，连宗教也不待见他们，说他们形成一个阶级，恐怕也很难吧。

☻ 师：因商业发达而发展起来的城市，在西方往往有自治权，在中国古代完全不可能。

☺ 生：也就是说，从权力和观念上，中国封建时代要形成真正的资产阶级是很难的。

☻ 师：老子提倡政府少发布政令，对于形成了的社会体制来说，即便没有政令，被压在社会底层的人还是喘不过气来。社会的改变并非政令的多少，而是社会革命的发生。

☺ 生：我也认为政府少管，老百姓就能兴旺发达的观点是异想天开。

23-2

　　故飘风不终朝，骤雨不终日。孰为此者？天地。天地尚不能久，而况于人乎？故从事于"道"者，同于"道"；"德"者，同于"德"；失者，同于失。同于"道"者，"道"亦乐得之；同于"德"者，"德"亦乐得之；同于失者，失亦乐得之。

● ［注］飘：狂疾。骤：急速。

☺ 生：所以狂风不会持续一个早晨，暴雨不会持续一天。谁在干这事呢？是天地。天地尚且不能持续地干一件事，何况人呢？有时候狂风会刮一天，暴雨下起来还不止一天哩。

● 师：老子只是打个比方，再说那个时代的人对自然的认识还比较肤浅，对老子这话没必要较真。

☺ 生：老子继续说，因此，从事于"道"的人，趋同于"道"；从事于"德"的人，趋同于"德"；失去"道"和"德"的人，等同于失去一切。趋同于"道"的人，"道"也乐于得到他；趋同于"德"的人，"德"也乐于得到他；等同于失去一切的人，失败也乐于得到他。

● 师：有点啰唆，意思就是守道者、有德者能成功，不讲道和德的人会失败。

☺ 生：守道就是顺其自然，这能成功吗？现在的人都崇尚"事在人为"，成功是干出来的。

● 师：首先你得搞清楚，成功与失败是啥意思。老子的成功与私有制观念下的成功恐怕不是一个概念。他的成功是与世无争、顺其自然地活着；一般人成功的概念是，在私有财产占有竞争中攫取了足够多的私有财产。

☺ 生：对对对。人们定是这个意思，赚了大钱叫成功人士，没钱是人生的失败。有没有事业，就看你有没有赚钱的活儿。

● 师：这很正常。老百姓生活的目的是啥？就是为了过得好点。要生活过得好，得有钱。普罗大众的成功就是以钱为中心的。有名气、有地位、有官职，都是来钱的事儿，争得这些东西，也叫成功。要是官越大，钱越少，当总统只能拿低保，谁愿意当官？大家对权力就没兴趣了。

☺ 生：要是人人都向钱看，社会还有啥道德可言呢？

● 师：老百姓一生劳作就是为钱，难道就没道德啦？道德是集群化生存的规则。赚钱，一切向钱看，跟道德无关。怎么赚钱，赚怎样的钱，那才关乎道德。老百姓忙碌一生，为赚钱糊口，但他们靠创造社会财富赚钱，他们不赚黑心钱，他们不剥削别人的钱，他们遵守社会各项规则赚钱。你能说他们不道德吗？

☺ 生：懂了。向钱看没问题，怎样获得钱才是问题。

● 师：老子成功与失败的观念与一般人不同，他认为守住他认为的道与德，就是成功，那是在统治阶级圈子里，衣食无忧的基础上说的。老百姓辛苦一辈子，就为了挣点可以活下去的钱，与世无争，顺其自然，他们立马就饿死了，守道跟他们一毛钱关系都没有。

☺ 生：我们也属于人民群众，守道也跟我们没一点关系啦。读书为了考试，考试为了文凭，文凭为了就业，就业就是为了挣能养活自己的那点儿工资。我们能与世无争、顺其自然吗？

☺ 生：肯定不能。高考就是跟别人争得头破血流的战斗，要不然只能回家种地，生存很艰难的。要守老子的"道"恐怕只是富二代的事。

● 师：现在你们知道马克思的理论伟大了吧？

☺ 生：老师跳跃性思维呀，一下子扯到马克思上去了。

● 师：有人问我，为啥西方国家都把马克思的理论视为洪水猛兽。其实何止西方国家，只要是与人民为敌的统治阶级，都会竭力反对马克思的理论，即使反对不了，也要竭力歪曲。

☺ 生：这为啥？

● 师：因为马克思、恩格斯的理论是真正站在人民群众的角度考虑问题的。

☺ 生：中国的老庄思想，也只是提倡退出统治阶级内部的争斗，讲究无为，其他的，都在为统治阶级出谋划策。法家教统治者玩权术，儒家教统治者以仁义治国，墨家劝统治者不要打来打去。后来的理论更是媚权的产物，要么媚权，要么反媚权，都不是站在老百姓的立场上说话的。真的像老师说的，满纸荒唐言，一把辛酸泪。

● 师：其实西方的理论也一样。自然科学不算，以社会科学来说的话，从古希腊一直到现代，你能找出西方理论中站在广大底层百姓视角看问题的观点么？古希腊、古罗马再文明，也没有一套理论是站在奴隶的角度说话的，可奴隶才是古希腊、古罗马最大的群体。

☺ 生：宗教似乎给普罗大众提供了理论。

● 师：宗教不属于科学，再说，西方的宗教阶层原本就是统治阶级，在中世纪，宗教权力凌驾于世俗君主之上。

☺ 生：那就真的没有了。

● 师：实质上，现代的诸如凯恩斯之类的经济学家，根本无法与马克思相比，他们连亚当·斯密都不如，亚当至少还有人类的观念，而现代经济学家都是在私有制"合理性"的前提下，探索如何把私有制弄得更好、更舒坦一些的理论。比如探讨是"大市场、小政府"好，还是"小市场、大政府"好，他们根本不去探讨政府到底是咋回事。恩格斯已经把国家政权的起源讲得很清楚了，在恩格斯看来，无论是资本主义还是封建主义，国家本身就是剥削阶级压迫被剥削阶级的机器。私有制的视域局限几乎限制了所有社会科学理论家的目光，而私有制中的胜出者剥削阶级和统治阶级，自然铸就了这些理论家的崇奉对象。只有马克思和恩格斯，突破了私有制的视域，不再跟其他理论家一样，成为井底之蛙。他们站在社会最底层——无产阶级的角度说话。

☺ 生：看来西方的社会科学理论，也是满纸荒唐言，一把辛酸泪。

● 师：试想一下，要是人类的社会科学整个地都是建立在荒唐之上，那么我们所谓的"文明"会是咋样的。

☺ 生：这样一想，是蛮可怕的。

● 师：处在奴隶社会的老子，如果站在奴隶的立场上会怎么说话呢？

☺ 生：那就不是顺其自然，不是无为，而是反抗。像马克思提出"全世界无产者联合起来"一样，提出"全中国的奴隶联合起来，彻底消灭奴隶主"。

☺ 生：这太伟大了。如此一对比，那些大大小小的理论家，根本无法同马克思相提并论。

● 师：大家可以思考一下，这个问题留待后面再说。还有一个问题，老子的"道"和"德"跟我们今天的概念不同，其有正确之处，也有错误之处。那么其对错在哪里呢？

☺ 生：越是思考，好像问题就越多。

⬤ 师：这个问题，也留待后面再说吧。

23-3
信不足焉，有不信焉。

⬤ 师：这句在十七章已经解释过了，这里不再赘述。

二十四章

24-1 企者不立；跨者不行；自见者不明；自是者不彰；自伐者无功；自矜者不长。

● [注] 企：翘起脚尖。跨：阔步。

☺ 生：踮起脚尖就无法站立；迈大步就无法长时间行走；自我显摆反而不能显露自己；自以为是反而不能彰显自我；自己夸自己反而显得没啥功劳；自我感觉好得不得了的人，反而不能长久在社会上混。

● 师：听到"长久在社会上混"，老子一定很反感的哟。他提倡与世无争，不要在社会上混。

☺ 生：那他的"长"就是活得长久一点，一生平安，没有灾难。

● 师：这个意思还差不多。

☺ 生：老子的意思，就是做个非常低调的人。低调就是腔调，现在以此来明哲保身的人似乎不少，他们认为这是谦逊，是一种美德。

● 师：怎么区别明哲保身和低调谦逊呢？

☺ 生：看针对谁、针对什么环境吧。对谦虚的人低调谦逊，你好我好大家好；对事事要争的人，你不必客气低调。明哲保身主要是针对环境来说的，环境很恶劣，说错一句话就可能引来杀头之罪，不明哲保身不行吧？

● 师：社会很复杂，老子说的是理论上的一般情况。落到现实中，不是你咋样想就会咋样做，最终还是你的性格与价值观决定你如何行事。在危险情况下，谁都会明哲保身的，谁不想活呀？为了真理能够献身的毕竟是极少数，那是令人景仰的神一般的人物。我们要指责的是那些处处不敢得罪人的家伙，为了保住自己的一点私利，啥都不敢说的"老好人"。这些人装得低调、很有腔调的样子，看上去事事很谦逊忍让，实质上就是为了自己的位置或利益，谁也不得罪。

☺ 生：这样的人每个单位都有吧。谁都是对的，谁都很好，人们还特别喜欢这样的"老好人"。

● 师：这样的人，不求有功，但求无过，想平平安安地混一辈子。中庸的个性，听话式的教育是这些人成长的必备，也是中国传统教育下的培养模式。这会导致什么问题？

☺ 生：对个人没有是非观念，对环境没有改善的可能。

● 师：争利益、保利益在私有制之下，都没错，错的是什么样的利益可争，用什么方式保自身利益。所谓"不义之财"，指的就是你不应该得的利益；所谓"取之有道"，就是用合理的方式取得。照我看，保之亦有道。你要保全自己的利益，也必须是用合理的方法。

☺ 生：没人会想那么多，看到钱都眼红哩。

● 师：在金钱面前想保持低调是不容易的。人们说，实践是检验真理的唯一标准；我说，金钱是检验人格的唯一标准。

☺ 生：难怪，有些学者、文人为显示清高，看淡金钱。

● 师：这样的学者、文人在人格上很成问题的。

☺ 生：为啥？

● 师：在必须靠金钱生存的私有制社会里，看淡金钱，是很虚伪地拔高自己，他们肯定不是老子所说的低调，而是过分高调了。中国古代文人很喜欢指责别人满身铜臭，仿佛自己不食人间烟火，这代表了他们虚伪的人格。科举、媚权不都是为了钱嘛，说一套做一套，不是虚伪是啥？

☺ 生：难道要看重金钱？

● 师：当然应该看重金钱。财富不仅是个人生存之资，还是人类生存的必需。不看重金钱肯定是不对的。中国古代文人拼命读书考科举为啥？不就是为了做官，解决生存问题吗？

☺ 生：那解决了生存问题，看淡金钱不可以么？

● 师：不可以。文人、知识分子，作为接受过教育的人，不能等同于平民百姓，作为平民百姓都要有点社会责任，受过教育的人能没有社会责任吗？你没可能改变社会私有制的性质，也得维护多劳多得、不劳不获的社会规则；你没可能改变社会的剥削性质，也得尽量抵制过度剥削的现象。人格从来都是你在社会中的行为体现，根本就不是你拥有的观念。

☺ 生：老子说要低调，不要显摆。那些自命清高的家伙就是为了显摆自己。老板让他加班不给钱，他就说自己加班不是为了钱，是为了事业。就算他不要钱，可单位里多劳多得的原则被他破坏了，以后如果老板要求加班，别人想要加班费的话，心理压力是很大的。

☻ 师：不管他要不要钱，其行为是破坏了社会大众的生存规则，他这样做肯定是有目的的。当一个人的目的完全不顾大众的生存规则，就丧失了社会意义，丧失社会意义的目的，就纯粹是个人目的，也就是说，他的行为完全就没有了社会责任。

☺ 生：这种人要不就是拍领导马屁，想得到升迁。要不就是害怕被领导开除，保住自己的饭碗。总之，还是为了钱。

☻ 师：君子爱财，取之有道。真正要做到"有道"是很难的。

☺ 生：一般人认为只要合法，就是"有道"。老师不是这样认为么？

☻ 师：把"有道"的"道"理解为道路、通道、方法，自然只要合法就行了。不过真正的道，也就是老子的道，指的是符合自然、符合道德。按照这个道的意思，仅仅是合法，完全是不够标准的。

☺ 生：按老子道的意思，那些破坏自然，不顾自然生长规律而取得的财富，肯定就是不义之财了。那些不讲社会道德而获取的财富，肯定也是不义之财了。

☻ 师：获得不义之财的人，自我感觉好得不得了，也不会低调的。他们还敢于不低调行事，那就涉及社会体制的问题了。

24-2

> 其在道也，曰：余食赘形。物或恶之，故有道者不处。

☺ 生：从道的角度看，自见、自是、自伐、自矜这些急躁炫耀的行为，都是身上的肥肉，是累赘。有道之人是不会这样做的。

● 师：老子前面讲人不要太张扬，要低调，这里讲太张扬的人叫人讨厌，只是举的例子看上去有些不妥帖。他用身上的肥肉来形容做事太张扬，做得太过头的人。

☺ 生：看来老子是歧视胖子的。

● 师：天生的胖子，是不应该歧视的。不过吃成胖子，说明这人毫无节制，没有自制力，当然是缺点。要是处在还有很多人吃不饱的年代，这样的胖子就令人讨厌了。在老子的年代，估计吃不饱的人很多。能吃成胖子的，肯定是剥削阶级成员。老子讨厌得有道理。

☺ 生：人不能太张扬，有点功劳就居功至伟，这跟有点钱就吃成胖子是一个道理，我认为老子的比喻还是很贴切的。

● 师：精神的过分与肉体的过分，在老子看来都是不好的，在我看来也是不好的。我跟老子的不同在于，什么程度才是过分，什么才叫张扬或低调。我赞成老子遵守自然之道的观念，我不认同老子把自然之道等同于社会之道的观点。人得遵循自然规律，这是对的，人毕竟生活在自然界中，遵从自然之道是必须的；可人类社会完全不同于自然界，它有自身的发展规律。

☺ 生：老子时代科学没那么发达，他认识不到这一点。

二十五章

[25-1] 有物混成，先天地生。寂兮寥兮，独立而不改，周行而不殆，可以为天地母。吾不知其名，强字之曰"道"，强为之名曰"大"。大曰逝，逝曰远，远曰反。

● [注] 寥：空，无形。周：全面，循环。殆：怠，停息。逝：运行。反：返。

☺ 生：老子又在讲他的本体论了，他说，有一个混沌而成的事物，先于天地生成。没有声音，也没有形状，独立自在并且不会改变，循环运行而不会停息，它可以作为天下的根本。古人认为天地混沌一片，随后出现一个神来开天辟地，在科学不发达时，这种说法也不至于有错吧。在宇宙大爆炸之前，或许就是混沌一片的，所谓开天辟地，就是宇宙大爆炸。

☺ 生：对呀，说书人说书，第一句就是："自从盘古开天地。"

● 师：宇宙大爆炸之前咋样，科学界还在争论，是不是混沌一片，我们没必要去猜测。开天辟地的故事，许多民族的原始神话里都有，这比较符合古人的想象。"盘古"其实是巴比伦神话中的创始神，不是中国的。被我们的祖先引用到了中国古代神话之中。

☺ 生：我认为老子把宇宙的根本想成这样已经可以了，孔子连想都不想，他对此没兴趣。

● 师：孔子算不上哲学家，他就在乎怎么做人，而且是在官场上怎么做人。

☺ 生：对宇宙根本的猜测，老子好像也没多少信心。后面他说，我不知道它的名字，强行给它起名字叫"道"，强行替它命名为"大"。这个大又可以说是运行着的，运行又可以说是无限，无限又可以说是返回原点。宇宙的根本"道"一直在运行，发展到无限，又回到原点。在那个时代，算是了不起的猜测了。

● 师：是蛮牛的。

☺ 生：老师，宇宙大爆炸之后，爆炸的能量使宇宙膨胀，各种物质向外飞，其爆炸能量耗尽，会不会像老子说的那样，又返回到原点，宇宙又萎缩成一个点呢？

● 师：以前两种观点，一种认为爆炸的能量耗尽，宇宙的空间开始萎缩，最后缩成一个点，就像老子说的，回到原点；另一种观点认为，既然能量耗尽，就不可能萎缩，萎缩也是需要能量的，所以最后没有能量的各种星球就不再向外膨胀，而是静静地悬浮，宇宙陷入死寂。

☺ 生：两种观念我都不喜欢，这样的结果太没劲了。

● 师：有劲的来了。照理说，爆炸之后，能量逐步减少，就像炸弹爆炸，弹片飞出去，随着能量减少到没有，弹片就落到地上。可我们现在发现宇宙中各星球向外飞行的速度不是减少，而是在加快，这就很奇怪了。

☺ 生：听说是暗物质在起作用。

● 师：现在的科学家是这么认为的。说是宇宙中大部分是暗物质，我们能看到的只占物质中的小部分。这说明我们对宇宙和自然界的认识还很不充分。

☺ 生：要是按照暗物质还在推动宇宙扩张的观点，那么宇宙最后会咋样，很难猜测的吧？

● 师：无法预料。加上现在科学家已经证实了黑洞的存在，就更加难以预料了。

☺ 生：黑洞好神秘哟。把进入它引力圈的东西统统吃进去，吃饱了还会打嗝，喷点出来。也不知道吃进去的东西会变成啥样。

● 师：恒星的能量耗尽就会坍塌形成黑洞，要是太阳能量耗尽坍塌成黑洞的话，地球也就被它吃掉了。它会把地球奋力拉过去，拉成面条状，然后把这根面条吃进去。

☺ 生：地球能量耗尽还有 40 多亿年，那时人类怕是早就玩完了。

● 师：老子在他那个时代的科学条件下，能设想天地之母的"道"，并认为道是不断运动的，是非常了不起的哲学猜想了。

25-2

　　故"道"大，天大，地大，人亦大。域中有四大，而人居其一焉。

☺ 生：所以说"道"大，天大，地大，人亦大。宇宙空间里有四大，而人占有其中的一大。老子把人看得很伟大哩。

● 师：从人的视角看，人们自然觉得人是伟大的，因为人类彻底脱离了自然界的生态链。人们认为自己有精神有知识，对自然的认识不断深入，创造了许多非自然的文明，人不伟大，还有啥是伟大的呢？

☺ 生：要是不从人的视角看呢？从动物的视角看，人类一定是非常可怕的、危险的吧？

● 师：从动物的视角看就没啥意思了。

☺ 生：为啥？

● 师：人作为自然界的一种动物，进化到具有科学认识和创造文明的高级动物，在其他动物眼里必然是高大上，而且人类在不断铲除它们的生存空间和生存必需，在它们看来，人类一定是凶恶丑。

☺ 生：那人类是魔鬼无疑了。不过不从动物的视角看，从啥视角看呢？

● 师：不拿个人来说，就人本身这个抽象概念而言，无非是与社会、自然这两者发生关系。人在社会中，应该从最低的视角看；人在自然中，应该从最高的视角看。

☺ 生：此话咋讲？

● 师：现实社会中，占绝大多数的是社会底层的贫困大众，如果我们不从他们的视角看问题，那么你就只能代表少数人，代表少数人就脱离了人类的概念。最底层也就是最低的视角，不从这个视角看，那就不把底层大多数当人了。即便是剥削阶级，从剥削阶级的角度看问题，口头上也不敢说，自己不把广大群众当人看。人在自然中就不一样了，人虽然改造了一些自然，也利用了某些自然，就算脱离了自然的生态链，也无法脱离自然，人还是地球上的一种生物，自然比你强大得多。从宏观上说，自然界的一次变动，就可能导致人类无法生存；从微观上说，出现一种小小的传染性病毒，人类可能就面临灭顶之灾。如果不从最高视角即宇宙的角度看问题，被自然灭了都不知道。

☺ 生：啪，一颗小行星撞击地球，我们全死了。二十世纪初，一颗小行星落到西伯利亚，通古斯河就没了。要是落到纽约，人们刚喊出"人定胜天"的口号，就灰飞烟灭了。

● 师：不要说行星撞地球，就是地球本身折腾起来，你也受不了。据柏拉图说，有一个史前文明叫亚特兰蒂斯，后来发了大水，沉入海底了。现在科学家考证下来，这可能是真的。那个民族叫锡兰人，因为一次火山爆发，被海水淹没了。

☺ 生：火山爆发有这么可怕?

● 师：考证下来说，那次火山爆发产生的能量是广岛原子弹的四万倍，引发了巨大的海啸，抬高了海平面，把锡兰人生活的岛屿淹没了。不要说人定胜天，人与自然斗，一点胜算都没有。

☺ 生：可人类还是在改造自然，创造出许多自然中根本不存在的东西。

● 师：改造自然必须在顺应自然规律的基础上进行，以前人们不明白这点，改造自然往往破坏自然的生态。改造之后，才想起来去恢复自然生态。比如城市不断扩张，植被减少，气候搞坏了，随后才想起来要搞湿地。湿地是城市之肺，洁净空气。

☺ 生：我认为先发展后治理还是对的。不发展就赶不上别人，甚至连治理能力都没有。只有发展了，赶超了别人，再想办法去治理，恢复生态。

● 师：整个世界的发展你追我赶，先发展后治理的说法，应该可取。不过这种说法并不能成为野蛮发展的借口。所谓野蛮发展，就是不考虑以后能不能修复自然生态，能不能修复人能居住的环境，发展了再说。比如为了羊绒，我们大规模放养山羊，山羊把草根都吃光了，到第二年就没有"春风吹又生"的可能了，草原就逐渐变成了沙漠。

☺ 生：放绵羊不吃草根么？

● 师：绵羊吃草不吃草根。

☺ 生：为啥不圈养山羊呢？

● 师：那就是野蛮发展。圈养的成本高，手里没几个钱，又要尽快赚到钱，就顾不到以后有没有草原了。可面对"春风吹不生"的局面，现在山羊想放养都不可能了，只好圈养。要知道，草原变沙漠容易，要变回来很难很难，直到今天，我们还没能力彻底解决这个问题。

☺ 生：在河流上造大坝，兴建水电站，对生态的破坏也是很大的。

● 师：水电站也有野蛮发展之嫌。火力发电需要煤，成本比水力发电高。最好的办法是利用风能与光能。风力发电与光伏电的投入成本高，投入后的运营成本并不高。对发展与赶超也要有科学的认识。所谓"落后者的特权"，就是跳过一些弯路，直指更先进的东西。像互联网和高铁，我们做到了这点，把落后者的发展起点，建立在先进的基础上，不是一步步走向先进，再谋求超越。要获取电能，若一开始就放弃水电，直指光电、风电，就能真正获得"落后者的特权"。

☺ 生：明白老师的意思，落后者的赶超也要有科学认识，没有科学认识的赶超，是野蛮发展。

● 师：遵从自然之道，就是按自然规律办事；人类社会脱离了自然的生态链，却并不能脱离自然而存在。社会之道不同于自然之道，却也得在自然之道允许的范围内构建。所以人在自然面前，不可妄自尊大。

☺ 生：天大、地大，小人儿。老子自大矣。

25-3 人法地，地法天，天法"道"，"道"法自然。

☺ 生：老子的等级观念好重，天地还分等级。他说人效法地，地效法天，天效法"道"，"道"效法自然。

● 师：这没法怪老子，他生活的时代就是分等级的时代。如今我们的等级观念不像老子那么重，可还是处于分等级的时代。

☺ 生：现在除了官员之外，一般人不分等级了吧?

● 师：理论上是不分等级了，可现实中还是分的。因为官员有等级，城市也就有等级，地区也会有等级，甚至学校、医院都有等级。

☺ 生：学校、医院的等级，老百姓还是看好坏来评定的。

☺ 生：我们还有点科学精神，不会把天地归入等级之列。古人崇天贬地，把皇帝叫天子，要是崇地贬天的话，那皇帝就叫"地子"。

● 师：虽说古人的认识并非来自科学，可崇天贬地还是对的。

☺ 生：为啥?

● 师：天是宇宙空间，而地只是地球上的一块小小陆地，也就是说，"地"只是宇宙里一个小小行星的水面上漂着的一块小泥巴而已，它能跟"天"相比么?

☺ 生：如此一想，应该是天大，地小，人更渺小。

二十六章

26-1 **重为轻根，静为躁君。**

☺ 生：重是轻的根本，静是动的本体。老子这样说，肯定没啥科学依据。这属于物理学的范畴吧？

● 师：老子只是用作比喻，来讲哲学，没必要苛求比喻。轻重、动静，老子更看重"重"和"静"，认为它们才是根本。说这话估计是当时人在老子看来，比较轻浮、躁动，不安分，大家都在追名逐利。

☺ 生：现代有的人好像还这样，为追名逐利几近癫狂，能静下心来读个书的不多。读书也是为了能增加追名逐利的能力和资本。

● 师：私有财产竞争的社会，恐怕大多数人一直会这样。

☺ 生：老子批评得很对。人是不应该如此浮躁。

● 师：对衣食无忧的人来说，是对的；对那些衣食没着落，生活没保障的人来说，很难说是对的。叫那些为"一口饿不死饭，一片冻不死衣"而拼死拼活的底层民众，静下心来，悠闲自得地想想问题，读读书，那等于叫他们饿死。

☺ 生：要是我拿不下文凭，找不到好工作，买不起房子，要想让我不当"躁君"是很难的。

● 师：所以生活保障才是重中之重，才是真正的"根"。人们纵然在城市里解决了吃穿住行，有了稳定的工作，却还是"躁君"一个，还是要想赚到更多的钱。你也无法指责他轻浮。现代人的生活要达到有保障是不容易的。生大病是不是看得起，孩子养育、教育费用会不会涨，会不会通货膨胀导致物价飞涨，等等，这一系列不确定因素，会导致人们拼命存钱，让自己的生活有保障。

☺ 生：活下去才是硬道理，存在先于本质，什么静呀动、重呀轻，都是废话。

- 师：存在主义"存在先于本质"的观点我不认同。我认为存在就是本质。存在是本质的社会表现，你在社会上以什么方式存在，你就拥有什么样的本质。你说自己是好人是有道德的人，那是废话。你做了许多好事、善事，即使你说自己是坏人，大家也会认为你是好人。你一边说人人平等，一边拍着领导马屁，你就是个没有平等观念的马屁精。本质不是你说的，更不是你想的，而是你做的事，是你存在于社会的方式。
- 生：一般人的存在就是为了赚取存在之资，他们的本质就是活着。
- 师：活着或为了活得更好，只是存在的目的，并非存在的方式。赚不赚钱，用什么方式赚钱，才是存在的方式，才是本质的表象。任何存在都有其存在的方式，这个方式就体现了你的存在本质。靠一张嘴皮子把自己说得再好也是没用的，你的存在方式和所作所为才是你本身。
- 生：我看底层百姓虽然一辈子都是为了钱活着，本质还是很善良的。他们不偷不抢，不剥削别人，靠自己的劳动赚钱养活自己，靠创造社会财富活着。他们的存在方式、赚钱方式决定了他们的本质，因为他们是社会中的大多数，所以也决定了这个社会还是有道德的。

26-2

是以君子终日行不离辎重。虽有荣观，燕处超然。奈何万乘之主，而以身轻天下？

- [注] 辎重：军中运粮之车。观：观赏，外表。燕：安然。
- 生：因此君子整天行进，却离不开笨重的车子。老子这话，暴露了他剥削阶级的本质。那个年代一般人恐怕是没车子坐的吧。出门坐车不步行，才叫君子。没车的都是小人了。
- 师：孔子的君子概念也是指剥削阶级内部成员，也就是孟子所说的"劳心者"。孟子讲得很清楚，"劳心者治人，劳力者治于人"。

"劳心者"是统治阶级，"劳力者"是被统治阶级。

☺ 生：现在好像不能这样说，要这样说，坐办公室的都是"劳心者"，像老师这样也属"劳心者"吧，那也是剥削阶级了。

● 师：在既定的私有制社会体制无法改变的情况下，各种社会职业基本上都有其社会价值，也就是说有它的社会作用。但凡有社会作用，你不能说从事这种职业的人在剥削别人。比如国家元首，封建社会有皇帝，现代社会有首相、总统、主席之类的，一个国家没有最高领导，也是要乱的。

☺ 生：连皇帝都需要，那不就没剥削阶层了吗？

● 师：所谓剥削，是指职位收入超越其社会价值。皇帝作为国家的头，拿管理国家的钱多一点，没啥问题，把国家财产视为自己的财产就成了剥削阶级的头了。官员、公务员作为国家的管理人员，拿管理费当然不是剥削，可管理费多少才是管理职业应有的社会价值呢？

☺ 生：应该跟社会平均工资差不多吧，略高一点，老百姓也能理解。

26-3

轻则失根，躁则失君。

☺ 生：**轻率就会失去根本，躁动就会失去本体。**老子认为的根本和本体就是宁静无为，心浮气躁地乱说乱做，就会失去根本。老师，浮躁和沉静是个人的性格，与本体没啥关系吧？有的人性子急，浮躁一点，有人属于慢热型，相对沉静一点。说浮躁就失去根本，我看没道理。

● 师：在老子看来，万物乃始于无中生有，行于由静而动。且不说老子的看法对不对，以此运用于人和人类社会，就不妥当了。如果人类社会没有脱离生态链的话，就不可能发展至今，而脱离了生态链，自然规律就很难说完全是人类社会的规律了。

☺ 生：很难说完全是，老师难道认为，有些是，有些不是？

● 师：对。人虽说脱离了自然生态链，却还是自然界的一个生物种群，所以社会规律与自然规律有相同之处，也有不同之处。比如老子认为的物极必反。在自然界，一种动物过于强大，那就会走向灭亡。食物链顶端的动物，没有天敌的话，自己就成了"天敌"。

☺ 生：对呀。非洲草原上的雄狮，会弄死不是自己孩子的幼狮，要是不弄死，这个种群就过于庞大了，还让不让食草动物活啦？

● 师：食草动物过多，草就来不及生长，食肉动物过多，食草动物就没了。这就是自然生态链的平衡。打破平衡，就是走向极端，走向反面，导致物极必反。

☺ 生：人类脱离了生态链，早就打破这种平衡了，要不然哪能弄出70多亿人来。

● 师：生态链的平衡可以不遵守，你已经脱离了生态链，不属于生态链上的一环，可你毕竟还是地球生物，生态链的物极必反可以不遵守，自然界的物极必反还得遵守。

☺ 生：啥是自然界的物极必反？

● 师：人不能超越作为生物的临界点，一旦超越就走向了极端。也就是说，人就是人，就是地球生物，而不是神。你能遵循自然规律来创造一些东西，而不是违反自然规律，凌驾于自然之上。

☺ 生：怎样才算凌驾于自然之上？

● 师：比如说，我们了解了人类基因结构，我们就想着调整基因结构来治愈某些疾病，这固然是件好事。不过我们得搞清楚，人类基因是长期进化的结果，这种进化是自然环境导致的，不考虑自然环境而去改变人类基因，结果会怎样呢？

☺ 生：有点玄。有人说我们控制衰老基因，就能长生不死。听起来有些不可思议。

● 师：不能把愿望当现实。有长生的愿望，却不可能不死。调整衰老基因，可能会牵动其他一系列的基因反应，而变动后的基因是不是能适应地球上的自然环境，这都是问题。好像最早克隆出来的那只羊——是不是叫"多利"——没几个月就得病死了。

☺　生：克隆的东西好像不太提了，怕是不行的。

●　师：我们往往痴迷一种科学技术，却忘了自己是地球生物。这种生物固然脱离了地球生态链，却无法脱离地球的自然环境。

☺　生：有些人觉得人有精神，似乎就是超级生物了，有了神的感觉。这种感觉就是凌驾于自然之上。

●　师：人能超越自然，还弄出什么超自然主义。这些都是走向极端的表现。说人死后，思想永存，精神永存。那是指后人还能记得你。人类一旦灭绝，还谈什么后人，更谈不上思想、精神。地球一旦发生灾变，人类说不定马上就灭绝。

☺　生：老师一番话，让我顿觉人类的渺小。人类既然很渺小，那么回到老子的命题，青静无为不就是根本吗？

●　师：人脱离了自然生态链，就必须有为，不仅要适应环境，还应该创造环境，不过一切都应该在自然法则之下。维护适合生命生长的环境，才是根本。不仅是人类的根本，也是每个人的根本。

二十七章

[27-1] 善行无辙迹；善言无瑕谪；善数不用筹策；善闭无关楗而不可开；善结无绳约而不可解。

- ● [**注**] 辙迹：车辙的痕迹。瑕谪：瑕疵，过失。筹策：计算的工具。关楗：梢栓。绳约：绳索。

- ☺ 生：善于行走就不会留下足迹；善于说话就不会有被人抓把柄的瑕疵；善于数数就不用计算的工具；善于闭门就不用梢栓而让别人无法打开；善于结绳就不用绳索却叫人无法解开。

- ● 师：翻译得不错。

- ☺ 生：翻是翻出来了，可老子的话讲得很绝对。善于行走就不留足迹，那是武林中的"草上飞"呀。善于说话不留把柄，善于数数不用计算机，还说得过去。善于关门不上锁，别人也打不开，善于结绳居然还不用绳子，这都不可能。

- ● 师：是你太较真了。老子这是比喻，用夸张的手法来比喻。他的意思是，善于做一件事的人做得完美，就不会留下后遗症，不会留下缺陷。

- ☺ 生：那是大国工匠精神。

- ● 师：做事完美当然是工匠精神，可做事追求完美的人，往往会陷入强迫症，他们做事总觉得有地方不够好，思前想后，最后不得不推倒重来。

- ☺ 生：就是说，工匠精神过了头，走向极端，也是不好的。

- ● 师：完美和完美主义不同，完美主义是带贬义的词。

- ☺ 生：老师，加上"主义"是不是就变成了一种信仰，工匠精神难道不是一种信仰么？

- ● 师：工匠精神不应该是一种信仰。信仰是和人类及社会的终极目的联系在一起的，不管这种联系是对还是错，总带有本体论的意思。把做一件事做到完美作为信仰，那就把信仰宽泛化了，一旦宽泛化，什么都能叫信仰了。歌手热衷于把歌唱好，那是他的信仰，厨师热衷于把菜做好，那是他的信仰。要这样的话，所有人都有信仰，那还叫信仰么？

☺ 生：我看"文化"一词就宽泛化了，用滥了。喝个茶叫茶文化，炒个菜叫饮食文化，穿个衣服叫服饰文化，公司里搞个娱乐活动叫企业文化。是不是上个厕所也该叫如厕文化呢？

● 师：的确，"文化"一词已烂。事情做得讲究点，就冠以文化之名，这主要是商家的营销策略导致的。加上点文化元素，自然就上了一个档次。最典型的就是"茶文化"。泡个茶，喝个茶，弄出许多程序出来，讲究得让人不明不白，文人墨客们又起劲地添油加醋，于是诞生了所谓的"茶道"。其实你仔细一想，啥事不能这样呀？烧个菜，喝个酒，不也可以弄出许多程序，搞出许多讲究么？我们把吃饭盛菜的碗做得精美一点，也不会输给"茶具"吧？取个讲究点的名字叫"膳具"，可不可以？

☺ 生：这么一说，还真有点滑稽了。上个厕所，程序复杂点，仪式讲究点，跟喝茶有得一拼。喝茶叫"茶道"，如厕就叫"便道"。

☺ 生：上厕所还讲究，你憋得住吗？

● 师：进，叫饮食文化；出，文人们就不好意思说了。大凡与文人沾上边的事儿，均冠以文化。文人喜欢喝酒，于是就有了"酒文化"。大家一致认同吸烟有害健康，所以不好意思讲"烟文化"。其实酒与烟一样，对人体有百害而无一益，只是酒的危害却并不被大家认可。

☺ 生：那么从狭义上说，啥才算真正的文化呢？

● 师：从狭义角度说，人类吃穿住行用具的精美和使用程序的讲究，都算不上文化。文化是直接体现人类理智与情感的东西。一切物质都会"速朽"，所有社会体制——从长远看——也会快速更替。人类漫漫长河中能留存下来的，只有能克服时间与空间的理智与情感。黑格尔说，雕塑占有时间与空间，随着时间的推移和空间的侵蚀，雕塑会损坏。绘画克服了立体的空间，只占有平面空间，也会损坏。音乐克服了空间，却占用着时间，随着乐谱的出现，音乐最终克服了时间。文字是留存人类理智与情感的最好载体，它完全克服了时间与空间，使文学作品和人类智慧得以传承。

27-2

是以圣人常善救人，故无弃人；常善救物，故无弃物。是谓袭明。

● [注] 袭：承袭，保持。

☺ 生：因此圣人常常善于拯救别人，为此就没有被抛弃的人；常常善于拯救事物，为此就没有被废弃的东西。老师，最后一句不太好翻呀。"袭明"是保持明白，啥意思？

● 师：这就叫一贯得明明白白。是有些别扭。意思是说，圣人一贯如此，看上去明明白白的。

☺ 生：老师，先秦的那些学者，是不是都认为有圣人？

● 师：差不多。其实就是各自把符合自己理想的人，称为圣人。道家尤其是庄子，对儒家所谓的圣人不屑一顾，认为档次太低，庄子把理想化的人叫"至人"，比飞来飞去的神仙还高级。

☺ 生：是啥玩意儿？

● 师：庄子认为神仙飞来飞去得凭借自然界的风，至人完全放弃了自己，忘记了自己，彻底融入自然之中，他们不凭借自然，自己就是自然的部分。至于"圣人"，混在社会里，档次太低了。

☺ 生：道家的"至人"完全不可能存在。儒家的圣人虽说理想化，可孔子似乎把尧、舜之类的人，视为圣人。

● 师：孔子认为社会一直在倒退，他把原始部落的酋长视为道德高尚者，称之为圣人。幸亏他不知道母系社会，否则面对道德更加高尚的母系社会的酋长，会不会把那些"老祖母"称之为圣人呢？

☺　生：不会吧，孔子看不起女人，说"女人与小人难养"，把女人视为圣人，那是不可能的。

☻　师：儒家学说被中国古代统治阶级认可后，后代就视孔子为圣人。不过在老子眼里，孔子肯定不是什么圣人。他拯救别人谈不上，拯救事物更谈不上，带着弟子跑来跑去求官做，在老子眼里，孔子最多也就是到处找就业机会的有为青年罢了。我认为孔子最大的贡献在于，注重人的道德培养。如果把道德奉为最高准则，那么孔子就可以称之为圣人。当然不是老子眼里的圣人。

☺　生：老子眼里的圣人，拯救别人，拯救万物，难道不是道德？

☻　师：老子的拯救，是人与物都能顺应自然地生存，可不是带领劳苦大众脱贫致富奔小康。实质上老子的道德与孔子的道德是有很大出入的。老子的道德主要是顺应自然，遵循自然之"道"；孔子的道德是针对人类社会的，最主要的是顺应官场的法则，搞好官场上的人际关系。

☺　生：那么老师的道德观念是啥？

☻　师：道德主要还是指人类社会中的人际关系，不过也要顺应自然法则，也就是说，为了人类本身去顺应自然法则。

☺　生：此话怎讲？

☻　师：自然有自己的法则，即自然之"道"，人得顺应自然法则地来改造自然，以此来为人类服务。人跟自然的关系，目的是为人类自身，手段则是要遵循自然法则的。你改造自然，必须维持自然生态，生态破坏了，人类就把自己的生存环境玩完了。试想，动物在地球上都灭绝了，人类真的能在地球上"独活"吗？

☺　生：不行的吧？

☻　师：保护生物的多样性是手段，达到人类长久生存是目的。所以保护濒危动物、保护生态环境就成了道德。

☺　生：达到老师的道德标准，在老师眼里是不是也成了圣人？

☻　师：现代无圣人，只有偶像。或许只是叫法不同。你们不都有自己的偶像吗？每个人价值观或多或少有些不同，成熟度也不同，个人喜好迥异，崇拜的对象自然就千差万别。

☺ 生：老师的偶像是谁呢?

⚫ 师：揭示宇宙秘密和发展的科学家，比如哥白尼、爱因斯坦；揭示人类发展秘密的科学家，比如达尔文；揭示社会发展秘密的科学家，比如摩尔根、马克思；揭示人类思维规律的哲学家，比如康德、黑格尔。

27-3

　　故善人者，不善人之师；不善人者，善人之资。不贵其师，不爱其资，虽智大迷，是谓要妙。

⚫ [注]资：借资。要妙：要义之玄妙。

☺ 生：所以善人是不善者的老师；不善者是善人借助的资本。老子这么说，坏人不就成了好人的手段了吗？记得康德说过，不能把别人当作自己的手段。

⚫ 师：康德是说过类似的话，不可以把人作为手段。现实生活中，大多数人都是把别人当手段的。说一个人关系多，很有人脉，实质上都是从利用价值来说的。人与人交往，不知不觉地会从利用的角度去思考交往的价值。有钱深山有远亲，没钱近亲不想问。亲戚之间不也从利用价值上看待对方嘛。

☺ 生：从利用价值上与别人交往，本质就是把别人当手段。

⚫ 师：从辩证关系上看，老子说得没错。好人是坏人的学习榜样，坏人是好人体现自己善良的参照物。从这个意义上说，老子并没有把坏人当手段的意思。

☺ 生：也是。老子后面的话，的确没有这层意思。他说，不尊重那些老师，不爱惜那些资本，就算很聪明，也属于大糊涂蛋。这就是要义的玄妙之处。老师，我不明白的是，老子要大家尊重好人，爱惜坏人，还说这是很玄妙的意义。为啥要爱惜坏人？

⚫ 师：老子没说爱惜坏人，是说爱惜资本。

☺ 生：前面不是说，坏人是好人的资本吗？爱惜资本就是爱惜坏人。

● 师：你混淆概念了。坏人、资本都是抽象概念，都不是指具体的人和物。但坏人是个体性概念，而资本是整体性概念。

☺ 生：咋区别？

● 师：你可以指出这个坏人，那个坏人，但你不能指着单个坏人说，这个是资本，那个是资本。个体的抽象与整体的抽象，完全不是一回事。

☺ 生：听起来有些道理，可我还是不能理解老子爱惜资本的意思。

● 师：爱惜资本是从相对的意义上说，坏人有其存在的合理性。

☺ 生：为啥？

● 师：这个坏人，那个坏人，消灭一个是一个。不过好坏是相对的，好人之所以能称之为好人，就因为有坏人存在，即便把绝对坏的人消灭干净了，还会有相对坏的人，好人受人尊敬的价值是因为有相对于好人来说之坏人的存在，这种存在才是好人能称之为好人的资本，否则就没有好坏之分了。

☺ 生：那也谈不上要爱惜这种资本吧？

● 师：爱惜不是保护，而是看重这种相对性。老子是从自然法则角度看问题，认为各种形态都是自然的一部分，都有其存在的合理性，他把这种法则运用到社会中，认为各阶层、各品质的人都有其存在合理性。当然这种合理性是从抽象意义上说的。

☺ 生：老师的看法呢？

● 师：现实的都是必然的，必然的未必是合理的。奴隶社会，奴隶主把奴隶当牲畜，并且成为了现实，肯定不是合理的，不过却是必然的。

☺ 生：为啥是必然的？

● 师：私有制发展到这一步，必然会把人当作物，当作私有财产，这是私有制社会发展的必然性。必然性取决于社会发展规律，合理性取决于人们的理想价值。必然性会导致现实存在，所以，现实存在未必是合理的。

☺ 生：黑格尔说，现实的都是合理的，合理的都是现实的。这和老师的说法完全不同嘛。

● 师：黑格尔的"合理"是他的所谓绝对理念的发展过程，绝对理念都会落实到现实当中。黑格尔的绝对理念是荒唐的。要是把绝对理念替换成社会发展规律，那么凡是符合社会发展规律的，都会成为现实，最后又会被现实抛弃。奴隶制成了社会现实，最后被封建制抛弃了。如果把社会发展规律视为合理性，那么"现实的"就都是合理的；如果合理性指的是人们的理想价值，那么"现实的"只不过是必然的，却未必是合理的。

☺ 生：老师的合理性是指人的理想价值，那是啥？

● 师：我的理想是人类最终实现共产主义。凡是符合迈向共产主义的现实，不仅是必然的，也是合理的；凡是违背共产主义的现实，虽说是必然的，却是不合理的。社会发展有进步有倒退，是螺旋式过程，其中许多是不合理的。

☺ 生：孔子说"不患寡而患不均"，财富的平均主义不就是共产主义的理想吗？

● 师：私有制社会，贫富差距越拉越大，肯定是违背共产主义原则的。不过平均主义不是共产主义。共产主义是一种社会体制，它包括老人社会化赡养，孩子社会化抚养，家务劳动成为社会劳动，个体家庭不再重要，国家权力淡化，等等，绝不仅仅是财产上的平均主义。

☺ 生：养老社会化可以理解，养孩子总不能社会化吧？

● 师：托儿所、幼儿园免费，母亲在家带孩子有补贴，生孩子越多，补贴就越多，家政行业发达，家务劳动就成了社会劳动。个体家庭的财产的继承从高税收到不得继承，个体家庭也就不再重要。这些都是向共产主义迈进的社会现实，不仅是必然的，而且是合理的。

☺ 生：这么一说，共产主义真的很值得向往哩。

● 师：共产主义必须在经济高度发达时才能实现，那种财富不多，却要财产平均主义的想法，是倒退回原始共产主义的想法，不符合社会发展规律。

二十八章

28-1

　　知其雄，守其雌，为天下溪。为天下溪，常德不离，　复归于婴儿。

☺ 生：老子说，知道阳刚，却守着阴柔，作为天下的流水。老子赞赏水，认为水是阴柔之物，估计他没遇到过洪水猛兽。

● 师：只是比喻，不必苛求。守静无为，自然就推崇阴柔，贬低阳刚。

☺ 生：老师，男孩阳刚，女孩阴柔，这是社会属性还是自然属性？有人说是社会属性，如果社会环境不同，女孩也会很阳刚，男人也会动不动就哭鼻子。

● 师：文化决定论者是这样认为的。像 20 世纪美国人类学家玛格丽特·米德执意认为社会文化决定男女的行为性格特征。不过我认为，这里面既有自然属性，也有社会属性。米德用个别民族女性暴烈、男性柔弱来说明问题，是有些偏执的。

☺ 生：从生物本性上说，雌性要养育后代，照顾新生命，阴柔应该是其本性。雌性动物比雄性更加暴烈好斗，并不多见。

● 师：当然特殊的社会文化环境，可能会改变一些自然属性，不过总体而言，历史进入父系私有制社会之后，不是改变男女的自然属性，而是强化了这种自然属性。

☺ 生：是强化了。"男主外，女主内。"男人在外争私有财产，自然更加好斗，女人在家相夫教子，发展她阴柔的一面。

● 师："主外主内"从私有制社会发展来说，是必然的，却不是合理的。剥夺女性的社会劳动价值，肯定是不对的。可私有制社会是异化的社会，剥夺女性的社会价值是异化的体现。所以，现在有些学校开什么淑女培训班之类的，肯定是开历史倒车，迎合社会异化。

☺ 生：应该开妇女职业培训班，让女性更有能力走向社会。

● 师：原始共产主义社会，家务劳动也是社会劳动，社会的竞争性差，所以男性并不像今天那样暴烈好斗，女性也不会像今天这样，刻意体现阴柔一面来迎合男性。虽有阳刚、阴柔之分，肯定不会像今天这样分明。

☺ 生：老子还给阳刚、阴柔赋予了道德取向。他说，*作为天下的流水，就能不失去日常的道德，回归到婴儿的状态*。

● 师：你们认为阳刚与阴柔有没有道德倾向？

☺ 生：阳刚与阴柔是性格属性，跟道德一毛钱关系都没有。

● 师：这么肯定？

☺ 生：《水浒传》中的绿林好汉，个个很阳刚吧，也都很讲道德的，不是吗？

● 师：举这个例子不能说明问题，阳刚也可以为恶。一些横行霸道的人，也很阳刚的。阳刚好斗，阴柔不好斗。道德是人与人之间的社会关系，人与人之间搞斗争，总归是违背人类道德的。当然，斗，也分正义与非正义。即便是正义，斗争本身也不能说是道德。我们说反侵略是正义战争，总不能说是"道德战争"吧？

☺ 生：要这么说，阳刚与阴柔还真带有道德倾向。

● 师：总体而言是这样，当然不能用个例说明。父系社会，男人的不道德行为肯定比女人多得多，并不仅仅是男人是社会竞争的主体，还有就是来源于男性阳刚好斗的自然属性。

☺ 生：交配季节雄性动物好斗，就不讲啥道德了。按老师说的，为消除这种好斗，人类诞生了两合氏族婚，在公共家庭内部彻底禁止男女关系。这也证明自然属性还是带有道德倾向的吧？

● 师：固然有道德倾向，可老子把道德比作回到婴儿状态，就不妥当了。道德是人类追求得到的，尤其是社会进入异化之后。纯朴是一种自然存在，返璞归真才是一种美德。人类的道德是社会发展的结果，个人的道德，也是自身努力的结果。人毕竟是社会存在，只有在社会存在中维护住纯朴，那才是道德。

☺ 生：天然的道德难道不存在？

● 师：天然的道德是存在的。但凡集群化生存的动物，都有其"道德"，保护妇幼，救助弱小，帮助同伴，等等，要是没有这些道德准则，集群就会瓦解，就不存在协作生存，不存在集群化动物了。所以，狼是有道德的，否则就没有狼群了。

☺ 生：集群化动物内部打斗也很激烈的吧，食物权、交配权争夺很厉害的。

● 师：一般集群化动物内部都有靠体力划定的等级制，等级制决定食物和交配的先后。不过纵然弱者得不到交配权，也不可能得不到食物，否则集群化生存不可能存在。

☺ 生：人类作为集群化生存的动物，也应该有这种集群化内部的天然道德吧？

● 师：照理说是应该有。不过私有制产生之后，这种天然的道德遭到了破坏。奴隶社会，你能说还存在这种天然道德吗？或许在各个阶层内部还存有些许天然的道德，跨越自身的阶层，就不讲天然道德了。

☺ 生：奴隶主根本不把奴隶当人，还讲啥道德？

● 师：所以跨越社会阶层的道德并不是普遍存在的。而在某一社会阶层内部，道德会有比较明显的体现。比如富人之间的彼此帮忙，穷人之间的相濡以沫。所以在私有制社会里，道德不是必然的，是人类努力恢复集群化生存的结果。

☺ 生：所以道德不是纯朴，是返璞归真。老师的看法深刻。

28-2

　知其白，[守其黑，为天下式。为天下式，常德不忒，复归于无极。知其荣，]守其辱，为天下谷。为天下谷，常德乃足，复归于朴。

● 师："[ ]"中的，可能是后人加上去的，因为庄子在《天下篇》中引用老子的这句话是："知其白，守其辱，为天下谷。"

☺ 生："白"咋跟"辱"相对呢？

● 师：辱有黑的意思，白又有荣的意思，我们今天用"荣辱"相对。

☺ 生：去掉后人加上去的部分，那么这句话的意思是：知道亮白，却守着幽黑，作为天下的山谷。作为天下的山谷，日常的道德才能充满，才能回归到纯朴。

● 师：老子的意思是，真正的道德者，为人很低调，就像处于低下的山谷那样，绝不到处作秀露脸。

☺ 生：老子这里也讲回归纯朴，好像道德也是努力的结果哩。

● 师：一般来说，纯朴是指一个人纯洁、质朴，拥有善良本性。在私有制社会激烈的竞争里，这种纯朴很快就会失去。我们无法恢复天然的道德，只能在更高的意义上回归道德。

☺ 生：啥是"更高的意义"？

● 师：从私有化生存，回归到人类命运共同体。帮助别人，做点好事，那是纯朴意义上的低级道德，更高的意义就"自由、平等、博爱"地对待你的同类。奴隶社会绝大多数人失去了自由，封建社会人们处在不平等之同，市场经济把人推到了极端自私地步，完全丧失了博爱之心。"自由、平等、博爱"才是更高意义上的回归。

● 师：你说你很善良，看到领导会不会低三下四？会不会觉得他高你一等？

☺ 生：这跟道德好像扯不上关系吧？

● 师：你去帮助弱者，救助别人，真的感觉对方跟你是平等的吗？真的没有居高临下的沾沾自喜吗？

☺ 生：应该有点。

● 师：崇拜偶像，会认为偶像跟你是平等的吗？你花许多时间追星，那个所谓的"星"，会为你花费那么多时间吗？他是自由的，你的自由却被你的"星"控制了。同阶层之间相濡以沫，不同阶层之间，就不讲道德了。所以马克思的阶级理论，永远不过时。

☺ 生：老师不也有偶像，难道视偶像与自己平等？

● 师：你们说呢？我没觉得不平等。知道明亮，守着黑暗。有德者要知道低调。

☺ 生：这话有点像王尔德墓志铭上的句子：我们都生活在阴沟里，但仍然有人仰望星空。

28-3

朴散则为器，圣人用之，则为官长，故大制不割。

● ［注］器：物。官长：百官之长，即君主。

☺ 生：老子的纯朴好像还不仅是人的品质，他认为纯朴扩散就成为万物，圣人就用这个纯朴，来作为君主之道，为此大的政治制度就不会被割裂。

● 师：的确，老子把人、社会、自然视为一体，把自然规律与社会规律等同。就他那个时代来说，这很有看法了。不过，现在看来，肯定是不对的。

☺ 生：老子把纯朴视为单纯，视为一，万物从中化出。他还认为社会制度也应该从这个纯朴的"一"出发来制定，这样才不会支离破碎。老师认为社会制度应该靠啥来制定呢？

● 师：社会制度看上去是人为制定的，其实是社会各阶级、各阶层斗争的结果。

☺ 生：国家制度应该是政权拥有者设计制定的吧？

● 师：如果不是推翻一个朝代，建立新的朝代，制度的制定有沿袭性，改变一些东西，就会得罪某些既得利益集团，就会对政权产生一些威胁，当然也会得到某些利益集团的支持。制度的制定者站在哪个利益集团一边，对政权的稳定有没有帮助，都是考量的标准。如果某利益集团很厉害，足以动摇政权，政权持有者就不敢动其奶酪，在制度制定上就会偏向他们。

☺ 生：这样的话，弱势群体岂不最吃亏？

● 师：弱势集团除了暴力革命，是缺乏影响政策手段的。他们在政策的制定中没有或缺少话语权，上街示威抗议，甚至起义革命，就成了他们斗争的方式。所以"执政为民"是一定要讲的，也是要落到实处的，否则政权的稳定性就会动摇。

☺ 生：古代"民为重、君为轻"的思想，跟"执政为民"差不多吧，哪个君主不想政权稳固？不过大多说一套做一套。做起来得考虑各利益集团的能量，很少去考虑弱势群体。

● 师：弱势群体虽说在政策制定上缺少话语权，但从整体而言，他们才是能量最大的群体。弱势群体基本上就是最底层人数最多的广大群众，每次社会革命，都依靠广大人民群众才能成功。从这个意义上说，人民才是历史的真正创造者。怎么创造，创造怎样的社会，或许不是他们说了算的，但创造的真正力量却是他们。所以最弱群体，也是最强有力的群体。

☺ 生：在国家制度制定中，总有社会阶层吃亏的吧，吃亏的还不都是最底层的百姓呀？

● 师：旧朝代被推翻，新朝代建立新政策。新政策往往会多考虑底层百姓一点，因为新朝建立者看到了底层百姓在社会革命中的力量，会把政权的长久稳定考虑得多一点，尤其是那些新晋的贵族，大多来自社会底层，他们还没记忆底层的疾苦。不过时间一长，统治者完全脱离了底层，形成各种利益集团，彼此斗争也就激烈起来，这种斗争就会直接影响国家的制度。

☺ 生：中国古代科举制度的诞生，是不是就是利益集团斗争的结果？

● 师：我想是的。此前搞举荐制度，留下了很大的弊病。秉公举荐并不容易，官员们往往举荐自己人，从而使利益集团固化。大地主阶层、门阀制度的产生，就是举荐制度的恶果。小地主集团不满意，乘着隋朝的建立，推翻了举荐制度，通过考试来当官。大地主家子弟大多考明经科，读"四书""五经"，写文章作诗词不是他们的长项。唐朝进一步打击大地主集团，取消了明经科，只留下进士科。

☺ 生：明经科有点像考政治，进士科考文化。

● 师：有点类似吧。到元朝取消了科举，因为元朝统治者没啥文化，他们不需要文化人来治国，直到元朝末期才恢复科举。总的来说，中国古代的知识分子尝尽了科举的好处，给他们吃点苦头也是应该的。

☺ 生：老师这话有些偏激吧？

● 师："万般皆下品，唯有读书高。"把读书跟做官直接对接，在国家制度制定上，读书人捞了太多的好处，让他们尝尝读书不能做官，有何不可？

☺ 生：读书为了做官，科举就成了从被剥削阶级晋升为剥削阶级的唯一通道，真是千军万马过独木桥，场面很壮观哪。

● 师：不是唯一通道，掌握生产资料的人，都可以成为剥削阶级。想过没有，读书跟做官直接挂钩，其负面影响有多大？

☺ 生：读的东西就跟做官联系起来，文科为上，理科没用的吧？

☺ 生：重要的不是文理轻重的问题，而是能不能思想的问题。儒家思想能统治中国两千年，不就是因为它被官方奉为正统嘛。反对儒家思想，你就不能做官。儒家思想就是官方思想，官方思想就是科举的标准，你反对就落榜。读书就以儒家经典为圭臬，其他的都成了杂书。科举不仅灭了思想自由，还灭了诸多科学，灭了追求真理的精神。

☺ 生：中国古代读书人都往做官的道路上涌，那各行各业就都缺少知识分子，行业知识就会匮乏，也无法积累，各个行业的技术含量就成问题。

● 师：当西方列强强行打开中国国门之后，中国的传统社会体制早已腐朽得跟不上历史了。与其说清末中国面对列强的惨败是军事上的，不如说是社会体制上的、国家制度上的惨败。

二十九章

29-1
　　将欲取天下而为之，吾见其不得已。天下神器，不可为也。［不可执也。］为者败之，执者失之。［是以圣人无为，故无败；无执，故无失。］

● ［注］取：治。已：句末语气词。

☺ 生：想要治理好天下就拼命地干，我看他是治理不好的。老子这意思有点像我们说的，不要埋头拉车不看路。

● 师：这话总结得好。拼命干没用，先要搞清楚干什么，怎么干。

☺ 生：咋搞清楚？万一搞错了呢？不还是白干吗？

● 师：这就是知识分子的价值所在。刘备，带着关张二人到处帮人打架，后来还拉了个赵云，都是打架的好手，打过来打过去，也没摆脱丧家犬的境地。有了知识分子诸葛亮，情形就大不同了，争得三分天下有其一。这就是拼命干和尊重知识分子的区别。

☺ 生：老师这个比喻很贴切哩，蛮干与有脑子的干，肯定完全不同啦。

● 师：其实中国漫长的科举时代，就是把知识分子扭曲成符合官僚体系的贵族文人，把知识分子弄成符合统治阶级情趣的文痞。画画山水画，写写书法，奉此为贵族艺术，这跟社会发展毫无关系，跟底层的百姓更是沾不上边。

☺ 生：老子认为拼命干治理不好天下，是因为天下是神圣的东西，不是靠拼命干能弄好的。老子也没啥科学精神吧，他把自然规律与社会规律等同，认为天下神圣是因为有规律性？

● 师：是这个意思。在老子时代，能认识到天下治理要尊重规律，把规律视为神圣，已经很了不起了。

☺ 生：老师，后面"不可执也"，为啥加中括号？

● 师：有些版本没有这句，大多数学者是漏掉的，所以加上去。

☺ 生：噢。意思是：**天下不能一直攥着不放**。后面的意思是：**拼命干的人会失败，一直攥在手里的人会失去**。得天下者当然要攥在手里不放，我没看过，辛辛苦苦打下天下，交给别人去治理。

● 师：古人所谓的天下，指的是中国、海内。这里攥着不放的是国家政权。国家政权与天下完全是两个概念。天下乃天下人之天下，在国家政权诞生前，就已存在。国家政权与天下，或者说国家，不能混为一谈。

☺ 生：老师，为啥原文最后一句又加了中括号呢？

● 师：括号里的句子原来是在六十四章的，多数学者认为是搞错了，应该是这里的。

☺ 生：搞古籍考证的人真是很辛苦，这些都能看出来。

● 师：凡是在劳动，各行各业都很辛苦的。中括号里的怎么翻？

☺ 生：**因此圣人不拼命干，为此就不会失败；他们也不会牢牢攥着不放，所以也不会失去**。老子不仅提倡无为，还提倡休闲式地工作。

● 师：老子的这种提倡可行么？

☺ 生：行不通的吧。以前不拼命读书，就考不上大学；现在不拼命读书，就毕不了业；以后不拼命干活，就会失业。休闲式地工作，或许有，可这馅饼也落不到咱头上。只有那些财务自由的贵族，可以休闲式地生存。像我们这些贫家子弟，不拼命干，肯定失去；不攥得牢牢的，肯定失去。

● 师：私有财产竞争的社会，竞争就是拼命，老子的观点只对极少数财务自由且不劳而获的人有用。

☺ 生：绝大多数拼到财务自由的人，还在继续拼；那些靠父母荫庇获得大把钱的富二代，大多数也是蛮拼的。不是有这样的鞭策嘛："某某这么成功，还这么拼，你有什么理由不奋斗？"

● 师：这背后关系到一个大问题，就是人生意义的问题。原本人生没啥意义可言，自从人有了思想，并且开始抽象思维之后，人生就要被赋予意义了。

☺ 生：哈姆莱特说："生存还是死亡，这是个问题。"对动物来说，根本不是问题。"猪坚强"根本就不是坚强，它根本没有"要死"的想法。有意义没意义，对人来说是个问题，对动物来说，根本不是问题。

● 师："失败""失去"，对动物来说，意味着什么？

☺ 生：没吃到一顿美食呗。

● 师：生存与繁衍，这是任何动植物的意义，人类也一样。生存得好一点，并且能够繁衍下去，个人不也是这样吗？每个人都希望过得好一点，并且能生儿育女繁衍下去。这就是自然的意义，也是人生原始的意义。

☺ 生：听起来很简单，也没法反驳。人不但要活着，而且要生儿育女，好像人生挺没劲的。

● 师：人常说："人不为己，天诛地灭。"听起来似乎很有道理，在私有制社会里，"私"字当头，谁不为自己呀？

☺ 生：是啊，我走到哪儿，发现大多数人都在为自己考虑，别人就是利用的工具。

● 师：集群动物，比如猴王，独霸食物，这个种群还能繁衍下去，还能存在么？

☺ 生：不能。要这样，这个种群早就灭绝了。

● 师：所以呀，你的生存与繁衍必须在人类生存与繁衍的框架之内，你的"自私"也必须以他人的"自私"作为边界。你为个人自私，占有他人的财产，那就破坏了人类生存的集群性，这跟猴王独霸食物是一样的。

☺ 生：老师好像跑题了，讲"失败""失去"，跑到道德上去了。

● 师："成功"是什么？啥叫"失去"？"成功"就是你的生存与繁衍已经不成为问题，超出你的生存与繁衍，你还在拼命争取私有财产，拼命扩展你的"私"，那就是侵占别人的"私"，妨碍了别人的生存与繁衍。这不叫成功，这跟日本鬼子为了扩展一国之私打到中国来没啥两样。

☺ 生：照老师的意思，那些还在拼命赚钱的有钱人，都是侵占别人私有财产了？不对呀，他们也是在创造社会财富的。

● 师：我没说他们不创造财富，也没说他们不该拼命。他们创造财富，他们还在拼命，那就诞生了人生的更高级意义，为人类的更好生存与繁衍做贡献。完成一己生存与繁衍所需，那不叫"成功"，真正的成功是为人类社会做出贡献。一个富人满足自己生存之资，把全部财产捐给社会，那不叫"失去"，而是成功的标志。

☺ 生：有道理。要是一个动物捍卫了自己集群的生存，它肯定就是英雄了。

29-2

夫物或行或随；或歔或吹；或强或羸；或载或隳。

● [注] 歔：嘘。载：安。隳：危。

☺ 生：这个物好像不是指东西，指的是人吧？

● 师：对，指的是人。

☺ 生：那些人哪，有的前进，有的跟随；有的叹息，有的吹嘘；有的刚强，有的怯懦；有的安静，有的却很危险。老子讲的是各种状态的人，是他对人的分析么？

● 师：这种分析不严格，只是文学化的形容，为了跟后面"圣人"比较。

☺ 生：那严格的分析应该是怎样的？

● 师：严格的分析不是区分性格、状态、行为、处境之类的，而首先区别社会阶层。阶层不同的人，即便是同一状态，内容完全是不同的。老板叹息，可能是没赚到更多的钱，打工者叹息，可能是这个月吃饭的钱不够了。这能相同么？

☺ 生：学生叹息，又有一门课挂了。前进的人，各阶层就更不相同了。我们前进，就是读研。小目标实现的人，继续前进，就是能赚多少个亿。工薪阶层就是有没有自己的房子。似乎所有人都可以吹嘘，拿两千块工资的农民工可以向拿一千块的人吹嘘，大国总统可以向小国总统吹嘘自己管理的百姓多。

● 师：现在知道，社会各阶层处于同一状态的人，有多么不同了吧？

☺ 生：社会阶层跨越应该有合理的通道，否则底层社会的不满就会通过暴力行为进行发泄。老师，那些不安定的社会，是不是都是因为阶层固化，合理通道堵塞的社会？

● 师：就算阶层没有固化，晋升通道顺畅，社会贫富差距过大，也会造成社会动荡。

29-3

> 是以圣人去甚，去奢，去泰。

● [注] 甚：极端。泰：太过。

☺ 生：所以圣人会去除极端的，去除奢侈的，去除过分的。照我看，无论是资本家还是老板，都应该是老子所说的，极端的，奢侈的，过分的。

● 师：私有制总会走向极端、奢侈和过分。这是必然的，肯定是不合理的。这就像中国要完全实现工业化，必然要造就劳动力市场，必然要使部分人积累原始资本。

☺ 生：难道就没有别的办法建立市场经济，建立工业化？

● 师：不知道有没有，即便有，那也得不断尝试，尝试失败再尝试，直到找到一条更好的路径。

三十章

30-1

> 以道佐人主者，不以兵强天下。其事好还。师之所
> 处，荆棘生焉。大军之后，必有凶年。

● ［注］还：回报。

☺ 生：老子对武力是反对的，他说凭借道辅佐君主的人，不靠武力
逞强于天下。不过在春秋时期，靠老子说的"道"，靠无为而治，
不靠武力，能立足于天下么？

● 师：不能。私有财产竞争，不仅是个体的竞争，国家之间的竞争
也是异常激烈的，经济落后，武力不强，就得在各国的平衡中求
生存。如果没有大国对抗，小国自然会被大国吃掉，只有在大国
对抗的平衡中，小国才能依靠大国生存。

● 师：当今世界进入了核武器时代，即便经济落后，也可以拿武力
抗衡，只要拥有核武器。要是按老子的做法，不靠武力，肯定不
行。即便你在平衡中找到自己的位置，以"道"治国，可平衡随
时有可能被打破，取得新平衡，势必会牺牲弱国的利益。

☺ 生：现在有些小国很富有，似乎游离于大国之争，好像有以"道"
治国的意思。

● 师：富有的小国，在经济全球化的背景下，并不能独善其身，一
旦世界出现动荡，经济可能会迅速萎缩。

☺ 生：地盘之争，不可避免的吧。动物界争地盘也你死我活的，比
如黑猩猩，两个群体间就会产生地盘之争，彼此根本不会把对方
视为同类，打斗起来是极其残暴的。

● 师：拿动物来参照的话，地盘之争的确很残酷。争地盘就是争生
存的资源。地球生物的生存均离不开地球资源，地球资源主要来
源于土地和海洋。国家是私有财产竞争发展到高级阶段的产物，
所以国家从某种意义上说，就是一种集体利益，这个集体利益关

系到集体内部个人私有财产争夺总量的多少。以此来看，国家之间的争斗，就是两个集体为私有财产进行的争斗，领土之争也就是集体私有财产之争。

☺ 生：穷国的百姓有不少人希望移民或偷渡到富有国家去，就是为了生活得好点。

● 师：要是国家之间来个均贫富，那还会有移民和偷渡现象么？

☺ 生：有还会有，数量会锐减。移民和偷渡是因为喜欢某个国家，某个地方。

● 师：富国奢侈，穷国饿死。这是人类共同体吗？

☺ 生：不是。要实现共产主义，国家必然要消亡。

● 师：保家卫国只是私有制社会的权宜之计，你不保，其他国家就会来争夺你的领土，抢你的生存资源。小国弱兵要在世界军事平衡中生存，并非不想强兵，只是国太小，即便人均富有，总量上也强不了什么兵的。

☺ 生：小国若拥有核武器，大国怕也不敢乱动。

● 师：若小国都拥有核武器，那整个世界就处于危险之中。启动核武器，极有可能把世界毁掉。也就是说，国家间的集体私有财产之争已经走到了毁灭地球的极端，已经走到了尽头。

☺ 生：以后会怎么样呢？会不会有国家动核武器，导致世界末日？

● 师：不会。大规模的战争不可能再爆发了，更不可能爆发世界大战。

☺ 生：为啥？要是人们认识到核武器的可怕，那也该是二战最后，美国在日本投下两颗原子弹。

● 师：真正废止战争的，不是人们害怕核武器，而是老百姓对战争的认识。任何一个国家的穷兵黩武，均是这个国家的当权者想扩大自己的管理范围，扩张领土说白了就是权力拥有者扩张自己的权力范围。但扩张的成本是老百姓付的，这就是老子后面说的，请翻译一下。

☺ 生：老子认为用兵之事往往会有恶报。军队所过之处，长满了荆棘。大的军事行动之后，必然会有荒年。

- 师：用兵的成本是很高的，经济破坏，田园荒芜。就算你去打别国，国内的民用经济就得转化为军事化经济，劳动力就会转化为士兵，经济衰退是必然的。战争时期，老百姓生活下降是铁定的，牺牲的又是百姓，老百姓能在战争中得到什么好处呢？

- 生：除了杀人或者被杀，老百姓恐怕在战争中得不到啥好处。

- 师：所以，百姓的觉悟，才是战争废止的根本原因。政府觉得自己很强大，觉得可以为权力扩张自己的管理范围，老百姓不跟你玩了，你的政权就可能失去。如果大国强国的百姓都不配合政府的战争欲望，那么大规模的战争就不可能出现，更不可能产生世界大战。

30-2　善有果而已，不敢以取强。果而勿矜，果而勿伐，果而勿骄，果而不得已，果而勿强。

- [**注**] 果：效果。

- 师：这里的"善"，不是指善良，而是指善于用兵。老子还是在讲用兵。

- 生：噢。那意思就是：善于用兵的人，取得效果就可以了，不敢凭借武力逞强。有效果就不自满，有效果就不自我夸耀，有效果就不骄傲，有效果也是出于不得已，所以有效果就不要再逞强了。老子这话应该对的吧？

- 师：靠武力逞强，赢了就得意忘形，不断炫耀，这肯定是不对的，老子说得有道理。

- 生：不过我看各个战胜国都在不断炫耀武力，炫耀胜利。不是吗？

- 师：两个人打架，即便你是正当防卫打赢了，也不应该到处炫耀。不管怎样，炫耀武力总是不对的。

- 生：老师，那叫勿忘国耻，让人们记住，落后就要挨打。

● 师：啥叫落后？是经济总量没人家高，还是人均收入太低，抑或是武力军备不够？

☺ 生：八国联军也就一两万人，就打得清政府屁滚尿流，说回来，我们是农业国，人家是工业国，人家有现代化武器，你用的还是冷兵器。

● 师：甲午海战，我们军舰装备并不差，军官也都是跟日本一样，从德国留学回来的，结果还是被日本全歼。明末三万清兵入关，就把明朝给灭了，或许你会说，那是李自成之类的农民起义，已经把明朝给掏空了。说实话，武器再好，几万人汹汹而来，几亿人同仇敌忾，吐口唾沫就把他们灭了。

☺ 生：想想也是。据说那时面对外敌入侵，老百姓只是看个热闹，有的甚至帮助八国联军攻城。那是对老百姓的爱国教育太差了。

● 师：清朝的经济总量并不低，在世界上数一数二，可清朝百姓的收入在世界上排第几位，我们不清楚，估计很低。从清末拍的一些照片看，贫富差距极其巨大，老百姓生活在水深火热之中。像这种情况，任何一个国家来打你，百姓都会看热闹，甚至会把入侵者视为救星。温饱都成问题，任何改变对百姓来说，都成了希望。明朝末年，汉族百姓的生活也是水深火热，清兵入侵，对百姓来说，难道不是希望吗？

☺ 生：明白了，这就是《等待戈多》。要是人民群众贫穷到都在等待"戈多"的话，那任何入侵者都成了救星。

● 师：政府与国家是两个概念，面对腐败的清政府，老百姓真正的爱国就是推翻它，有外族入侵来推翻它，老百姓会去帮助腐败的政府来抵御外敌？

☺ 生：推翻腐败政府才是爱国，自己没能力推翻，别人来推翻，最好不过了。

● 师：话不能这么说。入侵者要是对百姓秋毫无犯，占领一地就恢复秩序和经济，平等对待百姓，那老百姓欢迎还来不及呢。可侵略者会这样吗？

☺ 生：不会的。侵略者侵略别人，就是为了掠夺。烧杀抢掠，无恶不作，否则他们就不是侵略者，而是解放者了。

●　师：帮助侵略者肯定是卖国，帮助腐败政府阻止侵略者推翻它，老百姓也不愿意，所以袖手旁观是最正常的状态。

☺　生：如此一说，爱国与爱政府真的是两回事儿。

●　师：问题在于，那些属于剥削阶级，从政府中捞到好处的那些人，拥有话语权，他们大力提倡所谓的爱国。试想，真正的爱国则是提高老百姓的生活。把剥削降到最低，要是他们真的爱国，应该捐出自己的财富，使老百姓的生活好过一点。其实他们的爱国，本质上是爱政府，爱替他们攫取财富的政府，爱可以让他们攫取更多财富的政府。说到底，有钱人的爱国，本质可能是爱自己的财富。

☺　生：精辟。一贫如洗的清朝百姓，可能会热爱自己的家乡，肯定不会热爱把他弄得如此贫穷的封建政府。

●　师：抗击侵略者肯定是爱国，那是对暴力的反抗。我们抗击侵略者，为的是保卫家乡，肯定不是为了保卫腐败的清政府。所以我觉得老子这话是对的，只要有效果，就不再以武力逞强，不要耀武扬威。

☺　生：打赢了也得低调，不炫耀胜利，战争不管怎样都是集体杀人事件。

●　师：我倒认为，爱国是提高老百姓的收入，而不是炫耀武力。落后，就是老百姓收入太低，他们生活在水深火热之中，一旦百姓处于等待"戈多"的绝望中，那么挨打的状态就具备了。

30-3

　　物壮则老，是谓不道，不道早已。

☺　生：事物过于强盛，就会衰老，这叫不合乎道，不合乎道就早死。老子这话好理解，事物都是由盛而衰。不过老子好像认为，符合道就会不死。

● 师：不是不死，而是符合自然死亡，不会早死。老子的意思是，不要刻意把自己弄得过于强盛，这样就会早死。

☺ 生：啥叫把自己弄得过于强盛？个人和国家都希望自己强盛，越强盛越好。

● 师：一个国家的强盛，是老百姓生活得富足，百姓生活得不怎样，却大力发展军备，炫耀武力，这就是刻意弄得强盛。苏联就是这样"早死"的。在武力上与美国相抗衡，老百姓生活能与美国相抗衡吗？完全不能。这就不是一个国家自然地发展，而是刻意把自己吹大。

☺ 生：要是当时苏联不与美国在军备上竞争，就无人能与美国抗衡了，世界就达不到平衡了。

● 师：世界平衡并不等于强强抗衡，六国可以合纵抗秦，弱国联合未必不能与强国抗衡。分明是弱国，却拔高自己与强国抗衡，这才是刻意强盛。在军备上，苏联的解体很好地说明了问题。

☺ 生：富国强兵是不是应该改为富民强兵？

● 师：要是苏联并不强兵，而是致力于百姓的生活，贫富差距不大，阻止权贵阶层的出现，那么即便没有精兵强将，也不会解体。这或许就是老子所说的，不合乎道而早死。

三十一章

夫兵者，不祥之器，物或恶之，故有道者不处。

☺ 生：这里的物，应该指人吧。

● 师：对。指一般的人，或者说大家。

☺ 生：**那些兵革，是不祥的东西，大家都厌恶它，所以有道的人不用它。**老子是很反对武力，反对战争的。

● 师：我们都应该反对战争，反对武力。好战者的价值观肯定是扭曲的。

☺ 生：有些男同学很好战，他们非常喜欢各种武器，电视里有介绍各种武器的节目，他们对此好痴迷的。

● 师：这是价值观不正确导致的。

☺ 生：喜欢武器跟价值观联系起来，有些牵强吧，老师。

● 师：武器是用来杀人的，肯定像老子说的，为不祥之物。纵然我们没必要像老子那样厌恶它，也不能喜欢它。

☺ 生：捍卫领土、保家卫国都是要用先进武器的，有核武的国家就很牛，在世界上话语权就大。现在我们有了航母，在海上就有话语权。

● 师：这话没错。卡夫卡有篇小说叫《流放地》，说的是一个监狱长制造了一台处死犯人的自动化机器，机器造得精美，花了他毕生的精力。上面的领导来考察流放地的监狱，监狱长热情地介绍自己的这台机器，领导听完介绍之后面有疑惑，监狱长为了让领导相信机器的精美有效，自己躺了上去，启动开关，把自己处死了。

☺ 生：这个监狱长太变态了吧。造得再精美，也是处死犯人的机器，有必要热爱到以死取信吗？

● 师：武器、军备是必需的，作为个人热爱也是可以的，但放到媒体上，让大家来热爱，这就和这个监狱长没啥两样了。如果没有废除死刑的话，处死死刑犯的机器肯定是需要的，监狱长喜欢这个，未尝不可。大肆宣传，让别人也喜欢上这个，就变态了。

☺ 生：我也觉得杀人的东西在媒体上广为宣传，是有些不对头的。关注国家的军备发展，崇尚勇武精神，也是一种爱国表现。

● 师：爱国主要是让国民收入提高，发展经济才是爱国的硬道理，武备只是次要的事儿。

☺ 生：即便是自卫，武备也是需要的吧？

● 师：自卫是迫不得已之事，所以说是次要之事。没有世界警察，各国以武备说话，这在价值观上是反人类的。纵然这种不讲理的世界已经形成，却也不能以此作为炫耀的资本。

☺ 生：美国人就这样，靠强大的军备，自以为是"世界警察"，到处打压别人。

● 师：准确地说，是美国政府。不要把美国人民和美国政府等同起来。混淆概念，搅乱视听，这就是资本主义国家一致反对马克思的地方。马克思提出世界无产阶级联合起来，不管哪国的人民，只要不属于剥削阶级，都是一样的，都是讲道理的。

31-2 君子居则贵左，用兵则贵右。兵者不祥之器，非君子之器，不得已而用之，恬淡为上。胜而不美，而美之者，是乐杀人。夫乐杀人者，则不可得志于天下矣。

● 师：中国古代讲阴阳，认为左属阳，右属阴，阳主生，阴主死，所以就崇尚左，贬低右。

☺ 生：那老子的意思是：*君子安居左边是尊贵的，用兵时就视右边为尊贵了。*为啥打仗时右边就变尊贵了呢？

● 师：讲不清楚，有可能是约定俗成的习惯。一般古人马车出行，前面是驾车的，后面左边的位置是主人，右边坐的是保镖。有人要摆出很谦逊的样子，自己坐保镖的位子，把左边的位置空出来，路上遇见能人，赶紧请回家，所以就有了"虚左以待"的成语。

☺ 生：打仗时在战车里，自己坐右边，左边让警卫员坐，开始应该是迷惑敌人吧。敌军认定左边是将领，一通乱射，结果警卫员成了刺猬。

● 师：这样想也可以，不过大家都这么做，就没迷惑的作用了。后来官职也有左右之分，什么左将军、右将军，左宰相、右宰相，左拾遗、右拾遗之类的。

☺ 生：那左大还是右大呢？

● 师：各朝各代并不一样，比较多的还是右大。

☺ 生：封建时代等级禁止，坐位置也有高低的。最尊贵的应该是背北朝南，自古街门朝南坐，就是这个意思。上礼仪课的老师说，去饭店吃饭，得让请来的最尊贵的客人朝南坐，或者面朝门坐，背对门的位置是埋单者的位置。

● 师：在封建等级制的社会，争座位、讲礼仪是必然的，却不是合理的。据说查理大帝手下有十二大臣，为了争座位大打出手，弄得查理大帝很头疼，最后弄出个圆桌会议。每次凑一起商量事儿，摆个圆桌，座位没有前后左右之分，也不用争了。

☺ 生：老子后面又重复前面的话，说：兵革是不祥的东西，不是君子使用的东西，在不得已的情况下才会用它，君子以安静不动武为上策。这点跟老师的观点一样，动武是迫不得已的事。

☺ 生：老子说，打了胜仗也不认为是好事，而把打胜仗作为好事的家伙，那是喜欢杀人的人。那些喜欢杀人的家伙，就不可能在天下满足自己的意愿。

● 师：打仗本来就不是啥好事，即便是正义战争，打胜了也不宜大宣特宣。对国民宣传战争，就如同向孩子展示暴力。

☺ 生：偶尔秀一下肌肉，也是应该的吧？要不然，别人以为你武力很弱，好欺负。

● 师：其实用不着秀，现代社会情报攫取很快，你有没有核武，有没有发展出新武器，想瞒也瞒不住，还用得着秀吗？

☺ 生：世界还是讲点道理的，不讲道理的人，就像老子说的，喜欢杀人的人，世界不可能满足他的愿望。

● 师：中国人说，得道多助，失道寡助。世界是个多元体，完全不讲道理的政府，就会"失道"，就没有国家助你，一个无助的政府，肯定是打不过别人的。

☺ 生：那还是得讲道理。

`31-3`　吉事尚左，凶事尚右。偏将军居左，上将军居右。言以丧礼处之。杀人之众，以悲哀泣之，战胜以丧礼处之。

● [注] 泣：涖，莅临，参加。

☺ 生：好事情崇尚左边，坏事崇尚右边。偏将军在左边，上将军在右边。说的是用丧礼的方式处理用兵。左吉右凶，老子时代的人是这样认为的么？

● 师：可能吧。或许现在所谓的"男左女右"，也是从这儿来的。父系社会为了贬低女人，认为女人是祸水，所以把女人归于"右"。

☺ 生：纯粹迷信，着实可恶。

● 师：老子时代的人是迷信的，现代人再来这套，就可恶了。

☺ 生：上将军应该比偏将军大吧。老子的意思是主帅居右边，说明把打仗认作坏事。

● 师：是这个意思。在老子看来，战争是不得已而为之的坏事、凶事，按现在说法是下下策。

☺ 生：攻心为上，老子很懂这个道理。

● 师：民心所向，何需攻之。蒋介石败走台湾，到死都没明白，自己为何败于毛泽东。打土豪分田地，那是中国数量最多的农民阶层的民心所向，毛泽东做了，在根本上就赢了。不管武器装备如何，军队数量多少，打仗最后还是靠人去打的，靠最底层的农民去打的。

☺ 生：只要最底层人数最多的农民跟你干，你就赢了。解放战争的胜利，只是时间问题。

● 师：败之以哀是肯定的，胜之以哀的人，估计很少。像老子说的，以丧礼的方式用兵，现代社会我没看到。

☺ 生：老子说，杀人很多的事，用悲哀的心情参与，打了胜仗要用丧礼的方式来处理。那时真有这样的人么？打了胜仗不庆祝，而是哭声一片。

● 师：安葬我方牺牲人员，或许会有哭声一片，把敌方死者埋掉，不可能哭声一片。说回来，这是对战争的认识问题，价值观不同，对问题的认识自然不同。老子对战争的观念，即便他那个时代，恐怕也很难被认同吧。

☺ 生：战胜者兴奋，战败者悲哀，那些反战人士表示的是愤怒。老师认为老子观念对不对呢？

● 师：从感情上说，老子的看法是对的。不管是胜者还是败者，抑或是反战者，都应该表现悲哀。

☺ 生：为啥？

● 师：既然战争是迫不得已之事，就算是正义的一方，杀了不少敌人打赢了，杀死的那些人，绝大多数也都是平民，是被逼无奈参加战争的，是政府权力淫威下的牺牲品。一个平头百姓愿意背井离乡上战场去杀人？

☺ 生：抗击侵略者是无奈的反抗，侵略者也是老百姓，他们也是被政府驱使的，所以平民百姓杀来杀去，的确没啥值得高兴的。

☺ 生：可侵略者烧杀抢掠，无恶不作。

● 师：一旦进入屠杀的战场，就是被驱使的，也会发展其兽性的一面。胜利者就没有兽性的一面？杀红了眼，兽性大发。苏联红军攻入柏林，难道军纪严明，秋毫无犯？

☺ 生：好像不是，也是烧杀奸淫的。据资料说，柏林的妇女很难幸免于奸淫。

● 师：其实人在很大程度上是环境的产物，在战争环境中，你可能没有其他的选择。所以呀，环境改变人。战争中胜者，觉得自己杀了许多敌人，可那些敌人跟你是一样的平民百姓，你不觉得应该悲哀吗？

☺ 生：那反战者不应该愤怒，也应该悲哀吗？

● 师：一般老百姓都是反战者，谁都不愿意上战场去杀人。正义一方迫于无奈应战，这叫正当防卫，不正义一方至少从百姓的角度而言，也是迫于无奈被政府驱使而出战的。他内心再反战再愤怒，上战场屠杀也将成为事实，难道不悲哀吗？

☺ 生：这叫敢怒不敢言。一个人被逼迫着去杀人，想必他的内心是很悲哀的。

三十二章

32-1
　　"道"常无名，朴虽小，天下莫能臣。侯王若能守之，万物将自宾。

- ● [注] 朴：木未成器。臣：臣服。宾：宾服。
- ☺ 生："道"一般来说是没名字的，或者可以说朴。朴指木材还没做成木器，老子的意思是道还没有从一演化为万物。
- ● 师：是这个意思。老子认为万物从混沌逐渐演化而来，从宇宙大爆炸的学说来看，老子那时有这看法，很了不起。
- ☺ 生：我们的宇宙之外，还有没有其他的宇宙，大爆炸之前还有没有其他宇宙在爆炸，这些我们都还不清楚，也可以猜想一番。
- ● 师：这种本体论问题，现代哲学应该放弃，让位于自然科学。我们不去探讨这个问题。
- ☺ 生：可老师说过，哲学家必须有宇宙观呀。
- ● 师：宇宙观建立在科学家已经发现和证实的基础上。我们知道了宇宙大爆炸，知道了爆炸产生各种元素和物质，知道了我们宇宙的大致演化过程。这就足以建立起我们的宇宙观，至少足以推翻上帝和神之类的迷信观念。
- ☺ 生：发现宇宙大爆炸和宇宙发展过程的科学家，最后也有归依宗教的，那是为何？
- ● 师：是既定的观念在作怪。
- ☺ 生：不明白。
- ● 师：人都会有从小灌输的既定观念，会对超出既定观念的东西不相信。当科学实验或发现证实这些东西并迫使他们相信时，他们会非常愕然，会觉得神奇到不可思议。面对这种神奇，有些人宁可相信有一双无形的手在制造这东西或这些现象，于是他们认定有神的存在。

☺ 生：老师的意思是，要是没有既定的观念，他们就不会觉得震撼，就不会觉得神奇，就会认为这是很自然的？

● 师：是。震不震撼看你对此的相信程度，也取决于你是个有没有信念的人。要是你从小喝碳酸饮料，向来不喝白开水，现在科学证明告诉你，碳酸饮料有损健康，你是不是震撼呢？如果你还不震撼，那医生告诉你，因为长期喝碳酸饮料，你已经肾衰竭，你不会不震撼吧？

☺ 生：那不是震撼，是彻底崩溃。

● 师：有些科学家觉得，地球能具备人类生存的环境，能产生生命，这在宇宙中的概率小到几乎不可能，对此非常震撼，所以他们才会认为有一双无形的手造就了这一切，这无形的手就是上帝。

☺ 生：概率再小，只要有概率存在，还是有可能的吧？

● 师：说书人常说，无巧不成书。当编故事的人把一个个巧合编在一起，听故事的人虽然听得痴迷，却不认为现实中会发生这么多巧合的事。当现实中真聚集了众多巧合的事儿在一起发生时，人们也有难以置信的感觉。

☺ 生：那是肯定的。看电影中的巧合很能接受，要是现实中几个巧合凑在一起，就难以置信到震撼了。

● 师：一般人震撼过了，也就结束了。作为学者科学家，其信念是必须找到如此多的巧合凑在一起的原因，他们的科学家精神不相信偶然性，只相信必然性。

☺ 生：要是几百个偶然性凑在一起导致某种结果，他们也要崩溃的。

● 师：面对偶然性，科学推理和理性分析失去了作用。就如同一个侦探推理得头头是道，认为罪犯必然会出现，他万万没想到罪犯在去犯罪的路上出了车祸。

☺ 生：哇，把偶然性放到推理小说里，推理就混乱得很哩。

● 师：过分相信理性和必然，不考虑感性和偶然，遇到众多偶然的聚集，其心智就会大乱。

☺ 生：老子不讲必然性、偶然性，只讲神秘性。他说虽然小得看不见，天下却不能让它臣服。侯王如果能守住它，万物将会自己来称臣宾服。

● 师：物质最小的微粒我们是看不见，就目前来说，的确不能让它臣服。这点老子预测得没错。

☺ 生：要是把质子理解为老子的"道"，那也是怪怪的吧？

● 师：老子的"道"肯定跟现代科学不一样，纯粹是个人的假想，表示他对宇宙的看法。两千多年前的一种看法，与现代科学有吻合的地方，已经很了不起了。我们相信现代科学，对老子的"道"最多也就采取知道而已的态度。

☺ 生：老子要帝王守住道，这个说法非常可笑。

● 师：老子把自然规律与社会规律等同起来，这本身就不对。

☺ 生：那帝王是不是应该遵守社会规律呢？

● 师：那也是不可能的。纵然意识到社会发展规律，也没一个帝王会遵守它。帝王就是想紧握权力，清除对权力有威胁的人和事。知道社会终将实现人人平等，帝王就会跟百姓去平等？

☺ 生：不会。就算现代社会人人平等的观念深入人心，君主立宪国家的那些帝王，也不会去跟百姓平等。

● 师：纵然大家意识到现代社会是异化走向极端的社会，人们就会主动扬弃异化，放弃私有，坚定地迈向共产主义？

☺ 生：也不会吧。有钱人只管自己奢侈，肯定不会去管世界上还有多少人吃不饱。一般人也只想自己的孩子过得好，也不会去想贫困山区里的留守儿童。"私"字当头，看起来所有人都在为私有财产而奔忙。

● 师：私有制社会，人人为私利而生存，守住"道"，那只是老子的美好愿望。对人类的美好愿望，你可以设计很多很多，但不可能实现的愿望，都是幻想。

☺ 生：老子的守道，只是幻想。

● 师：社会有自身发展的规律，个人为私利而奋斗，人们并不会遵循这些规律，可社会如果不按发展规律而行，就会产生恶果，就会导致社会倒退。

☺ 生：老师的意思，认为规律是"一只无形的手"，如同市场经济，会自动调节？

● 师：私有财产竞争，不仅是个人与个人之间的事儿，国家之间也竞争激烈。别国已实现工业化，你还是封建农业国，别人就打你掠夺你。你不按社会发展规律进化到资本主义大工业社会，后果会很严重。

☺ 生：经济还不发达，过早地去实现共产主义，也会遭受严重的后果，是吧？

● 师：是。马克思说过，只有资本主义经济，才能彻底铲除封建社会体制。

☺ 生：有道理。资本主义经济不发展成熟，封建势力就不可能消灭。过早地搞全面公有制，封建的社会体制就会兴风作浪。

32-2

天地相合，以降甘露，民莫之令而自均。

☺ 生：天地间阴阳之气相合，就会降下甘露，老百姓也没要求它，它自己就会分布均匀。老子这意思是说，只要守住道，不要人为折腾，社会治理就像天地自然界下雨那样，分布均匀。

● 师：理想化的比喻。自然不会老是风调雨顺，也会洪涝干旱，甚至会有极端气候；社会与自然更是不一样，事在人为，不为则乱，胡为更乱。人类社会就在是乱中尝恶果之后，才会稍稍尊重一点社会发展规律，否则谁会在乎规律不规律。穷人为生存，富人为财产，在一般人眼里，这就是规律。

☺ 生：要是这样的话，社会发展应该非常缓慢的吧？可如今人们常说，社会飞速发展。

● 师：相对漫长的农业社会来说，发展的确飞速。要是存在平行宇宙，有一个同样拥有智能生物星球的话，你就不敢说发展飞速了。所以社会发展的快慢，科技和经济进步并非是唯一衡量的标准，还要看发展之后倒退多少。社会总是螺旋式前进的，进一步退半步，退的半步是小半步还是大半步，才是衡量快慢的标准。

☺ 生：必然是螺旋式向前，而不是直线的么？

☻ 师：社会是由各社会阶层的人组成的，这些阶层往往是由利益趋同而组成。有些阶层代表着落后势力，有些阶层代表着先进势力。先进势力赢了一局，落后势力必然要反扑，反扑就算未能成功，先进势力也会通过部分妥协来使社会归于安定。

☺ 生：要是先进势力失败呢？

☻ 师：也是有可能的，不过先进势力会得到民众的响应，一次不行两次，两次不行再来，最终会赢得胜利。

☺ 生：先进势力就是民众认可的，提出的口号是民众愿意接受的？

☻ 师：不一定。说到先进与落后，得对人类社会的发展有个清醒的认识，得有"人类"这个最高原则。比如资产阶级提出"天赋人权"、"人人平等"之类的口号，相对于封建势力肯定是先进的。贵族拥有特权，可以无视平民的生存权，可以不平等地践踏平民，老百姓自然非常痛恨。封建社会的血统论、等级分类，相对于资产阶级的口号来说，就会被百姓唾弃。虽说真正实现了资本主义，是以金钱论高低的社会，也不会真的具有"天赋人权"，也不可能"人人平等"，但总要比封建等级下的社会好许多。斗争的口号一般都会去引得最广大民众支持，当然也有忽悠民众，诱导民众走向歧路的。比如希特勒就是忽悠民众上台的，他大力发展军工企业，解决了国内的失业率，最后把民众引向战争。战争与和平，前者肯定是落后的，因为战争是反人类的。

☺ 生：民众好像很容易被忽悠的嘛。

☻ 师：落后势力也想获得民众支持的，尤其是手中的权力即将失去时，就会不遗余力地忽悠民众。清政府在即将倒台时，也搞了个"君主立宪"，立宪总比皇帝说了算先进吧，可民众已经看透了朝廷，没被忽悠。

☺ 生：要是民众素质高一点，中国的封建社会也不会如此漫长吧？

☻ 师：应该如此。说中国传统社会重农抑商，并不全对。重农相对商业来说被重视，可相对做官来说，就谈不上"重视"了；"抑商"

的本质并非相对"农"而抑，是相对官而抑。

32-3

始制有名，名亦既有，夫亦将知止，知止可以不殆。

☺ 生：万物开始后，就制定各种名称，名称也已经有了，那么将要知道万物的极限，只有知道万物的极限，才能不处于危险境地。

● 师：老子这句容易理解，说得也没错。

☺ 生：万物也不是开始后就有名字的吧，事物是我们发现后，才给起名字的。

● 师：对古人要求不能那么高。名字是人为了自己方便，给万物起的。老子当然不知道人是自然进化来的，他或许认为人与万物从开始时就一起存在了，甚至认为人比万物存在得更早。

☺ 生：老子肯定不知道，同一事物，外国人与中国人起的名字不一样。

● 师：不能这么说。老子应该去过一些地方，各地对一种东西的叫法并不一样，他肯定是知道的。像元朝才开始大量种植的玉米，现在各地叫法也不一样。西南叫苞谷，东北叫棒子，上海叫珍珠米。

☺ 生：那老子就没想过，为啥各地的叫法不同呢？

● 师：你想过没有？

☺ 生：以前想过，认为各地给同一东西起不同名字很正常，各地说话不同呗。后来老师说，我们人类的发音器官直到四万年前，才进化到可以准确地发元音，才能可能产生有声语言，这才明白为啥各地的人说不同的语言。

● 师：不能要求老子明白现代研究成果，老子跟你以前的想法估计差不多。知道各地有不同的语言和方言，不知道为啥这样，也不会考虑为啥这样，肯定认为是理所当然。

☺ 生：老师说的，理所当然是思想的失败。老子属于思想的失败者。

● 师：挑刺儿。老子时代的科学，还不足以想明白这个问题。我们当今时代，也有很多东西想不明白的，科学还有未能提供解释的东西。对科学还没能力解答，人们还想不明白的事儿，自信的人都会认为是理所当然的。

☺ 生：不是思想的失败者，不能拿理所当然来搪塞，那咋回答？

● 师：当然是不知道。不知道就是不知道，不要把解释不清的事儿视为理所当然。这是思想者的底线。我看不仅老子，许多哲学家都没思想的底线，仿佛一件事自己无法解释就很无能，拼命用自己的价值观来解释。

☺ 生：这种人是蛮多的，尤其是男孩子在自己喜欢的女孩面前，明明不知道，为了显摆自己有学识，就乱说一通。

● 师：都是为了面子。老师在学生面前要面子，学者在公众面前要面子，哲学家在学者面前也要面子，就只好不懂装懂了。

☺ 生：孔子说的"知之为知之，不知为不知"的话，还是对的。

● 师：不懂装懂是容易被识破的，最可笑的是自信到没有怀疑精神。

☺ 生：此话怎讲？

● 师：一些受过良好教育的人，有些还是知名学者，他们把什么都纳入自己的知识体系和价值体系之中，在自己的一亩三分地里理解一切，解答一切，思考一切。这就是不对的。

☺ 生：的确有这样的，老师中也有不少哟。

32-4

譬"道"之在天下，犹川谷之于江海。

☺ 生：老子说比如"道"存在于天下，就像山川河谷存在于江海中一样。这是啥意思？

● 师：老子的意思是说，"道"存在于低下之地，不可见之处，总之，就是一般人瞧不见的地方。

☺ 生：又玩神秘。

● 师：玩神秘就是玩猫腻，看不见，摸不着，只能意会，不可言传。正因为道家把道弄得玄而又玄，最后才会发展成宗教。

☺ 生：基督教和佛教讲平等，大家都是兄弟姐妹，这应该包含人类的概念，道教好像不讲这个，只讲个人修行。

● 师：讲平等、讲人类概念、讲普世之爱，的确是基督教和佛教能被广泛接受并传播至今的原因，尤其是佛教的不杀生，还包含了环保的理念。

三十三章

33-1
> 知人者智，自知者明。

☺ 生：了解别人的人是智者，了解自己的人是明白人。现在的成语"自知之明"，就是老子后面这句演化而来的吧？

● 师：应该是。老子这话说得抽象。许多人都会觉得了解别人且具有自知之明，是有智慧的人。我认为有智慧的明白人，是在理解历史发展和社会环境中了解自己和别人的人。

☺ 生：就是说，在具体的社会环境中理解自己与别人，而这个具体的社会环境又是历史发展中的环节。

● 师：说得对。比方说现在大城市里的"啃老族"泛滥，老人养巨婴似乎成了见怪不怪的社会现象。这样的代际关系是社会生态毁坏的结果，从历史的角度看，肯定是历史的倒退，以历史螺旋式发展说，属于回旋中的倒退。你要了解一个人，首先得理解他的价值观是先进还是落后，他的行为是合理的还是不合理的。

☺ 生：没那么复杂，我们了解别人往往代表我们知道。

● 师：知道跟理解的区别在哪儿？

☺ 生：知道是就事论事，我知道这人，知道他的经历，知道他的事情，知道他的为人。理解应该是更深入一步了解吧。了解对方的思想情感，了解对方的性格品德好恶心境之类的。

● 师：理解是不是离不开理解者的价值观？

☺ 生：那当然。要是世界观不同，或许你就根本理解不了。有些人价值观跟你完全不同，他做的一些事，你根本理解不了，很愕然的。

● 师：这就关系到你对自己的理解了。对自己，一个人往往只能了解，并不能理解。

☺ 生：为啥？

● 师：这如同自己拉着自己的头发想离开地球一样。在自己的价值观和视域之内理解自己，就是理解这种价值观和视域形成的人，能理解出什么新鲜玩意儿来么？

☺ 生：按老师的意思，理解自己就必须通过不同的价值观或不同的视域？

● 师：未必是这样，要这样的话，真的就很难有人理解自己了。

☺ 生：那如何才能理解自己？

● 师：一个开放的自我，不断能吸收新东西，并能一直努力改变自己，这样的人，才有可能理解自己。当我们理解别人时，往往只通过自己的价值观去理解，而不是首先理解对方的价值观，对方的生存环境和对方的成长历史。也就是说，我们得换位思考一下，在对方的价值观与生存环境下的所作所为，你认不认同。如果不认同，你与对方差别到底在哪儿，这些差别是如何产生的，是自己落后还是对方落后。要是自己落后，那得学习跟进。

☺ 生：理解别人那么复杂呀？

● 师：理解并不是件容易的事。你的自我是开放的，不断改进的，以此来理解自己，你就会与其他人比较，知道自己不足之处，知道自己价值观落后的地方，也会发现自己看不到的地方。

☺ 生：这样的话，真的离智者不远了。

● 师：人们都会说，坚持自我，放飞自我，遇事就说我喜欢，我讨厌。不过你们有没有想过，自我是一个动态发展的过程，随着环境的改变而改变，随着自己的阅历和成长，也会改变。用不断学习的态度来对待自己，用发展的眼光来看自己，才可能理解自己。

☺ 生：懂了，以前我对奶茶很痴迷，现在不喜欢了，只喜欢喝茶，这就是自我的改变。

● 师：理解庸俗了点，理是这个理。不要动不动就用自我说事。几岁时，你喜欢奶嘴，十几岁你喜欢动画片，二十几岁你喜欢网游，你知道三十岁时自己喜欢什么？自我是个动态变化的过程，是在各自的环境中不断改变的，且慢说自己喜欢什么。所谓了解自己，最多就是了解当前静态的自己，许多人连这个静态的自我都不了解，就敢大喊自我。

☺ 生：要这样说，了解自我已不容易，首先得了解社会，了解社会环境和自身的环境，对社会了解不多的年轻人就没可能了解自我啦。

● 师：理解自己就更难了。其实一切都基于对社会的了解和自我的开放性，一个封闭的自我，又不了解社会，想要理解自己，等于拔自己的头发离开地球。

[33-2]
胜人者有力，自胜者强。

☺ 生：老子说战胜别人的人是有力，战胜自己的人才是强大。老师，战胜别人的不一定是力量吧，也可以用智慧呀。

● 师：这是较真儿了。难道老子不知道智慧的力量么？其实老子说这话，主要是针对国家来的，是针对国家的武力说的。

☺ 生：战胜别国的是有武力，可一个国家战胜自己又怎么说？

● 师：可以理解为治理好国家。

☺ 生：这样理解，有些牵强吧。

● 师：个人体力强壮，在一个社会里作用有多大呢？

☺ 生：有点作用，不会有太大的作用，要不然大家都不读书不高考了，拼命练肌肉。

● 师：在母系社会，个人的体能强壮就被社会群体摒弃了，尤其是两合氏族婚时期，在公共家庭内部，更是容不得男人们靠体力打来打去。

☺ 生：要是男人们靠体力打来打去，靠体力强壮占据上位，就不存在母系社会了，最老的老祖母能打得过谁呢？还咋统治？

● 师：不是老祖母，应该叫老外婆。母系社会根本就没有父系血缘这一说，孩子跟哪个男人有血缘关系，完全搞不清楚的，唯一清楚的是母系血缘，是在母系血缘的基础上建立的氏族。

☺ 生：噢，那就叫老外婆统治的时代。不过老师，在动物群体内部，还是靠体力强壮的吧，猴群内部，体力最强壮的当猴王。

● 师：这就是人类社会与动物集群不同的地方。我们可以这样界定，但凡靠雄性体力和武力强大占据上位的群体，还没有脱离自然界的动物性，只能叫动物集群；把个人的体力和武力排除出群体之外的集群，才能叫人类社会。

☺ 生：这样界定很清楚，母系社会既然已经叫社会了，个人的体力优势在集群内部就不存在了。

☺ 生：要是有人靠身强力壮欺负别人咋办？母系社会不是没有法律，没有警察和军队吗？

● 师：靠的是道德和母系亲情。不讲道德的人，在母系社会几乎是无法生存的，因为他们有"神判"。

☺ 生：就是不讲理性，只讲感觉的判决？

● 师：你给人感觉道德上有问题，一旦与人发生争执，大家都会指认你是错的一方，该赔赔，该道歉道歉。要是发生的是凶杀案，你就被指认为凶手活埋掉。即便没有警察和法律，全体公民不讲理性、只讲感觉的执法，可怕得很。

☺ 生：太恐怖了。他是贪污犯，全国人民冲上去，直接就把他踩成肉泥。相对全体公民执法，法律和警察还真的是保护罪犯哩。

● 师：要是你们生在母系社会，敢动不动就跟人吵架么？

☺ 生：哪敢呀，全体公民都争当道德模范，自己要是一落后，不知道哪天就死翘翘了。

● 师：从道德的角度看，原始社会才是"文明"社会，国家诞生以后的社会，才是"野蛮"社会。实现共产主义，就是在物质和文化的基础上回归母系社会的道德体系，就像摩尔根预言的，在更高级的意义上恢复平等、自由、博爱、民主的社会。

☺ 生：以后看到原始社会的人，我们应该自称野蛮人，叫他们是文明人。

● 师：一个人要了解自己很难，一个社会要了解自己就更难，现代社会的人，要是不知道母系社会是什么，基本上就是井底之蛙。

33-3

知足者富。

☺ 生：知道满足才是富有。好像没人会像老子说的"知足"，没钱的要满足自己的温饱，有钱人要不断满足自己的奢侈。

● 师：这就是私有制社会的"野蛮"，贪婪是有钱人的特质，挣扎是穷人的状况。我们可以把老子的"富"理解为精神的富有，有钱人解决了生存之资的问题，可以追求精神的富有。

☺ 生：这是极少数的吧。利润当前，拼死也要赚的。

● 师：少数的觉悟者不是对社会认识上的觉悟，而是对身体认识上的觉悟。他们意识到人活百年，钱再多也消费不了，不愿再把有限的生命投入无限的赚钱之中去。

☺ 生：那在社会认识上的觉悟是啥？

● 师：社会是人类共同体，地球上的财富与资源，是人类共同的，你解决了生存问题，就该用财富去解决无法解决生存问题的穷人。你的孩子有挣钱养活自己的能力，你的财富就应该拿来帮助那些处于困境中的孩子。啥叫共同体？你与其他人是平等的，你的孩子与其他的孩子也是平等的，都是共同生存于地球上的。

☺ 生：太理想化了。

33-4

强行者有志。

● ［注］强：通"勤"。

☺ 生：勤劳做事的人是有志向的。勤劳做事未必有志向的吧？有些人没啥志向，就是做事很勤劳，勤勤恳恳一辈子。

● 师：所谓人各有志。人家勤勤恳恳做好本职工作，其志向就是勤劳做事一辈子，你就说人家没志向，你被媒体忽悠了。

☺ 生：咋成了我被媒体忽悠了呢？

● 师：志向有大有小，这是各人的能力和处境决定的。流落街头的人，找一块能遮风避雨的睡觉之地，或许就成了他的志向。底层的百姓没有话语权，媒体整天宣扬的志向就是名利，把争到名夺到利界定为志向，其他的根本不入他们的法眼。那些低微的追求，在他们眼里根本就不是事儿，完全跟志向无关。久而久之，那些底层百姓的低微追求在你眼里，就根本不是什么志向。你唾手可得的东西，别人可能需要付出很大努力才能获得。

☺ 生：老师批评得对。唾手可得的东西，我们不会当作志向，也不会认为是别人的志向。的确，社会由各个层面的人组成，社会上存在各种职业，所谓职业不分贵贱，行行出状元，勤恳做事，也能成为劳动模范。

● 师：我认为懒惰者没有志向，不干事的人没有志向，兴趣不断转移的人没有志向，躺在金钱上享受的人没有志向……没有志向的人很多，不能说勤恳工作的人没有志向。

☺ 生：志向应该界定得高一点，纵然你不能成为行业状元，至少得成为单位里优秀工作者吧？

● 师：对优秀咋界定呢？我上课，学生给了个高分，现在督导来了，打了个低分，到底是以什么标准来定优秀呢？

☺ 生：这倒没想过。任何优秀都是有标准的，以什么标准来决定，是个问题。

● 师：名利也是有标准的。比如炒得火热的明星，在社会上很知名，可从历史文化的角度看，或许一点名声都没有。元朝剧作家关汉卿也是当演员的，也上台演出，或许当时还有不少粉丝，不过他能留下名声，肯定不是当演员。莎士比亚是因为当演员出名的么？

☺ 生：肯定不是，是因为写了不朽之作。名有不同的标准，那么利总应该是一个标准吧，金钱的多少很好衡量的。

☻　师：金钱和所有可以折算成金钱的东西，都可以拿金钱来作为绝对的标准。不过从相对性来说，标准也很难一致的。一本古籍孤本，在没文化的人眼里毫无价值，在商人眼里是折算成金钱的价值，在古籍学者眼里，那是无价之宝。一部世界名著，从知识产权的角度或许可以折算出现世的价值，可从流传千秋万代的角度说，那就是无价之宝，根本折算不出其价值。

☺　生：如此说来，价值观也决定了"利"的不同。

☻　师：价值观就是讲价值的，大众的价值观当然是以金钱作为标准，以改善自身生活的东西作为标准。

33-5　**不失其所者久。**

☺　生：老子说不失掉根本的人才能长久行事。这里的根本，肯定是他说的道了。什么无为啦，守静啦之类的。

☻　师：私有环境中的人，真要守老子所谓的根本，不是饿死就是病死。

☺　生：饿死能理解，除非你是"啃老族"或属于食利阶层，无为肯定得饿死。病死，就没道理了。

☻　师：人们说生命在于运动，"啃老族"就说，生命在于静止。一个人守静无为，不干事或少干事，崇尚静态，很容易得病。

☺　生：执"生命在于静止"观点的人认为，长寿跟心跳有关，龟每分钟15跳，所以长寿，大象每分钟50跳，可以活到七八十岁，人每分钟60—90跳，以前只能活五六十岁，即所谓"七十古来稀"，如今长寿是因为医疗条件好了。运动使人心跳加快，不利于长寿，"静止"派的观点好像也蛮有道理的。

☻　师：心跳的多少与寿数的长短有没有必然联系，还需要科学证明，我不敢妄言。不过我理解的生命，就是细胞的新陈代谢的过程。运动加快这种代谢，不容易得病；静止是减慢代谢，细胞的陈旧率增加，容易得病。

☺ 生：要是旧细胞一直被新细胞代谢掉，一个人岂不是永远年轻?

● 师：运动是要付出巨大能量的，人体是有运动极值的，运动过量就会超越极值，这对身体器官的损伤会增加。不管什么器官，无论怎么更新细胞，也不可能彻底更换，使用了就会陈旧老化，过量运动会陈旧老化得更快，不运动就是不保养，所以必须在极限以内运动，不能超量运动。

☺ 生：运动员长期超极限运动，伤病就多，寿命也不见得长。

● 师：每个人的身体器官有各自的质量，有些人质量差点，短命，有些人质量好点，长寿。适当运动在一定程度上会提高器官的质量，可能会延长其寿命。生命在本质上说，就是一个新陈代谢的过程，每天都会排出代谢掉的废物。

☺ 生：大小便呗。

● 师：不仅仅是大小便，身体会有各种分泌物排出体内。按照叔本华的说法，等代谢终止，整个人体都成了排泄掉的废物。既然生命是一个生物体的新陈代谢过程，那么"生命在于运动"的说法是对的，因为运动能加快生命体的新陈代谢。

☺ 生：守老子的道会病死，有点道理，"守静"不如运动。

● 师：毕竟不运动的人毛病多。

☺ 生：这说法没毛病，不锻炼毛病比锻炼的人多。老子的这句应改为"不失其动者久"，不失去体育锻炼的人，才能长久做事。

[33-6] **死而不亡者寿。**

☺ 生：**死掉不被遗忘的人才叫长寿**。现代诗人有这样的诗句：有的人死了，他还活着；有的人活着，他已经死了。

● 师：这句话，是指精神、思想会流传千古。不过老子说得更准确一点。

☺ 生：为啥？

● 师：老子只是说长寿，就是活得更久一些，没说不死。即便是精神、思想，也不可能达到永恒，最后免不了也是要死的。当人类灭绝之时，谁还能把所谓的记忆传承下去？

☺ 生：老师是个悲观主义者。

● 师：不能拿这个给我扣帽子。唯物主义的宇宙观，一切都不可能永恒，都有一个产生、发展和消亡的过程。宇宙也一样，太阳的能量会耗尽，地球也会寿终正寝，甚至我们的宇宙最后也会死亡，人类灭绝是铁板钉钉的事儿。

☺ 生：要这么说，老子认为长寿一点是对的。

● 师：不能因为人类最终会灭绝而自暴自弃，不能因为宇宙有终点而悲观失望。

☺ 生：有点悲壮的意思了：深情地望了一眼天地自然，然后坦然消亡。不过对普通百姓来说，他们不会想永恒不永恒的事儿，他们或许也想不被遗忘，想子孙们能记得自己，使自己死后"长寿"点。不过一般能记住自己的，不会超过三代。说实话，我都不知道曾祖父、曾祖母的名字，更不可能知道他们是什么样的人了。

● 师：人都想超越自己，超越自己的现世价值，弄出什么家族、"香火"之类的，似乎可以绵绵不绝下去，以达到永恒。永恒的观念把人类害得不轻，人们固执地把精神、思想、情感等的东西赋予永恒的性质，并在此基础上建立崇高感。一个人的思想、精神、感情，随着其肉体的消亡，也消亡了。文化就是把这些东西记载下来，传承给其他人，流传于后代，在此意义上，我们可以说此人不死。不过等到人类灭绝，这些东西也就跟着灭绝了。所以人类积累起来的精神、思想、情感，最终还是跟人类肉体同在同亡的。有高于个人肉体的东西，却没有高于人类生物种群的精神之物，一切精神、思想　情感均与人类生物体同在同亡。

☺ 生：明白了。有高于个人的非物质、非肉体之物，却没有高于人类的非物质、非肉体之物。

● 师：人类不崇高，也不卑微，只是自然界中的一种智能生物。你可以凭借人类拥有"高级智能"而自豪一番，却不能凭借"高级智能"脱离自然界，更不能因为有"高级智能"的存在，就虚构出超越自然的神之世界的存在。

☺ 生：说来说去，无非是人之精神不可能永恒，最多比个人生命"长寿"一点。

● 师：为了这种"长寿"，有些人建立了信念，为此信念，愿望牺牲自己。这才是崇高，才是令人崇拜的事儿。

☺ 生：那不就是信仰吗？

● 师：信念跟信仰是不一样的。信念是相信会实现的观念，信仰是对非现实的仰望。我相信共产主义会实现，但我这人没信仰。

☺ 生：难道不信仰共产主义？

● 师：我有共产主义会实现的信念，却不会信仰。信仰是宗教人士的事。共产主义最终会实现，这是信念，不是信仰。

☺ 生：可宗教人士也说自己有信念，比如佛教徒相信轮回转世，相信投胎会实现。

● 师：这是建立在信仰上的信念，信仰有非现实的神的世界，才会产生一系列的信念，这种相信不需要科学验证的，科学也没法验证。

☺ 生：为啥不可以在信念之上建立信仰呢？至少从你有生之年来说，共产主义的现实也无法证实吧？

● 师：我的信念建立在科学分析社会发展的规律上，我认定这是科学的结论，信仰是不需要科学分析的，也经不起科学分析，所以我坚定地排斥任何信仰。

☺ 生：哇塞，固执使人坚定。

三十四章

34-1 　　大道氾兮，其可左右。万物恃之以生而不辞，功成而不有。衣养万物而不为主，[常无欲，]可名于小；万物归焉而不为主，可名为大。以其终不自为大，故能成其大。

● [注] 衣养：衣，覆盖。衣养，广泛哺育。

☺ 生：大道广泛流行　它可以向左，也可以向右。万物凭借它得以生存，并且不会推巨它，它成就万物却不占有功劳。它广泛哺育万物却不成为万物自主人……老师，后面用括号啥意思？

● 师：这三个字是后人加进去的，应该删除。

☺ 生：噢。那后面的意思是：……为此可以称它为小；万物归依它，它却不主宰万物，为此可以称之为大。因为它自始至终不自认为自己伟大，所以能成就它的伟大。

● 师：老子这里依然王讲他的"道"，有点啰唆，企图用具体说法来把"道"讲清楚。

☺ 生：可是越想讲清楚，越讲不清楚。按现在的说法，道是支配万物的规律，也是万物的支配，看不见摸不着，就是个抽象概念。什么大呀小的，还称颂其伟大，都是想用具体的形象来说明，最后弄得很神秘。

● 师：跟大众讲道理，往往用具体的形象来说明，从抽象到抽象，不是大众的接受方式。

三十五章

35-1

执大象，天下往。往而不害，安平太。

[**注**]大象：象，道之法象，大象即大德。安：是。太：泰，安。

☺ 生：**秉持着大德，天下人往你这儿投奔**。这是得道多助的意思吧。老子认为一个政府讲道德，以德治国，大家都会投奔这个国家。这观点与孔子很像，孔子不也提倡仁义道德吗?

● 师：孔子的德是为人之德，老子的德是自然之德。

☺ 生：咋区别?

● 师：孔子没有宇宙观，他的德仅仅指在社会上人与人交往中的德;老子的德是顺应自然的规律，无论在社会中还是在自然界里，都要顺应道的规律，一切都由道掌控着，事物与社会都有道掌控运行的，人不可强求，不可人为，顺应道，就是体现道，这才是德。

☺ 生：有点信则有，不信则无的意思。老子讲了一大套，也不会进行科学证明的。

● 师：要老子时代的人进行科学证明，要求就太高了。

☺ 生：无法证明的话，你说一套，我也可以说一套，信老子的成为道家，信我的成为"我家"。

● 师：是呀，最后就成了话语权问题。老子做过周王朝的守藏吏，好歹也算当过中央官员，又把名气炒得那么响，连孔子也跑去向他请教礼的问题，说明他是有点话语权的。

☺ 生：要是人人都有话语权，社会各种声音泛滥，也会乱成一锅粥的。

● 师：各种声音泛滥，管理起来很难，要统一思想干成一件事，更不容易了。

☺ 生：从好的方面说，各种声音都有，社会才有可能进步，不是吗？

● 师：大家都有话语权，虽说管理的难度增大许多，可能人类社会
会发展得更快更好一点。比如春秋时代，可能会有好些跟老子思
想相当的思想家；在中国历史上，可能会有不少与儒家思想不同
的思想，老百姓也可能因为能听到许多不同的思想，对封建社会
的厌恶情绪高涨，封建王朝不用等到列强砸开大门，就已经被推
翻了。

☺ 生：一切皆有可能，不过也仅仅是可能罢了。能肯定中国历史上
淹没了许多先进思想吗？

● 师：不能肯定，有的概率是很大的。这样一想，又回到永恒与长
寿的问题。认为思想、精神可以永恒的人，估计会有这种担心，
他很想求得永恒的存在。

35-2

乐与饵，过客止。"道"之出口，淡乎其无味，视
之不足见，听之不足闻，用之不足既。

● ［注］饵：美食。既：尽。

☺ 生：音乐与美食，使过路人止步不前。餐厅里放着美妙的音乐，
飘着美食的香味，自然诱人。我要路过，也想进去，可惜兜里没
钱，口袋比脸还干净。

● 师：过屠门而大嚼，闻乐声而大醉。穷人图食，富人图乐，也算
人之常情。

☺ 生：老子不乐意了，他认为"道"从人们嘴里说出，却淡得几乎
没有味道，看又看不见，听又听不到，却用之不尽。按现在的说
法，人不能尽想好事，得想想有用的事。

● 师：跟饱食终日的讲"道"，他们或许闲得没事，会去搞一下。
跟为衣食奔波欲死的劳苦大众讲大道理，人家连听的时间都没
有。有人总是鄙视穷人没啥理想，没有诗和远方的情怀，一旦把

鄙视者打入社会底层，立马就知道生存的不易，为吃口饱饭，累得半死，唯一的愿望只剩下能睡上一个觉，喘上一口气。

☺ 生：也是，得符合实际情况，对什么样的人，说什么样的话。吃不饱饭的流浪汉，宁可被抓进监狱有吃有住，跟他讲自由，那是不把他的生存状态放在眼里。

三十六章

₃₆₋₁　　将欲歙之，必固张之；将欲弱之，必固强之；将欲废之，必固兴之；将欲取之，必固与之。是谓微明。

● [注] 歙：翕，合。微明：微弱的先兆。

☺ 生：想要合起来，必然先要张开它；想要削弱它，必然先要使它强盛；想要废除它，必然先要让它兴起；想要取得，必然先要给予。这就是常说的，能看出微弱的先兆。老子这话，也有点片面吧。人们一般不会反其道而行的。美国想要削弱我国，就先让我们强盛起来？

● 师：这是抽象导致的错误观念。

☺ 生：啥叫抽象导致的错误观念？

● 师：脱离了具体的环境，抽象规律只是一般规律，不可能成为放之四海皆准的东西。比如说地球引力会使物体下坠，要是上面有吸铁石，一个铁钉或许就不下坠，却被吸到上面去了。

☺ 生：老师这是找碴儿。

● 师：只是打个比方。我们总结出一个规律，当然不是所有事物在具体环境下都必然会遵循这个规律的。说母系社会进化为父系社会，这是社会一般的进化规律。人们调查发现，新中国成立前中国纳西族的母系社会是父系社会倒退回去的。

☺ 生：跟他们的生存环境有关吧。

● 师：应该是。所以要具体情况具体分析。老子讲的这种"退一步"法，在有些情形下是有用的，有些则是没用的，甚至是适得其反的。

☺ 生：骗子想要骗人家钱，先给人家小钱以作甜头，贪婪的人就会上当。要是遇上我，把诱饵吃掉，拜拜了您哪，绝不上当。

● 师：有些情形下，老子的说法有道理。古人说，多行不义必自毙。坏事干多了，遭到大家的唾弃，不过也有坏事做绝却活得好好的。于是为了取得心理平衡，善良的人就说，不是不报，时候未到。坏人最后也没得到报应就寿终正寝了，于是善良的人又说了，来世再报。一些人不相信有来世咋办？

☺ 生：无法取得心理平衡呗。

● 师：人生苦短，事在人为。遇到坏人坏事，迎头痛击，决不轻饶。想要废除坏事，能先让坏人兴风作浪吗？

☺ 生：当然不能。坚决把不法分子从社会中清除掉，我不赞成治病救人，教育为主、惩罚为辅的做法。教育好的概率有多大？教育的成本有多高？若没教育好，对社会造成二次伤害，谁来承担责任？

● 师：治病救人是要有的，不救不治，直接清除也应该存在。什么都不能"一刀切"，得看具体情况。能救且成本不高，则救；不能救或成本太高，则废。

36-2　**柔弱胜刚强。鱼不可脱于渊，国之利器不可以示人。**

☺ 生：柔弱胜过刚强，鱼离不开深水，国家的利器是不可以随便给人看的。前面好理解，后面国家利器指啥？发明新式武器，不给人看，出其不意地给别人致命一击？

● 师：有这层意思。国家利器估计是指立国的根本，可能包括文治武功，有治理国家的根本性制度，也有国家防御武力之类的吧。

☺ 生：老子又玩神秘性。不过这跟"柔弱胜刚强"，鱼儿离不开水有啥关系？

● 师：看似柔弱守静，就像鱼儿在深水中，你看不到，却是静中有动，有活力的。老子认为国家也应该这样，表面上看似政府无为，却是有治国方略，有御敌重器的。

☺ 生：现代国家要是像老子那样低调处事，那还搞啥外交呀？

● 师：老子的方法是过时了。现代外交，政府跟人一样，都想成为网红，要有粉丝，要有知名度，这样在世界上才有影响力。国家的综合国力，不仅仅是经济和军事实力，还指调动世界各种力量的能力。

☺ 生：这倒是。美国不仅经济、军事强大，调动世界各方力量的能力也很强大，一些发达国家都愿意跟着他干。

● 师：现在的武器足以毁灭世界，像核武器，你不到处展示吓吓别人，还真准备出其不意地使用呀。一使用，世界都毁了，自己也不能幸免。

☺ 生：我看老子的说法在现代社会中没啥意义。示弱没好处，藏而不宣，更是傻。

● 师：中国人低调、谦逊，或许就是受柔弱胜刚强的观点影响。超过自己能力的高调、不切自身实际的傲慢，没必要。可适当的高调、适度的夸大，还是可以的。既然参与竞争，就不能谦逊。

☺ 生：老子与世无争的无为理念，在激烈竞争的世界上，怕是要碰得头破血流的。

● 师：那是衣食无忧者玩的情调，以此情调到社会上去混，最后怕是衣食都堪忧了。国家也是这样，在全球化激烈竞争的世界上，与世无争的话，就等着被别人摁在地上狂揍了。

☺ 生：世界无警察，联合国苦口婆心，有实力的国家并不听，况且联合国要维持运转，还得有实力的国家给钱。当今世界，实力说话。

● 师：世界不完全靠实力说话，还是有规则的，这些规则来源于人类文明。最重要的是：责任、自由、平等。你有实力，就得多承担责任。局部战争爆发，出现"难民潮"，收留难民的任务就落到有实力的国家，谁也不会要求贫穷国家收留难民。我们政府不也一直强调大国担当嘛。

三十七章

37-1 "道"常无为而无不为。侯王若能守之，万物将自化。化而欲作，吾将镇之以无名之朴。镇之以无名之朴，夫将不欲。不欲以静，天下将自正。

● [注] 自化：自我化育，自我生长。

☺ 生："道"一般啥都不干就是啥都干了。老子的意思，道是自在自为的，是吧？

● 师：是。有点像黑格尔说的"绝对理念"，不过老子说得有些拟人化。

☺ 生：接下来老子认为侯王如果能坚守这点，万物将会自己生长。这就是老子无为而治的治国方略吧？

● 师：把自然规律拟人化的话，大自然的确是自在自为的。若运用于人类社会，就不可能是自在自为了，尤其是社会进入私有财产竞争的时代之后，不管是侯王还是百姓，都得参与竞争。富人为财，穷人为食，不竞争就不是社会人了。

☺ 生：老子把自然规律与社会规律等同，才会有侯王无为守道，万物自然生长的说法。只要用脑子想一想，两者完全没有联系。难道在没有侯王的时代，万物就不生长了？

● 师：中国自古以来就把人道与天道混为一谈，最后弄得越来越迷信，即所谓的天人感应。老子时代这种迷信在所难免，他们不知道没有侯王的时代，又把侯王崇拜为天的对应者，老子不能免于这种迷信，是可以理解的。

☺ 生：难怪皇帝下诏，开首就是"奉天承运"，那是皇帝自我标榜才导致的社会观念吧？

● 师：有标榜的成分。估计最早是从原始社会的"政教合一"而来的。

☺ 生：酋长就是巫师？

● 师：母系社会酋长与巫师可能是一个人，往往是最年长的老外婆。原始社会还没有文字，年长者不仅威信高，而且知道得多，被视为能与神沟通者。不过那时酋长的权力，来自于威信与道德，并非来自于武力政权。大家相信她、崇拜她，也是心甘情愿的。侯王就不一样，你不信，我就强迫你信，你要不满，我就消灭你。

☺ 生：好像中国古代知识分子就处于这样的境地。朝廷说啥是啥，即便再宣扬天人感应，也不敢反对。若表示不满，就不让你有高的收入，让你一直处于为生存奔波的境地，你就没时间思考，更没能力不满了。

● 师：封建政权拥有者靠国家政权的武力背书搞"天人感应"那一套，对不满者不用采取消灭手段，只要不让你就业，采取"经济陷阱"来惩治他们就足够了，这就是中国封建社会科举制度的反面意义。

☺ 生：老子后面的话，读起来很幼稚哩。他说，自己生长到想要自己作为时，我就用没有名字的道之真朴来镇住它。用没名字的真朴之道镇住它，它就不会有自己作死的欲望了。没有作死的欲望，就会归于安静，天下也将进入正轨。

● 师：你觉得哪儿幼稚啦？

☺ 生：生长到一定程度，当然要自己作为，不作为，啥也不干，岂不成废物了吗？

● 师：从自然界来看，想自己作为并不可能，自然有其自身的道；从社会来说，当然得作为。我们已经说过了，老子误以为社会规律就是自然规律。

☺ 生："道的真朴"是啥意思？不就是原始状态吗？想要作为，改变点什么，赶紧回到原始状态，把自己的欲望给灭了。人成长到性成熟，能回到原始状态么？能把荷尔蒙灭了么？

● 师：既然知道老子这方面幼稚，就别较真了。在老子看来，大家无知无欲，没有作死的人，只有无为的人，天下就太平了。

☺ 生：愿望是好的，现实是残酷的。作了会死，不作也会死，这就是社会现实。

● 师：其实呢，每个时代的现实都不太一样。古代中国社会，读书只能为了科举，为了做官；现在读书选择多了，现实也没古代那么残酷。

☺ 生：只选理科，不选文科，不想掉进"经济陷阱"。

三十八章

38-1　上“德”不德，是以有“德”；下“德”不失德，是以无“德”。

☺ 生：老师，这里的“上下”，是指上层社会和下层社会么？

● 师：也说得通，估计不是这个意思。“上下”是指高级和低级。

☺ 生：那么这句的意思是：**高级的德并不表现为德的形式，因为其本身有德；低级的德不失去德的形式，因为其自身并没有德。**

● 师：你们认为道德有高低之分么？

☺ 生：不应该有。道德还分有形式有内容和有形式没内容的么？

☺ 生：我认为有高低之分。有些人本身并没有道德之心，可周围的人都做好事，他没办法，也只能做做样子。有人落水，周围人都不会游泳，只有你是游泳健将，大家都盯着你，你不跳下去行吗？心里不愿意，却还是跳下去救人了。这不就是有德的形式，其自身并没德的意愿嘛。

● 师：道德是什么？是一种行为，不是内心世界。人是其行为构成的，说一个人心好、品德好，结果什么好事都没做。这是有道德的好人么？

☺ 生：不是。还不如嘴里不三不四，却坚持做好事的人。那才是刀子嘴，豆腐心，道德行。

● 师：柏拉图说：“恶者亲往犯法，止于梦者便为善人。”我认为柏拉图这话说得对。人心里想得再邪恶，只要他没干坏事，那就是善人。道德也一样，一个人再有品德，再有善心，只要没做好事，那就跟没道德的人是一样的。

☺ 生：对。这个世界说一套做一套的人太多，谁都想扮演有德者，把自己说得很好，可真把做的事列出来，很成问题。

● 师：人是行为构成的，人的一生是他所有行为的总和。道德就是一种行为，内容与形式是统一的。不存在形式是道德的，内容却是不道德的。

☺ 生：那心里不想做却做了好事，也是道德者了？

● 师：你能说一个心里尽想坏事，却舍己救人的人，是不道德者么？

☺ 生：不能吧。觉得是个坏人，却做了好事，感觉上不能接受罢了。

38-2　上"德"无为而无以为；下"德"无为而有以为。

● [注] 以：有心，故意。

☺ 生：老子说，高级的德啥都不干，而且没有意思要干啥；低级的德啥都不干，那是有心要干。啥都不干咋会有德？

● 师：老子的说法当然是荒诞的，啥都不干才是体现道的德，没想干没干是"上德"，想干而没干是"下德"。一句话，无为才是德。

☺ 生：男子不干才是德，女子无才便是德。古代的男女就这样傻傻地对望着，太好笑了。

● 师：自然无为，社会必为。这是人类社会脱离动物世界的结果。人类进入私有制异化社会之后，往往是胡作非为。人们为自身的私有财产而为，不为人类整体生存而为。如果我们也按照老子的做法，把德分为上德与下德，你们会怎么分？

☺ 生：德要是仅仅指行为的话，就没法分，做好事就是德，难道区别好事好到什么程度？

☺ 生：扶起倒地老人，下德；舍己救人，上德。应该可以分的。凡是不顾自己生命危险地帮助别人，上德；没有生命危险地帮助别人，下德。

☺ 生：花一生的精力，抚养几百个弃儿，算下德？肯定不合理。老师您咋分？

● 师：道德不仅仅是做好事。要我分的话，针对人类整体的是上德，针对个体的是下德。

☺ 生：此话怎讲？

● 师：当网络遍布世界，人们进入"地球村"时代，商人们为全球化而兴奋不已。他们兴奋啥？

☺ 生：赚钱更方便，进入全球化赚钱时代，经济全球化是他们挂嘴边的热词。

● 师：就没想过人类生存全球化？没想过人类各民族在被国家政权割裂之后，开始全球一体化？没想过人类将开始回归整体概念？

☺ 生：没有想过，人们想的只是经济一体化。

38-3

上仁为之而无以为；上义为之而有以为。

☺ 生：**高级的仁去干了，并且是无心干的；高级的义干了，并且是有意干的。老子居然也讲仁义，那是孔子干的活。**

● 师：从老子无为的角度看，老子把仁义置于德之下。有德者是不干，有仁义者却起劲地干。

☺ 生：好像仁还比义高级一点，仁是无心干而干了，义是有意干的。

● 师：可以这么理解。不过老子所谓的仁义，跟孔子说的完全不是一回事儿。或许老子是想搅乱仁义之类的概念。

☺ 生：我看老子是有捣蛋的意思。孔子讲仁义，是一种品性；老子讲的只是形式。干什么？没有谓词。杀人也分有意和无心，故意杀人还是过失杀人。要是干的是坏事，也叫仁义吗？

● 师：我们不能把老子想得那么糊涂，他只是省略了谓语。他的意思是做仁义之事，有些是有心做的，有些是无意做的，用仁义之名把它们区分开来。

☺ 生：老师，从道德以行为为准的观点看，仁义也不应该分有心和无意的吧？

● 师：要我说，我会把仁归于心灵感受上的，我们说一个人宅心仁厚，指这人心地比较善良、宽厚。说仁人志士，就是这个意义。至于"义"，那是行为了。说一个人讲义气，为人仗义，指的是为人处世很上路，做的事比较公道。

☺ 生：老子的这种分法没道理，实在有些勉强。

● 师：做事好，没必要区分有心和无意，我们只看结果。做坏事区分有心和无意还是有必要的。

☺ 生：为啥？

● 师：一个人做坏事，社会应该承担部分责任。比如过失杀人，造成过失，社会管理和社会教育是有一定问题的。一个人受过良好教育，整个社会很和谐，贫富差距很小，大家心里很平衡的话，过失杀人的概率就很小。反之，社会环境不好，一个人就会焦虑，心理失衡，容易情绪失控，遇上极度不满之事，就会导致过失杀人。故意杀人不一样，纵然社会有很大问题，他执意采用暴力来解决个人问题，肯定要负全部责任。所以，我认同对做坏事有心和无意之分，惩罚的轻重也应该不同。

☺ 生：有点道理。孔子的仁义道德影响了中国两千多年，老子再怎么区分仁义，老百姓恐怕也不会认同老子的观点。说无心做仁义之事却做了，那是仁，有心做的是义。这其实是很难判断的。

● 师：仁要是指内心的修行，那么义还是可以看得到的事情。在汉族农村除了孔庙外，关帝庙之多，应该是首屈一指了。

☺ 生：为啥百姓把关老爷当财神？

● 师：这个有待考证，我不敢乱说。不过老百姓崇拜关羽应该跟孔子的"义"有关，从桃园三结义开始，关羽在小说里就被塑造成"义"的象征。孔子作为圣人，如果称为"文圣"的话，关羽就被当作"武圣"了，小说也正是这么写的。写关羽跟敌将单挑，手起刀落，就结了，从来不写怎么怎么打。圣人嘛，精神上就高于凡人，写一招一式地打，那还是圣人么？

☺ 生：明白了。一介武夫，要塑造成"仁"的象征很难成功，毕竟是杀人如麻的家伙，会有一颗仁心吗？所以才塑造成"义"的象征。

● 师：原本古人讲春秋大义，这义还有仁的内涵。被《三国演义》这样一写关羽，"义"就俗化了，一俗化，就没仁的内涵了。如此之"义"，就变得与文明对立了，成为反人类的东西了。

☺ 生：不至于那么严重吧？江湖人物讲义气，动不动就拜把子结义，的确有不好的一面，不过人在社会上混，还是要讲点义气的吧，你不讲点义气，就不会有铁哥们。

☺ 生：《水浒传》梁山结义，讲的也是兄弟义气，排座次，推老大。他们也找由头，什么"替天行道"、"奉天倡义"之类的。把义与天联系起来，这样的义，总不会是兄弟义气吧？

● 师：要把"义"定义为人间的大义，那就应该跟社会、人类联系起来。这就和义气对立了。不仅是义，古人恪守的忠孝也是这样。要是没有人类社会的概念在里面，那也会成为反人类的东西。

☺ 生：忠有愚忠，不管皇帝老儿的对错，只管效忠，可能会是反人类的，比如效忠一个暴君。孝总不至于成为反人类的东西吧？孝敬父母、孝敬长辈　难道会是反人类？

● 师：拿人类文明作为标准的话，一切均有对错，均有先进落后之分。孔子讲孝道时，有学生就质问他：要是父亲偷了东西，儿子该不该举报呢？

☺ 生：是有这段。孔子认为儿子不可以举报父亲，应该包庇父亲。孔子说"孝令智昏"，为了孝，连坏人都得包庇。

● 师：如果希特勒有儿子，你想让他尽孝么？你不会认为坏人都断子绝孙吧？

☺ 生：空洞地讲忠孝，肯定是有问题的，得看具体对象。

● 师：讲仁义也一样　不顾人类社会的文明原则，不看对象，那都是空话。

38-4

上礼为之而莫之应，则攘臂而扔之。

● [注] 扔：引，拉。

☺ 生：高级的礼仪崇拜者做了却得不到响应，于是就伸出手臂拉着
别人跟他做。从老子这话看，他很鄙视礼仪。

● 师：老子对礼仪是瞧不上眼。孔子竭力教导学生官场上的等级礼
仪，为了礼仪的事，他还特意跑去请教老子。老子把眼一瞪，数
落他一顿。瞧瞧你自己，满身都是缺点。然后列举了孔子身上的
种种缺点，把他打发走了。

☺ 生：从年龄上说，老子应该是长辈，被长辈训斥一通，孔子也不
敢发飙吧？

● 师：孝敬长辈是孔子的孝道，他当然不敢发飙，很不爽地被赶了
出来。学生们围上去问他老子讲了啥，他当然不能说自己被训了
一通，只能说自己听不懂他说啥，说老子是条龙，自己搞不清龙
是咋回事。

☺ 生：难怪道家都鄙视礼仪，庄子也是不拘礼节的人。

● 师：适当的礼节还是要有的，烦琐的礼仪就不要了。见面跟人打
个招呼，握个手之类的，这种一般的礼节，是对别人的尊重。把
礼节搞成了仪式，成为礼仪，不仅耗时耗财，还自虐。

☺ 生：繁文缛节是没必要，说成自虐，有点过了吧？

● 师：有些人做啥事都弄成很有仪式感，程序烦琐。当着众人的面
这样，那是刷存在感；要是家里一个人祭祖，也把仪式搞得很复
杂，那不就是自虐嘛。

☺ 生：祭祀的仪式跟待人接物的礼仪不一样吧？

● 师：在孔子眼里是一样的。其实一切礼仪均产生于封建等级，要
是真的实现人人平等了，还用得着啥礼仪呢，有一般的礼节就够
了。现代社会，是不是等级越高，仪式就越复杂越隆重？颁个
奖，也得搞仪式，为了增加奖的含金量，颁奖机构就会把仪式搞
得很隆重。有些奖搞得隆重点，有仪式感，人们还是认可的。比

如诺贝尔奖，那是对人类文化与文明的敬重，弄出点仪式感，也算是宣传人类文化与文明。有些奖的仪式就过分了，像奥斯卡奖，虽说是宣扬电影艺术，含金量不可能超过诺贝尔奖吧。搞得名流云集、红毯走走、灯红酒绿，其仪式程序远超诺奖，拼了命地刷存在感。

☺ 生：得奖了，打个电话通知，把奖杯快递过去，悄悄地进行，肯定也不行的吧。

● 师：就算搞仪式，也有个度的问题。封建社会事事都弄得仪式感十足，说白了就是为权力和等级服务的。权力的最高等级自然是天神，所以凡是祭祀天神，仪式尤为复杂、庄严。

38-5 　故失"道"而后"德"，失"德"而后仁，失仁而后义，失义而后礼。

☺ 生：老子果然把礼仪贬到最低等级去了。他认为：所以失去"道"，然后才去追求"德"，失去"德"，然后才去追求仁，失去仁，然后才去追求义，失去义，然后才去追求礼仪。

● 师：我们现在才明白老子为啥要把德分为无心的和有意的。有道的人，体现出来的德是无心的，无道之人追求德，是有意为之的，是形式上的德。这和他把自然之道与社会之道等同，是一致的。

☺ 生：要是不一致的话，老师认为自然之道与社会之道，哪个更重要呢？

● 师：当然自然之道更重要。纵然你脱离了地球生物链，你还是宇宙中的一个小小物种，地球都得遵循宇宙的规律，你人能离开地球么？不遵守自然之道，就别空谈社会之道。

☺ 生：我赞成老师的观点。人们往往把社会之道置于自然之道之上，为了人类生存的目的，破坏自然，最后导致自然的报复。"新冠肺炎病毒"的到来，就是自然对人类的报复。

- 师：说说看，为啥"新冠肺炎病毒"是对人类的报复。
- 生：人类不尊重地球的自然生态，大肆排放二氧化碳，导致温室效应，北极南极的冰原融化，史前细菌复活。"新冠肺炎病毒"极有可能是从北极或南极融化的冰原里跑出来的复活病菌，被某种动物带到了人类居住地，我们对此无能为力。要是再不控制碳排放，修复地球生态自然，有些岛屿就要沉没了。有科学家不是已经担心日本将来可能会沉没了嘛。据说现在只有两个国家愿意接受无家可归的日本人，一个是澳大利亚，一个是巴西。
- 师：有点道理，冰原融化使史前细菌复活。不过"新冠肺炎病毒"是不是来自冰原下的细菌，无法证实，不能妄猜。

38-6 **夫礼者，忠信之薄，而乱之首。**

- 生：老子认为，那些讲礼仪的家伙，是忠信浅薄，并且是祸乱的开始。未必是这样的吧，把礼仪也贬得太低了。
- 师：话说得有点绝对，但不是完全没有道理。礼仪只是表面文章，过度做表面文章的家伙，对内容可能就不太重视，甚至表面文章下面可能还藏着什么猫腻。反倒是那些不注重礼仪的人，往往直率地表现自己，不会把自己藏在礼节之下。
- 生：不能一概而论吧？讲礼仪的也有忠心的、讲信义的，不讲礼仪的也有不讲忠信的。
- 师：我们下总结一般不太可能用完全归纳法，用的都是不完全归纳法，也就是俗称的"绝大多数"。要找到没有例外的事儿并不多。老子说这话针对的是多数情况，指讲究礼仪的坏人比不讲礼仪者多。
- 生：这样说岂不是把讲礼仪者一棍子打死了？
- 师：说话是要追求效果的。老子要是说，讲礼仪者中不忠寡信的人比较多……就没啥效果。现在做学术文章不讲究说话的力度与效果，给出大致的比例，这样比较科学。但老子并不是在做科研论文。

☺ 生：老师好像也很喜欢说话的力度与效果，不喜欢论文式地说话。

● 师：那当然。试想老子要是说，做表面文章的，其中有部分人会造成祸乱。说了不等于白说嘛。反过来，不做表面文章的，也有一些人会造成祸乱。说话要有力度，要对过分做表面文章的人产生警觉，老子这样说是对的。

☺ 生：老师，我发现有些人说话连归纳法也不用，完全是主观臆断。他们只看个例就做出判断，根本就不用不完全归纳法，根本不去想大多数与极少数。

● 师：是。这类人占大多数。他们思维用的不是逻辑，不要说辩证逻辑，连形式逻辑也不用，用的只是情感。有时我称之为"情感性思维"，准确地说，根本就没思维。

38-7

前识者，"道"之华，而愚之始。是以大丈夫处其厚，不居其薄；处其实，不居其华。故去彼取此。

● ［注］前识：先见。

☺ 生：称为先知者，只是得到些"道"的华表，而且是愚蠢的开始。老子对先知先觉者很不屑嘛。

● 师：老子的意思是，人有先知先觉，能预知未来，就想着干点什么，干预未来，改变未来，于是乎就起劲地作，不可能以"无为"来遵循道，为此就开始了他们的愚蠢。

☺ 生：一般人总想躲避未来之灾，有个好结果，自然要做点什么的。

● 师：前面说了，自然规律并非社会规律。人在自然中，遵循自然之道，有意识地遵循，是有为；人在社会中，遵循社会之道，社会之道是人们总结出来的社会发展规律，有意识地遵循社会发展

规律，也得有为。所以事在人为是对的，人必须有为，不能无为
而成为植物化的生存。

☺ 生：老师认为有没有先知先觉者呢？

● 师：当然有，不过肯定不是算命先生之类的。对人对社会有深刻
的认识，又熟知社会发展规律，就能预知未来。巴菲特说，自己
无法判断股市近期的走势，但能判断其长期的趋势。其实对人对
社会的预知，也只能预知长期，无法预知短期。

☺ 生：要老师算命的话，能预知别人的一生，不能预知别人明后天，
是吧？

● 师：我可不是算命先生。要预知一个人的未来，那得非常了解此
人的家庭环境和他所接受的教育，还得了解这个人的性格、价值
观等。否则就不是预知，那是妄断。

☺ 生：老子后面说，为此大丈夫立身在敦厚之处，不处于浅薄的礼
仪之上；处于厚实之处，不占据它的华表之上。因此要去掉浅薄
的华表，取用敦厚的本质。这无疑是说，先知先觉者不但愚蠢，
而且浅薄，是做表面文章的家伙。

● 师：对老子来说，他们愚蠢，因为他们先知先觉而有为；对世人
来说，他们未必愚蠢，也因为是先下手为强的有为。或许在世人
眼里，老子的无为才是蠢呢。

三十九章

昔之得"一"者：天得"一"以清；地得"一"以宁；神得"一"以灵；谷得"一"以盈；万物得"一"以生；侯王得"一"以为天下正。

● 师：老子认为"道生一"，所以"得一"就是得道。

☺ 生：那这句话很好理解了，老子认为过去得道的情形：天得道就清朗；地得道就安宁；神仙得道就有灵气；山谷得道就充盈；万物得道就生长；侯王得道就以此使天下归于正道。为啥老子说过去得道的情形，难道老子认为他那个时代得道，情形就不一样了？

● 师：不是这样。在老子看来，在他那个时代，已经没有得道者了，大家也不懂道是什么了。为此老子把得道的情形设置在过去，拼命向他同时代人讲解道是啥。

☺ 生：或许老子也意识到他的时代已经异化了吧？

● 师：春秋战国时代的知识分子一般都不满意自己的时代，看到战乱频仍、民不聊生，谁会满意呢？所以他们往往把自己时代与远古进行对比，所谓远古，其实也不会太远，只是人们口口相传，还有点记忆的时代，最多也就是有片言只语的文字记载的时代，比如追溯到国家还没建立起来的尧舜时代。自然，在国家未建立起来的时代，没多少杀戮，也没多少残暴，因此老子会把这样的时代看成得道的时代，孔子会把这样的时代看成圣人的时代。

☺ 生：这样的时代应该比春秋战乱时代要好，老子说得没错：天清地宁，神灵谷盈，万物生、天下正。

● 师：还是那句话：合理的不一定是必然的，必然的不一定是合理的。尧舜时代从人性的角度看，是比禹建立国家之后的时代合理，这种合理在那个时代是必然的，为啥必然，知道么？

☺ 生：私有财产还没积累到一定程度，还不足以组建军队，建立国家。

● 师：对，个人私有财产的拥有量还没有达到质变的程度。所谓质变，就是私有财产拥有量达到可以组建私人武装，强行掠夺别人的私有财产。私有财产占有竞争从经济竞争变成权力竞争，这才是社会性质的质变。

☺ 生：老师是认为，在没武力背书的国家政权建立前，老子所谓得道者的情形是合理的？

● 师：不仅合理，也是必然的。春秋时代国家建立了起来，在老子、孔子这类知识分子眼里，只要把自己的时代与氏族社会一比较，立即就会发现，自己时代的不合理，而尧舜时代则是合理的，除非这个知识分子没有人性。不过他们不可能意识到，自己时代不合理，却是必然的，也是必须的。

☺ 生：也就是说，时代必须也必然会发展到国家阶段，国家阶段的社会肯定没有氏族社会有人性。

● 师：正确。幸亏老子时代还没发现有母系社会，他们最多也就意识到有父系氏族社会的存在。

☺ 生：为啥说"幸亏"？

● 师：要是那时发现有母系社会，从人性的合理性上说，从老子、孔子到以后中国的学者，他们的思想观念会遭到彻底的清洗，将被彻底颠覆，还会有几分正确的呢？

☺ 生：老子崇拜阴柔，提倡守静无为，这些女性特质，应该合理性多一点吧？

● 师：我们无法判断阴柔、守静是固有的女性特质还是父系社会赋予的女性特质。

☺ 生：自然界中雌性动物应该比雄性更阴柔、守静的吧？

● 师：人类脱离自然生态链之后，拿动物世界与人类社会相类比，没太大的意思了。在母系社会时期，女性特质怎样的，我们不得而知，也很难考证，所以不敢断言，更不敢把父系社会的女性特质等同于母系社会。

₃₉₋₂　　其致之也，谓天无以清，将恐裂；地无以宁，将恐废；神无以灵，将恐歇；谷无以盈，将恐竭；万物无以生，将恐灭；侯王无以正，将恐蹶。

● [注] 致：推。歇：消亡。蹶：倒下。

☺ 生：要是不肯克己复古，老子就吓唬当时的人，他说，以此推理，就是说，天无法清朗，恐怕要裂开了；地无法安宁，恐怕要废弃了；神仙无法有灵气，恐怕要死翘翘了；山谷无法充盈，恐怕要枯涸了；万物无法生长，恐怕都要死掉了；侯王无法匡正天下，恐怕也要倒台了。意思很明显，要是不能得道，不能守道，就会天崩地裂，进入世界末日。真是吓死宝宝了。

● 师：一般封建时代的统治者都会这样吓唬百姓：要是没有我的统治，世界就会混乱，人间就会变成地狱。

☺ 生：统治者也就算了，知识分子、文化人这样吓唬别人，太幼稚了吧？

● 师：有科学精神呢，让科学来证明自己的说法。可惜中国文人素来就没科学精神，你科学证明，人家也不信你。你要说一套自己的东西，咋让人家相信你呢？

☺ 生：有权的当然用权力强迫人家相信，要不信就灭了你；有钱的当然用钱诱惑人家相信，你要相信，会有很多好处的；像老子这种没钱没权的知识分子，只剩吓唬别人了，你们要不信，天崩地裂，洪水滔天。老师说人类灭绝之类的话，不也是为了让我们相信你的那套说法吗？

● 师：我没吓唬的意思。人类灭绝是必然的，自己作呢，灭绝得快一点，不作呢，灭绝得慢一点。

☺ 生：啥叫作和不作？

● 师：有没有正确的观念，按不按社会发展规律去做。努力做了，社会少走弯路，发展得好一点，人类灭绝的时间晚点；不做，就会一个劲地折腾，社会很可能在弯路上迷失，一旦迷失，人类灭绝的时间就会过早到来。

☺ 生：不管早晚，老师和我们都不可能看到灭绝了，所以无所谓啦。

● 师：不能无所谓的。虽说社会的异化是必然的，也是必须的，但我们都要努力让社会合理一点，这样我们的有生之年就会好过一点。这就是社会生态人人有责的道理。

39-3

　　故贵以贱为本，高以下为基。是以侯王自称孤、寡、不谷。此非以贱为本邪？非乎？故至誉无誉。是故不欲琭琭如玉，珞珞如石。

● [注] 谷：善。琭琭：玉漂亮。珞珞：石之坚实。

☺ 生：所以，高贵以低贱作为根本，上面的以下面的作为基础。为此侯王自称孤、寡、不善。老师，侯王为啥称自己为"不善"，难道他自称是坏人？

● 师：都是谦称，孤是孤德，寡是寡德，不善也是缺乏德行。谦称自己德不足，却身居高位。

☺ 生：噢，我还以为孤、寡，是独一无二，得意得不要不要的。

● 师：嘴上谦虚，心里肯定得意非凡。老子提醒他们，没有低贱，哪来高贵？没有百姓为基础，哪有你们这些贵族、王侯？

☺ 生：一切都是相对的，说得没错。可高高在上的人，根本不会在乎这种提醒吧。以民为本？为人民服务？封建君王才不会这么想哩。

● 师：人类的基础是最底层最卑微的无产者，官员们只是社会的管理者，没有管理者会很混乱，可社会还在。没有了被管理者，社会就不存在了。

☺ 生：一家公司没有员工，一个企业没有工人，就成了皮包公司，老板夹着皮包窜来窜去倒差价，玩商品价格，连物流都没有。对社会来说，这样的公司没一点价值的吧？

⚫ 师：商业当然要让商品流动，互通有无，平抑价格，这才具有社会价值。仅仅是所有权转来转去，你炒给我，我炒给你，物品永远在仓库里不动，更不落到消费者手里，这样的商人是危害社会的蛀虫，必须严厉打击。

☺ 生：赞同。

⚫ 师：流通也要有工人干活，没有快递小哥，就没有物流公司。没有老板，政府也可以组织快递，或许效果差点。

☺ 生：要是老板有点社会责任，官员有点管理素质，社会就发展得比较好。要是老板只为一己私利乱搞，官员把管理作为自己谋财的手段，社会就会混乱。

⚫ 师：现在看出，母亲社会血亲管理模式与私有制社会地域管理模式的各自优劣点了。血亲管理只适用于小规模管理，地域管理适用于大规模管理。血亲管理是人性化的，地域管理是非人性化的。糟糕的是，封建时代，地域管理者上位并不靠人性，没人性的家伙更容易上位，结果把国家搞得一团糟。

☺ 生：我喜欢血亲管理，动之以情，晓之以理。

⚫ 师：一到春节，你家所有亲戚都围着你，逼迫你找对象谈恋爱，恐怕你也受不了吧？

☺ 生：也是，血亲管理也蛮恐怖的。

⚫ 师：我们知道了社会与国家的基石是卑微的底层百姓。看看老子下面说什么。

☺ 生：老子为了强调，来了个设问加反问，他说：这些都是以卑贱作为根本吗？难道不是这样吗？所以最高的荣誉是不需要赞美的。为此宁可不愿意像玉石那样华美，也要像一般石头那样坚硬结实。老子是想让管理者学习被管理者，朴实无华，也成为社会的基石。看来他的想法还是很幼稚，管理者本来就不是社会的基石，装得很卑微的样子，把自个儿打扮得很朴素，就想冒充基石，可笑。

● 师：老子好像没有想让他们冒充的意思，只是反对他们高高在上，把面子工程做得像玉石那样华美。愿望是好的，要封建统治者贴近民生，走近百姓。现实很残酷，谁也不会听老子的。统治者之所以要统治，就是为了个人奢华。就是丐帮帮主，也是要住五星级宾馆的，肯定不会破衣烂衫沿街乞讨。

☺ 生：老子对私有制社会的本质毫无认识。更滑稽的是，他认为最高荣誉是不需要赞美的。没有赞美，还叫荣誉吗？

● 师：你们认为啥是荣誉？荣誉总得有个标准的吧？

☺ 生：为社会做出贡献，政府也是这样设定的吧？

● 师：奴隶制社会，政府的价值观与人类文明相去甚远。国家政权自其诞生那天起，就不会仅仅是管理权，主要是私有财产掠夺权。随着社会文明的进步，政权的管理性质增加，掠夺性质逐步减弱。不过再怎么减弱，只要私有制社会存在，其掠夺性质就不会清除干净。

☺ 生：老师的意思是，创造为人类生产生活提供方便和改善的，才是荣誉，否则不能归为荣誉？

● 师：提高社会的生产力，提高人们的生活质量，提高人们精神质量和道德水准，诸如此类的巨大贡献，才是荣誉所归。总之，为人类的文明做出贡献，才是真正的荣誉。

四十章

40-1

> 反者"道"之动；弱者"道"之用。

☺ 生：返回循环是"道"的运行；柔弱无力是"道"在起作用。这就是老子的辩证法吧。对立统一，前面也讲了许多。事物运行到极端会返回，柔弱是刚强的对立面，没有柔弱就没有刚强，是柔弱在起作用，才有了刚强。

☻ 师：这里的"反"，有些学者的确理解为对立面。我们只能说，老子有辩证思维，能辩证地看问题，却不能说有辩证法。辩证法应该从黑格尔开始。

☺ 生：为啥？

☻ 师：辩证法不仅仅是对立统一，还应该在统一的基础上产生更高一级的运行。事物发展到极限就走向它的反面，反面走到了极端，达到了与对立面的统一，这种统一扬弃了原来的事物本质，脱胎换骨，成为一个新事物，进到了更高一级。在老子的观念里，事物总是"返回循环"，并没有扬弃旧事物，诞生新事物，进入更高级的阶段。

☺ 生：这就是老子只懂自然之道，没认识到社会之道，把自然之道当作社会之道吧。

☻ 师：自然之道中，也会有质变的，不可能永远循环往复。山地多坡，一些小动物为了逃避食肉动物的追捕，在上坡时前肢拼命爬动，频率会越来越高，这一动作发展到极限，终于有一天发生了基因突变，前肢变成了翅膀，它们飞了起来，成了鸟类。

☺ 生：要是走向极限，不能再快的话，不是应该返回对立面，又开始慢下来，它们不都被大的动物吃掉了吗？

☻ 师：有可能被吃掉，吃掉的就无法进化，就灭绝了。从慢到快，就是从一个极端走向另一个极端，如果不能扬弃自身，就只能灭绝。当快到极点时，再返回到慢，这个慢已经不是爬行的慢，而是刚刚学会起飞的慢，这就扬弃了自身，质变成新的事物了。这才是辩证法，其核心是质变。

☺ 生：老师的共产主义理想，也是来自于辩证法思维吧？从绝对的公有，一步步地私有，私有化走到极端，回归到公有，成为更高形式的公有。

● 师：正确。

☺ 生：这应该是不完全归纳法得出的结论，并非所有事物都会如此发展吧？

● 师：是，世间没有绝对，总会有例外。大多数事物的发展遵循辩证规律，才会得出辩证思维的方法。事物总是在运动着，就算你不动，地球带着你动，地球不动，宇宙带着你动。在大爆炸向外扩张之中的宇宙，没有什么可以说是绝对静止的，没有什么可以免于运动。运动的方向基本上就是从一个极端走向另一个极端，运动的速度可能有快有慢，最后总会走到极端的顶点，回头路是没有的，除非超越自己，否则就会灭绝。

☺ 生：生物似乎走不到极端，大多因为环境突变而灭绝的吧？

● 师：我们从吃的方面来看，一个极端是越来越挑食，另一个极端是越来越不挑食，啥都吃。越来越挑食的，在吃方面就会走向越来越"专业化"，最后势必只吃一种东西。非洲的鲍氏古猿就是这样灭绝的。它们只吃芦苇根，当鲍氏古猿数量增长到其食用芦苇根的量，超过芦苇的自然增长，就突破了极限，它们就必须放弃吃的"专业化"，向杂食化的方向进化。可鲍氏古猿未能改变进化的方向，所以灭绝了。

☺ 生：那杂食动物走到极端，是不是吃得太杂，吃了不该吃的东西？

● 师：杂食动物什么都吃，适应能力强，数量就增加得快。这样会导致一些繁衍生长速度慢的东西会被一样一样吃光，环境中可吃的品种就会减少，迫使它们向"专业化"的方向发展，走向另一个极端。

☺ 生：社会也是从一个极端走向另一个极端的吧。氏族社会太自由，责任是公共的，一个人毫无责任心，想干啥就干啥。另一个极端来了，沦为了奴隶，连人身自由都没了，于是再走向自由的极端。不过奴隶制被取消后，新的自由是在封建等级下的自由，那是全新的自由，是要承担太多太多责任的自由。等级制走向了极端，就走向另一极端：平等。资产阶级喊出了"人人平等"的口号。老师，接下来是不是要走向平等的对立面——不平等呢？

● 师：总结得不错。从封建的不平等走向资本主义的平等，再从资本主义的平等走向资本主义的不平等。封建的不平等是建立在官僚权力之上的，而资本主义的不平等是建立在金钱之上的。

40-2

天下万物生于"有"，"有"生于"无"。

☺ 生：天下万物产生于"有"，"有"却产生于"无"。老子这里说他的哲学概念，无中生有，有中生万物。

● 师：无中生有，我不敢断定对不对。宇宙大爆炸前咋回事儿，科学家还没有定论；有没有暗物质存在，也没有定论。对于把本体论让位于科学的哲学来说，不应该去讨论无中生有的问题。

☺ 生：有生万物呢？

● 师：从能量守恒来说，应该是对的。由元素构成各种东西，元素是存在的，是有。比如我们减肥，减掉的脂肪哪里去了呢？

☺ 生：出汗出掉了呗。

● 师：研究发现，84%变成了二氧化碳，只有16%变成水，即出汗。脂肪是有，减肥使它变成了二氧化碳和水。脂肪的有产生了两种物质。

☺ 生：老师，要是这样，我们拼命呼气，呼出二氧化碳，不就能减肥啦？

● 师：不行。这种转换来自于剧烈运动。你不运动拼命呼气，不仅不能转换，还得晕眩。一般来说，我们运动首先消耗的是吃下去的东西，把吃下去的能量消耗殆尽之后再运动，才会消耗脂肪。

☺ 生：那饭后百步走，不能减肥？

● 师：除非竞走。没有大喘气的剧烈运动，不可能使脂肪分解的。

☺ 生：难怪，我爸妈饭后百步走想减肥，一点也减不掉。

● 师：根据能量守恒，产生一个新物质，肯定是有元素或其他物质的"有"转换来的。

☺ 生：老师，能量守恒，有生万物，能不能用于社会规律？

● 师：依据不完全归纳法，在大多数情况下，还是可行的。我们拿人的能量来说，生命总有其动能，你不让一个人做某些事，就得让他做其他的事儿，要是不让他做任何事，其能量就会集聚起来，有一天会一下子大爆发。一个社会阶层就是一群人的归类，这群人的能量消耗在什么地方，就会产生社会力量。

四十一章

41-1

上士闻道，勤而行之；中士闻道，若存若亡；下士闻道，大笑之。不笑不足以为道。故建言有之：明道若昧；进道若退；夷道若颣；上德若谷；大白若辱；广德若不足；建德若偷；质真若渝；大方无隅；大器晚成；大音希声；大象无形；"道"隐无名。

● ［注］建言：立言。颣：不平。辱：黑垢。建：健。偷：惰。渝：污。隅：角。

☺ 生：上士听说道，勤奋地践行它；中士听说道，觉得好像有好像没有；下士听说道，大大地嘲笑它。仿佛不笑不足以认识那个道。老师，这里的"士"是不是指知识分子？

● 师：中国古代知识分子不是当了官，就是当官的后备军。"士"比较多的是指当官的后备军。

☺ 生：那从追求科学真理的角度说，中国古代就没有知识分子了。

● 师：话不能这么说。那些做官升不了职的知识分子，兼职去搞搞科学。还有那些觉得做官无望的"士"，也会去追求一下科学真理。

☺ 生：也就是说，"士"的额外部分，才是真正的学者、文人。

● 师：西方社会在封建时代也好不到哪里去。小农经济自给自足的本质，对科学的需要欲望并不强烈，固然与小农经济相匹配的手工业作坊需要一点科技的含量，却也不足以推动大规模的科技进步。所以西方封建时代的知识分子也不能形成社会的职业，不是依附于贵族，就是沦落在社会底层，不可能靠研究科学，尤其是社会科学，能端上吃饭的碗。有些知识分子本身就是贵族，是闲得无聊，才去追求一下科学的。所以尼采才会说，文化是贵族创造的。

☺ 生：难怪漫长的封建社会，科学进步会这样缓慢。小农经济科技含量太低，不太需要科学来推动生产力。

● 师：老子的说法是对的，只是老子认定的"上士""中士"和"下士"应该反过来说。

☺ 生：咋反过来说?

● 师：当不了官的低级"士"，遵循道；当了官却升不上去的中级"士"，对道半信半疑；当了大官，仕途顺利的高级"士"，才对道嘲笑不已。封建时代的小农经济，私有财产的掠夺靠的是权力，科学发展得快慢，权力拥有者根本就不在乎，规律在权力者眼里，就是自己制定的掠夺规则。

☺ 生：老子没有认清社会的本质，苦口婆心地讲他的道。所以立言的人有说法：明亮的道看起来很暗；前进的道看起来像倒退；平坦的道好像很不平；崇高的德像低下的山谷；最白的像是黑黑的；广博的德好像很不充足；强健的德像是很懒惰；真朴的像是被污染过的；最方正的东西像没有角；最重要的器物总是最后做成的；最大的声音是没有声音；最大的形象是没有形象；"道"隐藏着，没有名字。老子把道用对立面来说，似乎想引起别人好奇，吸引别人听他的。

● 师：有这层意思在里面。说平的是平的，亮的是亮的，岂不成了废话? 运用对立面转化的辩证思维，颠倒了来说，摆个噱头，人家就竖起耳朵了。人的耳朵再灵敏，也只能听到 16—25000 赫兹的声音，超过这个范围是听不到的。你听不到，不意味着其他生物也听不到，更不意味着没有声音。要是认为人听不到，就没有声音，那成了掩耳盗铃的"鸵鸟"。同样，人的眼睛也有视阈范围，超过人视阈范围的东西，自然就没有形状了。说没有形状，那等同于没有视阈的"盲人摸象"。事物什么时候发展到一个极端，走向相反的方向，那要看具体情况的。再看老子说的，道隐藏着，没有名字。规律是看不见摸不着的，却未必是隐藏着的。隐藏与否，跟有没有名字毫无关系，名字是人们认识事物方便，自己创设的。

☺ 生：老师若遇到老子，有的一辩。

● 师：没法辩吧，不同时代的人，科学发展的基础不同。况且人类的思维能力也是不断发展的。形式逻辑讲究的是对错，辩证逻辑否决对错，只讲在什么情形下的对错，这里的对错并非绝对，而是代表着先进与落后。在辩证法看来，一切都是发展过程。老子虽然也认识到一切都是发展过程，但发展的结果不是扬弃旧的，发展出新的，而是简单的循环过程，所以他又回到了形式逻辑的对错之上了。

☺ 生：老子根本就不知道什么辩证逻辑。

● 师：所以，不是我高于老子，是现代科学高于老子，只要是有科学精神，相信科学，追求科学的现代人，都高于老子。

☺ 生：按此说法，那些崇拜老子，把老子视为绝对正确的现代人，都没有科学精神啦。

● 师：完全正确。

41-2 夫唯“道”，善贷且成。

● [注] 贷：施与。

☺ 生：只有“道”，善于施与并且成就万物。老子是不是又把道拟人化了？道是万物的原始，又是规律，它本没有施与和成就的意思。

● 师：的确是拟人化。他想解释前面说的遵循道的人会很成功，是因为道施与、成就了他们。

☺ 生：遵循自然规律和社会规律的人，应该会很成功的吧，他们按规律办事，所以能成功。

● 师：那要看你如何界定成功的，以名利为标准来界定成功，遵循道的老子恐怕就很难说是成功的。

☺ 生：也是。在单位里混得不好，不是被炒鱿鱼，就是自己主动辞职。以名利为标准，老子肯定是个失败者。要是以历史为标准的话，老子留下五千言，名声大了去了，可以说太成功了。

● 师：所以呀，遵循道的人未必会在现世成功，有可能一生过得很悲惨；不遵循道的人未必现世不成功，可能名利双收、幸福美满。规律这东西，有短期见效的，也有长期才有效的。

☺ 生：有点像佛教里说的，不是不报，时候未到；现世不报，来生再报。佛教虚构来生说事，是希望人们关注行善的长远效果。

● 师：你们会看重长远的效果么？比如从事一项现世没人关注，也不可能收取名利的事业，但可能在历史上会像老子那样留下巨大的名声。

☺ 生：坚决不会。咱不相信有啥来世，更同意老师人类最终是要灭绝的观点，凭啥去做死后才有效的事儿？

● 师：向往历史上留青名而现世宁过悲惨生活的人很少，我们不能说完全没有。老子或许本不想写什么五千言留下，只是想出关，为了行贿关卡官员才那么做。凡·高也没想到自己死后名声会那么大，他想的只是现世能卖出几幅画，过上吃得饱的日子。

☺ 生：他们完全可以去干别的事，那样或许能过得更好。

● 师：那就叫路径依赖。你要像老子那样，半辈子在考虑哲学问题，等你发现自己的哲学观点无人能接受，你会用下半辈子再干别的全新的事儿，与年轻人去一争高下么？

☺ 生：来不及吧。想这样干的活，或许也没啥兴趣。要抛弃半辈子积累起来的兴趣，也是很悲惨的，还不如在原来的路上走下去，即便没有现世成功，也可以有现世的事业乐趣。

● 师：路径依赖并非我一定要依赖，还有人生的乐趣，生活的乐趣。纵然凡·高没有现世成功，也看清了现世没有成功的可能，要他放弃绘画，他也未必会在干其他事后成功过上好日子，而且人生会变得十分憋屈。

☺ 生：老师自以为了解社会发展规律，向往共产主义，不过共产主义的实现还早，跟你也没啥关系，你说的这套，到社会上也没人愿意听，心里一定很憋屈吧，幸好有我们这些倾听者。

● 师：照你这样说，我真该感激涕零了。

☺ 生：深刻的思想，悲惨的人生。老师这年纪，也只好路径依赖了。

● 师：成功当然是人生的一种乐趣，可人生的乐趣还有很多，当思考的乐趣超过被社会认同的乐趣时，就不能说其人生是悲惨的。在别人的赞美中结束人生，也可以在自得其乐中走完一生。历史到底会记取谁，就很难说了。

四十二章

42-1

"道"生一,一生二,二生三,三生万物。万物负阴而抱阳,冲气以为和。

● [**注**] 负:背。

☺ 生:老师,老子这里的一、二、三,到底是啥意思?

● 师:老子认为万物无中生有,一就是独一无二,万物从独一无二的一个起始点开始。"二"就是指阴阳,中国古人认为阴阳交合产生万物。"三"是阴阳交合产生出来的气,有人认为是"和气"。

☺ 生:就是说,"道"生独一无二的万物起点,万物唯一的起点产生阴阳二气,阴阳二气产生第三个和气,阴阳交合的和气产生万物。万物背对着阴而拥抱着阳,阴阳之气相冲而形成和谐之气。

● 师:你们对中国哲学中的"气"怎么看呢?

☺ 生:没看法,只是觉得中国的气功有点神奇,武打小说里都讲气的。武功高的都能运用体内的真气,武功低的只是靠力量。我半信半疑,不知道自己体内有没有真气。

● 师:从科学的角度说,心脏供血和肺部供氧来维持生命,一切都通过大脑指挥得以实现。生命在于运动,运动加速体内细胞的新陈代谢,使肺部的供氧增加,抗氧化能力提高。除了肺部呼气吸气外,我们不知道体内有什么真气,更不知道有什么阴气和阳气。

42-2

[人之所恶，唯孤、寡、不谷，而王公以为称。故物或损之而益，或益之而损。人之所教，我亦教之。强梁者不得其死，吾将以为教父。]

● [注] 梁：横蛮。父：源头，样板。

☺ 师：这段文义与上句不太符合，学者怀疑是三十九章移到这里的，所以加了括号。我们也可以翻译解说一下。

☺ 生：人所厌恶的，只是那些孤德、寡德、不善的人，而王侯却拿来作为自己的称呼。所以事物有时损失了反而得到好处，有时得到好处却是受到损失。王侯以谦卑自称，前面已经讲过。老子以此来比喻自谦反而得到好处，不太妥当吧？王侯就算不自谦，得到的好处也是最多的。

☺ 师：封建社会是权力掠夺，王侯权力最大，自然掠夺私有财产最多，所谓"溥天之下莫非王土"，就是这个意思。资本主义社会是资本掠夺，资本最雄厚的，自然掠夺的私产最多。王侯再自谦，资本家再低调，还是财源滚滚。一个既没权力又没资本的百姓，不管你自谦还是傲慢，都是私有财产竞争社会里的失败者。在权力掠夺的封建时代，穷人得到权力的通道也是不能关闭的。汉朝搞推荐制，只要你表现好，大家对你交口称赞，地方官可能就会推荐你做官。

☺ 生：一般官员都会推荐自己人，或者自己喜欢的人吧？

☺ 师：这就是推荐制的弊病。李白成年后想要做官，他心高气傲，给地方官写了封信：给你个机会，推荐我。地方官当然看都不看。开始时地方官还想推荐真正有能力的人，因为万一推荐的人表现不好，自己也要承担责任的。后来为了官场拉山头，都推荐自己人了，最后形成了魏晋时期的门阀制度，不是大地主家的自己人，一般做不了官，就算做了官，也只能是小官。晋升通道基本关闭。晋升通道关闭，社会革命的大门自然开启，魏晋南北朝的动荡就是革命大门开启的结果。

☺ 生：难怪隋唐再次开启晋升通道，不敢用推荐制了，改用考试制。考试制也有毛病的吧，弄到最后成了八股文，考上的文人都没啥才能。

● 师：没才能是因为考试的内容被框死了，内容为权力服务，读书就成了为权力服务的事业，科学精神荡然无存。为了避免晋升通道关闭，宋朝还规定官僚子弟科举的录取比例不得超过 20%。

☺ 生：唉，我们努力拿到大学文凭，从老师的嘴里说出来，只不过就是在晋升通道里挣扎。

● 师：资本掠夺的社会，只要你有能力获取资本，读不读大学无所谓。你没能力获取资本，没能力使自己从无产者变成有资本的人，就只能读大学获取知识，使自己的劳动价值拥有技术含量，能卖出一个好价格。

☺ 生：从无产者变成资产者，概率太低了。有一个绝对赚大钱的想法，或者有超高的人气、巨大的粉丝群，这样的通道存在着，我们又挤不进去。

● 师：资本掠夺的社会，晋升通道无非两种，一种是获取资本，一种是提升劳动价值。获取资本有各种方式，比如出卖想法、投机炒作、继承遗产，等等。虽说这样的晋升通道极其狭窄，却也不至于关闭。提升劳动价值的方法很多，有提升劳动的技术含量，也有改变劳动的性质。

☺ 生：提升劳动技术含量好懂，现在有些公司有技术入股，你没钱有技术，也能成为股东，成为资产者。就算不能技术入股，有文凭的人坐坐办公室，收入比较高，存点钱下来，或者也能成为小小的资产者。改变劳动性质不太好理解。

● 师：国家诞生后的时代，地域管理始终是存在的，会在实现共产主义之前一直存在，地域管理权诞生时，是以掠夺为主、管理为辅的形式出现。随着文明的进步，资本掠夺时代的到来，权力的管理性质会提升，掠夺的性质会退居第二位。改变劳动方式就是使自己的劳动从被资本掠夺的劳动，改变为不被资本掠夺的劳动，即成为管理者的劳动。管理者的劳动固然是为社会管理付出的劳动，但政府的管理权包括对社会财富的二次、三次分配，在这种分配中，权力的掠夺性质或多或少都会体现出来。作为管理者的劳动，其价值不会被资本剥削，而且或多或少会附加上掠夺的性质。

☺ 生：老子后面的意思有些跳嘛，和前面衔接不上。他说人们所教我的，我也教育别人。强暴蛮横的人不得好死，我拿这个作为教别人的样本。

● 师：谦让得到好处，争好处反而损失，老子认为这种社会现象教育了他，他以此教育别人，教别人做人不能太强势，好斗没啥好结果。基本上就是这个意思。

☺ 生：中国人过分谦虚，是不是从老子这里来的？

● 师：有这个因素。老子要王侯们谦让一点，算是有德的说法。有些人要手下的人或地位比自己低的人谦让，那就有打压别人的嫌疑了。

四十三章

43-1　天下之至柔，驰骋天下之至坚。无有入无间，吾是以知无为之有益。

● [注] 驰骋：奔走，驾驭。

☺ 生：天下最柔弱的东西，可以驾驭天下最坚硬的。无形象之物能进入没有缝隙的物中，我因此知道无为的有益之处。说柔弱能驾驭坚硬，这好理解，就像女人能驾驭男人。说没形象的东西能进入无缝之中，这咋理解？

● 师：现代科学证明这是对的，像质子、电子之类的，都能穿越无缝隙的墙，要不，人家在墙外面咋蹭网呢？

☺ 生：老子没想得那么远吧？他只是说空虚、无用的东西也有其用处，没有空虚存在，实体就起不了作用，没有无为存在，有为也就没啥意义了。

● 师：老子的确没想那么远，不过他的一些猜想还是蛮有意思的。柔弱刚强、有用无用，都是对立两极，老子提醒人们，不能只顾一极，另一极也是很有作用的。

☺ 生：这是抽象的说法，落到具体现实中，要看情形的吧？

● 师：那是当然。老子提醒有他的道理。人往往只关注一极，强调一极，忽视或无视另一极，形成片面性思维。

☺ 生：是具体环境、具体现实决定人们关注一极的。周围的男人都是"妻管严"，你就觉得柔弱胜刚强；周围男人都是大男子主义者，你自然认为刚强才是正道。

● 师：一般来说，个人环境会左右你的思维，不过你的个人经历与情感也会左右你的思维。

43-2

不言之教，无为之益，天下希及之。

☺ 生：**无语的教导，无为的好处，天下很少能做到。**啥都不说，啥都不做，老子希望有这样的社会。不说就算了，不做的话，吃啥喝啥。

● 师：老子这话主要是针对那时当权者说的，他认为国家管理者不应该整天胡说八道，事事都管，瞎管乱管。

☺ 生：管理者啥事都不做，凭啥还拿行政管理费？

● 师：政府拥有社会财富二次分配的权力，如果没这权力，社会的专业化分工就完蛋了。

☺ 生：也对。要是像孔子那样，教师都是个体户，收多少学费自己说了算，我们怕是上不起学了。医生要都是个体户，手术费自己定，不说费用高低，一旦形成恶性竞争，还能保证开刀质量吗？政府应该拥有二次分配的权力，教师、医生、警察、军人等，都应该是二次分配下的专业化职业。

● 师：有二次分配，就算政权的管理职能采取无为，那二次分配也不能以无为应对吧？不然的话，社会许多职业都只能喝西北风了。

四十四章

44-1

名与身孰亲？身与货孰多？得与亡孰病？

● **[注]** 多：重。

☺ 生：名声与生命哪个更亲切？生命与财产哪个更重要？得到与失去哪个更有害？老子提出的这几个问题，现代人似乎也是一再强调。

● 师：财产与生命，一些人似乎已经想通，生命当然比财产重要。不少人不愿再干"人为财死，鸟为食亡"的事儿。不过名声、地位与生命，哪个更重要，恐怕想通的人很少了。

☺ 生："宁为玉碎，不为瓦全。"不少人献出生命，就是为了名垂青史。各国的政府，各种文明，也都在宣扬这样的价值观。难道这有啥不对么？

● 师：给一个名垂青史的机会，你们谁愿意为此马上死掉？

☺ 生：不愿意，我还没活够呢。

● 师：对历史上留名，我们也应看其两面性。对为了人类文明的传承，为了人类社会的进步，不惜自己生命的人，我们当然得给予最大的崇敬。没有他们，人类的文明原则恐怕早就丧失，人类这个群体能否延续到现在是令人怀疑的。

☺ 生：就是烈士呗。

● 师：政府给予的烈士称号，是应该的。比如推翻封建王朝，不少革命先烈为之牺牲，这是为社会进步而牺牲的。抗日战争，也有不少抗日英雄为之牺牲，这是保卫国家，反抗暴力侵略的牺牲。但历史留名可不都是烈士。

☺ 生：在历史上留名的很多，有英名也有恶名。

● 师：好坏善恶依据的是得名所做的事儿。名声是形式，取得名声的事儿才是内容，内容决定形式。现在很多人不明白这个简单道理。唱个歌、演个戏、露个脸，刻意追求名气，根本就不想想自己到底干过什么，自己名声的内容到底是什么，是不是有负盛名。

☺ 生：人家获得名气，就图个广告代理，弄点钱而已，跟历史留名不是一个档次。

● 师：当然不可同日而语，现在的名人也不可能为了名而献出生命。正因为现在个别人只要名，却不顾名的内容，所以不仅要区别历史名声与现实名气的不同，更要强调名的内容。我看对历史名人进行内容甄别，是非常有必要的。

☺ 生：甄别内容的标准就是人类文明原则吧？

● 师：至今为止，有文字记载的社会都是异化的社会，反对异化，召唤人们回到正常人性的事儿，都应该是推动社会进步的文明。有一个标准，我们就能很好地认识历史上的名人，留下的是英名还是恶名。

☺ 生：老师认为秦始皇留下的是英名还是恶名呢？有人说，秦始皇统一中国，开启了中国文明大一统的历史；也有人说，秦始皇杀人无数，又焚书坑儒，恶棍一个。

● 师：秦始皇统一中国，改变了中国历史是肯定的。我前面说过，必然的不一定是合理的，合理的也不一定是必然的。但凡历史，都已经成为了现实，我们没法假定历史不这样去演绎会怎么样，要能假定的话，历史可能会有无数可能性。所以，对演绎出的历史，我们只能设定为必然性。

☺ 生：是不是能这样认为，这种必然性的历史，有些是合理的，有些却是不合理的？

● 师：对。既然有文字记载的社会都是异化的社会，那么异化的力量就是恶，阻止异化的力量就是善。在人类社会里，必然性的东西都有善恶之分。比如根据社会发展规律，氏族社会演绎出奴隶制国家，奴隶制又演绎出封建制，等等，这都是必然的。把人沦为奴隶的社会异化，肯定是恶的。奴隶起义反抗，是对抗这种异化，就是善的。封建制诞生之时，是为了解放奴隶，那是善的，奴隶制结束之后，封建制又建立了人的极度不平等，那就是恶的，是更高一级的异化。

☺ 生：秦始皇杀人无数，肯定是恶的呗。不过他统一中国，统一度量衡，统一文字，也做了不少社会进步的事吧？

● 师：统一中国并不重要，重要的是废除奴隶制，使老百姓从奴隶变成平民，这才是文明进步。

☺ 生：他建立了封建制。

● 师：其实秦国建立的是郡县制，把老百姓从贵族手里夺过来，成为国家的臣民，这才是秦国的功绩。郡县制并非秦始皇创立的，他统一中国，进行了推广。这种历史人物，有善的一面，也有恶的一面。把统一中国抬得很高，那是统治者认同的事儿，老百姓估计并不认同。

☺ 生：我也认为老百姓不认同。希特勒想统一欧洲，称霸世界，老百姓恐怕也不会觉得生活在大一统的世界里就完全幸福。

☺ 生：有拍秦始皇的电影，认为没有秦始皇的统一，各国仍会战乱不断，当时的老百姓都盼望着大一统。

● 师：秦始皇死后没多少年，不是横征暴敛又战乱了吗？就算没有战乱，在秦朝的横征暴敛之下，你敢说百姓的生活比六国战乱时代好？

☺ 生：现在一些收入高的国家，小国占不少哩，老百姓生活幸福得很。

● 师：对老百姓来说，没钱就生活在自己那条小胡同里，有钱可以去看看世界。小国寡民与大国强国，他们感觉上并不强烈吧。

☺ 生：也是，否则小国百姓痛苦得不要不要的。

● 师：所以大一统不应该是评价秦始皇的主要标准。标准应该来自百姓的生活水平。

☺ 生：不过老师还是没回答这个问题，你认为留善名于历史重要，还是你的命重要？

● 师：为留善名不要命的人，应该受到崇敬。有首诗："生命诚可贵，爱情价更高，若为自由故，两都皆可抛。"其实每个人的具体情况不一样。有人说生命无价，要这种人为某项原则献出生命，怕是不可能的。你们会为爱情献出生命么？

☺ 生：献身可以，献命甭想。

● 师：青春激荡，有人为爱要死要活的，可以理解。写诗的人把自由抬得很高，要是这里的自由指个人自由，他就是个自私的家伙。自由建立在责任的基础上。要是这里的自由指人类文明的自由原则，那诗人就是为文明献身的人了。普希金一生被沙皇监视，没有自由，他赞颂人类的自由原则，才成为值得崇敬的大诗人。

☺ 生：拘禁别人、监视别人，限制别人的行为，那是奴隶社会反文明的，所以人类的自由原则才重要。以前觉得普希金的诗是大白话，不咋的，现在才知道他伟大的意义。

● 师：个人的情形很重要。要是我被拘禁，过着奴隶般的生活，我就会为自由而呐喊，甚至献身；要是我被封建等级压迫得喘不过气，日子憋屈得无法过下去，我会为人人平等而奋斗，不要命也行。目前不是那样，所以生命还是无价的。

☺ 生：老师好狡猾哟。

● 师：这取决于人生的目的。人降生到这个世界是来生活的，享受一次生命的过程，享受生命过程中的喜怒哀乐。你说，自己降生于这个世界，是为了后代过得更好，为了后代的幸福生活，自己活着就是为了吃苦，你干不干？

☺ 生：凭啥为了后代，我的人生就该牺牲？

44-2

甚爱必大费；多藏必厚亡。

☺ 生：过度爱必然要付出大的代价；多藏东西必然会导致很大损失。老子仿佛在说现在家长对孩子的溺爱哩，不过这和多藏东西有啥关系？

● 师：两者是没啥关系，老子的意思是事情不要做得太过，爱过了头，藏东西过了头，都会导致不好的结果。

☺ 生：这想法是对的，到了极端就会走向反面。

● 师：想法没错，只是界定极端容易，界定过了头却不容易。就说溺爱吧，父母什么都满足孩子，孩子想怎样就怎样，肯定是溺爱了，是爱走向了极端。不过怎么算过了头了呢？

☺ 生：虽说父母不会满足我的所有要求，但我合理的要求，父母还是会满足的。这总不能说过了头吧？

● 师：说说啥要求是合理的。

☺ 生：比如进入 5G 时代，我要父母给我换个 5G 的手机，他们也有这个钱，这要求不过分吧？

● 师：你已成年，住在父母家也不付房租，还要父母给你买手机，难道不过分？

☺ 生：我看好多人成年后住在父母家没付房租的，这是中国国情。没办法，中国父母愿意这样，他们希望孩子跟自己住在一起。有钱给孩子换个手机，他们乐意着呢。

● 师：他们乐意的理由是啥？无非是在父母眼里，你永远是孩子。换一种说法，在父母眼里，你永远休想成年。中国父母一直在强调生理性的血缘关系。强调这个一点意义都没有，生理性的关系是不可能否定的，重要的是精神关系。孩子成年意味着在精神上独立、在行为上独立、在经济上独立，在社会上应该以独立的人格存在。啥是人格？

☺ 生：老师讲过，每个人都是一个格，必须用自己的行为填写自己的"格"，就是自己的事儿必须自己做。

● 师：成年了住在家里，父母像保姆似的替你做这做那，用自己赚来的钱，满足你的种种要求。这是成年了吗？这是"巨婴"。为啥所有的"过分"都会被当作正常呢？

☺ 生：父母愿意这样，是因为父母爱孩子，这种爱是再自然不过的。父母为孩子做一切，是无私的，不求回报的。

● 师：不是无私，而是太自私。是个人情感超过了社会规则，破坏了社会规律。

☺ 生：老师在父母面前这样说，会被老父亲一顿暴打。

● 师：总有人要站出来说真理的，大家都当缩头乌龟，这社会会变成啥样？拿爱狗人士来说，你喜欢一只宠物狗，那是你的事儿。可你感情泛滥了，什么有爱心啦，培养自己的责任心啦之类的一通乱赞美。对社会来说，一只宠物狗，随地拉撒，影响邻居，传播细菌，有咬人和传播狂犬病的风险，为了爱狗人士的兴趣，社会治理成本将付出多少？宠物狗不是社会之宠，而是个人之宠。你宠可以，但不能突破社会规则。把狗狗当家庭一分子，在自己家，你可以不遵守社会规则，到社会上则不可以。让民警找自己的"孩子"，狗与人发生矛盾，认为自己的"孩子"受欺负，诸如此类的可笑现象，就是自己的情感泛滥到破坏了社会规律。

☺ 生：老师，我就比较独立，自己的事儿自己做，不想让父母管我。我很理解老师的说法，父母要把自己的情感限制在自己的人格之中，不要跨越自己的"格"，来管我的"格"。孩子对父母来说是情感泛滥的对象，对社会来说，就是小小的一分子。父母不把孩子培养成遵循社会规则的人，到社会中，就很难生存。

● 师：什么都有界线，过了界线就是过分。正常的爱与溺爱，其界线就是"人格"。未成年的孩子要培养其人格。除了吃穿住行，给孩子提供受教育的机会是父母应尽的责任外，其他的给予都要建立在孩子的付出之上。想得零食、玩具，就得做点力所能及的家务，有付出才能有得到，这就是社会的规则。孩子一旦成年，这种社会规则就应该在家里实施，没钱买 5G 手机，父母给你买可以；没钱拥有自己的房子，没钱租房，父母让你住着他们打拼得来的房子也可以，但你必须为父母付出你的劳动，换取你的得到。成年前培养人格，成年后在家里得实施人格。父母如果不这样，就是感情泛滥，破坏了社会规则。破坏社会规则的感情，不是无私，而是太自私——只顾自个儿，不顾他人，不顾社会。

☺ 生：不过私下觉得，父母还是自私一点好。对社会的自私，就是对我的无私。对我可是好处多多哟。

● 师：人格最重要。自己的事自己做，自己的生活自己过，自己的钱自己赚。独立才是人格。

44-3

故知足不辱，知止不殆，可以长久。

☺ 生：所以知道满足，就不会感觉屈辱，知道停止就不会有危险，这样才可以长长久久。老子这话被许多自以为参透社会的人士奉为圭臬，对中国人的影响还是蛮深的。老师认为这话对不对呢？

● 师：知足长安，知止不危。的确有些人很信奉这个，不过他们低估了私有制社会的竞争动力。信奉此观念的人，往往在竞争中处于劣势，或竞争力衰退，竞争不过人家。试想，要是你不用费多少劲，铁定能赚很多钱，你会知止知足么？

☺ 生：不会。我会像狗见到骨头一样扑上去。

● 师：说"知足"的大多数人，只是求取一种心理安慰而已。没能力或精力竞争了，不得不止，不得不足找个上档次的理由。

☺ 生：就没真的知足知止者了？

● 师：当然有，只是太少见了。要真的信奉此观念，得对生命、人生和社会有一个全面而深刻的了解。首先要理解生命超过财富的意义。对财产来说，生命可谓是无价的。只要衣食饱暖，就能让生命维持，没命了，再多财产都是空。

☺ 生：这点大多数人都理解，也不会反对吧？

● 师：其次是人生。有了生命，你活着为啥？为别人活着，为子孙活着，为国家、人民活着，为某些信念活着，为自己活着，等等，人有许多种活法可以选择。

☺ 生：老师为啥活着？

● 师：为快乐。

☺ 生：庸俗，快快乐乐每一天，这想法太普遍了。

● 师：是很普遍，甚至可以说几乎涵盖全部。生命是一个新陈代谢的过程，是从生长到衰老的过程，这个是让你体会活着的快乐，人生目的是享受一个生命体兴衰过程中的快乐。问题是快乐的内容不同，而这些内容则是由生命体所处的社会决定的。

☺ 生：的确。婴儿有个奶嘴就快乐，孩子玩个游戏就快乐，下属听话领导就快乐，老师呢，学生听你讲道理就快乐。不过听的人未必快乐。

● 师：你可以不听，我不强迫。

☺ 生：生命所处的社会决定快乐的内容。社会规定我必须当学生，我也很无奈，只好苦中找乐了。

● 师：守财奴数数目己的钱就很快乐。现代社会几乎异化了所有人的快乐内容。私有制社会的竞争，根本就不会顾及人们的快乐。吃饱穿暖是快乐的基础，吃不饱穿不暖的人，维系生命都很艰难，何谈快乐？社会革命就此爆发，推翻万恶的旧社会，建立有快乐基础的新社会，烈士们抛头颅洒热血，与其饿死，不如战死。

☺ 生：照老师这么说，革命就是为了吃饱饭，听上去层次并不高。

● 师：历史上的农民起义，其动力都是为了吃饱饭。时代不同，起义的形式和打出的口号也不同。资产阶级革命，真正的革命力量是无产阶级，因为无产阶级是最穷的，是吃不饱饭的阶级。资本家赚不到钱，打出的口号却是"人赋人权，人人平等"，把无产阶级的贫困归咎于封建权力的压迫。

☺ 生：无产阶级就没想到，自己的贫困是因为资产阶级的剥削么？

● 师：想到了。无产阶级不可能帮助封建势力来对付资产阶级，如果资产阶级被打倒，无产阶级连最低的工资也没了，失去土地的无产阶级就没有任何生存的基础了。

四十五章

45-1

大成若缺，其用不弊。

☺ 生：集大成者好像有啥缺陷，他的作用却没有什么不好的地方。老子这里的集大成者，指的是哪种人？

● 师：很含糊，应该指得道者。以道为意，尊道而行，看似无为，实为道为。他的意思应该是顺应规律而存在的人，看上去傻呵呵的样子，不刻意去做什么，就实现了道的运行。说没啥不好的地方，应该是指对道而言的。

☺ 生：大家要都这样，就没"事在人为"一说了。现在有一个网络词语叫"躺平"，有点像老子的无为。看起来很差劲，躺下啥都不干，顺应道呗。

● 师：我知道"躺平"一词。竞争胜出的概率越来越低，与其奋斗一辈子落个失败，不如维持温饱后躺平，无知无欲，得过且过。最早"躺平"一族出现在发达国家，好像被人首次关注的是日本"躺平"青年。从老子无为的观点说，"躺平"者自然是"大成若缺"的象征。

45-2

大盈若冲，其用不穷。

● ［注］冲：虚。

☺ 生：这句话的意思是，**最充实的东西好像很空虚，它使用起来却无法穷尽。**老子还是在强调对立面不被人看重的那一端。

● 师：强调人们不看重的那一端是对的。没有空虚，实体的东西就没有使用空间，也就无法使用。人们往往只看到实体之物的使用，不看实体之物只有在无实体的空间里才能使用。大多数人看问题，往往只看一面，不看另一面。

45-3

大直若屈，大巧若拙，大辩若讷。

☺ 生：老子认为非常直的东西似乎是弯曲的，非常灵巧的东西好像是非常笨拙的，很会辩论的口才好像不会说话。

● 师：用极端化的说法引人注意，算是说话的技巧吧。

☺ 生：直的东西看上去都是弯的，如此说话，经不起辩驳。可能有此现象，肯定不会绝对，根本经不起逻辑推敲。

● 师：人往往容易被误导。说非常灵巧的看起来很笨拙，人们就会去寻找这样的例子，来证明这话是对的。但凡欺骗者，往往会用这样的手法。比如看不起知识分子，说他们小资情调，思想落后，找一些这样的例子，很容易就激发起群众的热情。知识分子中思想落后者到底占多少比例，工人农民中落后的占多少比例，公务员中又占多少比例，谁又在乎呢？比例才是真实的。

☺ 生：赞同。说口才好的，看上去都不会说话的样子，这种人肯定有，可这在口才好的人之中占多少比例呢？说我们"00后"都是"啃老"一族，那也要有比例说明，谁能有个比例统计来证明？

● 师：比例是一方面，还要有同类比较。说老百姓生活好了，恩格尔系数降低了，的确数字说明问题，但如果所有国家恩格尔系数都降低了，比你降得更低，你能说自己国家人民生活水平提高了吗？要得出一个科学的结果，并不是很容易的。

☺ 生：我们不能要求老子说话科学吧，毕竟是两千多年前的人。

● 师：那当然。老子之语姑妄听之。最可笑的是学者、专家傍名人的现象非常严重。动不动就抬出某某怎么说，抬出历史上知名学者与文人，以此来证明自己的观点是对的。听的人心里说，咱读书少，你是对的。

☺ 生：老师不也常引用别人的名言嘛，也是傍名人哟。

● 师：引用是有区别的，不是把自己的观念建立在名人名句之上，而是用名人名句佐证自己的观点。

☺ 生：自己的想法是主要的，引用是次要的，佐证的。

45-4　静胜躁，寒胜热。清静为天下正。

☺ 生：宁静胜过躁动，寒冷胜过酷热。清静才是天下的正道。老子崇拜宁静也就算了，还崇拜寒冷。他不如到北极、南极，那里既宁静又寒冷，能获得真正的清静。天下正道在两极。

● 师：可惜，古人不知道两极，估计老子也认为天圆地方。

☺ 生：地要是方的，估计四个角最清静吧？

● 师：不要说老子喜欢清静寒冷，现代社会有些人也喜欢清静寒冷，他们奢望着远离喧嚣的城市，到偏远地区求得一片清静的天空。

☺ 生：享受宁静可以理解，享受寒冷的人，恐怕不多。

● 师：一般来说，寒冷与酷热一样，都是人所不喜欢的，无奈的是，气候好的地方被别人给占了，咱没办法。

☺ 生：酷热、严寒之地，玩一玩可以，谁愿意在那儿生活呀。我想不明白的是，酷热、严寒之地为啥还有人生活，他们就不想到气候宜人的地方生活么？

● 师：当然想，只是没能力与可能性。山区里的山民不想到大城市生活么？

☺ 生：没能力吧。到大都市里，没房没工作，咋活？

四十六章

46-1

天下有道，却走马以粪。天下无道，戎马生于郊。

● [注] 却：退。粪：粪田，耕种。生：生事。郊：交，两国交战
之地，边境。

☺ 生：天下讲究道，奔走的战马退还给百姓用来耕地。天下不讲道，
战马就在两国边境上打仗。老子这里的道，应该不是指道德，而
是指顺应自然，无为而存吧？

● 师：前面讲过，老子的道是万物之始，是万物运动规律；老子的
德则是道的体现，是道的外在表现。问题在于，老子把自然之道
与社会之道等同，他把自然的道与人类社会的道德混为一谈了。
后代所谓的道德仅仅是社会的道德，更狭隘的是，仅仅指社会中
人与人的关系。

☺ 生：老师认为有没有自然的道德呢？

● 师：自然规律就是自然规律，这跟道德是无关的，人尊重自然规
律，那是讲科学，也不能跟道德混为一谈。我们应该把道德限制
在人类社会之中，道德是人的一种行为，这种行为有益于他人与
社会。当然不能反过来说，凡是有益于人与社会的行为，都是道
德行为。

☺ 生：要是把道德限于对人与社会有益，缩小老子道德的范围，老
子的说法还是对的吧？只要讲道德，人们就不会打仗。

● 师：两国开战，从来就不是因为不讲道德。道德是个人行为，国
家之间从来就不讲什么道德。

☺ 生：不讲道德，总讲道义吧？得道多助，失道寡助。要想打赢，
总想得到多助。

● 师：一般是公说公有理，婆说婆有理，各自说一大套，看谁说得
过谁。当然公理是存在的，只要老百姓不被忽悠，还是能明辨是

非的。

☺ 生：就算老百姓发现上当受骗，也不敢说，否则以叛国罪论处。

● 师：不是为了一己之私，为了人类的共同利益叛国，那是神圣的行为。有美国人从美国逃出来，揭露美国政府窃听他国领导人电话的行为，这样的"叛国"你能说不是伸张正义么？

☺ 生：也是，马克思、恩格斯如果不"叛国"，还怎么提出"全世界无产者联合起来"。

● 师：国家之间不讲道德，却会讲道理，讲道理的目的是让世界民众站到自己这边。其实道理讲再多，都是废话。国与国之间，吵架没关系，只要谁先开打，肯定就没道理。谁先开打往往厘不清楚，从边境摩擦到大打出手，双方都会指责对方先动手。人不犯我，我不犯人。可到底是你犯了人，还是人犯了你，真相总是变得很模糊。

46-2　祸莫大于不知足；咎莫大于欲得。故知足之足，常足矣。

☺ 生：祸患没有比不知足更大了；罪恶没有比贪欲更大。所以知道满足这样的知足，才是永远的满足。老子要大家知足，知足常乐的思想应该是来自这里。

● 师：不知足，大祸临头，贪婪是最大的罪恶。面对老子的吓唬，有人怕了吧？

☺ 生：没人怕的。富人们继续贪婪着，不富有的人向富人看齐，有目标就永远不会知足。

● 师：啥都有极限的，达到极限就会走向反面。走向反面的方式有两种，一种是逐步返回，另一种是断崖式下跌，直接跳回到另一个极端。

☺ 生：明白了。有人贪婪地赚钱，达到极限后，有人再也赚不到钱了，生意一步步亏，最后亏到实在做不下去了。有人则是一下子亏到资不抵债，一夜之间从富人沦为赤贫者，这就是**断崖式下跌**，回到另一极端。

● 师：不仅是做生意，在赢取财富上是这样，在其他的事情上也是如此，这是辩证法。

四十七章

47-1

不出户，知天下；不窥牖，见天道。其出弥远，其知弥少。

☺ 生：老子说，不出门，知道天下事；不向窗外看，就能看见自然的规律。那些跑得越远的人，他们知道得越少。这话在网络时代，完全没有意义。网络在前，天下皆知；手机在手，不管跑得远近，都能知道很多。

● 师：另一面呢？事情总有其两面性。

☺ 生：网络上充斥着假消息、伪知识、片面观念。不出门，也浪费时间，填了一脑子的垃圾；整天端着手机，弄得满脑子扭曲观念，根本看不见天道；出门越远，认识真相可能越多。

● 师：说得不错。这就是事情的两面性。不过老子时代不要说网络，就是媒体也没有，人们能看到的书也不多，不来个"世界那么大，我想去看看"，就能知晓天下事？

☺ 生：不能。

● 师：那老子说这话，他傻呀？

☺ 生：是不是他自我感觉太好了。作为中央仓库管理员，天下的好书都由他管着，他看得着，别人看不着，自我感觉爆棚了呗。

● 师：这么说，看书越多的人，知道的知识和道理就越多。那还需要什么社会实践、认识社会呀，整天待在家里看书得了。

☺ 生：老子保不准真傻。

● 师：敢说老子傻的人，恐怕你是第一个。

☺ 生：大门不出，二门不迈，真能把天下了然于心？

● 师：其实老子这里的"知"，并非指知识的丰富，而是指了解、懂得"道"。既然懂得了万物起源与运行规律，就能对世界有预见，不会少见多怪。

☺ 生：这也不能说走的地方越多，见识得越多，就知道得越少吧？

● 师：这是"语不惊人死不休"的说话方式，他的意思是，不要以为看到的东西越多，知道的就越多，往往看到却不知道咋回事儿，知道咋回事儿的并不理解为啥是这回事儿。

☺ 生：大家不懂道，只有他懂。不懂道的人不能理解事物的本质，知道的再多，也是白搭。是这个意思吧？

● 师：是。老子这个说法我还是赞同的。读书为啥？你们会说为了考试；完成学业的人会说，长点知识，提升自己；工作的人会说，为了评职称，为了研究课题；等等。年轻人说开卷有益，老年人会说活到老学到老。我好像很少听到有人说，读书是为了探寻自然规律、社会规律，是为了寻求真理——也就是老子所说的"道"。

47-2
是以圣人不行而知，不见而明，不为而成。

☺ 生：因此圣人不出行就能知晓，没看见就能明白，不做就能成功。老子越说越牛了。不出门就知道，没看见就搞清楚了，甚至啥都不干就成功了。

● 师：前面说过，道家的圣人与儒家概念是不一样的。老子这里的"圣人"，就是他认为最牛的人。其实"圣人"肯定是没有的，不管是儒家的圣人，还是道家的圣人。

☺ 生：闭目养神，世界动荡尽在不看中；"躺平"了，钱就哗哗地进口袋。老子说这话也不脸红。

● 师：这是老子对统治者说的。对道了然于心，无为而治，啥都不干，社会就治理好了，老子劝他们不要瞎干蛮干。

☺ 生：儒家和道家都希望自己所谓的圣人来治理国家，或者治理国家的人向圣人看齐，这是一种奢望吧？

● 师：对。封建权力肯定不会落到有圣人品质的人手里。获得君权得冒巨大的风险，就算是继承来的君权，也得承担随时失去的风险。君权上面有一把"达摩克利斯之剑"，啥都不干，很快会失去君权，想干也没得干了。

☺ 生：刘邦打下天下后，实行了十一税，就是 10% 的税，这已经是很好的作为了。所谓"无为而治"，实质上是不错的作为。

● 师："文景之治"时税收再减，变成三十一税，这样才有了汉武帝时打匈奴的强大。

☺ 生：看来国家的强大并非武力强大，而是税收低，百姓富有。

● 师：高税收并不可怕，可怕的是高税收却没有高福利。

四十八章

48-1
为学日益，为道日损。损之又损，以至于无为。

☺ 生：追求学问的人一天天增长知识，追求道的人一天天损耗自我。老师，我不明白，为啥追求道的人一天天损耗自己？

● 师：依老子前面的看法，见识得越多，离道越远，看见得越多，越不明白，这样就成了追求道的人就不断地放弃知识，最好啥都不看，啥都不想，啥都不做。

☺ 生：这样说就好理解了，老子追求的是损耗再损耗，以至于达到无为的境界。

● 师：老子不仅希望小国寡民，而且希望老百姓无知无欲，回归到自然生态链里生活。庄子甚至说："吾生有涯而知无涯，以有涯随无涯，殆矣。"他认为用有限的生命去追求无限的知识，这很危险。其实不管是老子时代，还是现在，都已社会分工了，劳动也都专业化了。无知就无法就业，无业就无法解决温饱问题，除非你是剥削阶级。欲望是生存于社会中的人不可避免的东西，除非社会堵塞个人实现欲望的途径。不是他无欲，而是他知道欲是奢望，行而无果，只好"躺平"。

☺ 生：就算老子很有钱，执意要无为"躺平"了生存，要是他不学习，还把学到的东西一点点地忘掉，损耗再损耗，达到无知的境界，那他的钱很快会被人骗走。如果不想被人骗走，把钱藏起来，因为无知，连防霉防潮防鼠患都不知道，到用的时候把钱拿出来一看，不是烂掉，就是被老鼠啃掉。到时哭都来不及，责怪自己为啥这么蠢，连好好保存都不会。

☺ 生：掌握了自然和社会的规律，就能无知么？规律的内容是啥，还不是知识？老师也没见过啥都不懂的哲学家吧？

● 师：说到点子上了。规律是有内容的规律，道也是建立在内容之上的道。马克思要是不翻阅几万本书，积累了丰富的知识，能揭示资本主义社会的规律吗？老子要不是当过中央的守藏吏，有条件接受许多知识，能一套套地讲"道"吗？

☺ 生：哇，老子自己知道很多，希望别人无知，自我感觉就特好。

● 师：别想得那么坏。老子辩证对立的观点，还没上升到辩证法。以辩证法来说，道离不开具体内容，也即离不开具体的知识，规律与知识是彼此依存的，想"为道"，就得"为知"，无知则无道可言。老子把两者对立起来了。无内容的道是不存在的，而有内容就会有内容所依存的社会现实，所以社会之道，离不开揭示此道的社会现实。如果此道放到其他的社会现实中，即给予其他的内容，也能成为规律，那么此道就是普遍的道。普遍的道可以变成抽象的公式，但不一定放之四海而皆准，因为事物总会有特殊的例外，尤其是社会规律。

☺ 生：资本主义社会，资本家剥削工人的剩余价值，有例外吗？

● 师：有例外。美国福特汽车的创始人，那个老福特，上了年纪之后开始思考人生的意义，思考自己为啥要办企业，办企业的目的是啥。老福特思考后认为，自己办企业应该是为了让员工过上更好的生活。当时福特汽车年利润是 1000 万美元，他决定把这 1000 万美元的利润，全部作为员工的工资进行发放，同时把工人的工作时间缩短为每天 8 小时——当时一般企业的工作时间为每天 10 小时，甚至 12 小时。当时其他的老板都嘲笑老福特，认为他神经出了毛病。结果老福特在实施自己的方案后，当年企业的利润就翻番。

☺ 生：乌鸦中出现了一只白乌鸦，咱不敢说天下乌鸦一般黑了。

● 师：天下乌鸦一般黑还是可以说的，不能因为有特殊的例外，就否定普遍性规律。要注意的是，普遍性规律在运用到具体现实时，还得具体情况具体分析。

☺ 生：脱离具体讲规律，很有风险的嘛。老子弃绝知识讲道，无异于不要孩子讲繁衍，抛弃老师讲教育，打击知识分子讲人类文明。

● 师：没那么严重。老子有一些辩证的观点，还没真正达到辩证思
　　维。老子的时代，人的想法还比较简单，人的思维方式也比较简
　　单。这不能怪老子，还得感谢老子。辩证法不就是从简单到复杂
　　发展出来的嘛，人的思维能力也有从简单到复杂的发展过程。年
　　轻人想法幼稚，如果没有年轻时的幼稚，哪来老年人的成熟。

☺ 生：老师年轻时也很幼稚的吧？

● 师：那当然。

48-2

　　无为而无不为。取天下常以无事，及其有事，不足
以取天下。

● ［注］取：为，治。

☺ 生："无为而无不为"是老子的名句了，意思是，啥都不干就是啥
　　都干了。老子这话好像是针对帝王说的，他认为治理天下常常是
　　没啥事的人，至于那些搞事情的人，是不能够治理天下的。

● 师："无为而无不为"的观点肯定是不对的，无论是对自然还是对
　　社会，人都不可能无为，也没法无为。

☺ 生：老师，遵循自然规律，人还是可以无为的吧？

● 师：不能。在人和社会（公共家庭）脱离自然生态链时，你能无
　　为吗？老虎扑过来吃你，你知道老虎是食肉动物，你是可以被吃
　　的肉，难道无为，等着它来吃你？你肯定逃跑，跑不过老虎，还
　　是被吃掉了，那是自然规律。

☺ 生：为而无功才是自然规律，为还是要为的。发生海啸，你肯定
　　逃，没逃掉，被淹死了，那是你抗拒不过自然规律。

● 师：事在人为。人为未必事成，不为也未必事不成。但我们不要
　　觉得有为事必成，只能说有为会让事情成功的概率高许多。

☺ 生：赞同。人和社会脱离了自然生态链，为了生存，总是要有为
　　的。一有为，把自然破坏得一塌糊涂，人类立马就玩完了。

● 师：法国作家马尔罗的名言：生命在于行动。有生命就会有行动，由于社会环境导致某些人看到行动的结果跟不行动差不了多少，所以有些青年干脆就"躺平"了。

☺ 生："躺平"不就没行动了吗？

● 师：真正没行动是少之又少的。难道"躺平"者是睡了吃、吃了睡的植物人么？不是。他们上上网、打打游戏，那也是行动。只是这种行动不会导致什么社会结果，跟他们的社会生存无关，纯粹是个人兴趣爱好。老子的无为也不是那么好玩的。至少得吃喝，"躺平"的地方也是别人有为的结果吧。

☺ 生："躺平"的地方越来越小，小到躺也躺不平了，他们也只好起来有为。

● 师：老子所谓有无为而治，认为治理天下没啥事的，真是幼稚得让人大跌眼镜。

☺ 生：的确。要没啥事，政府可以解散了，王侯们统统自给自足种地去。

● 师：说刘邦建立汉朝后实行无为而治，其实只是税收少点而已。少收与多收，都是收，跟无为毫无关系。英国女王和日本天皇真的是无为了，因为治理权不在他们手上。

☺ 生：他们出席各种仪式，也是有为的吧？

● 师：为了国家与民族的凝聚力，让他们存在。从人类的角度而言，他们没有存在的必要性。

四十九章

49-1 　　圣人常无心，以百姓心为心。

☺ 生：难道圣人没心没肺吗？

● 师：不是，应该是自我之心，即自私的心理。

☺ 生：噢。那应该是，圣人常常没有自我之心，拿百姓的心作为自己的心。

● 师：老子这里还是讲圣人治国。他认为圣人应该忘我，没有自我之心就是没有自私之心，应该想百姓之所想，急百姓之所急，以百姓之心为心。

☺ 生：太理想化了吧？在老子的时代，那就是天方夜谭。

● 师：现代难道不是天方夜谭了？

☺ 生：总归好点。

● 师：这要看你从什么角度看了。从人身自由的角度看，现代比古代文明了许多，但从私有财产掠夺的角度看，现代社会比古代野蛮许多。

☺ 生：从奴隶社会到等级森严的封建社会，再到现代至少可以喊出"人人平等"口号的社会，人身自由的文明程度增加，是无可争议的。不过说私有财产掠夺现代比古代厉害，恐怕不是事实。奴隶社会，奴隶强迫劳动，所有的劳动果实都被掠夺，难道还不如现代社会野蛮？

● 师：普遍认为，奴隶劳动效益低下，因为是强迫性的。有人对美国南北战争前美国南方奴隶种植园种棉花的效益，与北方自由民种棉花的效益进行了比较，结果发现还是南方奴隶种棉花的效益高。这会不会是一种普遍现象，很难说，是需要统计的，如今很难找到奴隶劳动了，要进行统计比较非常困难。不过有一点是肯定的，自由民面对的是政府的税收，奴隶只面对奴隶主，不需要面对政府。如果自由民丧失土地，成为代耕民的话，就必须面临地主与政府的双重剥削。封建社会政府解放奴隶的目的，恐怕不是为了他们的人身自由，而是为了使他们成为税收对象。托尔斯泰想解放自己的农奴，以分期付款的方式把土地低价卖给自己的农奴，使他们成为自由民，他手下的农奴都反对他的方案，他们不愿意成为自由民，不愿意去面对政府多如牛毛的税收。托尔斯泰认为农奴们反对解放，宁可当农奴，是因为没文化，思想落后，所以后来他办了很多学校，搞了许多教育事业。

☺ 生：农奴反对，应该是封建政府的剥削远比农奴主重。

● 师：获得土地成为自由民，农奴们不愿意。难道农奴真的傻么？

☺ 生：自由民不如农奴，有了人身自由，却承受双重剥削。

● 师：我们不拿人身自由的文明说事，只拿剥削的程度来说，封建时代对最底层的掠夺，恐怕要超过奴隶社会的。至于资本主义社会，剥削就更严重了，所有劳动价值，除了可以维持生命延续的工资外，全部被剥削光了，这才导致无产阶级的诞生。同样是没有任何财产的人，奴隶死掉，奴隶主还会觉得自己财产损失了一点。工人死掉，资本家可不心疼，因为有庞大的劳动力市场，资本家根本不在乎工人的死活。无产阶级受掠夺的程度，达到了登峰造极。

☺ 生：从劳动果实被掠夺的程度来说，好像从古代到现代，是在逐步升级。

● 师：汉朝六七千人养一个官吏，清朝两三百人就要养一个官吏，现代是多少？美国一百多人就要养一个官吏。

☺ 生：看来剥削的程度是在增加。

● 师：说起来，我们不说剥削程度，而说社会公益化程度和专业化程度。以百姓之心作为自己的心，实质上就是要统治者体会民间疾苦。

49-2 善者，吾善之；不善者，吾亦善之；德善。

● [注]德：得。

☺ 生：善人，我善待他；不善的人，我也善待他；这样就能得到别人的善意。这不就是以德服人的老好人吗？

● 师：以德服人未必是老好人，老好人一般是不讲原则的家伙。

☺ 生：老师是不是同意对好人、坏人都报以德，最后会得到大家善待的观点？

● 师：一般来说，对好人、坏人报之以德是不错的，能不能得到大家善待很难说。

☺ 生：别人善待你，你也善待对方，这是应该的；若别人对你很恶劣，你也很恶劣地对待他，你们两人就会使劲掐，斗来斗去，没完没了，要是愿意这样，那就没得说了。

☺ 生：这就叫冤冤相报何时了。不过有时也没办法，在同一个单位同一个部门，抬头不见低头见，工作上还必须得交往，他就是对你处处使坏，你善待他一次，他乘机骑在你头上拉屎，这样的人不是没有。对此我也只能冤冤相报了。

● 师：如此邪恶之人不是没有，毕竟是少数。

☺ 生：老师对以怨报德之人也很愤怒的吧？

● 师：从一般情况来看，老子的话还是对的，你善待别人，别人也会善待你。人生活在社会上，工作在一个群体中，讲道德还是非常重要的。道德是集群动物生存的基础，没有道德就没有集群动物。纵然有些集群动物内部有严格的等级制，有为争等级而相互残杀的，但保护老弱、雌幼之类的道德准则还是有的。在动物集群内部，不是你下的崽，你可以随意伤害么？不可以。老了，没有捕食能力了，就能赶出群体么？不可以。没有基本的道德，集群就瓦解了。基于集体捕食才能生存的动物，集群瓦解就无法生存。人类社会也一样，没有道德就没有社会。一个完全不讲道德的人，在一个集体内真能待得下去？

☺ 生：如果一个人对一两个人不好，他在公司可能还待得下去，如果对所有人都不好，完全不讲道德，肯定待不下去。遇事大家都会给他使绊子，出错大家都推到他头上，要裁员，大家想方设法让领导把他裁掉。

☻ 师：所以对某个人瞧不顺眼，以怨报德还行，对所有人都这样，就算你是领导亲戚，恐怕也很难待在这个集体之中。

☺ 生：如此一说，才明白道德有多重要。只要有人际关系的地方，就有道德，只要有群体的地方，就有道德，而且必须有道德。

☻ 师：现在你们知道人类世界比动物世界残暴了吧，在集群内部有人老弱妇幼都要欺负，在个体家庭内部，有人还实行家暴。这在有道德维系的集群动物内部，是不可想象的。

☺ 生：物质文明大幅提升，道德日渐沦丧，必须出台法规，才能勉强维持。

☻ 师：我不认为对破坏道德行为的声讨只靠舆论，主张靠法律法规。一个人不遵守道德，我们也没办法。比如老人倒地不扶，孩子落水不救。你没道德，别人不能拿你怎么样。但破坏道德的话，那得严惩。

☺ 生：啥叫破坏？

☻ 师：你不帮助弱者可以，你没道德。你欺负弱者，就是破坏道德。比如你可以不引导盲人过马路，你要是把盲人引到沟里去，以此作为乐趣的话，就得严惩。

☺ 生：是得严惩，太坏了。

☻ 师：道德之所以可以维持到现在，人类社会没有瓦解，靠的是社会底层对道德的维系。底层生存艰难，更需要彼此帮助、彼此照顾，才能抱团取暖地生存下来。并不是说，其他的社会阶层无道德，而是底层百姓更具有深厚的道德。

☺ 生：剥削阶级内部也讲道德的吧，不然人家就不带你玩了，把你踢出去。

☻ 师：凡是形成一个群体，其内部都会讲道德，否则这个群体就散了。黑帮内部不仅仅是靠帮规维系的，成员之间也是讲道德的。

《庄子》中有个大盗跖讲小偷的道德：先进去偷，勇敢；出来殿后，义气；分赃均匀，仁厚；知道能不能偷，啥时候偷，智慧。小偷群体作案，自然要有维系群体的"道德品质"。不过这种小集体内部的道德品质，与人类的整体道德相违背。

☺ 生：帮助同学考试作弊，就是小群体的道德，违背社会大德。

● 师：那不是违背道德，是犯罪。

49-3

信者，吾信之；不信者，吾亦信之；德信。

☺ 生：讲信用的人，我信他；不讲信用的人，我也信他；这样就能得到别人的信任。老子真傻，相信不讲信用的人，不讲信用的人起劲地把他当猴耍。

● 师：老子这话说得过头了。不讲信用的人，有可能悔改的，也有死不悔改的。对不讲信用却心存愧疚，有可能悔改的人，你信任他，增加他的心理负担，说不定他真能幡然悔悟。有些失信者是故意失信，毫无悔意，永远不可能改过。要信任这样的人，真的是傻了。

☺ 生：很难甄别吧，有人向你借钱，你知道他不讲信用，还能信任他么？

● 师：既然知道他是不讲信用之人，当然不信任他。

☺ 生：老师也不同意老子的说法，是吧？

● 师：我认为老子这种说法太自私，没有社会责任。

☺ 生：这咋说？

● 师：信用关系到道德，是人际交往必须遵守的原则，也是社会基础之一。你为了自己的道德实现，对不讲信用的人都相信，就破坏了人际关系的准则。且不说有的人能改好，有的人不能改好，就失信而言，是损害社会道德的。老子的做法就是老好人。

☺ 生：对嘛。就算每个失信者都能改好，那人人失信一次，社会失信事件就层出不穷了。

● 师：老好人是对社会不负责任，不讲原则，处处"与人为善"，对丑恶行为也抱以宽容的笑，那社会还要价值观干什么？老子想让自己"高风亮节"，对失信行为抱以信任的态度，让大家觉得老子很仁厚，正因为这种"仁厚"，导致失信行为泛滥，导致失信行为伤害的人增加，你是被大家称颂为仁者了，你的仁厚增加了受失信伤害的人，你的"仁厚"是建立在其他人的痛苦之上的。老子这种行为是不是很自私？

☺ 生：是。老好人都是自私鬼，为了得到"好人"的口碑，善待坏人，使坏人更有机会伤害别人。

● 师：一个人要有担当，难道这话对罪犯就失效了么？既然犯了罪，就得承担后果。减轻惩罚，教育为主的做法肯定是错的。故意杀人，就得偿命。什么有悔改表现啦，认罪态度较好啦之类的，都是扯淡。道德败坏者跟犯罪一样，也应受到严惩。你失信于朋友，你就失去了这个朋友，这是失信的后果。人得为自己的行为承担后果，是社会维护其原则和保护其他人的最好手段。道德也是一样的，没有讨价还价的余地。有一阵子网上还讨论老人倒地要不要扶的问题，这是讨论的问题吗？

☺ 生：有些老人倒地，人家扶了，把扶者视为推倒者，讹人钱财，所以才会有这样的讨论。

● 师：倒地讹钱的老人，是犯罪，得严惩。提出老人讹钱而不扶的人，等他们老了，不幸倒地，要是有人扶，他们必须给钱。

☺ 生：这怕是做不到，把有此言论的人记录在案，等他们老了再翻出来？

● 师：当然做不到。我只是想说，为了一点钱，一点私有财产，拿社会基石——道德说事，价值观也太混乱了。两者天地之别，岂可同日而语？

49-4

圣人在天下，歙歙焉，为天下浑其心，百姓皆注其
耳目，圣人皆孩之。

● ［注］歙：吸，收敛。浑：浑朴。注：专注。

☺ 生：老子觉得，圣人在位于天下，就会收敛自己，使天下人的心灵
纯朴，百姓都会使自己的视听很专注，这样圣人能让他们都回归到
孩子的天真里去。老师，圣人收敛自己，就是指啥也不干吧？

● 师：差不多吧。圣人无为而治，老百姓没了方向，只好回归自己
纯朴的心灵。老子认为从纯朴的心灵出发，没了杂念，视听也会
很专注，这样老百姓就能像孩子一样天真了。

☺ 生：老百姓不可能没了方向，赚钱过日子就是方向，是不可能回
归到孩子的天真的。

● 师：老子时代科学不发达，认识自然和社会的能力有限，不清楚
社会的发展方向，就把回归童年时代作为一个希望和理想。社会
的童年时代，老子时代的人也是不了解的。

☺ 生：我们了解了社会童年时代是母系社会，那个时代的人真的很
天真么？

● 师：对社会来说，可以用天真；对个人而言，你不能说天真。

☺ 生：为啥？

● 师：老子讲社会问题，国家治理问题，是天真幼稚的。你能说老
子本人天真幼稚么？

☺ 生：不敢这样说。老子在他那个时代就算不是最有思想的人，也
是最有思想的人之一，哪能说他天真幼稚呢？

● 师：每个时代每个人，接受知识的范围与可靠性不同。老子时代
接受知识的范围与可靠性与我们时代是完全不同的。

☺ 生：老师，啥是可靠性？

● 师：我指知识的科学程度，或者说真伪。比如说老子时代的人相
信占卜、算命，弄了一大套这方面的东西，从科学的角度看，都
是伪知识。像这类反科学的所谓知识，在我们看来，都缺乏可靠

性，都是伪知识。一个巫师拥有大量这种伪知识，在普通人眼里，他不仅知识渊博，而且非常聪明，甚至达到了神奇的地步。在现代相信科学的人眼里，他是个愚蠢而冥顽不灵的人。

☺ 生：那时的人相信这个，不会视巫师为愚蠢者。

● 师：所以呀，他的愚蠢是时代的愚蠢，并非是他个人的愚蠢。保不准这个巫师是头脑灵活，思维敏捷，极端聪明的人。

☺ 生：老子时代是天真的，老子个人是聪明的。

● 师：即便在同一个时代，每个人接受的知识范围与可靠性也是不同的。一个在宗教家庭长大的孩子，可能接受了大量宗教知识，在唯物主义者看来，都是没有科学性的垃圾。一个在农村长大的孩子，接受了大量农作物、动植物的知识，这些知识有的有科学依据，有的只是祖上传来的缺乏科学论证的经验知识；一个在城市里长大的孩子，接受知识的范围与农村不同，对城市的经济文化懂得多，有科学的，也有不科学的。有人认为城市里的孩子聪明，知道的多。这是不对的。因为我们说这话时，是站在城市的角度说的。之所以站在城市角度说话，是因为大家都想在城市里生活，农村的孩子也想挤进大都市生活。

☺ 生：要是大家都想到农村生活的话，在别人眼里城市里的孩子就比较愚蠢了。

● 师：聪明与愚蠢，要看你站在什么角度衡量。时代不同，生活环境不同，接受的事物不同，才导致每个人的不同。

☺ 生：以后有人说"乡下人，没见过世面"，我就说"城里人，没见过山川"。

● 师：所以，只有在各方面都差不多的情况下，我们才能判断出这个人比那个人聪明还是笨。古代所谓"圣人"不见得有多聪明，只是接受的知识范围不同。

☺ 生：也是。《论语》中记载，孔子遇到两个种地的，他们就鄙视孔子"四体不勤、五谷不分"，在他们眼里，孔子蠢得很。

● 师：老子讲圣人，是从治国的角度说的，要从其他的角度说，圣人或许也是很蠢的。

五十章

50-1
出生入死。生之徒，十有三；死之徒，十有三；人之生，动之于死地，亦十有三。

● ［注］徒：类，属。

☺ 生：人哪，就是从出生到死亡。老子这句话后面的"生""死"啥意思？

● 师：理解为长寿和短命比较贴切。

☺ 生：长寿之类的人，有十分之三；短命之辈，有十分之三；人生下来之后，在短命的事情上拼命地活动，这样的人也有十分之三。老子这样分类很不科学，既然在短命的事上干到死，不还是短命吗？短命之辈应该占十分之六才对。

● 师：如此科学地要求，有些过分。老子时代没那么科学。更不可能真正去调查一下，长寿与短命的比例。我们权当听之就行了。

☺ 生：七十古来稀。古代七十岁相当于今天的百岁老人了吧？

● 师：差不多。古代一般活到五六十岁去世，正常的，过六十就算高寿了。

☺ 生：是医疗条件差，营养跟不上？

● 师：各种因素都有吧。古代战争多，孩子的生存率也低，要是算上非正常死亡，那死亡的平均年龄就太低了。中世纪的欧洲，人的平均寿命还不足 40 岁。我国估计也好不到哪里去。

☺ 生：幸亏没生在古代，现在上海平均寿龄都超过 80 岁了，等于在古代活两次。

● 师：在古代，人口从来不是压力，一直都是红利，也根本不会面临老龄化问题。

☺ 生：老子热衷于清静无为，在社会上努力混的人，在他眼里一定是短命鬼。

● 师：清静无为，远离尘嚣，避入山林修身养性，似乎成了道家追求长寿的不二法门。

☺ 生：对对对，那些隐居山林的白胡子老道，看上去都是长寿的人。

☻ 师：你们见过？

☺ 生：在电影、电视剧里见过。

☻ 师：书里这样写，影视剧里也就这样塑造。其实谁也没见过。在中国，上海人的平均寿命最长，为啥？

☺ 生：应该是医疗条件比较好吧。

☻ 师：隐居山林，有医疗条件么？没有。凭啥说长寿？

☺ 生：自然环境好，远离城市的喧嚣，心静无为，没烦恼心情好，应该可以长寿。不是有长寿村、长寿乡嘛，大家都从自然环境和饮食习惯分析他们长寿的原因，要是找不到特殊的，就从他们的生活习惯和心情愉悦方面找原因。

☻ 师：这样的个例，人们也起劲地去找长寿的秘诀。如果我们撇开个例，去看一般规律的话，山区里山民的平均寿命低于农村，农村居民的平均寿命低于城市居民，一般城市居民的平均寿命低于发达城市居民。以此再想一想古代居民的平均寿命低于现代，现代人的寿命变得越来越长，而不是越来越短。到底啥原因导致的？

☺ 生：很明显，物质文明提升了，医疗条件提升了。

☻ 师：或许这种提升会让人心情一代比一代好，也使人的饮食习惯一代比一代科学。随着物质文明的进步，人们的生活习惯也更讲究卫生与科学。总的来说，经济越发达，寿命越长，生活越城市化，寿命越长。当然，特殊个例除外。

50-2

　　夫何故？以其生生之厚。盖闻善摄生者，陆行不遇兕虎，入军不被甲兵；兕无所投其角，虎无所用其爪，兵无所容其刃。夫何哉？以其无死地。

● ［注］生：追求长寿。摄生：摄，调摄；摄生，养生。兕：犀牛。

被：加。

☺　生：这是为啥呢？因为他们追求长寿过了头。老子这是在讲在短命的事情上折腾的人吧。

●　师：在短命的事上折腾，又追求长寿，在老子看来是追求过了头。

☺　生：老子下面的话蛮可笑的。他说，听说善于养生的人，在地上行走不会遇到猛兽，加入军队，不会被武器伤害；犀牛对他用不上角，老虎对他用不上爪子，兵器对他用不上利刃。为啥会这样呢？因为他从来就没进入死亡的境地。善于养生，就刀枪不入，猛兽不伤，有这样的人么？

●　师：老子这样说，后来的道家就求仙了。刀枪不入，猛兽不伤，那是神仙，道家理想就是成仙。

☺　生：老子说"无死地"，好像指他们没有死亡的地方，不是说他们没进入死亡的境地。

●　师："无死地"和"无入死地"差不多，不必在此纠结。老子认为事物都有始有终，这里却说会养生的人"无死"，这是自相矛盾的夸大之词。我们就当文学性的夸张吧。

☺　生：夸张得有些过了。后来的道家把这夸张当真了。

●　师：现在科学发达了，知道成仙是骗人的，刀枪不入更是荒诞得可笑。要是你们生活在科学不发达的先秦时代，你们会相信么？

☺　生：将信将疑还是可能的。

●　师：其实在任何时代，被骗的人都是有的，还不少。清末列强打开中国国门，中国还有不少人相信刀枪不入，要不然义和团咋会这么起劲地练武，他们真以为可以弄出金钟罩、铁布衫之类的能抵御洋枪洋炮。一上战场，立马知道不行，分分钟作鸟兽散。清末离老子时代多远，居然还有人那么蠢。

五十一章

₅₁₋₁ "道"生之，"德"畜之，物形之，势成之。

● 师："势"有学者解释为"力"，我认为还是解释为环境比较好。根据后面的意思，"之"应该是指万物。

☺ 生："道"产生万物，"德"哺育万物，万物呈现各种形态，环境使万物成长。

● 师：翻译到位。

☺ 生："道"是万物之源，万物总有个源头，老子把它称之为"道"，不能说不可以。可他说"德"哺育万物，讲不通吧?

● 师：老子认为，道是源头，是万物的规律，德是道的具体体现，是道的表现方式，这跟我们现在使用的"德"并非一回事。看到老子把"德"用于自然规律之上，我们当然很别扭。

☺ 生：到底是啥哺育万物?

● 师：动植物需要阳光、空气、水等的哺育，说万物需要哺育，很不科学。以前我们说，万物生长靠太阳。仔细一想，不对呀。动植物是生长着的，石头、海水，宇宙中许多物质只是存在着，并不生长。"万物生长"的说法显然是不对的。或许动植物需要哺育才能生长，有生命的东西需要哺育生命的环境才能生长。推之为万物，是不切实际的。

☺ 生：从万物的角度说，是不需要哺育的。宇宙大爆炸之后，万物就存在着。有些东西需要其他物质的哺育，有些根本不需要。有生命的东西需要生长，没生命的东西根本就不会生长。平时说话很不严谨。

● 师：老百姓说话不严谨可以。哲学家讲哲学说话不严谨，就得否定它。"德"这个概念，我们完全不能用老子的意思，否则就会很混乱。

☺ 生：对的。要说一种动物的行为，一种植物的生长符合"道"，称之为"德"，那人类社会的道德又如何界定呢？

● 师：道德看上去是人类社会的属性，是人以自己为标准附加到事物和行为上的属性，其实并不是。道德是集群动物的集群性属性，并非人类社会所独有。没有道德就不能集群，就没有集群性生存。只要人类还是集群性生存，不是一个人在荒野里活着的话，就不能没有道德。

☺ 生：现在有个电视节目叫《荒野求生》，就是让你一个人在荒野里独自生存下来，能扛过多少天。不过他带的装备是人类社会提供的，荒野求生的知识，也是人类社会积累的，在有装备有知识的情况下，他要独自活下来，也很不容易。

● 师：集群性生存在我们生理与心理上，已是抹不掉的基因习惯。靠集群性生存，我们才敢下到地面，进化出独立行走，我们才可能褪尽体毛，甩掉尾巴，共享发现与发明。我们这个物种在自然界里不可能独存。以前如此，以后也是如此。

☺ 生：没合作没有集体，啥都干不了。

● 师：没有道德，就没有集群性动物，也没有人类。任何一个社会，道德都是社会的基础。如果我们把老子的"道"作为万物之源的话，"德"跟"道"真的没啥关系。没有"德"，集群性动物不存在，万物还是存在的。

☺ 生：老师，就算不是集群性动物，动物还是会保护自己的幼崽，帮助他们长大的。这算不算道德呢？

● 师：不算道德，甚至帮助爱护别人的幼崽，在特定的情况下也不算道德。

☺ 生：为啥？

● 师：你想，在原始共产主义社会，家庭是公共的，虽说母亲能甄别自己所生的孩子，但她会把氏族家庭里所有的孩子都当自己的孩子。不能甄别自己孩子的男人们更是如此。在这样的氏族社会，人类的孩子是所有成年人的孩子，保护和帮助孩子是人的天性。如果没有这种天性，不管是集群动物，还是独居动物，都不可能繁衍后代，这个物种就不存在。拿老鼠来说，小老鼠的父母一旦死亡，其他成年老鼠立即就会抚养这些没有父母的小老鼠。这是此物种能够延续下去的天性。

☺ 生：集群动物帮助弱者的行为，不也是天性吗？要是没有集群性这种天性，集群动物不也不存在吗？

● 师：集群动物助弱的本能是天性，是人类把这种天性加上道德属性的。道德并非对象本身的属性，而是人类判断加上去的属性。对动物而言，一切都是天性。没有保护、帮助自己幼崽的天性，动物不能延续；没有保护、帮助集群的幼崽，这个集群也无法生存。我前面说在特定的情况下帮助别人的幼崽，不算道德，这特定的情况就是：家庭是公共的。一个公共家庭就是一个氏族，就是一个小社会（部落构成大社会）。

☺ 生：老师前面讲过，母系氏族社会是类别式称呼，是从我们视角出发的，不是从"我"出发的，所以保护、帮助"非我"的孩子，实质上保护、帮助的是"我们的孩子"，这和现在保护、帮助自己的孩子是一样的。

● 师：理解正确。我们也可以把保护、帮助自己的孩子称之为人的天性。问题是进入私有制社会后，"特定情况"被废除了。"我们"变成了"我"，别人的孩子不再是"我们的孩子"，只有存在血缘关系的，才是自己的孩子。私有观念部分改变了人的天性，只保留了私有观念下的天性，排除了集群动物视集群的幼崽为自己幼崽的天性。正因为这样，在私有制社会中，保护、帮助他人的孩子，就被附加上道德的属性。

☺ 生：就是说，母系社会保护、帮助非己出的孩子，也是在保护、帮助自己的孩子，是天性；私有制社会保护、帮助非己出的孩子就不是天性，而是道德了。

● 师：对。这就是异化的社会对人的异化，把人的天性也异化了，要恢复这种天性，必须靠道德来完成。

☺ 生：人类文明的反面是残暴。有些人连老弱妇幼都欺负，而且毫无心理负担。

● 师：记住，没有道德就没有社会，没有人类，也就没有任何人生存的基础。一个社会可以没有文化，没有传统，没有物质文明，绝不能没有道德。

☺ 生：社会可以落后，却不能道德沦丧。

● 师：正确。

51-2

是以万物莫不尊"道"而贵"德"。

☺ 生：因此万物没有不遵从"道"并且重视"德"的。我们明白了老子的"德"跟我们说的不同。老子这话的意思是，要遵从万物的根本，重视规律的体现。

● 师：纵然不认同老子的道与德，可老子此话没问题。万物之本理应遵从，规律也要重视。

☺ 生：不从老子观念来看，我们最应该遵从的是啥？是自然规律还是社会规律？

● 师：自然规律排在第一位，违反自然规律的社会规律是不存在的。

☺ 生：难道真没有不符合自然规律的社会规律么？人都有求生的本能，这是人的本能，是自然规律吧，可有人舍己救人，为道德而牺牲自己。这不是违反自然规律而遵从人类的道德吗？

● 师：你这是个例。要是铁定一命换一命，你去问一百个人，有几个人愿意？求生的确是人的本能，却很难说是自然规律。自然界有些动物，你去侵犯它的幼崽，它跟你拼命，即便战胜不了你，也会拼尽自己的生命。这也是动物的本能。你要把这种动物本能视为自然规律，并且遵从之，那你还吃啥肉呢？动物都有求生的本能，即便养着为了吃肉的鸡鸭、猪牛羊，它们会愿意让你吃么？不愿意。你还遵从它的本能，那你只能食素了。

☺ 生：植物也不会愿意让你吃的吧，如果它们有自我保护意识的话。

● 师：食肉动物吃食草动物，食草动物吃植物，这才是自然规律。

人几乎啥都吃，属于纯粹的杂食动物。

☺ 生：那人类社会是得遵循自然规律，不遵循的话，就没有人类了，是吧？

● 师：或许人们有许多反自然规律的行为，比如在艳阳高照时实施人工降雨，可总的来说，人类就是地球上的一个物种，纵然你有脱离自然生态链的社会，你不遵从自然规律，社会就有灭顶之灾。水往低处流，你硬要把人类社区建立在低洼之处，那就等着被淹没吧。

☺ 生：既然首先得遵从自然规律，社会规律也得在遵从自然规律之上才能建立，那么是不是意味着自然规律高于社会规律呢？

● 师：规律不分高下，都得遵从。拿集群化生存的基础来说，彼此帮助是集群化动物的本能。这是自然法则，也可以说是自然规律。由于人类私有制社会异化了这种本能，令这种本能至少部分丧失，我们必须构建道德来重建这种本能，以保证社会与集群生存接轨，保证社会得以存在。你们说，道德是人的自然属性还是社会属性呢？

☺ 生：看上去好像是社会属性，其实是以社会规律恢复集群生物的自然属性。

● 师：你们说社会规律重要还是自然规律重要？

☺ 生：自然规律重要吧。用社会规律去恢复地球集群动物生存的自然规律，那不就是社会规律服从自然规律吗？

● 师：自然规律在先，社会规律在后。不服从自然规律，社会不存在。不服从社会规律，人类就能存在么？

☺ 生：可以的吧。我们已经进入资本主义时代，非洲有些地方还很落后，还是原始部落时期，他们不是照样存在着吗？

● 师：发展缓慢不等于不遵循社会发展规律。在资本主义殖民世界之后，各地的原住民社会均遭到了瓦解，最多也是被保护性保留了一些残余。社会已经前进，不跟上时代的步伐会被淘汰的，不是被武力淘汰，就是被经济淘汰。试想，地球上如果有许多不同的人种，其他人种比我们发达，他们进入了资本主义社会，我们还是氏族社会，会是什么后果呢？

☺ 生：我们被殖民了，成了奴隶。或许他们把我们视为怪物，甚至是可吃的动物，全部吃掉哩。

● 师：可以有许多猜测，不过我们对待被殖民的同类很残暴，对待另类的被殖民者会怎样？更加残暴的可能性很大。

☺ 生：社会规律是我们对已有的发展过程的总结。没有实现出来的，就没有社会规律了。

● 师：可能性有许多，这些可能性实现的话，社会规律也有许多。那叫"可能的社会规律"。就我们已经实现的社会规律来说，只有一个。

☺ 生：否认可能性，那社会规律还有啥用，反正发展出来的都是规律。

● 师：发展出来的并不都是规律，人类社会很多时期是违反规律的前行，所以我们说历史是螺旋式发展的，有前进有倒退，有民族灭绝有国家消亡，好在总体没有灭绝，我们还是发展过来了。

☺ 生：有点像股市的上下波动，最后都会被拉回到市场价值上，因为无数次被拉回，我们才发现有一个无形的价值中枢线存在。

● 师：对，这就是社会规律的作用，也让我们意识到以后的发展方向，并竭力向正确的方向发展。自然科学也一样，古代的人类做了许多违反自然规律的事，好在整体没灭绝。尊重自然规律是让我们以后少干傻事，说不定干多了，人类会整体灭绝。我们只能尽量做得好点，科学点。

51-3 "道"之尊，"德"之贵，夫莫之命而常自然。

☺ 生："道"得到遵从，"德"得到重视，那是因为不需要命令它，就能总是顺应自然。老子好像没老师那么消极，他一再强调遵从、重视规律。既然不需要命令就能顺应自然，干吗要一再强调

遵从和重视?

● 师：你意思倒了。老子是说只有遵从和重视"道"和"德"，才不需要强行命令，就会顺应自然了。

☺ 生：如果把老子的"道"和"德"仅限于自然规律，这话还是对的吧?

● 师：就是用到社会规律上，也没啥不对。如果你遵从和重视规律，就能顺应规律，少走弯路，避免灭绝的风险。重要的不在遵从和重视，而在认识。一个人或一个社会，认识到了规律，他会不遵从和重视么? 他会故意违反规律而行么? 要这样的话，他认识规律做啥呢? 况且认识自然和社会的规律，并非是件轻而易举的事。

☺ 生：认识到"只有知识才能改变命运"，我们就努力学习；有些人觉得还有其他办法改变命运，他就不那么卖力；还有些人根本不想改变命运，随波逐流，也不会为学习拼命。他们属于认识不清，一旦认识清楚了，不拼命才怪呢。

● 师：心存侥幸是人的一种本性。天上掉馅饼，正好砸在自己头上，这是人自爱自恋的结果。幸运的概率即便不是零，也是极低的。

☺ 生：对，人都自恋。美国竞选，失败者不承认自己不如对手，而是认为对手太会玩手段，是个卑鄙的家伙。

● 师："要有自信，你行的。"人们往往用这样的话进行励志性的鼓励。对于自卑或看低自己的人来说，这样的鼓励是对的。在许多情况下，这样的鼓励是为了触发其自恋情结，因为被鼓励的对象真的没有这个能力，真的是不行，他是在勉为其难地做这件事。

☺ 生：据说哥伦比亚作家马尔克斯成名后，老百姓要选他当总统，他拒绝了。他自认为自己没有这样的管理才能。

● 师：能客观地了解自己的人太少了。二战时逃到美国的德国作家托马斯·曼，二战后美国人希望他回德国当总统，德国人民也有此希望，不能说他一定能当上，但他拒绝了这样的机会。

51-4

　　故 "道" 生之，"德" 畜之；长之育之；亭之毒之；养之覆之。

● ［**注**］亭：定，成。毒：安，熟。

● 师："亭之毒之" 有的解释为 "定之安之"，也有解释为 "成之熟之"。我觉得后面一种解释更加贴切一点。

☺ 生：所以 "道" 产生万物，"德" 哺育万物；"道德" 使万物产生、哺育、成长、成熟，它们养育万物，覆盖万物的一生。要是仅从自然规律来看，老子此话没错吧？万物出于一个源头，规律左右着万物的运行。

● 师：万物是不是一个源头，我不敢妄说。宇宙爆炸前是咋样的，在我们的宇宙之外是不是还有其他的宇宙，还有待科学去破解。本体论问题，留给自然科学去解决，哲学家不必为此费心费神。老子时代，哲学家可以妄加猜测，对本体论不妄加猜测，就算不上哲学家。

☺ 生：孔子只盯着眼前的礼仪，肯定算不上哲学家。

● 师：孔子与老子相比，完全不是一个档次的。古代哲学家在本体论上的猜测，构建了科学的一个发展方向。现代哲学家在本体论上的猜测，会扰乱科学的探索，成为反科学的东西。

☺ 生：不能这样说吧。可以猜测宇宙爆炸前是咋样的，我们的宇宙之外是咋样的，不也是给科学提供一个方向么？

● 师：现代科学已经强大了，尤其不再受宗教的影响，科学家根据自己的科学研究结果进行猜想，远胜过哲学家毫无根据地猜想。依此，我才认为哲学家在本体论上的任务已经结束了。

☺ 生：哲学本体论在反宗教的意义上才有存在的必要？

● 师：不仅仅是反宗教，更在于反有神论与唯心主义。你想，现代科学如果还崇尚有神与唯心，那搞啥科学研究？一切都是神决定的，不跟你讲道理，一切由心而定，不跟你讲规律，还有科学么？

☺ 生：宗教、有神论盛行的年代，科学家还是存在的吧？

● 师：那个年代科学研究必须借助于哲学的力量。西方宗教认为上帝创造万物，你不认同就弄死你。哲学界就发出另一种声音，上帝创造万物之后就不管了，万物根据自己的规律运行，这给科学研究提供了一个理论空间。还有，像17世纪荷兰哲学家斯宾诺莎就偷换了上帝的概念，他的上帝概念有点像老子的"道"了。

☺ 生：哲学成了科学的卫士，把宗教挡在科学的门外。

● 师：也有帮宗教打压科学的哲学，即所谓的"宗教哲学"。13世纪意大利托马斯·阿奎那之类的宗教哲学家，就是哲学界的宗教打手。

☺ 生：按照老师前面的说法，宗教哲学都没有科学精神。

● 师：基本上是这样。

☺ 生：我看不尊重自然科学，别的国家很容易超越你，你很快就成为落后分子，不说别国打压你，落后国家的百姓也会深怀不满。

● 师：没有教育就没有科学，没有科学就没有了第一生产力，国家发展就跟不上世界，这就是清末我们挨打的原因。

☺ 生：不是因为我们是农业国？

● 师：中国古代有很多书院，教的都是怎么考取科举，这种教育离科学甚远，离自然科学更远，你说中国古代有没有教育呢？

☺ 生：看上去有，其实没有。

● 师：没有科学化的教育，没有学科式的教育，能发展出专业化的工业社会么？

☺ 生：懂了，一切落后，落后的不仅仅是现状，主要是人。

51-5 **生而不有，为而不恃，长而不宰。是谓"玄德"。**

● 师：这句第十章中有，这里是重复的，不必再解释了。

五十二章

52-1

天下有始，以为天下母。既得其母，以知其子；既知其子，复守其母，没身不殆。

● [注] 母：根源。子：万物。

☺ 生：天下有它的开始，作为其根源。已经得知它的根源，就可以知道万物；已经知道万物，再去守住万物的根源，这样终身就没啥危险了。知道万物的根源，守住它，咋守？

● 师：宇宙大爆炸成立的话，万物来源于大爆炸，是没法守。爆炸产生各种元素，能守住各种元素么？物质由各种元素组成，元素的组合分解，能守住么？也没法守。物质有自身的运行规律，有生命的物质有自己的兴衰过程，能守住么？同样无法守住。

☺ 生：老子这话不是错话就是废话。

● 师：自然就是自然，有其自身的发展运行规律，不是人为守得住的。你要守住阳光，要守的是阻止人为破坏大气层的行为，太阳的运动不是我们能干预得了的。太阳风暴一来，波及地球，电力中断，所有的卫星失联，地球上靠电力维持的生活全部瘫痪。渺小的人类能守住什么呢？

☺ 生：现代生活一旦失去电力，差不多就回到原始社会了，好可怕。

● 师：要守住空气，守住大气层，也只是在人力所能及的范围内对臭氧层进行保护。谁也不能准确预测地球的磁场与臭氧层哪天会失去，一旦失去，我们生活的家园就完了。倘若把老子的这话用到社会规律上，是不是妥当呢？

☺ 生：也不妥当。且不说老子的把自然之道与社会之道等同不对，就算等同，你要守住社会规律，难道就能终身没危险啦？我看危险更大。

● 师：举例说呢？

☺ 生：比如封建社会结束了，应该实现人人平等了吧。放眼望去，哪儿有平等？享受到不平等好处的人，从来不会因为有平等观念而放弃好处。

● 师：倘若人们依据理想来发展社会，就不会有社会异化，更不可能容忍把人当作财物的奴隶社会了。社会是自在自为的，规律是我们从这些自在自为中寻找出来的。社会发展到一定程度，社会科学家们才能总结出规律，给出以后会如何发展的预测。在摩尔根揭示母系社会秘密之后，人们才能真正总结出人类社会发展的规律，在此之前的研究均是不正确的。

☺ 生：有文字记载的历史均为私有制社会，摩尔根之前对社会规律的研究，只是对私有制社会的研究，都是片面的呗。

● 师：老子的看法在他那个时代正常。在母系社会发现之后，所有文字建立起来的文明，都应该审视一遍其观念是否正确。比如男人这样，女人那样，可能在私有制社会里如此，在母系社会恐怕未必如此，一旦私有制社会被扬弃，到底会咋样，得有全新的认识。

52-2 　塞其兑，闭其门，终身不勤。开其兑，济其事，终身不救。

● [注]兑：口。勤：劳。济：成。

☺ 生：塞住自己的嘴，关上自家的门，一辈子就不受劳烦。张开口说呀说，为成就事业做呀做，这辈子就没救了。老子这话似乎在鼓励当今青年人"躺平"哩。

● 师："躺平"肯定是社会的寄生虫。"躺平"至少得有最基本的生活条件，可以少干，不能啥都不干。老子啥都不说，啥都不干，恐怕是拯救不了自己的。

☺ 生：说得太多，做得太多，从极端的角度看，可能说的都是错话假话，做的都是没意义的事儿，这也是没救了吧？

● 师：人是社会性动物，其集群性生存决定了他渴望与别人交流。不说话少说话的人，往往是有原因的。

☺ 生：有些人不擅长交流，甚至有交流障碍。有些人可能不屑于跟别人交流，高高在上，认为交流也白搭，别人根本听不懂。

● 师：交流多少取决于个人状况和他在社会中的处境。交流能力暂且不说，要是一个人在社会中处于相对孤独的处境，其交流就会少。高高在上者，也自认为处于孤独的处境，才懒得与别人交流。这是心态问题　或许也有交流能力问题。

☺ 生：曲高和寡的心态是有的。交流能力有问题，是因为他们没办法把高雅的东西通俗化吧。

● 师：有人没能力通俗化，有人不肯通俗化，有人则故意高雅化。社会上有各种各样的人。比如有些学者研究的东西很高深，他没精力去通俗化，就没法跟人讲他高深的东西。或许他想通俗化却没能力做到，或许也有能力也有精力，却不肯通俗化，这样就能使他显得高高在上且神秘。也有人把本来就很通俗的东西弄得很高深的样子，以显得自己高高在上，甚至有人为了骗人，把自己装扮得高深莫测。

☺ 生：像那些装扮成大师的人，说话很少，弄得高深莫测，其实是骗人。

● 师：说话多少并不代表什么，人与人交流的方式很多。要是一个人闭门不出，又不通过网络之类的媒介与人交流，说不定有自闭症。人不可能摒弃化的社会性，也不可能完全拒绝与人交流，说点什么做点什么，是他社会性的体现。有人看不惯社会，退到社会的边缘，却不可能退出社会。

☺ 生：老子好像也看不惯当时的社会，退到社会边缘了，所以才号召人们退出社会。

● 师：应该有这方面的因素，不过老子主要还是从他的无为理论出发的。

52-3 　见小曰明，守柔曰强。用其光，复归其明，无遗身
殃，是为袭常。

● ［注］袭常：袭，承袭；常，常道。

☺ 生：能看见细小的才叫明察，能守住柔弱的才叫刚强。这个观点
我同意。明察秋毫，能守护柔弱的人才是刚强的真男人。

● 师：事情得看两端。辨秋毫自然是明察，有的人却只辨秋毫，不
识大端。

☺ 生：只顾脚下之路，不看远方之道。这样的人的确有，还不少。

● 师：反过来说，对大局认识清楚的人，未必会明察秋毫。人的精
力和时间是有限的，一个人花费大量精力与时间去识大局、辨大
端，未必会有时间事事明察秋毫。就像打仗，战略家未必又是战
术家。知道哪些仗会影响时局，必须打赢，哪些仗无关紧要，可
以不重视。但战略家未必能很好地指挥一场战斗。

☺ 生：哲学家一般识大局，对具体的专业可能不会很深入了解吧。

● 师：哲学也算一个专业，哲学家未必都识大局。像中国哲学千年
名实之争，实质上是毫无意义的；在唯心论中，主观唯心还是客
观唯心，也争论了千年，总体而言，也是"春秋无义战"。一些陷
于这种无义之争的哲学家，根本就没有科学实践的精神，他们能
识大局么？当我们去从事一个专业的话，首先得搞懂此专业的合
理性是否存在，存在合理性还得搞清楚合理性的边界在哪儿。

☺ 生：合理性的边界是啥意思？

● 师：比如攻社会学的，分析了许多社会现象，企图找出解决的办
法。有些社会现象是历史形成的，有些是政治形成的，这就跨越
了社会学本身。要整治这些不良的社会现象，得改变、发展历
史，或必须进行政治改革，这不是社会学专业能理解的。

☺ 生：老子后面说，用明亮体的光，然后又回归到明亮体，这样才
不会留下自身的灾祸，这就是承袭道的规律。这是啥意思呢？

● 师：这是老子的辩证思维，从一端出发，兜了一圈后又回到原点，

也就是说，事物发展到一个极端，就开始返回。事物在两端之间运行，才是道的规律。

☺ 生：要是永远循环往复，就没有发展了。

● 师：所以老子的辩证思维还没有发展出辩证法，事物有两端或两面，它们看似在两个对立面之间运行，其实从一个极端发展到另一极端后，事物就会超越自身，进入新的发展境界。

☺ 生：这是黑格尔告诉我们的辩证法吧？

● 师：黑格尔的辩证法与老子的辩证思维，区别就在这里。固然我们觉得黑格尔的宇宙精神（或者说绝对理念）是荒唐的，可在他那里，宇宙精神是一直向前发展着的。

☺ 生：老师，当时叔本华反对黑格尔，认为黑格尔是江湖骗子，就是反对他荒唐的宇宙精神吧？

● 师：宇宙精神的荒唐性很明显，叔本华干脆把他的狗取名叫宇宙精神。问题是，光反对宇宙精神，却不能汲取辩证法的思维方法，就搞不过黑格尔。就像你说人家是错的，却没有人家滔滔不绝的口才，人家说都能把你说死。

☺ 生：辩证法一套一套的，叔本华说不过黑格尔，只好从大学辞职回家了。

● 师：马克思运用黑格尔的辩证法，又否定黑格尔的宇宙精神，才能真正把黑格尔打趴下。老子起点回到原点的想法是错误的，没有东西可以回到原点。运用了明亮体的光，又回到明亮体，这是不可能的事。

☺ 生：为啥不可能？

● 师：你青年时接受了一套正义观，进入社会混了一辈子，退休时还能回到青年时代的正义观上么？肯定是不行的。你纵然还能怀有正义，对社会上一些非正义之事，有些依然很愤怒，有些却睁一只眼闭一只眼了。你已经不可能像青年时那样纯粹了，或许你宽慰自己说，见怪不怪了。实质上是孔子说的"耳顺"罢了。

☺ 生：老师理解孔子的"耳顺"，就是人生的无奈呀。

● 师：年轻人和老年人感叹"悲惨人生"是不一样的，毕竟老年人走过了一生，是有内容的。内容让你无法真正回到起点，或许让你在更高级的意义上回到起点。地球公转自转，每一转都不一样，因为地球上每天都发生着什么，都在改变着。事物如此，人也如此。

五十三章

53-1
使我介然有知，行于大道，唯施是畏。

● ［注］介：微小。施：邪道。

☺ 生：老师，这里的"我"指谁呀？

☻ 师：守道的人，也有学者认为是治理国家的人，我看解释成治理国家的守道者为妥。

☺ 生：假如守道的管理者稍微知道点道，行走在大道上，就会唯恐走上邪路。老子认为管理者都不懂道，否则他们就会非常谨慎。

☻ 师：要是人人都守无为之道，还有人类社会么？人的生存脱离自然生态链，人类家庭脱离自然生态模式，都不是守道的结果，都是事在人为的结果。

☺ 生：人不再是动物，是不守自然之道；人类不再是集群动物，而是社会动物，也是不守自然之道的结果。一切都是我们战胜自然，改变自然得来的。老子所谓守道，难道还要让我们回到采野果吃生肉的状态去么？

☻ 师：现在讲遵守自然之道，那是站在自然的对立面讲的。我们已经不是自然生态链中的一分子，我们是自然的改变者，才有资格说保护自然。其实保护自然的本义是，使自然更适合我们人类生存。我们依靠自然生存，但不是在"自然中"生存。这点必须认识清楚。

☺ 生：以前还真没想过这问题。我们在城市里生活，城市不是自然环境，是钢筋水泥的森林，虽说不是自然，却也离不开自然，钢筋水泥都是依靠自然提供的材料构成的。

☻ 师：我们依靠自然创造出非自然的东西生存，我们是在自然的基础上诞生的极不自然的"东西"，我们是自然的对立面，却是不能离开自然的对立面。

☺ 生：哇，这就是辩证法中对立面相互依存的法则吧。

● 师：不是，是我们对立并依存于自然，自然是自在自为的，它并不依存于人类。我们说人类脱离自然，是指脱离自然生态链，而不是离开自然。讲脱离是我们有能力改造部分自然；讲保护是我们没能力离开自然，我们需要自然适合我们的生存。我们既依存于自然，又对立于自然。提倡我们守自然之道，是守住适合人类生存的环境，而不是无为于自然。比如森林、湿地，没有它们，地球环境会恶化，但不是说我们绝对不能砍伐森林求取木材，也不是说我们绝对不能占有湿地建造城市，我们应该在环境不恶化的界限内利用森林与湿地。

☺ 生：掌握这个尺度不容易呀。

● 师：以前人们只意识到对立，有点改造自然的能力就嘚瑟，如今自然开始恶化，地球变暖、海平面上升、极端天气频仍，才开始意识到依存性，开始讲保护自然。守自然之道，就是要守住环境适合人类生存的边界，而不是守自然本身。

53-2

　　大道其夷，而人好径。朝甚除，田甚芜，仓甚虚；服文彩，带利剑，厌饮食，财货有余；是谓盗夸。非道也哉！

● [注] 径：邪路。除：洁，假借为反意，污也。厌：饱足。盗夸：夸，奢，大。盗夸，大盗。

☺ 生：大路是很平坦的，而管理者喜欢走邪路。按前面的分析，不是管理者喜欢走邪路，而是必须走邪路，必须螺旋式前进。这点老子很不明白。

● 师：这就是理想与现实的差距。理想要有，现实却必须走许多弯路，不会容忍你直奔理想。就算你不按社会规律办事，社会规律还是起作用的。比如现在国家鼓励生三胎，部分人还是不愿意生。专家们起劲地分析不愿生的原因，什么物价房价高养不起啦，精力不够啦，养儿防老不现实啦，等等。客观原因当然很多。照我说，就一句话：社会进步了。

☺ 生：因为社会进步了，才不愿意生三胎？

● 师：传宗接代的封建意识开始退潮，人与人平等的观念开始冒头。平等不仅是在社会上，而且在家庭中出现"代际平等"。父母与子女之间出现平等意识，这是社会进步的表现。你们认为自己与父母是平等的么？

☺ 生：我们这样想，父母不这样想，在他们眼里，我们永远是孩子。

● 师：他们不这么想，是因为你们没这么做。你们成年了，还拿父母的钱，还让父母替你们干这干那，这叫平等么？当父母教训你们时，你们才强烈地意识到自己是成年人，应该与父母平等，当你们拿父母的钱，让父母替你们做事时，咋不想平等呢？

☺ 生：老师批评得有道理，不过没父母帮助，我们真的没能力独自在城市里生活。想平等也得有实现平等的能力。

● 师：在家庭里有平等观念，却无法实现，那么有些拥有平等观念的夫妻就会拒绝孩子，丁克家庭是在家庭中无法实现平等的社会环境中产生的，它代表着一种并不正常的超前。

☺ 生：丁克家庭超前能理解，为啥不正常？

● 师：家庭自然要有孩子，没孩子的家庭肯定不正常，不过这种不正常是因为观念超前，而现实中又无法超前。这个观念就是家庭中父母与孩子的平等。

☺ 生：家庭中平等观念，与生三胎没关系吧？有一个孩子，也不能实现平等。

● 师：家庭中父母与子女的不平等走到了极端，就要向平等回归。养一个孩子压力很大，养三个压力更大。我小时候周围的家庭，不要说三胎，七八胎都有。那时大家都很穷，养七八个孩子更是穷得连粥都吃不上，难道他们压力不大吗？

☺ 生：那为啥还要生？

● 师：那会儿竞争没那么激烈，也没孩子输在起跑线一说，孩子成长过程也不需要太多大人陪伴，长大后纷纷离开家庭过独立生活，尽了责任的父母也回归自己的生活。总之，父母尽责任后，与子女还是比较平等的。现在社会进一步异化，父母在尽责任后，还得为成年子女付出，甚至为子女的子女付出，彻底丧失自己的生活，不平等走到了极端，自然要向平等回归。

☺ 生：回归不了，就会放弃子女。这是不愿生三胎的原因？

● 师：平等观念在某些夫妻那里变得重要起来。谁都愿意有自己的孩子，也愿意抚养自己的孩子，有些人希望能与孩子平等，在他们看来，一胎或许自己还能恢复自由，二胎勉强还有希望，三胎一生，此生休矣，不要说平等，尽责之后，自己业已老去，不可能实现家庭平等了。

☺ 生：老师，老子原文第二句往后翻译出来是这样的——*朝廷弄得非常肮脏，田地异常荒芜，粮仓很空虚；他们自己却穿着华丽的衣服，佩带着锋利的宝剑，吃得脑满肠肥，钱财多得用不光；这就叫国家的大盗。真是无道哇！*

● 师：这就是封建时代剥削阶级与被剥削阶级的差别。也证明国家是剥削阶级压迫被剥削阶级的机器。时代在进步，虽说资本主义国家这台压迫机器是邪恶的，可又不能没有。庞大的人口必须要有国家政权来管理，尤其是私有制社会，没有管理就会人人为一己之私而混乱。时代的进步在于政府的权力管理职能在上升，剥削掠夺职能在下降。奴隶社会统治者随意掠夺他人财产，包括别人的人身自由；封建最高权力拥有者也是如此，在名义上把天下财产全部据为己有；资本主义社会不行了，得运用资本、生产资料来巧取豪夺，权力拥有者不能随意侵占他人财产，资本主义国家可以通过税收和二次分配，来为权力阶层谋利益。不管怎样，随着时代进步，权力的掠夺剥削性质不断下降还是非常明显的。

☺ 生：古代朝廷要修筑工程，把老百姓抓去干，强迫性的，现代社会肯定不能强迫。这些可以看出权力的管理职能在上升。

● 师：公益性的事情，现代国家开始承担起来，这就是进步。古代税收低，却不管社会公益事业，现代税收高，教育医疗、科技艺术，等等，二次分配的面也广了，管理职能也多了起来。这是取之于民，用之于民的事儿，是社会进步。

☺ 生：看来不能穿越，真要穿越到古代，啥都没保障了。

● 师：随着社会进步，共产主义的一些东西也逐步实现。孩子上学不要钱，社会化养老、免费医疗、取消财产继承等已成为公益性必不可少的东西。有些政府做了，没有做的政府就会有压力，老百姓也会不满。

五十四章

54-1
善建者不拔，善抱者不脱，子孙以祭祀不辍。

☺ 生：善于建树的，你拔除不掉，善于抱紧的，你弄不开他，子孙因为祭祀而延绵不绝。前面说得没错，可老子把"善建"与"善抱"跟子孙祭祀联系起来，有些别扭吧。

● 师：这是中国人根深蒂固的家族观念。家族是根据父系血缘来的，要是根据母系血缘来的话，会怎么样？

☺ 生：那就是母系社会。

● 师：我的意思是，私有制社会根据母系血缘来定家族概念的话，会怎么样？

☺ 生：家庭财产归母亲，并且由大女儿继承。

● 师：以前傣族家庭财产是由最小的女儿继承的，男人盛行入赘，傣族人实质上还是父系社会，只不过女性的地位比较高。社会权力归父系，个体家庭的财产归母系，这样的话，家族的概念就很难形成。拿傣族来说，贵族才形成家族概念，他们都姓"刀"，而平民没有家族概念，所以没有姓。

☺ 生：要是孩子跟母姓，不就能形成家族了吗？

● 师：也能形成家族，以女性血缘追溯家族的源头。男权社会、女权家庭构成了对立，这种对立对社会发展有利还是不利，很难说。傣族社会就形成了这样的对立，不过是在老百姓之中，贵族因财产继承还是看重男性血缘的。

☺ 生：要是社会权力与家庭财产权一致，没矛盾，社会可能就无法发展或发展得缓慢，按照辩证法的观点，事物发展的动力来自于对立矛盾。

● 师：社会矛盾不可能没有。母权与父权、社会与家庭间的矛盾始终是次要矛盾，社会的主要矛盾是私有财产争夺的矛盾。

54-2 修之于身，其德乃真；修之于家，其德乃余；修之于乡，其德乃长；修之于邦，其德乃丰；修之于天下，其德乃普。

● [注] 长：尊。邦：国。

☺ 生：修道于自己，他的德就会落到真实处；修道于家庭，他的德就会富余；修道于乡里，他的德就会受到尊崇；修道于国家，他的德就很丰富；修道于天下，他的德就能普遍推广。老子很讲究他的德，虽说他的德跟我们今天的道德并不一样，这话对不对呢？

● 师：就现在的道德而论，我们也应该像老子那样注重道德，对自己、对家庭、对邻里、对国家、对天下，都要把德放在首位。

☺ 生：明白了道德是社会的基础，是集群动物生存必备的条件，当然得放在自己行动的首位，不过我们毕竟是私有制社会，讲道德也有限度的吧。要是一个人只讲道德，弄得一点私心都没有，他在社会上生存会很困难的。

● 师：的确，极端的个人可能会做到，只顾别人不顾自己，甚至大公无私。这些人达到了彻底铲除私有观念的境界，成为共产主义时代的人。

☺ 生：这好像做不到吧？

● 师：假定有人做到了，比如维持最低生活标准，把钱捐出来帮助穷人，再比如像雷锋那样，把做好事作为人生的目的，那么我们应该赞赏这些提前进入共产主义的人，不过这是绝大多数人做不到的。

☺ 生：看有些人嘴上提倡大公无私，自己却拼命捞钱。

● 师：以私有财产为生存基础的社会，拼命提倡大公无私，有给自己脸上贴金的意思，因为这会否定广大百姓的生存权。

☺ 生：再怎么无私，老婆、孩子还是自己的吧，结果老婆受不了没财产的家伙，带着孩子跟别人去过了。

● 师：所以，讲无私要有限度，讲道德也要有限度。道德不能不讲，不讲道德就丧失了集群动物的本质，丧失了人的社会性，那就禽兽不如了。既然是私有制社会，那么讲道德应该在这个基础上去讲，这才是道德的限度。

☺ 生：尺度不容易把握吧？

● 师：尺度还是容易掌握的。一般来说，一个人混在某个社会阶层，面对本阶层的人，还是会讲道德的，如果不讲道德，就会被这个阶层排挤出去，因为阶层形成了社会中的小群体。比如商人群体，老板之间做生意还是要讲商用的，只顾自己赚钱，一味损害其他老板的利益，你能在这个圈子里混多久？

☺ 生：老师，这不算道德吧，老板的共赢原则是商人群体的规则罢了。

● 师：共赢原则不算的话，那么生意场上的长期合作伙伴有困难，会不会相帮呢？就像你们大学四年的舍友，以后到了社会上，其中一人有难，你们会不会相帮呢？

☺ 生：能帮自然会帮的，死不相帮的话，传出去，以后老同学聚会，说都说你。

● 师：各个小群体也一样，有自己的规则，也有自己的道德规范。商人唯利是图，可有难的话，能帮还是会帮的，不仅仅是声誉问题，还是小群体的道德问题。在一个阶层的圈子里，没有道德就没有朋友，自身孤立于这个圈子，最后自然被这个圈子清洗掉。

54-3

　　故以身观身，以家观家，以乡观乡，以邦观邦，以天下观天下。吾何以知天下然哉？以此。

☺ 生：老子也认为推广很难吧。他说，所以以自己看别人，以自家看别人家，以家乡看其他乡里，以祖国看他国，以自己所处的世界看整个世界。我为啥知道天下的情形呢？就凭这种观察。我还

以为老子"以己推人"，自己能把德推广于天下哩，没想到他却说自己能认识天下。

师：这就是老子的"德"与我们现今所说之德的差别。老子的"德"是道的体现，老子的道是自然规律，同时又是社会规律，他把社会与自然等同起来，所以他的"德"就是道在自然和社会上的体现，把德推广到天下，就是按照道来认识天下，认识德也就是认识天下了。

生：用老子的德来理解社会、理解自然，真是别扭。

师：老子认为只要认识自己，推而广之，就能知道别人，知道家乡、国家，甚至整个世界。

生：把自己个人当作小宇宙的概念，是从这里来的吧？

师：应该是。不过以一己个体跟博大的宇宙相比，肯定是可笑至极的事儿。人类个体只是地球上一个小物种的个体，能跟宇宙相提并论么？那是自尊自恋到极度愚蠢的表现。

生：生命是可贵的，宇宙中诞生生命的概率也是极低的，人自尊自恋是应该的吧。

师：自尊自恋是相对的。一个文明人面对无赖，最好是自尊自恋，不要去跟无赖纠缠。你是宇宙中小得不能再小的一分子，把自己比作宇宙，肯定不是自尊自恋，而是无知的狂妄。

生：不拿老子的"德"说事，以我们现在的道德来说，能不能推而广之，推广到天下呢？

师：道德不是推广出来的，而是社会集群化生存产生的，尤其是产生于社会底层最贫困的阶层，社会底层的集群才是道德的发源地。

生：为啥说社会底层是道德的发源地？

师：群体规模越小，越容易固化，固化使其内部的道德越不可能越界。资本家阶层、权力阶层内部彼此之间遵循某种"小道德"来维持其群体性，但要越界来推行道德是很困难的。底层百姓形成的群体是最庞大的，也是最贫穷的，他们本身就是在彼此相帮之中才得以生存。

五十五章

55-1

含"德"之厚，比于赤子。毒虫不螫，猛兽不据，攫鸟不搏。骨弱筋柔而握固。未知牝牡之合而脧作，精之至也。终日号而不嘎，和之至也。

● ［注］据：以爪攫物。攫鸟：攫，瞿。鹰隼，其视瞿瞿然，谓之瞿鸟。攫鸟即鹰隼。脧作：脧，婴儿生殖器；作，翘起。嘎：哑。

☺ 生：拥有"德"深厚的人，可与婴儿相比。毒虫不螫他，猛兽不抓他，老鹰不搏去他。老子这种说法蛮滑稽的。难道有道德的人就百毒不侵，猛兽不袭了？

☻ 师：老子视德为道之体现，为遵循自然和社会规律而言，这是有一点道理的。人类有生存的地盘，猛兽有猛兽的地盘，彼此不相犯的话，自然会相安无事。

☺ 生：他把道德深厚的人比作婴儿，就更奇怪了。认为他骨骼弱小，筋骨柔软，却紧握着拳头。他不知道男女交合之事，小小的生殖器却翘起，这是因为精气饱满。他整天哭号却不会喉咙哑掉，这是因为他气血非常和谐。

☻ 师：这种比喻有些过了。就算德是顺其自然，也不能把婴儿比作道德深厚的样子，毕竟婴儿也要长大，顺其自然的话，也会成熟。说婴儿精气饱满、气血和谐，才体现出自然之态，更是没有科学道理。

☺ 生：老师前面对中国文化当中的"气"已经批判过了，不过孩子生下来是不是很善良呢？这是人之初性本善还是本恶的问题。《三字经》里宣扬"人之初，性本善"。

☻ 师：从遗传基因来看，我同意"本善"说。我们是集群性生物，集群性生物助弱、帮同类的道德倾向应该会留存到遗传基因里去。科学研究表明，孩子大约有百分之五十多的基因来自于遗传，另约百分之五十的基因属于自己。人的基因里面是不是有善的基因，那有待于科学研究。

☺ 生：要是有善的基因，那世界上没有坏人了，从基因上说，人人都应该是好人吧。

● 师：不管有没有善的基因，重要的是人生存的环境。若生在人人为恶的环境里，这孩子长大肯定很坏，环境的影响远胜过遗传基因的影响。

☺ 生：这就是说，本善、本恶并不重要，环境的好坏更加重要。

● 师：能超越自身环境的毕竟是极少数，人最终还是环境的产物。说一个人有家教，就是他从小成长的家庭环境文化程度高。不过家庭环境未必是真实的。

☺ 生：家庭环境不真实是啥意思？

● 师：就是这种家庭环境可能会和以后他所处的社会环境完全不一样。比如有文化的人家，父母都是"高知"，从小给予孩子理想主义教育，道德要求又非常严苛。孩子进入社会之后，会形成心理落差。当然孩子在社会环境中会逐步地改变自己以适应环境。

55-2

知和曰"常"，知常曰"明"。益生曰祥。心使气曰强。物壮则老，谓之不道，不道早已。

● ［注］和：冲和，统一。常：事物运行规律。益：增加生命，贪生。祥：妖怪，不祥。强：逞强。

☺ 生：知道综合统一叫"常"，知道事物运行规律叫"明"。老子又弄出些新的叫法，哲学家好像都这样，不按通常的叫法，自己弄出一套新词，故意把人整得云里雾里，显出自己很深奥的样子。

● 师：有不同的概念造新词是能理解的，要是自己的概念与通常的概念有些不同，均要使用新词，就让人费解了。比如"佛"的意思是觉悟，佛教的觉悟与一般人讲的觉悟是有些不一样，或者说怎样才算觉悟，在什么上觉悟，佛教有自己的看法。为此你不用"觉悟"一词，启用"佛"，一般人就难以明白了。

☺ 生：老子新造词并不多，还能理解。他后面说：*想贪生增寿叫不祥。心魔主使脾气叫逞强。事物过于强壮就会衰老，这叫不符合道，不符合道就会早死。* 意思很明白，就是顺其自然地死亡，别折腾，一折腾就早死。

● 师："益生"大家都想，并不能视为贪。事物呢，都会壮实发展，也不能视之为过头。问题出在老子把社会规律等同于自然规律，人活着增寿，似乎也要顺其自然。其实应该事在人为的。

☺ 生：想长寿，注意饮食，适当锻炼还是必需的。老子认为不要"心使气"还是对的。有些老人很容易生气发脾气，学不会耳顺。

● 师：睁一只眼闭一只眼，学做老好人，或许心态平和能长寿，但我不主张这样。

☺ 生：看来老师要成短命鬼了。

● 师：万事不管，就能长寿啦？社会规律毕竟不是自然规律，社会规律就是要人人参与的，老年人也不例外。遇到恶邻搞得你无法安宁，你能耳顺么？遇到坏事，你能睁一只眼闭一只眼么？该说还得说，该斗还得斗。老年人也是社会环境中的人，社会生态人人有责。

☺ 生：要是老年人跟年轻人一样斗来斗去，"益生"肯定甭想了。

● 师：老年人跟年轻人自然不一样，年轻人可能会是理想主义者，老年人经历了社会，理想主义者应该很少。说是说，争也要争，但没必要大动肝火，没必要怒气冲冲。社会由各种层次组成，由各个社会阶层构筑。你可以面对坏事挺身而出，你也应该知道，自己未必能改变坏人，未必能使社会良性发展，你应该很清楚，历史就是螺旋式向前发展的。想明白这点，对你改造社会环境的效果就不必过于奢望，以此保持平和心态，或许是能"益生"的。

☺ 生：也对。遇到坏事不管，心里憋屈；管了，达到什么效果，不必太在意。既不憋屈，又能坦然，的确是个好方法。

● 师：既要符合社会之道，又要符合老年人身体的自然之道，这样才能"益生"。

五十六章

> 56-1　知者不言，言者不知。

☺ 生：有智慧的人不说话，到处乱说的人啥都不懂。这话绝对了吧？不说话也有没话可说的笨蛋，乱说的，也有聪明人吧？

● 师：是有些绝对，不过从概率的大小和中国社会的环境来说，这话并没有错。

☺ 生：老师的意思是，聪明人大多数不说，说的大多数是笨蛋？

● 师：奴隶社会、封建社会从来就不可以乱说话的，言论自由想都别想，你要说皇帝坏话，肯定得倒霉。法国路易十三的枢机大臣黎塞留有一句名言：只要一个人写下六句实话，我肯定能从中找到绞死他的理由。

☺ 生：哇塞，封建社会真是假话满天飞的朝代。我们可以把老子的话当作"祸从口出"的源头。

● 师：康德说："言论自由是民权的唯一保障。"老百姓没有任何权力，也没钱使鬼推磨，他们能保障自己权益的唯一手段就只有说出来了。封建社会没言论自由，犹如老百姓只能挨打，连喊疼的权力也没有，奴隶社会更是这样。

☺ 生：聪明人不说；说的人好像不是笨蛋，而是投机取巧之辈嘛。

● 师：开始讲这些废话、违心话时，目的当然是投机取巧，长期讲下来，从牟利的角度说，可能达到了目的，从智慧的角度说，肯定成了笨蛋。我没见过一辈子不讲真话的人，还有思考能力，还残存着智慧。

☺ 生：看来老子这话是真理。老子时代真有啥都不说，装傻充愣的智者哩。

● 师：私有化生存者，有些话可说，有些话不说，有些说了也白说，不过人要有共产主义理想，这才是人类的"诗和远方"。

56-2

〔塞其兑，闭其门；〕挫其锐，解其纷，和其光，同其尘，是谓"玄同"。故不可得而亲；不可得而疏；不可得而利；不可得而害；不可得而贵；不可得而贱。故为天下贵。

● 〔注〕玄同：奇妙齐同。

☻ 师："〔　〕"内的在五十二章有，已经解释过了，不必再解释。

☺ 生：消磨自己的锋芒，解除自己的纷扰，柔和自己的光辉，混同于自己的尘世，这才叫玄妙齐同的境界。老子的意思就是把自己弄得低调一点，混在大众中，看不出自己跟庸众有啥不同。

☻ 师：民间说法，金子放在哪里都会发光的。老子的意思，你是金子，不管放在哪里，都不要发光。低调就是腔调，无光才是自然。

☺ 生：自己躲在屋里，发点光自己欣赏一下？自恋！

☻ 师：把自己磨平到跟庸众一样，老子把这叫境界。犹如陶渊明把诗句打造成大白话，那叫意境。不过真能弄到这境界，你就是庸人一个。排除干扰，不思考，浑浑噩噩地过日子，谁能甄别你是刻意而为还是本来如此？你们能甄别真乞丐和把自己弄得很脏的假乞丐么？

☺ 生：不能，除非他偶尔露真容。

☻ 师：老子的错误在于把社会当自然，孔子的错误在于，只管社会，不看自然。顺其自然可以，"顺其社会"不可。老庄提倡"与世推移"，时代进步就跟着进步，时代倒退就跟着倒退，随波逐流，绝不改造社会，更不对抗社会。

☺ 生：发生战争了，老庄之流难逃征兵打仗的命运吧。到了战场上，大家杀人我也杀，大家投降我也投降，大家等死我也等死。这不好啊！

☻ 师：人类社会发展肯定不会顺其自然的。老子时代早已进入私有制社会，你对社会异化不进行抗争，就会被异化，并且成为私有财产争夺的牺牲品。要是老子不是贵族，以他顺其自然的态度，定然沦为奴隶了。处于奴隶阶层的老子还谈什么境界，为吃上一口饭，恐怕就焦虑得要死。

☺ 生：不要说消磨自己的锋芒，有点锋芒，立马有人弄死你。

● 师：随波逐流、混同于尘世，不要说境界，如此的处世态度，很快就会沦落到社会底层，成为别人猎食的对象，除非你是"啃老族"。

☺ 生：在老子看来：为此不可能得到什么亲切，也不可能得到什么疏远，不可能得到利益，也不可能得到损害，不可能得到尊贵，也不可能得到贫贱。所以达到这样境界的人，为天下所尊崇。

● 师：无亲无疏，无利无害，无尊无贱，大家对此是不是崇拜得五体投地？

☺ 生："北漂"青年呀，没有亲戚朋友，抱着人人平等的观念，不过也不可能无利无害呀。

● 师：人是环境的产物，环境也是人的产物。你得适应环境才能生存，可你完全顺应环境，毫无对立对抗，你就没有理想，没有自我，没有独立性，更谈不上什么境界。

五十七章

57-1 以正治国，以奇用兵，以无事取天下。吾何以知其然哉？以此：

天下多忌讳，而民弥贫；人多利器，国家滋昏；人多伎巧，奇物滋起；法令滋彰，盗贼多有。

● [注] 取：治理。伎巧：智巧。奇物：邪事。

☺ 生：用正道治理国家，以奇巧来用兵，以不作为来治理天下。老子这里的"正道"就是啥都不干，无为而治。不过老子为啥把用兵放在这里说？

● 师：很现实的。老子处于春秋时代，你要无为而治，其他国家来打你咋办？

☺ 生：至少得拼命发展国防力量，在国防上也无为，那就是等死。

● 师：在国防上不得不有所建树，拼命发展国防，有违无为观念，为此老子提出适当发展，打起仗来用奇兵取胜。

☺ 生：说的容易，他是军事奇才么？打一仗我看看。

● 师：老子总想自圆其说的嘛。

☺ 生：老子说，我凭啥知道应该这样子呢？凭的是以下几点：天下有太多限制，那么老百姓就会越来越贫困；人们大多拥有利器，国家就会滋生错乱；人们大多投机取巧，邪恶的怪事就频频发生；法令越明确严厉，盗贼也就越多。老子这话，有些认同，有些肯定不能认同。

● 师：说说看。

☺ 生：因为限制太多，老百姓受穷。听我父母说，改革开放前，政府限制老百姓干这干那，割资本主义的尾巴，私有经济全被取缔，所以老百姓很穷。

●　师：以个体家庭为细胞的私有制社会，取缔私有经济，限制百姓搞私有，整个社会的财富创造就会减少，当然是贫穷的原因之一。

☺　生：难道还有别的原因么？

●　师：如果搞公有制，创造的财富都花在百姓身上，那会怎么样呢？

☺　生：百姓劳动积极性也会很高的吧，他们认定自己是国家的主人，企业的主人。

●　师：所以关键还得看贫富差距。要实现和谐社会，就得不断缩小贫富差距，向共产主义方向迈进。

☺　生：老子说的最后一点我没法认同。法越严越明确，怎么可能贼越多呢？倒过来才是，贼越多导致法越严，法严贼自然减少，否则法律又有啥作用呢？

●　师：贼多贼少的问题，跟法律有一定关系，却不是决定性的。法律严厉，贼会少一点，不过少也有个限度。如果我们去统计一下的话，我们会发现，两个因素合在一起的国家，盗贼会比较少。

☺　生：哪两个因素？

●　师：发达国家贫富差距不是太大。像北欧的这些国家，盗贼自然少。法律严厉的国家，盗贼未必会少。

●　师：私有制社会，盗贼可以少，不能完全杜绝。发达国家，小偷小摸收益不高，要干就干大的。说发达国家贫富差距小，并不是绝对的，只是相对说的。

☺　生：绝对、相对是啥意思？

●　师：拿最有钱的人和最穷的人相比，差距永远是巨大的。说一个社会贫富差距小，是中产阶级基数庞大，平均一下，相对于其他国家，贫富差距就小了，基尼系数就小了。

●　师：只要社会还有私有制的，或者说，只要家庭还是个体私有的，盗贼绝迹是不可能的。

☺　生：那么法律是严还是不严好呢？

●　师：法律不可以不严。法律是限定一个人社会属性必备的手段。

人是社会人，不可能是个人，你有社会责任和家庭责任，对社会中的其他人造成伤害，你就得承担后果。教育为主，惩罚为辅的观念是错误的。所有的法律教育、价值观教育必须在成人之前完成。知道是犯罪而为之，那就得承担后果。这后果是法律规定的，必须规定到你不敢再犯第二次。

57-2

故圣人云："我无为，而民自化；我好静，而民自正；我无事，而民自富；我无欲，而民自朴。"

☺ 生：所以圣人就说了："我无为的话，那么老百姓就自我进化了；我喜欢清静的话，那么老百姓就自己走上正轨；我没啥事的话，那么老百姓就自己富强起来；我没有欲望的话，那么老百姓就自己纯朴起来。"老子天方夜谭，封建统治者不可能无为无欲的吧？

● 师：奴隶制国家就是为剥削而诞生的，国家权力也是为剥削而设的，管理的职能是其次。随着社会文明的进步，剥削的属性逐步被管理的职能取代。资本主义的兴起，其优越性在于，权力的剥削属性被大大削弱，管理职能成为权力的主要功能；其罪恶性则是，权力剥削被资本剥削取代，社会私有财产竞争中的"反人类行为"——剥削，从以权力为手段转移到了以资本为手段。马克思的伟大在于，他深刻地指出了这点，并且证明了社会财富的创造者不是资本家，而是劳动者，是人类的劳动，绝不是资本运作和生产资料占有。

☺ 生：现在我也学会了抽象和整体地思考问题。这个资本家可能养活这个或那个员工，但整体而言，没有工人就不可能有资本家。没有资本家照样可以有工人，有集体企业、国有企业，社会价值照样可以创造出来，没有劳动者，就没有社会价值创造，资本家只能饿死在钱堆里。

● 师：抽象与具体、整体与个体，这是思考的基本概念。老子恐怕也没做到区别。或许春秋时代有个别国君听信老子的话，无为无欲，这能使民富国强么？

☺ 生：不能。你无为无欲，其他国家可不这样，拼命发展国防，盘剥百姓并且好战，这些国家就把无为无欲的国家推翻了。"小国寡民"只能是理想，现实中只能被大国吞并。老子不能从世界整体上思考问题，只能拿个体来创建自己的理想。

● 师：现代社会，许多人从理想出发，弄出不少把国家搞好的建议，却不看世界整体格局，不看在世界整体之下，你能做什么。更重要的是，他们不能把理想方向化。

☺ 生：啥是理想方向化？

● 师：比如共产主义是人类发展的终极理想，你能现在去实现么？难道拆散个体家庭，灭绝私有个体？共产主义是一个发展方向，现代社会虽说异化越来越严重，但还是朝这个方向在挺进。比如社会化养老不也深入人心了？

☺ 生：社会化养老，政府得有钱投入，光靠老人的退休金恐怕不够。

● 师：以前犯过这样的错误，不把理想当方向，盲目地实施，其实经济能力完全不够。理想是要建立在物质基础之上的，没有雄厚的经济实力，一切只能是空谈。

☺ 生：是啊，"诗和远方"必须建立在经济实力上，否则永远是梦想。

● 师：你终于理解了没有经济实力，一切皆为泡影这个道理。要创造经济实力，在异化的社会里，你不异化行么？老子就算劝动一国之君无为无欲，有用么？其他国家可不是这么玩的，世界不带你玩，把你当另类，分分钟就灭了你。

☺ 生：看来整体概念还是很重要的。

五十八章

58-1

其政闷闷，其民淳淳；其政察察，其民缺缺。

- ● [注] 闷闷：昏昧，混沌。淳：惇，厚也。察察：烦琐。缺缺：缺，狡，诈也。缺缺，狡狡，狡诈。
- ☺ 生：老子认为，国家政策笼统，其百姓就厚道；国家政策烦琐，其百姓就狡诈。
- ● 师：政策笼统与烦琐，你们怎么看？
- ☺ 生：太笼统有空子可钻，太烦琐就会很死板，没有人性化实施的基础。
- ● 师：老子这话肯定没道理。老百姓厚道与狡诈，并不取决于政策的笼统与烦琐，而取决于社会生态。政策是社会生态的重要部分，是针对一定的社会生态，并在此基础上推出且构成社会生态的重要部分。

58-2

祸兮，福之所倚；福兮，祸之所伏。孰知其极？其无正也。正复为奇，善复为妖。人之迷，其日固久。

- ● [注] 正：定。奇：邪。妖：恶。
- ☺ 生：祸呀，是福所依靠的；福呀，是灾祸所潜伏的。谁知道走到哪个极端呢？它不一定的哩。正面回归到反面，善良回复到邪恶。人们的迷惑哇，可以说既顽固又永久。老子说的祸福相依，大家很熟悉。
- ● 师：老子对立面彼此转化的观念，祸福相依的例子最容易被人接受。为啥这个例子最容易被人接受呢？

☺ 生：求得心理平衡吧。有福之人不要太嘚瑟，说不定大祸就要临头；罹祸之人也不必太绝望，保不住福气就要来了。

● 师：事物走到极端才会反转，正如老子说的，谁知道走到哪个极端。享福或许一直享着，受灾或许接连受灾，你没法说是不是走到了极端。

☺ 生：那就更需要心理平衡啦，一直享福心里不踏实，一直罹难心里更是憋屈。

● 师：正面会回到反面，善良会回到邪恶，这种对立面走到极端会反转，人们为啥还要求取心理平衡呢？

☺ 生：不明白呗。为啥正面会回到反面，善良会回到邪恶？

● 师：其实社会规律并不能跟自然规律等同。自然规律中一个事物发展到极端，就会走向反面。比如北美大陆的恐狼灭绝了，大灰狼却存活下来，原因是恐狼太厉害了。同样是集群动物，恐狼个头大，更加凶猛有力，它们发挥自己的优势，擅长捕食大型动物，大型动物减少，它们的优势变成了劣势，凶猛有力没用，敏捷灵活才能捕食小型动物。原本只能捕食小型动物的大灰狼，劣势变成了优势，存活了下来。自然规律中，过分强大会转化为非常无能。人类社会难道是一样的么？

☺ 生：应该一样的吧。一个国家过分强大，到处去打别人，最后世界人民联合起来，把他给灭了。

● 师：要是联合不起来呢？又如何解释正面转化到反面，善良变成邪恶？

☺ 生：不知道。满满的正能量，一下子变成了负能量，可能么？

● 师：在社会中，走到极端也是要反转的，这种反转并不会"无为"地到来，社会是事在人为的场所。你遭难不想办法自救，后面还会遭难；你享福后"躺平"不努力，后面就没福了。社会有规律，这个规律是人们行为的结果。希特勒吞并了欧洲，世界人民不联合起来，肯定不能战胜法西斯。问题是，世界人民肯定会联合起来。人活着是会有行为的，这就是"生命在于行动"的真谛。"躺平"青年并非吃了睡睡了吃，他还是有行为的。只是这种行为社会不认可，认为没社会价值；同样，"躺平"青年也不认为社会行为有价值。人的行为才是构成社会极端反转的关键。

☺ 生：老师还是没有回答正变反、善变恶。

● 师：社会之所以发展，是因为有对立面的矛盾斗争，尤其是异化的社会，这种矛盾斗争异常激烈。真的有所谓的满满的正能量么？没有。说满满正能量，没有负能量，那是自欺欺人，是不让负能量表现出来，只允许人们看到正能量。不让表现不是没有，而是正能量自以为过于强大，负能量就不该存在。这种自我欺骗已经使正能量转化为了负能量，正能量成了一种谎言。社会由各个层次的人组成，落后、先进均会发声，只有一种声音的话，这种声音必然会成为藏污纳垢的温床，不成假大空才怪，不是欺骗才怪。

☺ 生：那过分善良能是邪恶么？

● 师：私有制社会，如果一个人到处做大公无私的事儿，肯定有其他的目的。难道他没有个体家庭，没有老婆孩子，不需要养家糊口？少考虑自己家庭是有的，完全不考虑，那是没心没肺。

☺ 生：也有做好事不留名不为利的人吧？

● 师：当然有。但也不会太过分，一个人不可能为了做好事，连自己的生存都不要了。为了做好事，不惜饿死自己，也要让别人吃饱，听起来就不对劲。

☺ 生：舍己救人呢？

● 师：救人者并不觉得自己会死，一定死的话，就成极端例子了。

☺ 生：啥叫极端例子？

● 师：比如纳粹时期枪杀犹太人，不是你死，就是他死，让你选一个，你会选自己死么？

☺ 生：不会。

● 师：绝大多数人估计都会选"他死"。凡是有道德的人，救人是本能，要是救者确定会死，我看大多数人就很难挺身而出，只有极少数人愿意献出生命，这叫极端例子。对于这样的英雄，我们当然得景仰，因为你做不到。

☺ 生：就是说，救人者一般不会认为必须舍己。

● 师：不管他怎么想，结果是舍己了，就是英雄。

58-3
是以圣人方而不割，廉而不刿，直而不肆，光而不耀。

● [注]廉：利。刿：伤。

☺ 生：老子赞美圣人，他说，因此圣人正正方方却不会割伤人，非常锋利却不会刺伤人，直率却不放肆，闪光却不耀眼。

● 师：有人能做到这样么？

☺ 生：没有。一个人刚正，肯定会伤害邪恶之人；言辞犀利，难道不伤人心？有些人心灵脆弱着呢。在领导面前，直率就是放肆，闪光就很刺眼。

● 师：老子这话是抽离具体社会环境的。社会环境很复杂，人员层次又多，想正直又不伤人，这根本做不到。

五十九章

59-1 治人事天，莫若啬。

● [**注**] 啬：爱惜。

☺ 生：治理百姓，事奉自然，不如爱惜他们。治理、事奉不能同时爱惜么？老子凭啥把两者对立起来？

☻ 师：或许老子意识到封建管理者的本性了。在那个还处于奴隶社会的年代，政权的管理属性远少于剥削属性，老子不会意识不到，所谓治理，其实就是剥削压榨。对待自然也一样，除了攫取自然的财富，根本不会想到保护自然生态。

☺ 生：老子是个自然生态的保护者。

☻ 师：不是。他对人与自然关系的认识还没那么深刻。在他眼里，自然必须得到尊重，自然规律必须得到遵循，而且自然之道就是社会之道，不遵循自然之道，也就不遵循社会之道。奋力有为地剥削百姓、剥削自然，都属于违背"道"的行为。

☺ 生：老子讲统治者"事天"，事奉自然，好像统治者也很尊重自然的吧？

☻ 师：不是尊重，是敬畏。那时候的人搞不清自然现象背后的科学原理，对自然抱有恐惧之心。雷电、飓风、洪水、暴雪等的自然现象，都被认为自然在发脾气，所以才会有所谓的"天意"、"人在做、天在看"之类的观念。古人攫取自然财富，又怕自然发脾气，降罪下来，所以要"祭天"。打猎要祭山神，出海捕鱼要祭海神。凡是攫取自然，都得祭一祭神，那些神都是天派来保护各种自然的。敬畏自然，跟尊重自然不是一回事。

☺ 生：在老子眼里，敬畏自然是事奉，跟尊重自然，遵循自然规律也不是一回事，否则他也不会提出爱惜自然。他是不是认为爱惜才是遵循规律？

● 师："爱惜"这个词就是上对下的。至今大多数人还是这个观念，比如"爱民如子""父母官"之类的。这个观念的背后是这样一个封建意识：国家是当政者的，天下是统治者的，天下子民属于当政者的。

☺ 生：是这样的，皇帝都认为天下是他的，把老百姓叫"子民"，自己就是父母，爱惜子民，就像爱惜自己的子孙一样。

● 师：知道私有观念如何深入人心了吧？

☺ 生：不提醒还真没觉得不正常。天下是天下人之天下，百姓才是国家的主体，君主只是最高管理者，国家让你管一管，管不好换一个君主来管。不是统治者爱惜百姓，而是百姓评价你管得好不好，有没有资格管理下去。

● 师：理论上是这样，现实正好相反。老子时代，百姓肯定没能力随意更换君主的。

☺ 生：现在普选国家，百姓有能力更换政权拥有者，政权文明程度就高？

● 师：这倒未必。我看美国选总统搞得火热，百姓未必有能力更换统治者，美国的大选其实是各路资本的角逐，有钱能使鬼推磨，跟底层的百姓直接关系越来越少了。

☺ 生：欧洲好一点吧，不过也不会是人民说了算的。我觉得普选的成本太高，弄到最后变成了刺激经济的手段，有点变味了。

● 师：对目前的社会，还不能要求真正的文明。原始共产主义社会，决定一件事必须全体百姓同意，即100%。如今世界人口，这种可能性已经没有。在权力和资本肆虐的社会里，统治者支持率高，背后有没有权力或资本在操纵，是令人存疑的事。所以你不能要求文明，只能要求文明程度相对高一点。

☺ 生：与其提倡爱民，还不如提倡顺应民意，这或许更文明进步一点。

● 师：不说老子时代，就说现代，口头上都说"顺应民意"，行为上未必都能做到。普选国家民间调查，总统支持率低于50%，少数服从多数，支持率低于50%，就该"顺应民意"，引咎辞职，我们也没看到有辞职的。

☺ 生：谁愿意呀，好不容易选上。

● 师：民意都不能顺应，怎么可能爱惜。

59-2

　　夫唯啬，是谓早服；早服谓之重积德；重积德则无不克；无不克则莫知其极；莫知其极，可以有国；有国之母，可以长久；是谓深根固柢，长生久视之道。

● [注] 服：事。重：厚。久视：久立。

☺ 生：只有爱惜他们，这才叫早早地从事于道；早从事于道，就叫作看重积德；看重积德就没有不能战胜的；没有不能战胜的，就不知道他的能力极限；不知道他能力极限，完全可以拥有国家；拥有国家的根本，就可以长治久安；这就叫根深蒂固的根基，长期生存和立国的方法。爱惜百姓就是从事"道"，就是积德，就会能力无穷，就能拥有国家、长治久安。是这样么？

● 师：是这么个理。国家的基础是百姓，爱惜他们，当然能长治久安。人民才是创造历史的动力和主体，爱惜他们，他们跟着你干，你就能力无穷了。

☺ 生：老子的认识有那么深刻？

● 师：没有。老子是从他的道悟出这点的。道不以人的意志运行，这种运行当然不可能是个人掌控并左右的，是规律左右的整体性运行。以此而言，老子或许悟到了整体性远比个体性重要，整体性中最大的部分是百姓，所以百姓才是最强大的，最重要的。

☺ 生：尼采说文化是贵族创造的，他是不是也迷失在个体性之中，不能认识整体性？

● 师：许多文人甚至哲学家的视域都会局限在个体性上，尤其是关注伟大、优秀的学者。比如 20 世纪法国哲学家萨特说"群众是无用的热情"。这个观点完全忽视了广大底层群众的力量。因为社会的动能、历史的发展并非一些思想家和一些科技、文化工作者所能倒腾的，而是靠实实在在的底层百姓构成的整体性力量实现的。一个指挥官战略、战术再优秀，一声令下，没有兵替他冲锋陷阵，他就是个失败者。一个思想家思想再杰出，没人接受，尤其是影响不了社会底层的力量，他的思想就是空想。

☺ 生：哲学家思想深刻，大众听不懂，好像都无法影响底层群众吧。

● 师：哲学家不是思想家，思想家的思想是针对社会的，是希望社会大众能接受的。哲学家不一样，他们指出社会的发展方向，他们是人类的引路人，更是社会规律的总结者。大众完全可以不听或听不懂，社会还是会朝着哲学家预示的方向发展。哲学家不是现实践行者，而是现实的说明者。正因为这样，一个哲学家对整体性不能有清醒的认识，肯定是很失败的。

☺ 生：萨特是个失败的哲学家，他不如老子。

● 师：肯定是这样。萨特对抽象性个体过分关注，忽略了对抽象性主体的关注。比如他过分关注个体的生存、死亡及其心理，对社会各阶层整体性的抽象存在缺少理解，如此一来，对社会的理解就会陷于浅薄，不能很好地理解社会，也无法很好地理解人。人都是社会人。

☺ 生：好像是这样。萨特老讲"他人的眼睛""他人就是地狱""存在先于本质"等，好像都是在讲个人、个体。他不太关注整体性，或许真的无法理解社会。

● 师：这就是摩尔根、马克思这类关注并把握整体性哲学家的伟大之处。马克思、恩格斯比摩尔根伟大的地方在于，他们把自己关注整体性的哲学理论用于社会实践，去影响社会最底层的广大人民群众，去进行无产阶级革命。

☺ 生：萨特的存在主义思想当时对社会的影响也很巨大，青年运动中人们把他奉为圭臬，也影响了一代西方青年。

● 师：萨特作为思想家是伟大的，作为哲学家却是拙劣的。

☺ 生：还有这样的分别，伟大的思想家，拙劣的哲学家？

● 师：有人弄时髦弄得风生水起，大家说他是时代的弄潮儿。照我说，思想家都是历史的弄潮儿，他们可以影响一代人甚至几代人，弄出几个历史的螺旋来，但人类社会最终却不会朝着他们预想的方向发展。

☺ 生：按老师的说法，孔子应该属于思想家，难道也是历史的弄潮儿么？

● 师：孔子影响了中国两千多年，不过两千多的中国均是封建社会，封建历史固然漫长，本质却未变化。封建王朝倒台后，中国社会肯定不会朝孔子预示的那套发展，中国式伦理在市场经济冲击之下，迅速败亡。孔子只是弄潮于封建时代的思想家，不可能是指明人类发展方向的哲学家。

☺ 生：从社会化养老、教育医疗免费、生孩子补贴、遗产税开征、提高富人个人所得税、欧元诞生等一系列的社会措施来看，马克思和恩格斯设想的共产主义正在逐步变为现实。我同意老师的界定，思想家是历史的弄潮儿，只有哲学家才是人类前进的灯塔。

● 师：有灯塔人类也不会按照人类灯塔指引的方向直线前进，因为社会的前进，是社会各阶层逐利的结果。历史会走偏会倒退，会有许多螺旋，可最终还是会向着共产主义，会对社会的异化一步步扬弃。

☺ 生：为啥这么肯定？要是走偏回不来了呢？

● 师：肯定是因为社会前行的最大动力是最底层的百姓，他们是私有财产竞争中的弱势群体，作为最有道德的群体，他们的理想是"共产"，即"共同富裕"。个体富裕，他们肯定不是其他利益集团的对手；整体富裕，富人们肯定不是他们的对手。从历史来看，或许每个时期在私产的竞争中有某个集团占上风，从人类最终发展来看，最终赢得胜利的只能是数量最大的底层百姓，因为财富是他们创造的，他们有能力创造共同富裕的财富，有能力创造出共产主义所需的一切经济条件。

六十章

60-1 治大国，若烹小鲜。

● ［注］鲜：鱼。

☺ 生：老子自信满满，说治理大国，就像烧一条小鱼。真要把一个十几亿人的大国放到他手上，他肯定在总统府睡大觉，无为嘛。

● 师：治理国家到底难不难呢？一般都说总理日理万机，忙是肯定的。从难度来说，我觉得治大国和治小国是一样的，遇到的问题都有，面对的困境也都有，处理的事件也应该相同，不同的可能是数量问题。所以大国总理比小国总理要忙，并不见得难。

☺ 生：这样说不公平，大国事多，肯定会有小国碰不到的事，有些事很难解决的。

● 师：比如呢？

☺ 生：大国一般是多民族国家，民族矛盾也是免不了的。小国可能是单一民族国家，根本就没民族矛盾。

● 师：矛盾归纳起来，都是各个利益集团的矛盾，地方利益、民族利益、社会阶层利益，利益集团组成的要素不一样，组成的目的是一样的，都是为了更好地获得利益。

☺ 生：要按老师的归类，所有矛盾都是利益集团的矛盾，那小国与大国的区别只是矛盾多少的问题，不是难与易的问题。

● 师：这样说似有牵强之意。不过在我看来，小国与大国的治理，只是把一个东西数量减少，结构与性质是一样的，难度应该差不太多。贫富差距、天灾人祸、利益冲突，等等，小国也有，可能数量只是大国的万分之一。当然大国有大国的难处，小国也有小国的难处。小国处在大国之间，外交上要学会夹缝中求生存，这恐怕不是大国能理解的难度。

☺ 生：哟，弄来弄去，老师居然把小国治理弄成了比大国更难。

● 师：我可没说更难，只是不认同治理小国比治理大国容易得多。

[60-2]

以道莅天下，其鬼不神；非其鬼不神，其神不伤人；非其神不伤人，圣人亦不伤人。夫两不相伤，故德交归焉。

● [注] 非：不唯。

☺ 生：凭借道莅临于天下，那些鬼就不灵验了；不但鬼不灵验，那些神仙也不会伤到人；不但神仙不会伤到人，圣人也不会伤到人。难道老子以为神仙、圣人都会伤人？

● 师：可能大家这么认为，老子顺势吓吓他们。

☺ 生：为了把他的道抬到至高无上的地位，老子啥手段都用上了，吓唬别人的事也干。

● 师：科学不发达时代，吓唬是最好的手段。不要说被吓者，连吓人者自己也是被吓大的。

☺ 生：从小妈妈威胁说：不听话，鬼就来抓你，神仙会来弄死你，圣人要来把你吃掉。

● 师：圣人吃人也敢说，遇到儒学大师非跟你急。

☺ 生：圣人伤人是老子说的。老子的目的就是要让大家相信道，只要遵循道，彼此相互不伤害，所以德就彼此包容，回归到它的本来面目。"德交归"的意思还是有点不明白哩。

● 师：德是道的体现，体现在人们的社会行为上，遵循道的人，其行为就体现为德。所以只要大家都遵守道，即所谓的各行其道，那么管理者与被管理者之间就会互不伤害，有点像孔子说的，上爱下，下尊上，官惜民，民敬官。官民彼此包容，德在整体上就体现出道来。这就叫"德交归"，道德就回到了它本来的面目。

☺ 生：这是为统治阶级找一个安全统治的理由。不过这观念影响很深，大家都认同为官者当"爱民如子"，为民者当"敬官为父"。

● 师：封建时代，把治国与治家统一起来，把伦理推广到治国上，我们能在老子那里找到源头，只不过老子把这与他的道视为一体。自然规律等同于社会规律，社会规律等同于家庭原则，一切都是道在左右着。

☺ 生：老师，家庭原则指什么？

● 师：个体家庭是建立在男性血缘关系上的，家庭原则就是在血缘关系上必须遵循的原则，只不过这些原则是带有时代烙印的。

☺ 生：血缘关系指的是伦理关系吧，此关系上建立的原则，是不是指父母必须抚养孩子，孩子必须给父母养老送终，夫妻之间必须财产共有，责任共担之类的？

● 师：伦理不仅仅指血缘界定的关系，还有这种关系上的责任。第一责任当然是夫妻，随后是父母与子女关系上的责任，再就是兄弟姐妹。

六十一章

61-1　大邦者下流，天下之牝，天下之交也。牝常以静胜牡，以静为下。

☺ 生：牝是雌性动物。这里指啥？

● 师：指阴柔，牡指阳刚。

☺ 生：大国处于江河的下游，天下的阴柔之地，天下的交汇之地。阴柔常常以安静胜过阳刚，因为安静是处在下面的。大国难道都处在江河的下游？

● 师：那时代老子所能看到的估计是这样。那会儿还不知道海外的世界，海内世界里，秦国尚未崛起，属于大国的齐国和楚国，处于黄河、长江的下游，所以老子才这么说。

☺ 生：视域狭隘真是可怕。

● 师：江河的下游老子认为是阴柔之地，阴柔胜阳刚，阴柔属于安静，所以能发展成大国。

☺ 生：老师，有一种"海洋霸权说"认为，征服海洋就能征服世界，就能成为天下霸主。英帝国征服了海洋，到处殖民，称霸世界。现在美国强大，主要是它能征服海洋，海军世界第一，很强大。

● 师：这种称王称霸的学说都是被国家政权蛊惑的不良学者，是历史的弄潮儿。把历史当作国家政权的更替史，把国家地盘的大小当作人类发展史，不要说追求真理，追求真相都有点玄。

☺ 生：至少他们描述的政权更替还是真相吧？

● 师：人类的历史肯定不只是国家的兴衰史，更不仅仅是国家政权的变换史。那些描述帝王将相少数权力者的历史，往往把社会最底层绝大多数民众给忽略了。我的理解是，人类的历史是人类的生活史，尤其是绝大多数人即民众的生活史，帝王将相夺取政权的争斗自然会影响百姓的生活，那只是历史的一小部分。不能当作全部的历史来认识。

☺ 生：人类的历史，在没有文字记载的时代，甚至还没有有声语言的时代，咱也没法写呀。

● 师：考古证据的确还无法还原人类的历史，不过写有文字记载后的历史，得有正确的观念。一般文字诞生于国家政权之后，一开始就为掌握政权的人所把控，搞历史研究的人，不能忘记这点。

☺ 生：科技的文明与人性的异化是同步的，历史不仅要写政权的更替，而且要写科技进步，更要写人性的异化，社会的非人化，古代国家制度的"反人类"性。

● 师：讲古希腊民主制度时，更应该讲古希腊的奴隶制度，奴隶才是当时社会的绝大多数人，才是社会的主体。讲商鞅变法时，更应该讲这种变法反人性的一面，把人当作战争的机器，取缔了老百姓的正常生活。

☺ 生：还发明了连坐制度，为了统治的方便，大杀无辜之人。

● 师：写历史立场很重要。道德的底线在于：必须站在弱者即最广大的底层群众立场上说话，人民群众才是构成社会的主体，才是担得起人类这个概念的主体。没了这条底线，写出来的历史不是"人类的历史"。做人也一样，没有这条底线，就失去了最起码的人性。为了抵挡日军进攻，蒋介石下令决堤花园口黄河，为了保住政权，不顾百姓大量淹死，这是毫无人性的行为。所以，国民党在大陆不败，是不可能的。

☺ 生：战争总是要死人，总是非人性的，蒙古大军横扫欧亚大陆，杀人如麻，最后还是赢了，建立了世界上最庞大的帝国。

● 师：在异化的环境中或许异化得彻底更能成为赢家。所谓好人有好报，恶人有恶报，那是理想主义的观念。在社会现实中，可能并非如此。不过也不用太悲观，异化在加深，文明也在进步。二战时对平民的伤亡还无所顾忌，如今打仗要有所顾忌了，你不顾平民大量伤亡，就会受到整个社会的谴责，甚至制裁，人性的光芒还是在异化的社会里一点点显现出来。

61-2

　　故大邦以下小邦，则取小邦；小邦以下大邦，则取大邦。故或下以取，或下而取。大邦不过欲兼畜人，小邦不过欲入事人。夫两者各得所欲，大者宜为下。

● [注] 下：谦下。取：聚。兼：聚。

☺ 生：所以大国谦让地对待小国，小国就会聚集在大国之下；小国谦下地对待大国，那么小国就会被大国包容。所以有时谦下地聚集，有时谦下地被包容。老子的意思，大国要谦让，小国要谦卑。世间没这事，国家利益锱铢必较。

● 师：讲国家利益，似乎对国内每个阶层、每个人都有好处，所以说这话时，表现得很神圣。尤其是大国，怎么可能谦让。小国谦卑是没办法，弄不过你，一旦惹毛了大国，招致挨打，国家利益就受损。小国谦卑，老百姓能理解甚至谅解，大国谦让，从上到下都不满，当政者也没这勇气。

☺ 生：见过在这事上谦让，在其他的事上补回的。大国面对小国谦让，好像是不可能的。

● 师：小国要搞核武，大国不准，小国非要搞，大国进行经济制裁，一制裁，老百姓的生活陷于困苦。代价是老百姓付的。

☺ 生：以前我们闭关锁国，也是为了清王朝的权力稳固，苦的是老百姓的日子，不能进行全球贸易，经济落后。

● 师：所以历史从老百姓生活的角度来写，可能会是另一副模样。

☺ 生：别人要跟你争，你不争也不行吧，采用老子无为的观点，你的财产会被人夺走。

● 师：当然得争。当年日本人侵略我国，占我山河，夺我资源，我们反击是肯定的。

☺ 生：老子说，大国不过度地想聚集蓄养百姓，小国也不过度地想加入事奉别人的行列。那么它们两者各得其想要的，大国应该谦下。很理想化，认为只要大国谦让，小国不过分地迎合大国，就能相安无事。

● 师：相安无事并非大国谦让、小国谦卑导致的，而是平衡格局导致的。春秋战国时期，大国对小国均有觊觎之意，谁也不敢动手，一动手，其他大国就会群起而攻之。小国处在大国之间，最好的做法是不亢不卑，倒向某个大国，就会得罪其他大国。利字当头的世界，没有靠山。

☺ 生：古代如此，现代也这样。伊拉克去侵占小国科威特，以美国为首的世界联军，立马就把萨达姆灭了。不要以为你是一大国，就能灭一小国。要是这样的话，世界上就没有小国了。

● 师：谦让、谦卑与国家政权一点关系都没有。一国低头臣服，那是弄不过你。大国真的谦让于小国，那是因为有其他大国存在，拉拢小国而已。

六十二章

₆₂₋₁ 道者万物之奥。善人之宝，不善人之所保。

● ［注］奥：藏，庇护。

☺ 生：道是万物的庇护。道是善人的宝贝，也是不善之人有所保持的。老子认为道是所有人必须遵守的，不善之人也不能不顾。

● 师：自然之道即自然的规律，人们都会遵守么？

☺ 生：善良的人会遵守的吧，保护自然善良的人会做的。

● 师：保护自然不是自然规律，而是社会规律。

☺ 生：为啥？

● 师：自然并不以适合人类生存为目的而存在，而是自在自为的。人们所谓保护自然，只不过是保护人类生存的环境。自然环境恶化是人类给出的属性，自然本身并没有恶化、好化之说。比如地球上氧气全没有了，不适合生命生存了，那还是地球。保护自然的说法并不妥当，准确地说，是保护我们适合生存的环境。从自然规律来说，地球可能从冰冻到变暖再到冰冻，地球上的氧气可以从无到有再到无。终有一天，地球会变得不再适合人类居住，甚至不适合任何生命的生存。保护自然就是把适合人类居住的环境维持得更长久一些，这是人类的需要，也是人类社会生存的规律所迫。

☺ 生：人类脱离自然生态链之后，是不是不需要遵守自然规律，只要遵守社会规律就行了？

● 师：肯定不行，自然规律是必须要遵守的。不遵守自然规律，会导致严重的后果。比如树木吸收二氧化碳，吐出氧气，你不遵守这个规律试试？把树木全部砍光，植被全部消灭，地球上的氧气骤然减少，我们还能活么？地球诞生后很长时间是没有氧气的，最原始藻类通过光合作用吐出氧气，好像提高地球大气含氧量几个百分点，就花了 6 亿年。地球演化成生命诞生之地，最后演化成人类可以生存的环境，是很不容易的。

☺ 生：是不是还会演化为人类无法生存，甚至生命也不可能存在的环境？

● 师：应该是这样。所以我们要尽量延长地球的这段"美好时光"，不要因为我们不保护环境，人为缩短适合人类生存的"美好时光"。环境怎么保护？还得凭借自然规律，尊重科学。

62-2

美言可以市尊，美行可以加人。人之不善，何弃之有？故立天子，置三公，虽有拱璧以先驷马，不如坐进此道。

● ［注］市：取。加：重。三公：太师、太傅、太保。拱璧：奉着的玉璧，即进贡的璧。

☺ 生：好话可以获得别人的尊敬，漂亮的行为可以被人看重。人要是不善良，他还有啥可抛弃的呢？老子这话啥意思？不善良的人就没啥可抛弃的？

● 师：老子指的是人的言行，不是指财物。不善良的人，好话不会说，好事不会做，除恶言恶行外，其言行无可取之处，所以说没啥可抛弃的。

☺ 生：不善良的人也会说好话的吧，做一些漂亮行为也是有可能的，不能说只有恶言恶行。

● 师：老子说得没那么严格，不必苛求。要真严格讲起来，拍马屁都是说好话，被拍的人未必会尊敬你，心里说不定一辈子都瞧不起你。行为做得很漂亮，可能也是为了给人看的，为了刷存在感，令别人看重自己，看破其虚伪性的人，也会鄙视他。

☺ 生：言不能代表一个人，行总能代表的吧？

● 师：那也得从总体看。

☺ 生：老子后面的话似乎跟前面有脱节，连不上。他说，*所以要设*

> 立天子，设置三公之位，虽然有拱璧在先，驷马在后的礼节，不
> 如坐下来进献道。

☻ 师：老子认为人有善与不善，从人们的言行中体现出来。设立天
子、三公等政府官员，就是为了鼓励人们善言善行，不是为了让
大家对高官送礼拍马屁的，而是为了进献道的。

☺ 生：说是说通了，还是有些牵强。

☻ 师：不能希望老子和老子时代的人对国家和政权有个科学的认识，
在他们眼里，国家自古就有的，理由也很明显，没有国家及政
权，如何管理呢？他们的分歧不在于国家政权的性质，而在于如
何管理。

62-3

> 古之所以贵此道者何？不曰：求以得，有罪以免
> 邪？故为天下贵。

● [注] 以：而。

☺ 生：古时候之所以看重这个道的原因是为啥呢？不就是说：追求
了可以得到，有罪的可以免除灾祸吗？所以道是天下尊崇的东
西。老子用古代来证明道的重要性，还诱惑说，追求得到道了，
有罪也可以免祸。好像孔子也用古代来证明"礼"的重要性。

☻ 师：科学不发达是一方面，另一方面是没有科学精神，社会重视
的又是男性血缘，把说服力寄托在男性血缘追溯上，仿佛成了最
好的证明。

☺ 生：这跟男性血缘有关系么？

☻ 师：主要就是男性血缘。权力来自于男性血缘的传承，正统不正
统就是这个意思；真理也来自于男性血缘的传承，正宗不正宗就
是这个意思。古已有之，古人就是这么做的，祖宗就是这么认为
的，理所当然地正确，那就是规矩，就是法，就是真理。

☺ 生：是有这个意思，古人的东西就是好东西，还用说吗？

● 师：现代社会，很多人还是这么思维的。在街头可以看到一些小广告："祖传秘方""祖传老中医"之类的，都是从"祖宗的就是好东西，还用说吗？"这样的男性血缘价值观而来的。

☺ 生：祖传秘方有点道理的吧，毕竟是世世代代经验的结果。

● 师：如果扁鹊在世，你去看病会找扁鹊还是找现代医生？

☺ 生：这倒是个难题，扁鹊再神，也不懂现代医学吧，没有现代医学支撑，只凭经验，很不放心的。老师不也说过，中华文明要取其精华，弃其糟粕嘛。

● 师：中医并非不能治病，毕竟是历代经验积累。但中医的手法得变，现代科学发展出那么多的检查方法，你得用现代的医疗器械，用现代的医学精神去看病，在此基础上借鉴传统中医的经验。屠呦呦就是这么做的，对青蒿素的分解与提取，那都是现代的科学手法。对待中华文明也一样，得有现代的科学精神来分解提取，这才是取精华、弃糟粕的手法。遍观中国的那些无良学者，却用"古已有之"证明现代的对与错，来检验现代文明的好与坏。他们就是一批毫无科学精神的封建糟粕！

☺ 生：祖宗的东西必须弃糟粕后才能用。

● 师：而且必须在现代科学基础上去用。

六十三章

63-1

为无为，事无事，味无味。

☺ 生：以无为的态度作为，以无事的方法行事，以没有味道作为味道。讲无为无事也就算了，为啥扯上味道？

● 师：我哪知道？无为无事是对当时的统治者说的，要创造社会财富的劳动者无为无事，那吃啥喝啥。就算是采集渔猎的原始民族，不干照样饿死。

☺ 生：动物一生，绝大部分时间都在找吃的，只有吃饱了以后，才会游戏一番。剥削阶级吃穿不愁，可以无为无事。

● 师：就算吃穿不愁，也不会无为无事，他们要想尽办法保住吃穿不愁的地位。老子时代，大多数人吃穿是很发愁的，你无为无事，保不定一下子落到吃穿发愁的行列中去了。

☺ 生：要有可以生活的钱，我也想无为无事，到处走走，追求"诗和远方"。

● 师：除了食利阶层中心灰意懒的人会崇奉老子的无为无事，其他的人都在忙碌。"民为食忙，商为财累。"

63-2

大小多少，[报怨以德。] 图难于其易，为大于其细；天下难事，必作于易，天下大事，必作于细。是以圣人终不为大，故能成其大。

● 师："大小多少"，有学者认为漏字，所以有各种各样的解释。有解释"世间有大大小小、多多少少的事情"，也有解释"以小为大，以少为多"。我觉得后面一种解释贴切一点。"报怨以德"好像跟下面的文字不符合，有学者认为是窜进来的，应该在七十九章里。

☺ 生：老师觉得呢？

● 师：的确与文意有脱节。

☺ 生：**以小为大，以少为多，以德报怨。**这还是比较顺的。

● 师：跟后面就连不起来了。

☺ 生：**想成就难的事，必然从容易的开始，想干大事，必先从小事做起；天下难的事，必然起源于容易的事，天下大事，必然起源于小事。因此圣人始终不自以为大，所以能成就大事。**好像文意与上面是有脱节。

● 师：我们不去管有没有脱节，老子的意思很明白，就是要从小到大，从易到难，饭得一口一口吃，事得一件一件做，人就得眼高手低。

☺ 生：老子有眼高手低的意思么？

● 师：当然有这个意思。圣人眼界多高呀，可还是从小事做起。这就叫眼高手低。

☺ 生：圣人眼高手高才对。一般人眼低手低，没大出息。手高眼低的人，那是委屈自己，这样的人恐怕没有。

● 师：还是蛮多的，这社会真有不少手高眼低的人。能力远超过实际从事的工作，对于社会来说，那叫屈才，叫浪费。社会从来就不是量才为用的，人们也很少见贤让位。你看过把位子让给更有才能的人没？

☺ 生：没有。即使有也是极少数个例。

● 师：难道占着位置的人就一定认为周围人全不如他？肯定不是。

☺ 生：看到有比自己更有能耐的人，立马打压，绝不让他冒头，必须让他手高眼低，替自己干事却不能觊觎自己的位子。经理阶层职业化也是这个意思吧。你有能耐我聘你当经理，为我做大奶酪，但你不能动我的奶酪，我才是董事长。所有的职业经理人都是手高眼低之辈。

● 师：许多学者也这样了，事情让学生干，自己动动嘴皮子，功劳全是自己的，因为自己抢占了"学术"制高点，追求真理成了追求权力。

☺ 生：这样一分析，手高眼低的真不少，干着大事却只能分到一点点奶酪。

☻ 师：有人总认为现代社会尤其是资本主义社会鼓励竞争，使社会财富迅速增长，劳动者能发挥最大的创造力，科技进步迅猛。这种想法是无法证明正确的，因为社会没有提供参照系。你们说一个劳动者为了温饱不得不拼命工作有积极性，还是替自己创造财富有积极性？

☺ 生：当然是替自己创造财富有积极性。

☻ 师：同样拿这点工资，一个科技工作者为老板创造财富有积极性呢，还是为全社会创造财富有积极性？

☺ 生：当然为全社会有积极性，至少还有个荣誉吧。

☻ 师：一个职业经理人，拿同样的收入，为全社会办好一家企业有积极性呢，还是为一个董事长办好一家企业有积极性？

☺ 生：应该是为全社会吧。

☻ 师：同样能拿到项目经费，一个学者是愿意自己挂名做，还是愿意把名字挂在别人后面做？

☺ 生：那还用问吗？

63-3
　　夫轻诺必寡信，多易必多难。是以圣人犹难之，故终无难矣。

☺ 生：轻易承诺的事肯定缺乏信用，把事情看得有多容易，做起来才知道有多难。所以圣人似乎把事情看得很难，为此做起来就不难了。可是现实中有些事做起来就是很容易啊。

☻ 师：不过老子说的情形还是存在的。是有随便承诺不讲信用的，也有轻视事情难度的。圣人就有点装腔作势了，做起来不难，偏要看作很难。

☺ 生：显摆自己呗。好难，你们做不来，只有我能做出来。要是这样，圣人好虚伪。

● 师：从实事求是的观点说，难就是难，不难就是不难。很难相信，把一件难的事看作难的，做起来会容易。

☺ 生：老子说话欠考虑。容易的事看作难的，是虚伪；难的事看作难的，做起来还是难的，咋会容易呢？

● 师：老子或许是针对那些太随意、太不当回事的人说的。随口答应别人，根本做不到；遇事总觉得自己能一蹴而就，结果根本完成不了。

☺ 生：的确有这种人，属于眼高手低的那种。觉得自己很了不起，结果一点能耐都没有。

● 师：人还是要眼高手低的，能耐是在做事中练出来的。没人一开始就眼高手高，一辈子眼低手低的人，没啥出息。手高眼低的人，我们上面说了，是被社会压制的很憋屈的，所以正常人应该是眼高手低的。

☺ 生：被老师绕进去了，眼高手低居然成了正常人。

● 师：眼光要高远，从小事做起。这样才能不断提高自己的能力，最后成为眼高手高的人。不过我建议你们还是成为眼高手低的人，做着平常的事儿，眼界要高一点，否则就没追求了。

☺ 生：不用老师说的。高考时能考一般大学的，总想着考上重点大学；能考上重点大学的，总想着考到世界一流大学去；能考上世界一流大学的，总想着考第一名。毕业后也会这样。人往高处走嘛，走得了走不了是一回事，想还是要想的。

● 师：承诺别人得像老子说的，不能太随意，否则无法兑现，信用成问题。言必行，行必果。

六十四章

64-1

其安易持，其未兆易谋。其脆易泮，其微易散。为之于未有，治之于未乱。

● ［注］泮：分开。

☺ 生：那些安定的事就容易保持，那些没有征兆的事就容易预谋，那些脆弱的东西就容易分开，那些细小的东西就容易散失。老子的这些比喻恰当么？

● 师：一般环境下，还是恰当的。在环境突变的情况下，就未必恰当了。

☺ 生：怎样才算环境突变？是革命或巨大的改革么？

● 师：是。改革如果是渐进式的，或许还称不上突变。如果是断崖式的，那就是突变了。

● 师：战争爆发也是环境的突变，有些脆弱容易分开的东西也会变得不容易分开了。比如有些社会阶层矛盾很深，很容易成为社会分裂的源头，可外敌侵入，他们或许就联合起来，一致对外了。如果突然间战败，也属于环境突变。一些细小的东西原来会扔掉，战败后生活一下子窘迫了，细小的东西也可能舍不得扔了。

☺ 生：还都能说得通。看来通过环境来分析才是最重要的。老子好像也意识到了这点，所以他说，**事情要在没有变化前就做，国家要在没有动乱之前就治理**。

● 师：老子不是针对环境说的，他说的是事情从量变到质变。意思是在质变之前要保持、预谋，不让其分开、散失。事情要提前做，国家必须在动乱之前治理好。

64-2

　　合抱之木，生于毫末；九层之台，起于累土；千里之行，始于足下。

● ［注］累：蔂，土笼，盛土的筐。

☺ 生：合抱的大树，是从细小生长起来的；九层的高台，是在一筐筐土之上建筑起来的；千里的行程，开始于脚下一步步地走。这道理太简单，谁都懂的，所有的大事都是一点点做起来的。

● 师：换一种说法，懂的人就不多了。人才培养，从素质开始；科学发现，从好奇心开始；创造发明，从思想自由开始；探求真理，从怀疑精神开始；社会公正，从言论自由开始；民族复兴，从教育投入开始；社会进步，从尊重社会科学开始……

☺ 生：想想是对的，也是懂的，恐怕做不到。

● 师：分析一下就知道了。没有素质还叫人才么？

☺ 生：素质必须从小就培养，现在家长焦虑于孩子输在起跑线上，根本管不了素质，一味灌输知识。

64-3

　　［为者败之，执者失之。是以圣人无为故无败，无执故无失。］

● 师：这句显然是上下文脱节，是别的章节错入的。"为者败之，执者失之"，二十九章中有。

☺ 生：那就不用解释了。

64-4

　　民之从事，常于几成而败之。慎终如始，则无败事。

☺ 生：老百姓做事，常常在几乎成功时却失败了。要是他们像对待开始那样谨慎地对待结束，就没有失败的事了。老子鄙视劳动人民哩。老百姓做事都是虎头蛇尾，做到快成功了就放弃，那官吏做事都能做到成功?

● 师：有鄙视的意思。不仅老子，孔子也一样，中国古代大多数文人都一样，把自己和管理阶层的人视为君子，老百姓统统是小人。

☺ 生：老子还算好的，只是说他们不能把事情做完。要是老百姓种粮，到最后收割了不干了，粮食全烂在地里，贵族吃啥?

● 师：这就是传统知识分子与马克思主义者的区别。在国家没产生之前，知识分子、文人、管理阶层还没有产生之前，氏族社会存在的基础是劳动大众，是他们创造财富和衣食之资。在管理阶层和文化阶层产生之后，劳动大众还是社会的基础，还是社会生存之资的创造者，反而被文人视为事都干不成的群体了。只有马克思主义者才能清醒地认识到社会财富和价值是劳动者创造的，"劳心者"最多也就是社会财富创造的组织者和管理者，不是创造本身。

64-5 ［是以圣人欲不欲，不贵难得之货；学不学，复众人之所过，以辅万物之自然而不敢为。］

● 师：这句显然与前面没关系，多数学者认为是后人加上去的。不妨也解释一下。

☺ 生：所以圣人的愿望是没有欲望，不把难得的东西看成珍贵的；学习怎么才能不学习，弥补众人的过错，以此来辅助万物的自然运行，自己却啥也不敢做的。圣人没欲望，不把值钱的东西当回事儿也就算了，竟然还提倡不学习。不学习的人咋弥补众人的过错? 连对错恐怕也不知道。

● 师：老子的意思是，啥都不学，啥都不做，毫无欲望，这就对了，顺其自然了。拼命学习、拼命做、拼命追求价值高的东西的人，是错的。正因为有圣人无为无欲，才能弥补一下大家奋力而为的错误。

☺ 生：老子眼中的圣人不存在，道家后来都追求起长生不老，对长寿的欲望强烈得死去活来。佛家看破红尘，不也追求涅槃，追求去极乐世界嘛，欲望也很强烈。对欲望，佛道两家努力得很哩。道家拼命炼丹，搞长生不老药，佛家拼命修行，面壁十年的努力可是拼了命才做成的。他们不学习么？老道们学了很多炼丹术，和尚弄出那么多佛经，难道是不学无术的结果？

● 师：分析得不错。老子的无欲无为，要是只针对封建统治阶级说的，或许有点积极意义，让他们少贪点、少剥削点。不过估计没有效果。

☺ 生：我看也是。或许贪不到的人，会拿老子的理论安慰一下自己的心理，当然至少得衣食无忧，否则在安慰中饿死。

● 师：面对"劳心者"高于"劳力者"的现实，心理安慰还是要有的。

☺ 生：又是那句话：合理的未必是现实的。

● 师：合理性是社会的发展方向，最终都会变成现实的。这个"最终"需要很长很长时间去实现。把合理性当作人类的理想——不是你人生的理想，在你短暂的一生中，只要看到前进一小步，就是胜利了。

☺ 生：难怪在被不合理现象包围的社会里生存，人要有一点自我安慰的精神。阿 Q 的精神胜利法还是很有用的吧？

● 师：阿 Q 的精神胜利法，肯定是愚蠢的。我们看到社会在向共产主义一步步迈进，这就是正能量。比如单位里提出工资向一线劳动者倾斜，虽说不能完全杜绝剥削现象，可至少向文明迈进了一小步。凡向文明迈进一小步，我们就有理由自我安慰。这就是崇奉理想并在异化的现实中奋斗的人生。有了共产主义理想，就能很好地甄别正能量和负能量。

☺ 生：正能量是希望，不是编造理由来自我安慰的精神胜利法。

● 师：人要有欲望，没欲望是植物性生存。东西也有贵贱，贵贱的

标准是根据价值观不同而不同的。大众以金钱的多少来衡量贵
贱，有共产主义理想的人，会有向共产主义迈进的文明来衡量贵
贱。那些被炒得再高的奢侈品，再贵也没多少价值；那些能解放
劳动力的人工智能、机器人才是贵的、有价值的，因为共产主义
最终是解放劳动力，让人们有更多的休闲时间来从事创造活动，
获得生活的乐趣。

☺ 生：机器人会导致大量劳动力失业，大家好像对此忧心忡忡。

● 师：那是从私有观念发生的担忧。正能量是缩短人们的劳动时间，
人们的劳动时间从六天变成五天，现在有些国家开始尝试四天
了，随着机器人的普遍推广，我相信会越来越短。这就是共产主
义在一步步地实现。

六十五章

65-1

古之善为道者，非以明民，将以愚之。

☺ 生：古代善于推行道的人，不是让老百姓明白，而是让他们愚蠢。老子这话说得过分了。带领人民大众朝前走，不要告诉他们到哪里去。

● 师：并非老子过分，而是他不能摆脱自身的贵族身份，站在自身阶层的角度，视域上无法跨越。绝大多数人的视域都不能跨越自身阶层的局限。封建社会，老百姓没有读书机会，对上层建筑和意识形态那套，或许是不明白，但对私有制社会的本质，即私有财产争夺，老百姓能不明白吗？自己辛苦劳动的成果，被"劳心者"夺走，能不明白吗？为啥能夺走，就因为君主拥有军队和警察。对此老百姓会不明白？

☺ 生：自己的东西被人抢走，再傻的人也明白的。

● 师：不是老百姓不明白，而是没有话语权。他们不明白的，只是越搞越复杂的那套儒家意识形态。对私有财产的二次分配，百姓心里明镜似的。

☺ 生：那就是说，封建朝廷通过知识分子、文人搞那套儒家学说，就是为了把明白的百姓搞糊涂，让他们不明白的。

● 师：这才说到点子上了。

☺ 生：骗百姓的目的，就是掩盖封建阶级的剥削性。

● 师：正确。把皇帝叫天子，应受万民的景仰，大家都必须供奉他。说白了，你不就是个管理者嘛。百姓给你一些特殊待遇，也就为了你管理方便，你跟天啥关系？

☺ 生：天子可是封建社会最高统治者，是权力的顶峰，具有生杀予夺之权。

● 师：文人弄出一套套意识形态，都为了证明权力的顶峰跟"老天"

有关系。管理权是必须有的，管理权中的剥削属性是异化的不合理性。

☺ 生：弄到最后，读了许多书的封建文人，把自己搞糊涂了，老百姓成了明白人。

● 师：至少老百姓是深切感受到被剥削的。

65-2 **民之难治，以其智多。故以智治国，国之贼；不以智治国，国之福。**

☺ 生：百姓难以治理，是因为他们智慧的人太多。所以用智慧去治理国家，是对国家有害；不用智慧去治理国家，才是国家的福气。老子的意思是要大家糊涂，上下都糊涂，国家就治理好了。

● 师：要是大家都糊涂，还会有国家么？还会有国家政权么？

☺ 生：国家和国家政权是智慧的产物？

● 师：国家政权是私有财产发展到一定规模的产物。私有财产产生之后，人们的心思全花在这上头了，就像动物一天到晚在找吃的一样。

☺ 生：当时的人一天到晚在想多弄点钱？

● 师：当时还没有钱。不说一天到晚，至少绝大部分时间想着怎样使自己的财产更多点。人民公社那会儿，在集体劳动之外，开块自留地，搞点私活，让自己生活好点也是天经地义的。估计私有财产产生之后的氏族社会，也有人开自留地，干私活。大家这样一搞，集体劳动就没了积极性。有些人财产多了，就开始雇用别人劳动，剥削别人。有剥削自然有不满，偷富有者的财产就会出现。面对偷盗，私人武装就会出现。私人武装从保护财产到抢夺别人的财产，就变成了军队。富有者靠军队彼此抢夺，就成了国家。拥有私人武装的人成了管理者。如果你想不被别人抢，我可以派军队保护你，但你必须纳税。

☺ 生：这样就有了被管理者，保护的范围成了国家的疆界。

● 师：从本质上说，最早的国家政权是为保护和掠夺私有财产而诞生的，如果哪天私有财产消亡，国家政权也会消亡，或者说国家政权的保护和掠夺属性也会消亡，只留下管理属性。

☺ 生：从这个意义上说，国家政权根本就不是治理国家的，而是为了保护和掠夺私有财产。管理国家的目的是更好地保护和掠夺私有财产。

● 师：开始时，治理的目的只是更好地捍卫国家内部的私有财产免遭其他国家掠夺，也是为了把国家内部掠夺私有财产的剥削行为制度化、"合法化"，即更有效地进行剥削。

☺ 生：剥削阶级时刻惦记着咋剥削更有效。工业革命之后，当权者发现自己靠权力盘剥，完全没有靠资本进行大工业生产盘剥剩余价值有效，于是权力盘剥让位于资本盘剥。被剥削阶级也不傻，原来是没有人身自由的奴隶，虽说劳动成果全被拿走，可至少还能吃饱了劳动，后来有了人身自由，劳动成果大部分被拿走，只能过半饥半饱的日子。后来土地又被弄没了，只能出卖劳动力过活，日子就更悲惨了。原来种地还有农闲，后来每天工作十小时，全年无休，日子依然是半饥半饱。被剥削的感受可是实实在在的。

● 师：所以老子要大家用糊涂来治理好国家，岂不是痴人说梦！

☺ 生：要是封建统治者真糊涂到忘了收税，老百姓乐得糊涂。

● 师：资本主义的主要剥削形式并不是靠税收，靠的是通过资本对剩余劳动占有。这是最有效的剥削形式，也是私有制异化的极端，这是人类最黑暗的时期，也是人类曙光诞生的时期。

☺ 生：被老板剥削得都喘不上气了，曙光在哪儿？请老师明示。

● 师：资本掠夺与权力掠夺是相矛盾的。权力掠夺必须通过税收实施，而税收又不能不包括资本掠夺来的那部分剩余劳动成果。于是资本家们对政府的权力掠夺很不满，资产阶级革命由此爆发。老百姓深受权力掠夺之苦，当然会支持资产阶级革命。这样就使得各国的君主制纷纷倒台。君主制的倒台，意味着以权力掠夺私有财产为本质的国家政权终结，以维护资本掠夺为本质的政权诞生。也就是说，国家政权的掠夺属性开始向管理属性倾斜。

☺ 生：权力的掠夺属性还是存在的吧，不会完全丧失。

● 师：我说的是倾斜，并不是完全丧失。封建政权与资本主义政权的本质差别在于：封建政权管理就是掠夺，天下的财产都是皇帝的；资本主义政权的管理则是维护，维护资本掠夺的合法性。这种差别使得政权的管理职能成为权力的主要功能，管理属性盖过了剥削属性。

☺ 生：是一种进步。资本主义政权改变了政权的本质属性。接下来的问题应该是，改变资本主义政权管理的目的，使之从维护资本掠夺的目的，转变为维护社会公正的目的。

● 师：对。这就是人类文明进步的曙光。可以说，世界处在最黑暗的时代，也处在一个看到光明的时代。最黑暗是因为私有财产掠夺竞争进入白热化的时期，资本主义社会的剥削程度达到了人类历史上的顶峰，没有哪个时代贫富差距会像资本主义社会那样巨大，没有哪个时代富有阶层的人能像资本主义社会那样，闭着眼睛都能挣钱，一些投机资本每分每秒都会使金钱源源不断地滚进自己的腰包。说资本主义社会是看到光明的时代，是由于政权管理属性的显现，所有的正义在理论上都已成立。诸如人人平等、受教育权、生命权之类的，在法律上都成立，只是在现实中还远远做不到。

☺ 生：做不到是因为管理的目的是资本掠夺吧？

● 师：有钱人把你打死，他得偿命；有钱人雇你干活，剥削你的剩余价值，那是合法的，是受法律保护的。老板揽到活，你可以不干，他可以找别人干。

☺ 生：看上去是老板给工人生存的机会嘛。

● 师：其实不是，而是老板掌握了生产资料，更重要的是，形成了一个没有任何生产资料的无产者阶层，这个阶层为资本家剥削提供了一个庞大而廉价的劳动力市场。经济全球化的一个本质含义就是：在全球范围内，提供最廉价的劳动力市场。

☺ 生：哪儿工人工资低，资本家就把工厂开到哪儿。

● 师：在私有制社会体制下，只有让地主老财、资本家，甚至金融寡头进行剥削，政权才能从掠夺性转变为管理性。人类没有找到用其他办法来转变政权属性的途径。

65-3

　　知此两者亦稽式。常知稽式，是谓"玄德"，"玄德"深矣，远矣，与物反矣，然后乃至大顺。

● [注] 稽式：楷式，法则。大顺：自然。

● 师：这里的"两者"是指上面对国家有害和有福。

☺ 生：了解两种治国的方法也是应该遵守的法则。经常去了解这个法则，这就叫"玄妙的道德"。"玄妙的道德"很深刻很深远的哟。老师，这里的"反"，是返回还是反面？

● 师：两种理解都有。

☺ 生：还是理解为"反面"顺一点。治理国家毕竟与事物相反，然后才能达到自然。老子说实话了，治国不能无为了吧，愚民也是要花一番功夫的，花功夫就是有为，就与事物相反，在愚民之后，大家都愚蠢了，才能达到自然无为。

● 师：这是比较以智治国和以愚治国，相对于以智治国，以愚治国还算是无为的。

☺ 生：老子要遵守的法则，就是以愚治国的法则吧？说着说着，他就赞美起这个法则，称之为深刻而玄妙的道德。这好像跟我们所说的道德，一点关系都没有。

● 师：大家都愚蠢了，就可以无为了，无为了就是遵守道了，也就体现了玄妙的道德。老子的德就是道的体现。

☺ 生：把愚蠢当作治国的法则，称之为深刻的道德，老子把别人说得一愣一愣的，自己肯定偷着乐呢。

● 师：是不是偷着乐我不知道，不过老子说到这里，肯定很得意。

愚蠢的才是最好的。你们敢这么说吗？你们有理由这样说吗？你们说得通吗？我就能。——老子保不准心里如此得意地想。

☺ 生：那叫啥理由。完全是胡说八道。

● 师：在科学不发达的老子时代，能说到这个份上，真够一绝。我看绝大多数人反驳不了，真的会一愣一愣的。

六十六章

66-1　江海之所以能为百谷王者，以其善下之，故能为百
谷王。

● [注] 百谷王：百谷，百川。王，天下归往。

☺ 生：江海之所以能成为百川归往的地方，因为它善于处在低下的
地方，所以能成为百川归往之地。古人认定水往低处流，没认识
到有地心引力，理由只是"低处"。老子这话在古人看来，理由充
分明白。

● 师：这就是"常理"为什么会被视为真理。人们观察下来，水都
往低处流的，所以低处就成了吸引水流、百川归往的地方。可对
于讲科学的人来说，这不是真理，只是事实。

☺ 生：事实难道不是真理？

● 师：当然不是。水往低处流是事实，搞清楚为啥会往低处流，才
是真理。经验是根据事实得来的，真理却是经过科学论证得来
的。比如适当运动能使人延缓衰老，使人更健康，通过每天运动
的人和不运动的人比较，我们得到这样的事实。

☺ 生：也有不运动的人比运动者长寿的吧？

● 师：当然有。在经验中，比例还是起重要作用的。运动者比不运
动者长寿的比例高很多。古人试中药也一样，所有草药都会有不
良反应，只要不良反应轻微，人体完全能接受，那就是好药。你
不能说所有试药者不良反应都轻微，有些敏感体质的人，可能反
应很强烈，但这占的比例极小，人们会忽略不计。生命就是细胞
代谢的过程。随着老年的到来，代谢能力会越来越弱，运动会提
高代谢能力，但运动过量，会超过器官的承受能力，器官使用过
度也会折寿。代谢越来越弱，器官能承受的运动量也越来越小，
衰老和死亡是必然的。

66-2

是以圣人欲上民，必以言下之；欲先民，必以身后之。是以圣人处上而民不重，处前而民不害。是以天下乐推而不厌。以其不争，故天下莫能与之争。

● [注] 重：累。

☺ 生：所以圣人想凌驾于百姓之上，必然在语言上表现很谦下；想把自己放在百姓之前，必然把自己放在百姓之后。为此圣人凌驾百姓之上，百姓却不觉得累，处在百姓之前，百姓却不觉得有啥坏处。所以天下人乐于推崇他们并且不会厌弃他们。因为圣人不与世争，所以天下没办法跟他争。老师，老子这段，像是骗子的言论。

● 师：咋像骗子言论啦？

☺ 生：想骑在别人头上，话还说得很谦卑。想争先恐后，故意让着别人，最后时刻一下子冲到别人前头去了。老子甚至认为，这样被骑的人感觉不到累，被人插队还说没啥坏处。这不是骗子的理论吗？

● 师：实质上封建社会的官员都这样。

☺ 生：百姓真有那么傻吗，认为他们说的是对的，乐于接受？

● 师：百姓心里像明镜似的。国家诞生之后的社会，就是为私有财产你争我夺的社会。但随着社会的进步，国家是在制度上、社会观念上设置了越来越多不能争的限制。比如元朝的官员是可以直接到老百姓家抢东西的，现在官员行吗？

☺ 生：当然不行，不要说上门抢东西，就是强行进老百姓家，也判你私闯民宅。

● 师：孩子读不起书，以前跟官府没关系，现在当地政府是有责任的。私有制社会衡量事物的一个标准就是钱。社会视为荣誉的事，光有一张奖状不行，得给钱。

☺ 生：一切得向钱看吧？

● 师：不能说一切向钱看，而是钱应该作为衡量的一个标志。

☺ 生：有钱才能让社会尊敬你，这是私有制社会的本质。人们喜欢称别人为"老板",因为社会中老板最有钱。

● 师:钱当然有个限度,社会中最高级的劳动必须保证可以挣得衣食无忧的收入,否则在"利"字当头的社会,社会价值观就会扭曲。在衣食无忧的保证之后,再辅以各种荣誉,这样才能匡正社会的价值观。

☺ 生:我忽然发现,古人的价值观跟我们有巨大的差别。古人认为社会主体是统治阶级,似乎没有统治阶级就没有社会;我们认为社会主体是创造财富的劳动者,随着科学技术是第一生产力观念的深入人心,主体中最重要的部分就是一线的科研人员,他们才是"圣人"。

● 师:我认为各行各业都有"圣人"。比如我们一直说资本家靠剥削工人活着并致富,但如果是一个真正的企业家的话,就不是为一己赚钱了。他是为提高人类的生活质量奋斗着。没有这些企业家,科研工作者再好的发明创造,也不能转化为生产力,不能转化为提高人们生活质量的实实在在的东西。比如发明空调,把空调做好,使成本降低到能走进千家万户,给老百姓带来恒温的环境,做到这点,那么这个企业家就是好企业家,很好地完成了他的社会责任。这就像一个好老师那样,培养出学生,使他们能顺利进入社会,成为创造社会价值的劳动者。

☺ 生:那管理阶层也应该有圣人的吧?

● 师:对管理者要求也不能太高,在既有的社会制度上能管理好国家、地区,通过改革使社会制度向文明更进一步,差不多接近圣人了。比如邓小平在党的十一届三中全会后,拨乱反正,实行改革开放政策。于是经济发展了,老百姓生活水平提高了,推崇他是自然的。老百姓就是一面镜子,明白着呢。

☺ 生:老子所说的与世无争,用欺骗的手段来愚民之类的,那是自我吹嘘自己是圣人吧?

● 师:民以食为天,官以民为天。理论上都会说,实际能做到,才算是圣人。

六十七章

[67-1] ［天下皆谓我："'道'大，似不肖。"夫唯大，故似不肖。若肖，久矣其细也夫！］

- 😊 师：这一句显然跟后面不连贯，前面讲道与德的关系，从这章开始，主要讲德。所以有学者认为，这句应该移到三十四章"故能成其大"的下面。不过我们还是翻译一下。

- 😊 生：老师，"肖"是像的意思，原文中后面像什么没有说。

- 😊 师：从后面的"细"来看，老子的意思是指巨大的有形象的东西，可以翻译成"具体的东西"。

- 😊 生：天下人都告诉我说："'道'很广大，仿佛不像具体的东西。"只因非常广大，所以才看似不像具体的东西。如果像的话，那么早就成了非常细小的东西了。为啥说像的话，就成非常细小了呢？

- 😊 师：大象无形，物极必反的观念。老子把道视为广大无边的东西，大到看不见具体形象，因为大到无形，所以也是最为细小的东西。在辩证思维者眼里，事物对立面的极端是统一的。

- 😊 生：辩证思维看上去很美妙，可真这样去想具体的东西，未必对立面的极端是统一的吧？臭到极致就是香，或许能理解，可坏到极致就是善么？

- 😊 师：你能举出坏到极致的人么？俗话说，虎毒不食子。再坏的人也会护自己的犊子，除非犊子威胁到他的财产或权力。如果一个人坏到极致的话，那么所有人在他眼里都是工具，包括自己的父母、孩子，他的社会性一点也没有了，这样的人完全不能在社会上生存。好到极致的人，他身上有社会性么？没有一点自私，在私有制社会里就没有任何生存的资本，他没法活，这样的人也不能在社会上生存。

☺ 生：老师还真能把至善与至恶统一起来。

● 师：只是理论上的统一，现实中根本就不存在极端的善恶之人。在现实中，我们很难知道某种情形是不是走到了极端，极端在哪儿是不容易判断的。往往一个事物在将近极端时，就会走向反面。战乱时代，死于战乱的人很多，人口锐减，难道人都死光了，才能走向和平么？

☺ 生：没人了，和平有啥用。

● 师：到底死多少人，才是极端，才会换来和平，谁都无法判断。正因为人们害怕走到极端，儒家就提倡"中庸"。中庸之道是不想走向极端的美好愿望。

☺ 生：为啥是美好愿望，难道不能成为现实么？

● 师：中庸之道看似在追求平衡，避免极端，实质是追求不到的。任何平衡都不是追求来的，而是斗争的结果。没听说过富有国家把财产拿出来跟贫穷国家平均一下，以达到平衡。

☺ 生：发展不要这么快，等等落后国家，走个中庸之道，共同奔发达。富有国家不会这么干。

● 师：你不竞争搞中庸，别人就把你当傻子。有机会有能力当公司高管，你们会乐于混在公司中层来实现中庸之道么？

☺ 生：那是傻子。考试能考满分，非得弄个中等，没这样的人。

● 师：为私有财产展开的竞争，自然也导致了科学技术的迅速发展。有资本或权力者，努力想通过资本或权力为自己争得更多财产，个人如此，国家也如此。

☺ 生：要是没有竞争，世界经济发展是不是就没那么快呢？

● 师：没有竞争当然发展会放缓。但人类的竞争未必一定要为了私有财产，还可以为了其他。当一个人吃穿住行之类的生活问题解决后，需要别人认同的荣誉感就会上升。不少科学家、发明家和文人不仅仅是为了钱才奋斗一生的，他们有的是为了爱好，有的则是为了荣誉。要是使他们生存成问题，他们不得不为钱而奋斗。

☺ 生：可能不为考试，只为爱好和荣誉去学习，更加有动力，更加自觉。自己喜欢的东西，肯定会花时间，这方面比别人懂得多，得到别人的赞美，自己就会更加喜欢，更加愿意花时间去研究。

● 师：为钱竞争，是低级竞争；为荣誉竞争，才是高级竞争。你不能说运动员都是为了拿奖金而竞争，肯定有为了荣誉为了金牌而拼搏的。

☺ 生：老子的无为，孔子的中庸，都跟竞争无关。

67-2 我有三宝，持而保之。一曰慈，二曰俭，三曰不敢为天下先。

☺ 生：我有三件宝贝，持有它们并且保护好它们。第一个叫仁慈，第二个叫节俭，第三个叫不敢抢在天下人之前。老子标榜自己品德高尚哩。

● 师：的确是三种品德。老子虽说把德作为道的具体体现，可真正讲道德时，他完全忘了这点。照理说，他的德应该是随波逐流、与世推移，顺应道的规律。可道德并非无为，而是人们行为向善的努力。

☺ 生：是啊。有仁慈之心，无仁慈之为，那就是空谈。看到悲惨之事，"啧啧啧，老作孽的"感叹一番，毫无善举地离开。我最讨厌这种人。

● 师：你认同了老师"人是行为结果"的观点。说一大堆漂亮的话，谁知道是真话假话；弄出一大堆丰富的表情，谁知道你是心灵感受的流露，还是在人前的表演。说自己仁慈，你得列出自己仁慈的行为事迹来，否则，谁信！

☺ 生：节俭总是行为吧。一分钱掰成两半花，钱省下来，那是实实在在的。

● 师：节俭的事是要讲相对性和限度的。相对性的意思是，相对于什么事情上节俭。在一些根本没必要的东西上消费，比如有人玩游戏，有人不玩，你玩游戏尽量少花钱，觉得自己很节俭，相对不玩的人来说，那就是浪费。

☺ 生：要这样说，那只有吃穿住行、学习工作上的花费，才是必需的，在这些上少支出，才是节俭。

● 师：那倒未必。要相对于当地的生活质量来说。在贫困地区，温饱成问题，超出温饱的消费就属于奢侈消费了，你拿着仅够温饱的钱到处去浪，跟节俭相去十万八千里。生活在发达地区，只允许你温饱，不让你旅游，必须把钱节省下来存银行，那不是节俭，而是吝啬。

☺ 生：浪费、节俭、吝啬，咋区别？

● 师：这是节俭的限度问题。过度节俭就是吝啬，过度不节俭就是浪费。这个度得根据自己的收入和当地的生活水平来掌握，也就是必须把限度与相对性同时考虑在内。比如你收入高，出行就坐头等舱，入住必住五星级以上酒店，这些高消费的钱相对于你的收入只是毛毛雨。我们不能说你这是浪费。

☺ 生：肯定不属于节俭吧？

● 师：那当然。但如果你生活在并不发达地区，或只是小康地区，固然收入很高，但你事必高消费，那就是奢侈了，属于浪费了。

☺ 生：生活在发达地区，收入水平高的人高消费不属于浪费？

● 师：毕竟高消费的产业存在，并会在很长时期内存在，总得有人高消费。

☺ 生：一个大老板组织生产、销售，或许是进行了不少劳动，但企业中实际干的人付出的劳动更多，凭啥老板就给一点工资，利润全归自己？

● 师：凭的就是他拥有资本，占有生产资料。如果一个企业创造的利润，全部拿出来根据劳动付出进行分配，老板只拿自己的劳动付出，那就不存在剥削现象。既然老板大部分的钱是剥削来的，剥削来的钱就应该带有扶贫帮困的社会责任。

☺ 生：法律并不认可这种隐形的社会责任。

● 师：这是一种道德责任。我从来没觉得企业家、老板为扶贫帮困捐钱捐物有多么了不起，反倒觉得有天经地义的成分。

☺ 生：再怎么说，也算是一种义举或善举吧？

⚫ 师：算是吧。不过也是完成一种道德的社会责任。他们捐再多的钱，跟穷人拿出节俭下来的钱捐助，不可同日而语。钱是有其性质的。劳动所得，那是俗话说的"血汗钱"；剥削所得，那是盈利；非法所得，那是赃款。用血汗钱捐款是道德，用盈利捐款是责任，用赃款捐款是"洗白"。性质完全不一样。所以发达地区劳动价值高，收入高，富人剥削性质的钱可能少一点，他们高消费更合理一点，贫穷地区的富人高消费却不顾社会责任，道德就有问题了。

☺ 生：不管咋说，高消费跟节俭无关，总是属于浪费吧？

⚫ 师：节俭原本是个人的事，为啥成为一种美德呢？

☺ 生：因为世界上还有许多穷人存在吧。世人还有人饿死，你浪费食物，肯定是不道德的，所以节俭是美德。

⚫ 师：地球资源是全人类的，你有钱而且是剥削来的钱，奢侈消费，那就是用非劳动所得来浪费地球资源，这里面有反人类的性质，所以奢侈浪费是一种犯罪。当然各国法律还没先进到对此进行审判的程度。

☺ 生：有些国家浪费食物要罚款的，像德国。

⚫ 师：以后随着社会再进步一点，奢侈浪费会被越来越多的人视为犯罪了。现在一些文明程度高的国家，人们会鄙视奢侈浪费。在我们国家，少数人觉得奢侈是有"面子"，受到追捧。我们要区别浪费和节俭，画一条界线，恐怕各地因其经济、文明程度不同而不同，甚至各民族的价值观有差异，也会不同。

☺ 生：那节俭和吝啬的区别，各地也会不同吧？

⚫ 师：道理是一样的。一般而言，有能力消费，不肯消费到影响正常生活的地步，那就是吝啬了。不影响正常生活，为了面子观念而花费更多的钱，那就是浪费了。

☺ 生：正常生活，各地的人想法不同。

⚫ 师：这就是地区和民族等的观念差别了。

67-3

慈故能勇；俭故能广；不敢为天下先，故能成器长。

● [注] 器长：万物的首领。

☺ 生：仁慈所以能勇敢；节俭所以能宽广；不敢抢在天下人之前，所以能成为万物的首领。老师，万物的首领是啥意思？

● 师：不敢抢先，反而事事领先。老子的意思是万事快大家一步。不抢先反而在前，这是老子对立统一的观点。

☺ 生：仁慈能勇敢，见不得别人被欺负，挺身而出；节俭能省下钱，钱多了，到处游一游，开拓知识面，心胸就宽广了，这说得过去。不抢先反而领先一步，竞争型社会，能做到么？

● 师：不能做到。你们认为能么？

☺ 生：不能。

● 师：不过老子的意思可能是，大家抢先争错道了，我落在最后，改道时，就成了最前面了。

☺ 生：也对。从老子对立统一的观点说，你们往前跑，我往后跑，统一到另一极端时，我就是第一。

● 师：理论上是这样。现实中发展到极端的事情并不多见。人生短暂，你要等一事物发展到极端而回归，那"活久"也未必见，一生估计就在等待中玩完了。

☺ 生：等大家发现走错道再返回时，你没死也老得走不动道了。

● 师：拿教育来说，应试教育肯定不如素质教育，专家们说了一大堆理由，道理大家都懂。但社会现实就是应试教育，家长们为孩子不输在起跑线焦虑，为分数能不能进重点学校焦虑。家长们都望子成龙，望女成凤，说白了就是希望自己的孩子在高考的社会分层中，被分到高一点的层次，以后挣的钱多点，生活得好点。大学录取把素质衡量作为主体，应试作为次要的，是完全可能实现的。

● 师：当然可以把孩子培养成既是学霸，各方面素质又很高的人才。

☺ 生：这太难了。

● 师：是很难，成功的概率极低，低到你根本不敢去尝试。于是你只能抱着素质教育的理想，把孩子培养成应试教育的学霸。

☺ 生：我们还没结婚生孩子，老师就为我们预想了绝望的以后。

● 师：理想要有，但得适应异化的现实。孩子的素质教育不能放弃，既然高考只是应试，那就应该以应试教育为主，素质教育为辅。或许你的孩子在应试分层中输掉一两个层次，在以后社会工作中靠素质还能赢回来。毕竟社会是集群化生存的，素质好的人，在集群中更能赢得人们的尊重。

☺ 生：这样说还有点安慰。

● 师：所以老子不抢先而先，在现实中根本不适用，也不太可能。

67-4

今舍慈且勇；舍俭且广；舍后且先；死矣！

● ［注］且：取。

☺ 生：现在人们舍弃仁慈来求取勇敢，舍弃节俭来求取宽广，舍弃谦让来求取争先；那是作死呀。不讲仁慈的勇敢，很残暴吧？不节俭就没钱，不管宽广是指见识广还是指钱多，反正工薪阶层不节俭都做不到。

● 师：没有仁慈的勇敢，仅仅是暴力行为。我看大多数人在"被迫"的环境下，都会实施没仁慈心的暴力。战争期间，上峰命令你屠杀无辜平民，你不敢抗命。屠杀一起，嗜血兽性大发，老弱妇幼统统杀光。如果没有"被迫"的环境，或许还有仁慈可言。"被迫"是人社会化生存的最好诠释。

☺ 生：每一次无仁慈的残暴之后，人们总会用"被迫"来替自己辩解。这就是"集体无意识"吧。集体犯的罪，不应算在个人头上。

● 师：个人风险必须由集体承担，这是一种文明进步。反过来说，集体的罪恶也必须由集体中的每个人承担，这也是一种文明进步。

☺ 生：法不责众。

● 师：法不责众肯定是错的。大家一起上，就可以犯罪么？

☺ 生：人数众多的确很难责罚。

● 师：不是难，而是文明还没进步到这份上。当然你要把集体中的
每个人都抓起来坐牢，是不可能的。既然产生了迫害行为，参与
迫害的人，就得承担后果。这是社会文明的一个标志。

☺ 生：参与迫害的人说我没出手，只是旁观，没法甄别清楚哇。

● 师：高空抛物砸死、砸伤了人，甄别不出谁抛的，整幢楼就得承
担责任。道理是一样的。承担的方式并非只有坐牢一种。比如社
会有诚信记录，不讲诚信者会被列入黑名单，在以后的社会生活
中，会受到种种限制。坐过牢的人，也会有档案记录，以后找工
作就比没前科的人困难。集体暴力行为，也应该记录在案，就算
不坐牢，也该归入有前科的人。

☺ 生：也对。至少人们会在参与集体行动时想一想是对是错，集体
就不会无意识了。

● 师：一种社会罪恶，要是没人承担后果，就会一而再，再而三地
发生，社会就无法进步了。文明的发展在于，产生了一种罪恶之
后能够反思，并使制造罪恶的人承担罪责。你不能说，二战打完
了，战争的参与者统统回家没有任何处罚方式，而至少要对战争
的发动者进行审判，要让在战争中杀害无辜平民的人付出代价。

67-5
夫慈，以战则胜，以守则固。天将救之，以慈卫之。

☺ 生：仁慈，以此来打仗就能胜利，以此来守备就能坚固。老天要
拯救谁，就用仁慈来保卫他。哇，老子把仁慈抬到很高的地位，
认为它战则能胜，守则能固，是危难时的金钟罩。

● 师：有些夸大，强调过分了。仁慈有一定的现实力量，不会无所
不能。在集体化生存中，仁慈地对待别人，自然会赢得大家的好

感，这是你在社会中立足的基础，尤其对一个能力有限的人来说，至关重要。

☺ 生：为啥对能力有限的人至关重要？

☻ 师：在集体中能力强大的人大家只能容忍，因为失去这样的人，集体的整体竞争力就会下降。这就是为啥个别有才华的人很张扬，会有种种的怪癖。比如大学中有些教授"飞扬跋扈"，校长只能睁一只眼闭一只眼，同事们对他的脾气也忍让三分。

☺ 生：对对对。据说有学校老教授上课一支接一支抽烟，学生不说什么，反而都愿意听他的课。他课上得好，学校也只好默许。

☻ 师：无论是小学、中学还是大学，上课好，受学生欢迎，就是能力。有些上课一般、学术水平了得的老师，学校也只能容忍他的怪癖。哲学家维特根斯坦在剑桥大学当讲师，不愿意去学校上课，所以学生们只好带上小板凳，到他家的客厅里去听课，对此学校也无能为力。

☺ 生：这也太牛了。想想也是，人家是世界著名哲学家，数理逻辑大师，名头摆在那儿，学校又奈他何？

☺ 生：明白了。能力强的人，集体需要你；能力不强的人，你需要集体。需要集体就得搞好同事关系，在集体中常有仁慈之举，获得同事们的好感，你才能在集体中牢牢地站住脚。

☻ 师：仁慈不等于退让，不是做老好人，毕竟在集体中，争权夺利在所难免。竞争是有规则的，也是有公理存在的，这决定了仁慈的限度。

☺ 生：自己的劳动果实被别人抢走，如果对方家庭困难，你发挥一下仁慈，不计较了，肯定是不对的吧。这毕竟违反了竞争的公平原则。

☻ 师：我劳动所得就是我的，同事有困难，我拿钱帮助一下是可以的，但社会公平不能打破。这就是仁慈的"度"。仁慈行为有限度，仁慈的效果自然也是有限的。

☺ 生：老子显然夸张得厉害。打仗讲仁慈会胜利？我看只有失败的份。

● 师：打仗想胜利也是要讲仁慈的，只是有个"度"。优待俘虏，对百姓秋毫无犯，这就是战争中的仁慈。对敌人却不能手软，不能讲仁慈，否则还打啥仗，直接投降算了。

☺ 生：人民战争的汪洋大海，就是战争中仁慈造就的。得民心者得天下，战争最终的胜者，是得民心的一方。

● 师：二战时德国入侵苏联，此时苏联民怨沸腾，百姓面对强迫搞集体农庄导致的大饥荒，上层面对斯大林残暴大清洗，假设侵略者对民众秋毫无犯并且优待俘虏会怎么样？

☺ 生：那希特勒肯定赢。当时集中军司令大部分被清洗，有些部队积极要求加入德军，直接当了伪军，可德军不待见他们。

● 师：侵略者不是解放军，他们不把被占领地区的居民当人，侵略就是为了抢夺。要是侵略者扮演解放军的角色，情况可能就不同了。

☺ 生：希特勒没脑子，他把俄罗斯人当劣等民族。

● 师：不是没脑子，是侵略者的本性。这种本性转移了苏联的国内矛盾。苏联强迫搞集体农庄，许多人不愿加入，宁可把自己的牲口杀掉，把自己的家具毁掉，也不愿意自己被赶进农庄后，私产成为农庄的财产。集体农庄建设使苏联的农村经济一落千丈。在发生大灾荒后，政府宁愿把储备粮换成外汇，大力发展工业，而不愿意赈济灾民，导致饿殍遍野，民众的反抗又遭到镇压。沸腾的民怨蔓延到政府与军队，斯大林就对军队与政府进行大清洗。可以说，此时苏联的国内矛盾已经很尖锐了。

☺ 生：没想到，门外来了个更狠的，算了，只能先把更狠的赶出去。

● 师：仁慈在战争中是有大作用的，侵略者没有仁慈之心，他们根本不懂这个道理。

六十八章

68-1

善为士者，不武；善战者，不怒；善胜敌者，不与；善用人者，为之下。是谓不争之德，是谓用人之力，是谓配天古之极。

● ［注］士：将士，军队首领。不与：不争。配天古：配天，符合自然；古，这是多出来的字。极：标准。

☺ 师："古"是多出来的字，古文里"古"有"天"的意思，所以就窜进去一个字。

☺ 生：善于当将帅的人，不讲武力；善于打仗的人，不会被激怒；善于战胜敌人的人，不跟对方单挑；善于用人的人，把自己处在别人之下。老师，这里的武力应该指个人武功吧？

● 师：可以这样理解。为将者师者没必要武功很好，像项羽那样弄得像大力士一样，动不动就跟人单挑，只能是武士，不能成将帅。为帅者遇事要冷静，性情急躁容易被激怒，失去理智会在决策上失误。这些都说得没错。

☺ 生：看小说写古代打仗，为将者喜欢单挑，把对方的武将挑落马下，随后指挥军队杀过去，不会是真的吧？

● 师：不可能是真的，真正的战争很少有武将在阵前单挑的，战争不是武术表演。小说里这样写是为了好看，把战争弄成个人英雄主义的表演，是为了吸引读者。武将跑阵前一通叫骂，要求单挑，一阵乱箭就被射成刺猬了。

☺ 生：我想也是。那古代打仗，主要靠啥打赢？

● 师：赢的因素很多，有道义上的，有武器装备上的，有一个很重要的因素，就是士兵的体能。

☺ 生：体能？不是技巧么？

● 师：冷兵器时代，一支军队的士兵冲上去，能连续砍杀三到五个人，那就是虎狼之师了。人的力气差不多的，打架干翻一个，已经累得够呛，连续干翻几个，还能干，这体能没得说了。如果撇开武器的好坏，人数的多少，军队士兵的体能是最为关键的。

☺ 生：电影、电视又在骗人，连续砍杀不带喘的，似乎有无限的体能。

● 师：体能训练才是古代最重要的军事训练项目。宋朝士兵打仗差劲，就是没有体能。平时部队文官当头，严重缺乏体能训练，冲锋上去喘得够呛，能干翻敌人么？

☺ 生：有道理。下面老子认为善于用人的人很谦虚，这是对的。所以他认为**这就叫不争的德行，这也叫运用别人的力量，这称之为符合自然的法则**。

● 师：老子把统治阶级想得太仁慈了。善于用人的人不是不争，而是能用各种手段来争。善于用人者必有权或有钱在手，没钱没权的人用啥人呀，只能用自己。

☺ 生：用人者必然是剥削阶级，这里善于用人，指用人的方法比较好。

● 师：三国时，曹操善于用人。不管道德品质好不好，也不管有没有怪癖，只要有才能，他都录用。难道他不争吗？

☺ 生：他争的是天下，不是一时的个人得失。

● 师：有人说善于用人的人爱才、惜才，那是瞎说。要是人才不能给自己带要好处，他会爱惜么？曹操送关羽赤兔马，关羽能为他打胜仗呗。这就像老板送手下人豪车，要是这个手下不能为老板创造远超过豪车的利润，老板肯送么？

☺ 生：铁定不肯。

● 师：所以呀，爱才惜才是做出来给人看的，是为自身利益最大化这个目标使用的手段。曹操要是统一了天下，关羽就是曹操非常讨厌的人了，不要说送赤兔马，弄死他都有可能。

☺ 生：目的是为我所用，心里说不定非常鄙视你。

● 师：现在一些老板喜欢玩合伙人制度，因为这个制度令他们尝到了好处。把一些有能力的人拉过来一起做老板，没钱就让他们技术入股，或者搞股权激励之类的，使他们意识到，努力是为了自己，不是为了老板。于是这些合伙人公司的效益倍增，老板的收入也就翻番。

☺ 生：这也是用人的手段吧。要是合伙人制度不能让老板的收益增加，一人独大的公司，凭啥跟人一起当老板？送东西不如送股权，送赤兔马不如送官位。用人手段多多，背后都有利益驱动。

● 师：现在你们敢说谦逊是爱人才么？敢说老子不争的背后不是为了"大争"么？敢说这是符合自然法则的么？

☺ 生：不敢。

六十九章

69-1　　用兵有言："吾不敢为主，而为客；不敢进寸，而退尺。"是谓行无行；攘无臂；扔无敌；执无兵。

● [注] 主：先。行：行列，阵形。攘：奋然举臂。扔：就，靠近。

☺ 生：用兵的人有说法："我不敢先进攻，而主要是防守；不敢前进一寸，而要退避一尺。"老师，古代兵法家真有这种说法？

● 师：没听说过这种用兵之法，是老子自创的。

☺ 生：用兵的人都知道"最好的防守是进攻"，要是一味防守，最终是很难守住的。除非诱敌深入或避实就虚，否则谁会退避？

● 师：老子显然没打过仗，尽在那儿胡说。打仗能进攻肯定进攻，防守是被迫的；能前进肯定前进，退避不是被迫的就是有计谋的。

☺ 生：老子为自己的胡诌很得意，他说，这叫排阵形好像没阵形；举臂奋击好像没手臂；靠近敌人好像没敌人；拿着兵器好像没兵器。

● 师：对立统一在理论上没错，统一必须走到极端才行，在现实中很少有事物走到极端的。比如军备武力强大，一个国家强大到啥程度才是极端？或许强大到所有国家联合起来都打不过它。到这种极端时，全世界人民联合起来，彻底废除军备，因为再强大的军备都是要人使用的。人民觉悟了，没人愿意使用了，军备的强大就成了最没用的东西。

☺ 生：走到这种极端在现实中真的很少。战国时秦国再强大；六国联合起来还是可以抗衡的。

● 师：即便秦国统一六国，匈奴照样打你，真强大到天下无敌，秦始皇还用得着修长城吗？

☺ 生：修长城是怕挨打，没办法。

● 师：现实中走到极端的可能性并不大，走向极端达到对立统一，不能以此来衡量解说现实事物。老子如此一解说，无知者觉得很深刻，现实实践者会觉得很可笑。

☺ 生：你叫打仗的人排好阵形感觉没阵形，前面站着敌人感觉没有，这是不可能的。

● 师：要刻意不让自己感觉，等打了败仗就知道有没有了。估计是春秋时打仗多，关注度高，老子拿战争来举例。打起来了，双方都有输赢的可能性，真要是到了极端，一方完全没赢的可能，那就没有战争了。

☺ 生：对，早投降了。叫天天不应，叫地地不灵，百万大军压境，自己只有几万民兵，也没国家肯出手相帮，打个啥呀？

● 师：老子以战争来举例很不妥当。古人说"分久必合，合久必分"，这倒是走向极端对立统一的例子。战乱到最后人都打光了，中原人口锐减 90%，搞生产的人都没有，还打什么打？吃饭都成问题，战争的残酷性已经走到了极端，战争的极端就是和平。和平统一后，新一轮剥削启动，剥削越来越重走向极端，百姓除了反抗没法活，于是战乱又起。这就是私有制社会两个极端彼此转换，对立统一。战乱的顶点是和平，和平的顶点是战乱。

☺ 生：关键好像是剥削。

● 师：说对了。社会有人做蛋糕，有人分蛋糕。要是做蛋糕的人把蛋糕全归自己，那就没有社会分工，没专业分工了。自给自足的蛋糕做不大。社会必须分蛋糕，分蛋糕的权力在政府。奴隶社会国家政权诞生之初，那是为了抢蛋糕。从抢蛋糕到分蛋糕，那是社会进步。

☺ 生：社会进步是抢蛋糕的方式不同了，抢蛋糕必须通过分蛋糕来实现。

● 师：对。分蛋糕是通过国家制度实现的，分得合不合理，才是衡量文不文明的关键。

☺ 生：分蛋糕中有多少是"抢"，那是通过制度实现的。

● 师：封建社会"朕即国家"，意思就是我全部抢过来，然后由我分给你们。

☺ 生：不过那是说说，最终还得通过税收来实现。

● 师：权力的掠夺性通过制度去实现。我们不能说权力的管理属性不是一种创造价值的社会劳动，因为如果没有管理，社会会乱。管理具有分蛋糕的职能，同时也有使蛋糕做得更好的职能。如果完全以劳动价值来分蛋糕，权力就不吃香了，还会有那么多人想当官么？

☺ 生：不会。封建权力在制度的设计中会给权力拥有者多分，以实现权力的剥削属性。

● 师：资本主义的优越性在于限制了封建制度设计上的权力掠夺，把官吏设计为公仆，设计为真正的管理者，虽说真正实现很不容易，但至少名义上是这样。资本主义的掠夺变成了通过资本对剩余价值的剥削，这种剥削不用通过税收，是通过资本和生产资料的占有实现的。

☺ 生：这种剥削更厉害吧，制造了一无所有的无产阶级。

● 师：这就是私有制社会，文明与野蛮同时推进。

69-2

祸莫大于轻敌，轻敌几丧吾宝。

☺ 生：祸害没有比轻敌更大了，轻敌几乎丧失我的"三宝"。前面说靠近敌人好像没敌人，这里又说不能轻敌。

● 师：别把老子讲用兵当回事，他根本就不懂。

☺ 生：他认为轻敌会丧失他的"三宝"，更是让人难以理解了。仁慈、节俭、不为人先，这"三宝"跟轻敌有啥关系？

● 师：没关系。反倒是拥有"三宝"可能会轻敌。

☺ 生：为啥？

● 师：你讲仁慈，在战场上敌人会跟你讲仁慈吗？开火了还在想杀人是犯罪，对敌人下不了手，敌人早把你灭了。讲节俭，双方打起来了，你想着少花点军费，能省则省，岂不是太轻视敌方的战斗力了？两军对垒，你不为人先，执意要敌军先打，说不定敌军一下子就击溃了你。

☺ 生：听说春秋时打仗很客气，要等双方摆好阵势，礼让之后才开打。

● 师：记载是有这样的，不过我始终不相信这是真的，我怀疑是具有老子思想的人记载下来的，未必可信。

☺ 生：要是那样，还打啥仗？

● 师：老子的思想用在军事上肯定不行，几乎所有理想主义者的理论都不能用于战争。

☺ 生：这样推而广之，不合逻辑吧？

● 师：人与人打架，要是双方都是讲道理的人，会打起来么？国家之间也一样，两个国家都讲道理，会发生战争么？

☺ 生：不会。至少有一方不讲道理，或者双方都不讲道理。

● 师：理想主义的道理是抽象的，彼此都讲抽象的道理，那是讲得通的。没听说过哪个总统公开说自己当总统不是为了国家与人民的。但落到具体现实中，就难说了。各国彼此都指责对方的做法不是为了人民。其实任何做法都是在既有的现实上的，各国现实不一样。用理想主义的抽象原则指责别人，那是为了给自己捞舆论资本。

☺ 生：也应该有对错的吧？

● 师：对错当然有，正义邪恶也存在。要改变现实却不是那么容易的。指责还有皇室的国家，凭什么国家要养着皇帝，人与人不是平等的吗？人家也会指责你们总统为啥有许多豁免权，也没有人人平等。平等是理想主义者的抽象概念，在私有制社会的现实中难以实现。拿这个原则指责别人，无疑不让别人活在现实里。

☺ 生：明白了。看上去两国之争都是在讲道理，其实都是拿理想主义原则跟别人讲道理，却不会拿理想主义原则做国内自己的事，在现实中理想主义原则都实现不了。有些做法离理想主义原则近一点，有些做法则远一点，这是各国发展的程度不同。

● 师：道理是跟别人讲的，不是给自己用的。自己的现实或许离理想很远，实现要非常漫长的时间。封建时代，没有国王的国家是不可想象的，或许多少年以后，人们无法想象一个国家有元首或总统。

☺ 生：两个国家用理想的原则去跟对方讲道理，讲着讲着就打起来了。看上去他们都在讲道理，其实用的都是两套标准。用现实的标准衡量自己，用理想的标准衡量别人。

● 师：准确。要是对自己和别人都用理想标准，各国岂不是思想统一了？思想统一了，还用得着打么？

☺ 生：思想统一很重要哇。

● 师：可惜做不到。人们的思想往往不是从书本里来的理想主义，而是现实中来的行为指导意识。各国的现实不同，思想统一根本做不到。

☺ 生：理想主义都是从书本来的，不切实际的想法，都是扯淡。

● 师：话不能这么说。人要读书有文化，也要有理想，要是所有的想法都是适应现实的思想，那社会还能进步么？社会进步得靠理想，准确地说，是靠人们为理想而奋斗的失败。

☺ 生：为啥靠失败？不能靠赢么？

● 师：纯正的理想要能赢，就不是异化的社会了。一次次为理想的奋斗失败，才是社会向理想逐步前进的动力。

☺ 生：为失败而奋斗，理想主义者好悲剧哟。

● 师：战争是很不理想的现实选择，理想主义者用他们的理论在战争中，能赢么？

☺ 生：还没打就输了。

69-3

故抗兵相若，哀者胜矣。

● [注] 相若：相同，相当。哀：闵，慈。

☺ 生：所以相互抗衡的部队相当的话，有仁慈的一方胜出。那也要看具体情形吧，在冲锋陷阵时，心慈手软是要败的。如果缴枪不杀，优待俘虏，就能胜。

● 师：不去分析具体情形，一般来说，实力相当的情况下，仁义之师应该会赢。

☺ 生：人们说的仁义之师，是不是老子看好的心怀仁慈的军队？

● 师：有这个意思，我认为主要还是指战争中正义的一方。

☺ 生：前面老师说两国之争，彼此指责都没道理，一旦打起来，有正义一方么？

● 师：当然有。俗话说，君子动口不动手。战争兴起，不为人先就很重要了。两人打架，先动手的就没理。两国兴战，先开火的就很难成为正义一方了。

☺ 生：战争一爆发，谁都说对方先动的手，事实难辨。

七十章

70-1 吾言甚易知，甚易行。天下莫能知，莫能行。

☺ 生：我的话很容易理解，也很容易践行。天下却没人能理解，也没人去践行。老子很绝望，觉得自己的道理简单易行，大家都当耳旁风。

● 师：他认为自己讲的是真理，他不明白为啥人们听不进真理，不按真理去做。

☺ 生：百姓按他的话做，还能活下去么？统治者按他的话做，国家都会灭亡。

● 师：就算老子说得对，是真理，人们会按他的话做么？

☺ 生：不会。除非社会没有异化，异化社会就是与理想主义对立的。

● 师：社会规律是社会异化后，人们思考探索出来的，真理是人们对不按真理做的事进行反思，才得出的认识。要是社会按规律直线发展，就不用探索社会规律了。规律等同于真相，还叫啥规律呢？首先要搞清楚人类社会的本质，其次要搞清楚人类社会的发展过程。用通俗的话怎么说？

☺ 生："我们是谁？""我们从哪儿来？"

● 师：聪明。老子时代不可能搞清楚这两点。你们能不能各用一句话来概括这两点？

☺ 生：第一点可以概括为：我们是集群化生存的地球生物。

● 师：准确。

☺ 生：第二点就不容易概括了。

● 师：我们从集群化生存的社会变成了以个体生存为主的社会，即私有制社会。

☺ 生：所以社会发展到了"我们不知道自己是谁"的地步。

● 师：正因为发展到了"我们不知道自己是谁"的地步，我们才会去思考"我们是谁"。因为思考了"我们是谁",我们才提出"我们到哪儿去",或者"我们应该到哪儿去"的问题。

☺ 生:意识到"我们应该到哪儿去",才把这设定为社会发展方向,为向着这个方向而努力,不管是曲线前进,还是直线前进,我们称之为社会规律。

● 师:看来你们已经学会了思考。社会规律其实就是建立在认识之上,人为设定的发展方向和发展进程。人类可以不按社会规律发展,无视"我们应该到哪儿去"这个方向,结果就是:人类这种集群动物因为生存的集群性瓦解,在地球上灭绝了。

☺ 生:也可能因为自然巨变,人类才灭绝吧?

● 师:有可能。从长远看,比如太阳寿终正寝,人类终归要灭绝的。只不过人类不按设定的社会规律办事,灭绝就是自我毁灭了。"我们到哪里去"指出的方向实质就是,不走向自我毁灭之路。这就是理想主义者的价值:虽然不切当下实际,却具有重要意义。

☺ 生:知道了。没有理想主义者,谁还在乎社会的发展方向,只要自己过得好点就行了,反正人生短暂。

● 师:老子有理想,其理想并不科学。即使是科学的理想,在发展到"我们不知道自己是谁"的社会里,也没人会去实现理想,因为根本不可能短期内实现。理想的实现或许是人类的终极目标,要靠很长时间的发展来扬弃异化才能实现。

☺ 生:这个终极理想,就是共产主义对吧?

● 师:人类的生存重回集群性生存。理想要有,但如何向理想更靠近一步,那是艰难的过程。说得简单点,在你的生存过程中,更照顾别人一点,就使人类生存的集群性多一点。

70-2　言有宗,事有君。夫唯无知,是以不我知。

● [注]宗:中心思想。君:主,根本。

☺ 生：话是有中心思想的，事情也是有根本的。只是大家都很无知，因此才不了解我说的道理。老子前面说要愚民，无知才能无为，这里却认为大家很无知才无法理解他，心里很是埋怨。

● 师：真要认为无知好的话，他还讲一番道理干啥？庄子提倡大家不要学习，不要去追求知识，那他写这么多篇东西干啥？还不是给人看，让人学习嘛。

☺ 生：或许为了给君子看，不是为了给小人看。老百姓在他们眼里是小人，统治者才是君子。老子的意思是，统治者也不理解他的理论。

● 师：或许是这个意思。问题是统治者不想了解，了解了也不会理睬他。奴隶社会，统治的目的是啥？管理社会的目的是啥？不就是给自己多弄点钱嘛。又是仁慈，又是节俭，还要事事让着别人，岂不是把奴隶主的人生目的都否定了吗？相信他理解他，那才傻。

☺ 生：理想主义还是很重要的，这样说岂不是把不被众人理解的理想主义者当成傻子了吗？

● 师：没理想，人生还有奔头么？

☺ 生：咋会没奔头，我的理想就是找个好点的工作，多挣点钱。

☺ 生：就是。人活着不就是为了过得好点嘛。

● 师：要是动物能说话，它能怎么说？活着不就是找吃的嘛。整天找吃的，吃饱了睡足了，再找吃的。幸亏动物不能穿衣，不能造房子住，也没旅游的乐趣。

☺ 生：老师这是讽刺我们活得像猪呢。

● 师：不敢。我只是想说明，理想对一个人来说有多重要。生活艰辛的底层百姓，说他们只知道衣食，没有理想，那是不公平的。为温饱花去了所有精力，为了把子女养大，他们只能超负荷运转，社会发展到对底层成员压榨的地步，早就把他们理想的空间给压榨干净了。说买不起裤子穿的人没有廉耻，那等于说这话的人自己没有社会道德。

☺ 生：老师的意思是，我们考上了大学，要想不落到社会最底层，就必须有理想。

● 师：解决了温饱，人就应该有理想。最差劲的理想就是赚钱。

☺ 生：为啥？

● 师：赚钱的目的是生存，生存问题解决了，还把所有的精力都花在赚钱上，那就活得太低级了。

☺ 生：听起来就像动物，一直在找吃的，吃饱了还惦记着吃的。照老师这么说，一辈子当老板的人都白活了，跟底层为生存而挣扎的人没啥差别。

● 师：企业家的理想是完成某种社会责任。比如造汽车，企业家把汽车造得越来越好，为了人们出行方便。企业家认为自己这方面技术过硬，能超过别人，能造出比别人更好的车，他们才努力去干。企业家赚钱的背后是有自己社会理想的。

☺ 生：我们也有社会理想的，等我们赚够了生存的钱，再赚到钱的话，会去实现自己的梦想。

● 师：但愿如此。

70-3

知我者希，则我者贵。是以圣人被褐而怀玉。

● **[注]** 则：法则。贵：难得。褐：粗布。

☺ 生：了解我的人太少了，以我为法则的人更难得。所以圣人穿着粗布衣服而怀揣着美玉。老子标榜自己是圣人，怀才不遇。

● 师：他并未见得有啥怨恨。没人了解他，没人把他的话作为准则去做，这很正常，圣人都是怀才不遇的。怨不怨恨怀才不遇的状况，在于想不想"遇"。老子好像并不想"遇"，所以他并没怨天尤人。

☺ 生：你咋知道他不想"遇"呢？保不准他清楚自己遇不到，所以才有不想"遇"的想法。

● 师：话不能这么说，老子辞职不干，去追求"诗和远方"了。再怎么说，他也是周王朝的守藏吏，好歹也算是个朝廷高级官员吧。在一般人眼里，已经不算"小遇"了。当然老子可能追求更大的"遇"，希望有一国之君能采纳他的治国思想。或许他清楚，这样的"大遇"不会有。

☺ 生：还是嘛。老子清楚没有"大遇"了，才去追求"诗和远方"，心里别提多失落呢。

● 师：不过从道家的精神来说，可能真的是不想"遇"。楚威王请庄子当卿相，算是"大遇"了吧，庄子还是拒绝了。难道要让他当国王，才算"大遇"？

☺ 生：老师说得对，老子肯定是不想"遇"。

七十一章

⁷¹⁻¹　　知不知，尚矣；不知知，病也。圣人不病，以其病病。夫唯病病，是以不病。

● [**注**]尚：上，最好。

☻ 师："知不知"的解释是蛮多的。有"知道却不认为知道"，也有"知道有所不知"。

☺ 生：能不能理解为"智"呢？知道自己不聪明，不知道自己聪明。

☻ 师：字面上可以这样理解，但毕竟不符合老子的意思。

☺ 生：那老师认为翻译成哪种意思比较贴切？

☻ 师：知道却装作不知道，最好；不知道装作知道，那是有毛病。

☺ 生：知道装作不知道，老子装傻呀。

☻ 师：老子讲究无为，讲究愚民，所以才会提出这样的观点。

☺ 生：一般来说，知道装作不知道，是出于某种目的。老子这里装傻，似乎不是为了具体的目的，而是现实的态度。

☻ 师：或者他有更高级的目的，就是前面说的"不想遇"，既然不想遇，那怀才就要装成无才。

☺ 生：谁知道他装不知还是真不知。再有学识的人也不可能在所有领域都成专家，能在两三个领域成为专家，已经是天才中的天才了。现代社会凡读过大学有专业的人，装不知也是很难的。读文学专业的，装作没听说过莎士比亚，谁信？

☻ 师：老子恐怕不是指专业知识，而是指思维能力，指对世界和社会的认识。

☺ 生：有专业的人倒是可以装。一些老专家说"我是搞学术的，不懂政治"，或者说"对政治不感兴趣"，或许是装的。即使是植物学家、动物学家，说自己对社会没看法，完全不懂，也没人信吧。或许他对社会没啥深刻的看法，完全雷同于普罗大众，但也不能说没看法。

● 师：你的意思是说，他们装作不知？

☺ 生：人实质对社会对世界都有看法，都不能说不知，对吧？

● 师：如果老子所谓的知与不知，指的是对社会与世界的认识，那么真正装作不知的，只能是有专业的知识分子。老百姓对社会与世界也有自己的认识，他们比较坦然，知道是咋样的就说是咋样的，并且相信自己的认识是对的，他们不会装作不知道。有一次我在火车上，一个老汉坚信普通话是广西博白人说得最标准，大家都想纠正他的看法，他就是不信。老百姓就是这样，他认为知道的就是知道，不会装作不知，即便他知道的是错的，只要他没认为不对，就不会装不知。

☺ 生：最后他认识到错了呢？坚持错误，坚决不改？

● 师：不会的。老百姓知道自己知识少，大多数还是会改正的，只有少数性格固执的人，才坚持错误。老百姓不知道装作知道的也不多，因为他们明白自己的文化程度低，一般来说，表示不知道也没啥。知识分子就不一样了，有比较谦虚的，知道通过专业知识的学习，对专业领域的看法会和普遍看法大不同，所以他们对不是自己专业领域的事儿，有看法，有一点知识，也会装作不知道，把说话权让给这个领域的专家。还有一种就是另有目的，装作不知。一个动植物专家真的对社会没认识没看法？他们说不懂政治或对政治没兴趣，是装的。他们有看法，有看法就说明自己"懂"，懂得科学不科学另说。推说不懂、不知，那是不想惹来麻烦。

☺ 生：假装不知，对知识分子来说，要么是谦虚，要么是另有所图？

● 师：我看是这样。

☺ 生：为了面子，不少人会不懂装懂，"不知知"，尤其是那些学历高、文化程度高的人，要是显得不懂、不知，就觉得没面子。

● 师："不知知"确实是毛病。的确，许多人会为了面子、荣誉，不懂装懂。

☺ 生：老子说，圣人没这毛病，因为他们把毛病看作毛病。只有把毛病看作毛病，才能没毛病。说得很别扭，就是认识到这是毛病，自己不去犯呗。

● 师：认识到不懂装懂的毛病，未必不犯。犯，是因为面子。俗话说，树活一张皮，人活一口气。这口气就是面子。在公众场合，专家被质问得啥都不懂，不仅面子尽失，自信心也没了，他能说自己啥都不懂么？在讲台上，老师被学生问住了，不懂，一次两次还能诚实地说自己不懂，若每问必不懂，他的面子往哪儿搁？况且许多老师秉持着师道为尊的观念，他的尊严还要不要啦？他不犯"病"才怪呢。

☺ 生：老师是不是也经常犯"病"？

● 师：尽量少犯呗。对知道不完全的，说大致如此；对知道不多的，说可能如此；对一知半解的，说或许如此；对知道全面的，说应该如此；对完全不知道的，说不知咋样。

七十二章

72-1

> 民不畏威，则大威至。

- 师：前面一个"威"是要威风，弹压，后面一个"威"是祸乱。
- 生：老百姓不怕压迫，那么大祸就要临头了。按照现在的话说，哪里有压迫，哪里就有反抗。一反抗，社会就动荡，政权就动摇。
- 师：压迫的目的是剥削。养一群人，管他们吃喝，啥事都不让他们干，就为了你压迫他们，命令他们，训斥他们？
- 生：养得白白胖胖，啥事不干，就为了听主人骂，被主人打。这主人也太有钱了吧？
- 师：奴隶社会人为剥削，被封建社会制度性剥削取代，封建社会制度性剥削又被资本主义靠资本来剥削取代，这是社会的进步。
- 生：啥是人为剥削？
- 师：就是靠武力强迫性劳动，剥削你的劳动果实，这是奴隶社会的普遍模式。封建社会的剥削主要靠制度。靠制度的剥削，压迫感会少很多。

72-2

> 无狎其所居，无厌其所生。夫唯不厌，是以不厌。

- [注] 狎：狭，隘，迫也。厌：笮，压也。
- 生：不要压迫老百姓的安居，不要压榨老百姓的生活。只有不压榨，老百姓才会不讨厌你。压迫安居，指老百姓没房子住，买不起房吧？
- 师：安居乐业，古人对百姓有没有房子住是很关切的。

☺　生：现代人更关切，房价高企，买不起房，居无定所，只好"漂"着。

●　师：大多数朝代，官员靠俸禄也是买不起房的，不过大多数官员不买房，古代的官是流动的，所谓"流动的官员铁打的吏"。地方官调来调去，不流动的小吏弄不好就成了当地的地头蛇，独霸一方。

☺　生：官员买不起房，是住衙门吧？

●　师：是。有时候衙门很破，还漏雨，也没钱修。苏轼被贬杭州，衙门太破，申请了几次修缮经费，朝廷也没批下来。

☺　生：这样看来，古代有些朝廷还是很廉洁的嘛。

●　师：廉洁谈不上，主要是面子。官员家庭佣人一大堆，弄出几十口，靠一点俸禄够呛。像清朝官员的俸禄，过过日子还是可以的。可必须上下打点，否则没法在官场混，人情贺礼占去一大半工资，靠俸禄就没法过了。

☺　生：那就不要面子，人情费全免。

●　师：免？你的官就别做了。做寿、结婚、生子，等等，这些事同事间不打点，你没法做事，没人配合你，上司不打点，就很难被提拔。朝廷中关系不打点，官位随时被撸掉。清朝官场腐败得很。每年一圈打点下来，所剩无几，日子没法过的。

☺　生：只能靠手中的权力贪了。

●　师：不贪没法活，朝廷也清楚这种状况，咋办呢？发"年终奖"，每年发一笔人情交际费，这笔钱远超过一年的俸禄。

☺　生：哇塞，太爽了。

●　师：官员们是爽了，可国库马上就见底。要增加收入，只能加税。压榨百姓成为常态。照说，人情交际费在官员之间流动，总量是不会减少的。水往低处流，钱往高处流。高官会为你一个下层官员破费么？所以，苦的是下层小官，肥的是上层大官。实际去做压榨百姓之事的，是下层官吏。所以在古代官僚体系中，下层官吏，地方官吏，两头都不是人。

☺　生：那些高官捞了那么多钱，自然是买得起房子的吧？

● 师：那得看什么朝代，什么时期。有些朝代清明一点，好一点。可不管什么朝代，到了末期，都一样的腐败。在盛唐时期，你不是贪官的话，就很难在长安买得起房子。当然那时官员买房子肯定不是买现在的几居室，那是一处由多少房子构成的宅第。

72-3 是以圣人自知不自见；自爱不自贵。故去彼取此。

● **[注]** 见：现。

☺ 生：所以圣人知道自己却不到处表现；爱惜自己却不把自己看得很高贵。为此去掉后者，保留前者。老子这里的意思跟前面矛盾啊。前面讲老百姓要反抗，所以必须对老百姓好点，这里却讲圣人不表现自己，不高看自己。

● 师：也不算矛盾。前面讲当时的统治者，压榨百姓，后面讲圣人统治，不把自己看成高人一等，不到处表现自己。

☺ 生：那去掉后者，去掉自认高贵，是为啥？

● 师：老子的意思是指去掉表现和自视高贵，保留自知和自爱。

☺ 生：是这样啊。封建统治者也可以不表现自己，能通过制度性剥削，也可以不把自己看得高贵，只要剥削到钱就行。

● 师：老子并没有把他们对立起来。他不懂制度性剥削，在他看来，统治者之所以压榨百姓，是觉得自己比百姓高贵，有权力压迫百姓。到处表现的意思就是到处表现自己高贵，到处作威作福。

☺ 生：意思居然被老师圆过来了。封建官员不把自己看得比百姓高贵是很难的，平易近人往往是做做样子。要不到处表现更难。

● 师：知道自己的人并不多，想表现自己的人太多了。人们往往会念叨："只有我知道自己。"其实那是废话，很少有人知道自己的。

☺ 生：为啥？

● 师：前面讲过，人是社会环境中行为的总和。要真正知道自己，得了解自身的社会环境，得有对自身社会环境的评判，只有做到了这点，才能对自己的行为进行总结，自己的行为对社会环境有何影响，影响是好是坏，以此才能得出自己是什么的结论，才可以说知道自己、了解自己。

☺ 生：照老师这样说，我们恐怕没人了解自己的。

● 师：你不是独立于社会的个体动物，你永远是社会环境中的社会人。比如说你知道自己考上了大学，成了大学生。大学生是什么意思呢？在不同的社会环境里，意思是完全不同的。在"文革"以前，考上大学成为大学生，那是了不起的事儿，大学生在大都市也属稀有人才。一般的县城，一个高中生直接就能入编成为公职人员，直接就能吃皇粮，更何况是大学生？

☺ 生：哇，这么牛呀。高中生直接就能成公务员啦？大学生那还用参加国考？当公务员一点问题都没有。

● 师：这是时代环境。从个人环境来说，现在上海这种城市，大学生完全不算什么，博士生都远远多于二十世纪八十年代的大学生。但对于穷山沟来说，你要是考出去成为大学生，那还是了不起的事儿。要是你大学生毕业回老家，直接当选村主任都说不定。这是每个人的个人环境。

☺ 生：听起来很有道理。不过真从山沟沟里考出来，恐怕都不愿意回老家的。

● 师：愿不愿回是另一回事。考上大学，对于大都市青年和山沟沟里的学生，意义肯定是不一样的，对自身环境的影响也是不一样的。

☺ 生：上海高中生考上大学是极平常的事。穷乡僻壤中出个大学生，父老乡亲估计要大摆宴席庆祝。

● 师：不了解社会和自身的环境，说了解自己，恐怕也是不了解自己的一个表现。即便不了解自己，一般人表现自己是不能少的。几乎人人都想表现自己，真正学会低调，不爱表现自己的人非常少。

☺ 生：那是。谁不爱表现自己，谁不想得到周围人的认同？现在的人整天捧着手机，发着各种微信，还不是眼巴巴地等着别人点赞嘛。要不想表现自己，还能老在微信朋友圈里嘚瑟?

● 师：表现自己时，不管意识到没意识到，至少潜意识告诉他：人是一种社会存在。要不然他有必要在朋友圈里嘚瑟吗?

☺ 生：在认识自己时忘了社会性，以为自己是独一无二的。

七十三章

73-1　勇于敢则杀，勇于不敢则活。此两者，或利或害。天之所恶，孰知其故？［是以圣人犹难之。］

● ［注］敢：坚强。

● 师："［　］"内的文字是六十三章的，这里是错入，与上下文不符，不必翻了。

☺ 生：敢于坚强的死掉，敢于柔弱的才可活。这两者，有的有利，有的有害。天所厌恶的，谁知道是啥缘故呢？老子这里的"利"指可活，"害"指死掉吧？

● 师：瞧老子这话说的，猪坚强就得死掉？人家就是靠坚强才活下来，最后寿终正寝。柔弱就可活？扮着笑脸讨好坏人，坏人能放过你？

☺ 生：老师这是挑刺吧。

● 师：不是挑刺儿，是老子说话太绝对。啥都得看对象，看环境。在具体的环境下，再去决定坚强好还是柔弱好，谈不上哪个有利哪个有害。

☺ 生：老子不是讲绝对极端的嘛。极端的坚强等于极端的柔弱。最硬的东西很容易断裂，是很脆的；最柔弱的东西不容易断，可以视为最坚强的。

● 师：这里显然不是讲绝对，既然不是理论上的绝对，那肯定是在具体环境中的，离开具体环境来讲，等于白讲。

☺ 生：老子是个话痨，废话连篇。

● 师：这样讲先贤可不好，毕竟人家只留下那么点文字。

☺ 生：古人倒是省力，不知道啥原因，就推说是天意。天讨厌，自然就有害啦。

● 师：庆幸我们生在有一定科学基础的年代，知道没什么天意存在。

☺ 生：现在很多人对无法解释的现象，还会认定为是天意。

● 师：一般人缺乏科学精神可以理解，学者也这样的话，就不对了。科学还在发展，任何时代都有无法解释的现象，都有科学尚未突破的地方，把无法破解的现象归于天意或神秘之手，均是缺乏科学精神的表现。

☺ 生：你要反驳他，他会说"你解释一下，到底咋回事"，你解释不了，他们就认为证明天意的存在。

● 师：这无异于在老子的时代，你要老子解释宇宙现象。这是无理取闹。相信科学就得相信科学还在不断发展，只有不相信科学的人，才会认定科学已经发展到终极，什么都能解释了。

☺ 生：有些科学家遇到无法解释的现象，也会认为有上帝之手的。

● 师：这些科学家太自爱了，他们自恋情结盖过了科学精神。

☺ 生：这跟自爱、自恋没关系吧？

● 师：自爱、自恋才会认定自己无所不能，认定自己能解释一切，认为自己是科学的顶峰。遇到一个自己无法破解的现象，他会认为，自己都无法破解，还有谁能破解呢？以后也不可能有人破解。既然根据科学原理无法破解，那肯定是上帝之手制造的，不是人能破解的。

☺ 生：也太高看自己了，自己不能破解，以后就没人能破解了？

● 师：科学在不断发展，对于能科学解释的，我们要有科学精神，对于还未能解释的，我们要相信以后的科学家。要相信，以前有牛顿，未来会有"马顿""羊顿"的科学家，爱因斯坦之后，还会有其他的"斯坦"诞生。"天意"这种词，以后尽量不用。

73-2 　天之道，不争而善胜，不言而善应，不召而自来，坦然而善谋。天纲恢恢，疏而不失。

● [注] 恢恢：宽大、广大。

☺ 生：自然的规律，不去纷争却善于获胜，不说话却善于得到应答，不召唤而别人主动来投奔，坦然面对而善于谋划。老子又在讲他极端化的思想。不争能获胜么？自然界动物为生存而争，植物也一样，争不过就淘汰，不争肯定是胜不了的。不说话能得到应答么？中国人的含蓄是不是在老子时代就形成啦？自己不说，老觉得别人应该明白你的意思。

● 师：无论是自然界还是社会，不争而胜的例子肯定有，但属于彩票中奖似的低概率事件。可以肯定地说，既不符合自然规律，也不符合社会规律。至于中国人含蓄不爱说明白，让别人去猜他的想法，主要是中国人想法不多。封建时代长期进行的思想统一，导致部分人不爱思考，往往大众的一般想法就成了他的想法，对别人的想法也就很容易猜到。你不说，玩含蓄，就等于认同一般的想法、常规的想法。要是你的想法完全与众不同，你再玩含蓄，谁还有能力猜呢？

☺ 生：也是，玩含蓄的人往往不会有深刻的想法。要是老子玩含蓄，谁能猜到他的想法？不要说猜到，就是说出来，理解起来还那么费劲，一个想法要解释半天呢。

● 师：自己没思想，把别人视为跟自己一样，这才是含蓄的基础。没有这个基础，人们能含蓄么？含蓄等于误解。

☺ 生：含蓄从老师嘴里说出来，不再是美好品质，而是思想苍白的表现，成了恶劣的品质。

● 师：要是你没与众不同的想法，你再含蓄，含的也是庸众之想，含不含都无所谓。要是有独特的想法，含蓄不说，等于没想法。

☺ 生：老子后面说别人主动来投奔，这话是说给统治者听的吧？

● 师：老子时代，人口多才是国力强大，其他国家百姓纷纷投奔，你就成了有号召力的强国。

☺ 生：边境不管控么？老百姓可以随意去他国？

● 师：当然管控，估计没现代社会那么严格，偷渡比较容易吧。

☺ 生：加入国籍应该也不难。现代社会可不容易，富国拒绝穷国百姓，穷国的统治者管控很严，"穷水不流外人田"，不让百姓偷渡富国。反而富国管控"外流"不严，你要成为穷国百姓，那最好了。

● 师：强国与富国是两个概念。我们把富强联用，很不贴切。不管你军备如何，人口多少，国土面积大小，只要人均收入高，就是富国。强国主要是指军备力量、科技力量强大。要是军事、科技力量强大，人均收入很低，就是外强中干，百姓照样想尽办法外流。

☺ 生：也是。很少北欧富国百姓有偷渡到俄罗斯去的。

● 师：老百姓投奔肯定是冲富有去的，不会奔你军备强大。富国不让穷国百姓过来，那是为了保护自己集体私有财产不让更多人瓜分——能创造更多财富的人例外。

☺ 生：科学技术是第一生产力，这里体现得很明显。科学家、学历高的人，富国还是很欢迎的。

● 师：冷兵器时代，第一生产力体现不明显，人口越多越好，生产主要靠劳动力，打仗也靠人多，老百姓来者不拒。

☺ 生：后面这句，现在人们一直在用。*自然的范围非常广大，看起来很稀疏，却不会遗失什么*。我们现在用"天网恢恢，疏而不漏"。这个成语是出自这儿么？

● 师：是。成语在长期使用中，有时会把不习惯的用词改为习惯用词，比如"当局者为迷，旁观者审"，现在我们不用"审"，而用"清"。

☺ 生："漏"和"失"差别不大，"纲"和"网"是一样的么？

● 师：纲是拉网的绳子，所谓"纲举目张"，"目"指网的格子，网上的纲一拉，网的一格格都张开了。

☺ 生："天网"也是古人吓人的吧，像"天意"一样，根本不存在。

● 师：这个词往往针对犯罪而言，形容罪犯难逃法网。

☺ 生：真的"疏而不漏"么？破案还是有比例的吧，应该有案子永远破不了。

● 师：医生有治不好的病人，老师有教不好的学生，警察也有破不了的案子，这很正常的。说这话呢，无非是给受害者以心理安慰。

☺ 生：老子拿这个形容他说的"道"，一切都在道的规律支配之下，啥也逃不掉，这是对的，如果道是支配万物的规律。把这弄到破案上来，把"天网'说成"法网"，不妥当吧?

● 师：法网再严，也会有漏，不存在百分之百的事儿。人们有美好的愿望，可以理解。

七十四章

74-1

民不畏死，奈何以死惧之？若使民常畏死，而为奇者，吾得执而杀之，孰敢？

● ［注］为奇：奇，诡奇。为奇，搞怪作恶。执：拘押。

☺ 生：老百姓不怕死，为啥要用死来威胁他们呢？如果老百姓常常是怕死的话，那么那些作恶的人，我们把他们抓起来杀掉，谁还敢作恶呢？老子这想法反动吧？噢，作恶是老百姓所为，他们不怕死才作恶，要是他们怕死，严惩作恶，他们就不作恶了？

● 师：再怎么说，老子也是站在统治阶级立场说话的，中国古代的文人都这样，很少有例外的。这和古人读书为了做官的观念是有直接关系的。

74-2

常有司杀者杀。夫代司杀者杀，是谓代大匠斫。夫代大匠斫者，希有不伤其手矣。

● ［注］司杀者：管理杀人的。斫：砍。

☺ 生：通常由刽子手去杀人。也有代替刽子手去杀人的，这犹如代替大匠人去砍树。那代替大匠人去砍树，很少有不伤到自己手的。

● 师：是这意思，可跟前面似乎没啥联系。老子讲"天道不争"，老百姓不怕死，就要争，所以犯罪。这里却讲杀人的"手艺"。要不是老子随口说的，没顺着原来的意思，就是后人加进去的。

☺ 生：老师觉得呢？

● 师：我还真没兴趣去猜是哪种情况。

☺ 生：古代斩首的刽子手应该是很专业的吧，要不然一刀下去没砍准，得折腾好几下呢。这就比较残暴了。

● 师：我不清楚咋斩首的。老子说不专业会伤到自己手，意思就是一只手摁着别人的头，另一只手挥刀斩下去。

☺ 生：电视里放出来，都是两只手挥刀的。

● 师：电视里都是虚构的，反正谁也没见过。老子说的可能真实一点，不是一只手摁着头，就是抓着头发，否则没伤到自己手的可能性。

☺ 生：这样砍头，刽子手心理素质要很好吧，为了不伤自己的手，必须看清楚。双手挥刀的话，两眼一闭就行了。

● 师：现代死刑简单多了，打一针下去就行了。

☺ 生：这也是现代社会的文明进步。

七十五章

75-1

民之饥，以其上食税之多，是以饥。

☺ 生：老百姓饥饿，因为管理者吃掉税收太多了，所以才饥饿。老子这话说得对，民以食为天嘛。税收太高，老百姓吃不饱，当然要反抗啦。

● 师：税收高不是问题，税收上来的钱用在哪儿，才是问题。

☺ 生：也对。税收上来的钱要是绝大部分用在老百姓的福利上，老百姓还是很幸福的。可惜啊，奴隶社会，税收的钱都用在官僚身上了。

75-2

民之难治，以其上之有为，是以难治。

☺ 生：老子认为管理者就会搞事情，国家却治理不好。他说，老百姓难以治理好，因为管理者进行了太多的管理，所以难以治理好。

● 师：这当然不对。国家有为而生，必有为而前，终有为而消亡。要是上层管理者无为，国家肯定治理不好。

☺ 生：我倒觉得管理者无为，剥削会少一点，社会发展得更健康。

● 师：首先管理者不可能无为，历史上没有，以后也不会有。

☺ 生：历史上有不上朝，啥都不管的皇帝。

● 师：有。皇帝无为，不能说管理者无为，社会管理体制除了战乱，一直在运转，这种运转是各级官员有为的结果。政府无为，社会不在。只要社会存在，而且是以国家为形式的社会，政府不可能无为。

☺ 生：封建朝廷的官员有为，都带着私心，都想捞点私有财产。

☻ 师：管理权在封建时代带有浓重的剥削属性，这是为封建等级服务的。在封建时代，权力不仅仅是威风或威望，更重要的是能在社会二次分配中占有更多的好处，好处就是剥削。这跟靠权力捞好处，靠权力来进行贪污不是一回事儿。

☺ 生：资本主义社会权力的剥削属性减少，权力为资本服务的属性增加，资本主义政府肯定也不是为人民服务的。

☻ 师：权力为资本服务的属性，在资本主义国家是明显的，尤其是像美国这种国家，资本家直接通过竞选，掌控政权，政府就很难站在民众的立场上说话，为资本谋利是必然的。

☺ 生：所以老子时代的政府，为自身谋利是必然的，是必为的，为得还很起劲。

☻ 师：老子当然不可能认识到这点。他更不可能认识到，奴隶政权始终是与民众对立的。

75-3
民之轻死，以其上求生之厚，是以轻死。

☺ 生：老子说，老百姓轻视死亡，因为统治者追求生存的奢侈，所以老百姓才轻视死亡。这好像没啥关系吧？

☻ 师：还是有点关系的。奴隶主要过奢侈的生活，自然要加重对老百姓的剥削，使老百姓的生存很艰难。在艰难中生存的人，会觉得活着没意思，所有才会轻视死亡。

☺ 生：轻视死亡并不是想死，而是绝望下的愿望。

☻ 师：求生是本能，社会生存的残酷性把求生变成了求死，这足以看出国家诞生之后的奴隶社会是异化的，是反人类的，是违反人的本能的。

75-4

夫唯无以生为者，是贤于贵生。

● [**注**] 贤：胜。

☺ 生：只有那些不把生存看得很重的人，才胜于那些注重自己生存的人。有不把生存看得很重的人么？

● 师：当然有。那些有信仰的人，有信念的人，往往把生存看得很轻，为自己的信念和理想愿意付出一切。

☺ 生：革命先烈就是这种人，为了信仰抛头颅洒热血。

● 师：这种人是有一些的。有些人为了自己的理想，可以吃很多苦，可以把自己的生存降到最低，只要能活着就行，活着就追求自己的理想，活着就干自己喜欢的事。他们都是不把生存看得很重的人。

☺ 生：老师是不是这种人呢？

● 师：不是。我还是很看重生存的，只是不把生存作为生存的目的。

☺ 生：啥意思？

● 师：尽量让自己生存得好一点，但人生的目的不是生存得好一点，还应该有其他的。

☺ 生：要是把老师逼入生存的绝境会咋样呢？比如累死累活地上课，只能维持基本生活，甚至连基本生活都维持不了。这时候老师就只能为生存而生存了。

● 师：还能怎样，只好努力活下去。老子前面说百姓"轻生"，这里说轻生者胜过注重生存的人，意思似乎是百姓胜过统治者。

☺ 生：可老子一直不把百姓当回事，一直在开导统治者，认为百姓愚蠢就行了。这里咋会把百姓抬高到统治者之上呢？

● 师：有些自相矛盾。或许老子对开导不了的统治者没信心了，把他们贬到百姓之下了。我们不能一概说"轻生"者就胜过"重生"者。什么情况下"轻生"者胜，什么情况下"重生"者胜呢？

☺ 生：从"轻生"到视死如归，那就勇猛无比。奴隶揭竿而起，不让咱活，咱就不活了，拼个你死我活，肯定"轻生"者胜了。要是还没达到这种程度，活得再艰难也可以勉强活着，虽然无视生命，可也不至于去拼命，那就"重生"者胜。

☺ 师：不管怎样，必须在具体环境中才能分析出谁更胜一筹。

七十六章

₇₆₋₁ **人之生也柔弱，其死也坚强。**

☺ 生：人活着时是很柔弱的，他死了就变得硬邦邦的了。把坚强理解成硬邦邦的可以么？

● 师：也行吧，反正人死了就是硬邦邦的。

☺ 生：老师，这没啥意义，死后重归大自然，成为自然中的尘土，跟坚强不坚强没啥关系。

● 师：老子是赞美柔弱，贬低坚强，即柔弱胜刚强。以此而论是赞美生，贬低死。

☺ 生：不需要贬低吧，死了啥都没了，肯定不如活着有意思。

● 师：说到这份上，咱就不能不讨论生死的问题。从理论上说，生高于死。地球上要产生生命多不容易，生命要在适合的环境中进化到高级生命，更是概率极低的事儿。要是我们的集群化生存即社会生活对生命充分尊重的话，生高于死是肯定的，绝对不会成为问题。

☺ 生：原始共产主义，有一口吃的大家分，彼此生命都是平等的，应该得到充分尊重的吧？

● 师：是啊。可私有制社会诞生了，尤其是进入了国家阶段，为了私有财产，彼此杀戮不断，人的生命肯定得不到尊重了。

₇₆₋₂ **草木之生也柔脆，其死也枯槁。**

☺ 生：草木在活着时也是很柔软脆弱的，它死了以后就干枯了。老子的意思难道是，干枯就变得很坚强了？

● 师：坚强不坚强是相对的，而且是人给出的属性。无论是动物还是植物，生高于死，求生是本能，求到了活下来，没求到死掉，这属于自然界的规律。在地震中有猪求生求来了活的机会，也有没求到生死掉的。其实所有的动物都有顽强的求生本能。

☺ 生：老子说死掉就坚强了，也是人的眼光给予的属性吧？

● 师：当然。老子拿生死来比喻柔弱胜刚强，是不妥当的。

☺ 生：那用什么比喻才妥当？

● 师：人跟动物不一样。人不仅仅遵循本能，而且有意识和毅力。意识和毅力会影响求生的本能。也就是说，动物一般会把生置于一切之上，除非有特殊的情况。

☺ 生：啥特殊情况？

● 师：动物有自杀的，甚至有集体自杀的现象。为啥自杀而不求生？或许是生存环境使之无法生存了，它也会意识到即使生存下来，也无法很好地活着。

☺ 生：是有这种现象，大批老鼠跳崖自杀，有鱼冲上岸集体自杀，生物学家也很困惑的。

● 师：假设这种现象是动物有意为之，那么动物也有凭意识超越求生本能的时候。

☺ 生：这不多见，应该属于极端个例。

● 师：倘若是极端个例，那么总体而言，动物还是把"生"置于最高位置的。求生是第一要素，是硬道理。人与动物不一样的地方在于，人的意识和毅力对于本能的影响，要比动物大得多。比如革命先烈意识到自己的使命、信仰，意识到人类进步的伟大目标，可以放弃生而求死。靠毅力克服自己求生的本能，勇敢地走向刑场。

☺ 生：要是求生的本能放在第一位，当叛徒是必然的。

● 师：把死置于生之上，那得靠意识和毅力。人的生死选择，社会环境的影响就比较巨大。生存环境不好，觉得没意思，了结自己的生命。社会环境比自然环境对人的影响大得多。

☺ 生：遭了天灾，大饥荒，没人救助，选择逃难的比较多，或许有极端的个例，选择自杀的。

● 师：你的意思是，动物逃难没地方逃，只好选择自杀？

☺ 生：不是这样么？动物也有活的尊严吧。

● 师：悲情地望了一眼被人类破坏的山川，然后纵身崖下。

☺ 生：或许还相互鼓励，相互安慰呢。

● 师：就算这样吧。那些为信念、理想把死置于生之上的人，我们应该给予坚强的属性；那些因为社会环境或个人生存环境不如意，把死置于生之上的人，我们则应该视为软弱。

☺ 生：具体分析之后，老子的比喻的确很不妥当。

● 师：柔弱未必胜刚强，刚强也未必胜柔弱，那得看具体情况。

76-3

故坚强者死之徒，柔弱者生之徒。

● [注] 徒：属，类。

☺ 生：老子还是坚定地按自己的想法说下去，他说，*所以坚强属于死亡一类，柔弱才属于生存一类。*

● 师：在灾难中，坚强的人容易活下来，还是柔弱的人容易活下来？

☺ 生：坚强的人。坚强的人相信有活下来的机会，他们寻找这样的机会，或者相信会有人来救他们，他们保持乐观心态，更能适应艰难的环境。柔弱的人做不到，他们的意志垮掉了，除了等死就没求生的欲望了。

● 师：当然不是所有的情况，柔弱者都会输给坚强者。在被压迫的环境中，坚强者奋起反抗，结果被镇压了，柔弱者逆来顺受，在困苦中艰难地活下来，最后等到了解放。

76-4

是以兵强则减，木强则折。

☺ 生：所以军队太强大就会减弱，树木太强硬就会折断。树木太硬容易断，这能接受；军队太强大就会减弱，根本就不是那么回事嘛。

● 师：啥算太强大？战国时期，秦国军队独强，六国不得不联合抗秦。秦军算不算太强大？

☺ 生：应该算。

● 师：即便这样，秦军也不可能每战皆胜。希特勒闪电战，横扫欧洲，德军算不算太强大？蒙古大军铁骑横扫欧亚大陆，算不算太强大？历史上有不少属于太强大的军队，比如马其顿的亚历山大，迦太基的汉尼拔，法国的拿破仑，都创造过所向披靡的战绩，不过最后也都败了。是不是证明老子说的，军队太强大就会减弱呢？

☺ 生：不能这样说吧。有所向披靡的战绩，并不见得军队有多么强大，只是具有军事天才的指挥，没有这些军事家，军队未必能打赢，更谈不上所向披靡了。

● 师：军队的优势无非三个：人数、武器、指挥。

☺ 生：情报也很重要的吧？

● 师：情报、战略战术等都可归为指挥。这三个因素中，人的因素占据了两个。至于武器，是人使用的，也是人创造的，所以战争就是人的战争。

☺ 生：武器先进也是很关键的，希特勒闪电战，就是部队的机器化程度高，波兰人还在使用一战时的骑兵，哪里是德军的对手？要是希特勒先拥有原子弹，世界格局还会是今天这样么？

● 师：听起来是对的。我们拿一场场战役来说，法西斯若拥有更强大的军队、更先进的武器，世界格局可能不会像今天这样。不过我相信，明天还会像今天这样。

☺ 生：啥意思？

☻ 师：蒙古人横扫欧亚大陆，在战争上是赢了，也建立起了几个庞大的帝国，可最终这些帝国都瓦解了，蒙古人还是退回到草原上去了。希特勒真的打下了俄罗斯，占领了英伦三岛，可能会统治一段时间，最终德国人还是会退回到他的原点上去。人类的文明进程可能会晚几步，今天的文明程度，可能明天才会实现，最终的发展方向是不会变的。

☺ 生：意思就是历史螺旋式发展的螺旋会多几圈，进程会慢几拍。

☻ 师：是这样。战争是人的战争，不以人为目的战争就算赢了，赢的成果最后还是会被推翻。军队的强大并不重要，重要的是军队的性质。

☺ 生：军队的性质是不是指军队属不属于人民？

☻ 师：对。这才是最重要的。

76-5

强大处下，柔弱处上。

☺ 生：强大是处在下面的，柔弱是处在上面的。老子这话太笼统了。啥是上面，啥是下面？

☻ 师：话说得这样抽象，基本上没啥意义。老子懂得相对地看问题，强大和柔弱是相对的，相对于奴隶社会的管理者来说，老百姓是柔弱的；可国家机器也是要人开动的，老百姓全面反抗时，管理者就很柔弱了。军队中官是强大的，兵是柔弱的；当士兵不再听军官的命令，奋起反抗时，军官只能抱头鼠窜。

☺ 生：上面下面也是相对的。根据需要，当官的有时把百姓捧到天上，有时则踩到脚底下。可以说自己是父母官，也可以说百姓是衣食父母，到底谁是父母，谁是子女，得看需要来。

☻ 师：理论上和现实中都没啥好争的，百姓就是衣食父母。落到具体个例就不一定是这么回事了。

☺ 生：奴隶社会，当官的弄死一两个百姓没关系，那是具体对象。

● 师：具体而言，在封建社会，官员是强大的，在上，百姓是柔弱的，在下；抽象而言，百姓是强大的，在上，官员是柔弱的，在下。

☺ 生：如此看来，想问题真的要小心，一不小心，具体跟抽象混淆不清。说话也得很小心，不小心的话，不是错话，就是废话。我看老子说的这句就是废话。强大、柔弱是相对的，并且可以转化，在上在下也得看具体情况。

● 师：人并不是很聪明的，思想观念受许多因素影响，会导致偏差和扭曲，而我们又很难承认自己不对，于是就用不正常的思维方式来圆自己的错误，最终使我们变成想法很荒诞的动物。

☺ 生：老师认为人是没脑子的动物？

● 师：不是没脑子，而是动歪脑子。比如老子从抽象上思考问题，落到具体中，往往是错的。喜欢老子的学者偏要在具体中给他找对的例子，来证明老子说得很有道理。在他证明时，把具体中不对的例子予以忽略，造成一个自己与他人思维的狭窄通道，从而变成井底之蛙。

☺ 生：造房子，地基要打得结实，岂不是应该强大处下？具体的例子真是可以找不少的。

● 师：有人偏从具体中思考问题，从来不落实到整体上，也不落实到抽象上，在具体中是对的，就认为是对的。比如在具体现实中，看到强大欺负弱小，看到个别官员欺负百姓，就会认定官员强大，官员处上。谁又会从抽象、整体上去考虑呢？社会中最强大的"集团"，是最底层的百姓。

☺ 生：从具体到具体，终于给自己找到了一个合理的解释。

● 师：陈胜、吴广揭竿而起，他们就找陈胜、吴广的过人之处。一旦这人在社会革命的动荡中成了赢家，自然要找他的帝王之相，人生经历中的异象，给出赢的理由。其实一场社会革命最后总会有赢家，总会有人借助人民的力量，夺取政权。

☺ 生：能抓住机会成为赢家，总有过人之处吧？

● 师：或许有，或许没有。时势造英雄。这些过人之处，在这个动乱中可能有用，在其他的动乱中可能根本就没用，甚至根本就算不上过人之处。我很难相信这些赢家真的有众人难以达到的本领，只是他们的机遇好，开启了他的赢家人生。没有遇到机遇的人中，过人之处超过他的，或许有很多。

☺ 生：要这样说，还真是时势造英雄。

七十七章

77-1　天之道，其犹张弓与？高者抑之，下者举之；有余者损之，不足者补之。

☺ 生：自然的规律，难道不像拉弓吗？高了往下压一点，太下面了，往上举一点；太多了就减掉一点，不够了就补充一点。老子这话有平均主义的意思哩。

● 师：不是平均主义，是自然会维持其平衡的意思，意思是自然不会走向极端。

☺ 生：这意思是对的。自然生态链不就是这样维持的嘛。一个物种太多了，这个物种的食物就会减少，最后这一物种只能大量饿死，太过了，就会受到抑制。

● 师：一般情况是这样。不仅在自然中这样，在社会中也是这样。产能不够得提高生产力，得加大投资；产能过剩得去产能。市场经济会自动调节，维持平衡，被称为"无形之手"。

77-2　天之道，损有余而补不足。人之道，则不然，损不足以奉有余。

☺ 生：自然的规律，损害多余的来弥补不足的。人类社会的规律就不这样，损害不足的来贡奉有多余的。我看老子这话是对的，自然会自己调节，人类走到极端才回头，是被迫调节，走向极端就是劫贫济富。

● 师：这是私有制社会的本质，人们并不会像沙漠狐狸那样，在一棵树上只吃一只蜗牛，生怕影响自然的生长，最后危及自己的生存。人们为攫取财富，不顾及自然的生长和恢复能力，更不会顾及其他人或其他阶层的生存。所谓的调节，其实是受到他人和其他阶层的限制，你的"无法无天"遇到了他人的"无法无天"，不得不在势力均衡中取得"和谐"。

☺ 生：人类社会的调节是被迫的？

● 师：是。这种被迫构成了社会发展规律。社会没有管理阶层不行，没有被管理阶层更不行。几乎每一个社会阶层都有其存在的必然性。

77-3

孰能有余以奉天下，唯有道者。

☺ 生：老子认为只有遵循道的人，才会主动调节，所以他说，**谁能把自己多余的奉献给天下人，只有拥有道的人**。

● 师：说到这儿，老子认为德是道的具体表现这一观点真能说得通。能把自己多余的财产贡献出来，救助天下人，肯定是道德的行为。

☺ 生：他们并不是遵循自然之道或社会之道，只是认为自己在做慈善。

● 师：不管目的是啥，这种行为是善举。这样的善举在私有制社会是极端的少数，不会是社会的普遍现象。

77-4

［是以圣人为而不恃，功成而不处，其不欲见贤。］

● 师：这句与上面文义不符，估计是错置的，不过也可以翻译一下。

☺ 生：因此圣人做了却不自我满足，成功了却不居功，他不想体现自己的才能。就是说，圣人很谦逊呗。我知道老师会说，谦逊也有个度，过度谦逊，那是虚伪。

● 师：谦逊得看在哪方面。在权力和金钱面前谦逊的人，真的很少；在其他方面谦逊的人，倒是不少。前者谦逊，后者不谦，你说此人是不是虚伪？

☺ 生：那当然虚伪。

● 师：谦逊过度也得看在哪方面。往往人们在一件事上都会有自我衡量。一个人对自己完全胜任的职位，谦逊地推辞，把机会让给人家，或许是他真的谦逊，或许是他对自己完全不自信，也或许是他有其他的目的。对他无法胜任或可能无法胜任的职位，他谦逊地推辞，可能是他有自知之明，知道自己不行，那谈不上真正的谦逊。对只有他能胜任，其他同事都不能胜任的职位，他谦逊地推辞，估计是要显摆自己，刁难大家，谦逊是假的。

☺ 生：在具体的事情上看谦逊，还真有那么多讲究。

● 师：我们一直说，谦虚使人进步，骄傲使人落后。要是一个人总是谦虚地把机会让给别人，他能进步吗？骄傲的正面用词是"自豪"，要是对做出的成就没一点自豪感，他反而容易落后。

☺ 生：老师搞错了吧？面对成绩要谦虚，不能骄傲，不是面对机会。

● 师：我只是要你们记住，抽象的话在具体的环境中，才能辨别是对还是错，一旦抽离具体环境，只能作为一种参考，往往公理并不能作为论证的基础。老子讲的不满足、不居功、不显摆的圣人，是很抽象的。落到具体的环境中，很难找出什么圣人。

☺ 生：不管有没有，树立一个抽象的榜样，让大家学习学习，也是应该的。

● 师：如果你们是小学生，我就只讲抽象的榜样；如果你们是中学生，我就讲榜样在具体环境中的作用；你们是大学生，我就讲榜样和具体环境的关系。

☺ 生：没这么复杂吧，对什么学生讲什么话，太奇葩了。

● 师：电影电视甚至书籍，有少儿不宜，为啥？难道少儿不宜都是不真实的？

☺ 生：人应该有美好的童年、少年，血腥的、赤裸裸的场面，对他们的身心健康不利。少年儿童应该充满美妙的幻想，让他们看看童话故事，就算讲他们不懂的爱情，也应该是灰姑娘和白马王子的故事。

● 师：现实并非如此，从小就欺骗他们？

☺ 生：怎么这么说呢，骗也是善良的欺骗。

● 师：这不是欺骗。孩子是人类的未来，想使人类的未来向合理性更迈进一点，就得让孩子从小就接受美好的事物，建立起人类的理想。这些理想并不现实，在现实中也很难完全实现，但孩子没有理想教育，人类就没有理想，就不可能对异化进行扬弃了。

☺ 生：老师的意思是，人类的合理性在人类的孩子身上建立，到了中学阶段，讲的是如何用合理性去甄别社会现实的好坏，如何用合理性去跟社会现实做斗争。到了大学阶段，老师就给我们讲合理性在社会必然性中的战斗失败，讲合理性与必然性的关系，等等。

● 师：聪明，明白了人生的真谛。大学生成年了，到了该揭开谜底的时候了。

☺ 生：听起来像个阴谋。

● 师：要是人在孩提时代就不给他建立自由、平等、责任、公平、正义之类的文明原则，不建立起社会化生存的基础——道德原则，那么人类社会早灭绝了。

☺ 生：没那么严重吧，孩子长大之后进入社会，会发现这些理想原则根本实现不了，也是很崩溃的，说不定为了适应社会，他会把这些原则统统抛弃。

● 师：这是可能的。设想一下，一个孩子在犯罪集团中长大会怎么样？

☺ 生：长大后十有八九就是罪犯。孩子从小价值观建立是很重要的，长大后要彻底改变并不容易。

● 师：所以，在少年儿童时期若不进行理想主义教育，不建立人类文明原则的价值观，而去讲现实的残酷，社会的异化，那人类还会有理想么？

☺ 生：不会。

● 师：人类没有理想，从小就教育孩子如何损人利己以适应私有制社会，谁还会有道德呢？没有道德的社会存在么？集群化生存、社会化生存就存在于孩子的教育中，存在于童话世界。

● 师：道德是存在的，我把这叫作理想的真实或抽象的真实。没有这种真实，人类早就在自相残杀中灭绝了，人类社会化生存早就瓦解了。到中学时代，可以让他们知道一点现实世界的异化和扭曲。

☺ 生：小学价值观建立，中学建立正确的感情，大学就是教给我们如何在社会中立足。

● 师：可以这样说。大学生要对社会有个清醒的认识，要对社会异化有个全面的认识。这与你们从小建立的理想社会原则差距太大，甚至完全背道而驰。你们刚踏入社会肯定不适应，然后才有可能改造社会，使每个人的个人环境朝文明迈进一小步。教育一方面培养生存的手段让人适应社会，另一方面则是培养正确的价值理念。前者让你们有专业、有技能在社会上找到工作，后者让你们在工作单位里看不惯不正之风，比如不讲公平、正义，只讲溜须拍马、嫉贤妒能。你们看不惯不正之风，就会不满，就会斗争。

☺ 生：也是。倘若我们一进入社会对异化现象很能接受，甚至如鱼得水，社会还真没法进步了。照这样说，学生进入社会就代表着文明、进步，就是人类的希望。

● 师：这才是"八九点钟的太阳"，人类的希望。

七十八章

⁷⁸⁻¹　天下莫不柔弱于水，而坚强者莫之能胜，以其无以易之。

☺　生：天下没有比水更加柔弱的了，而坚强的人没有能胜过水的，因为它是不可替代的。老子又在唠叨他"柔弱胜坚强"的观点。拿水来比喻，妥当么？

●　师：你说妥当就妥当，要看你思维的方向。滴水穿石、洪水猛兽，水的确有令人危惧的可怕一面，可也有柔情似水、涓涓潺潺的温顺一面。大家只看到水柔顺的一面，老子才会用这个比喻。遭遇过水灾的人，看到了水凶狠的一面，他们不会认为老子这个比喻是妥当的。

☺　生：毕竟遭遇过水灾的人少，大家还是相信他的这个比喻的。

●　师：不管信不信，自然现象以人类归纳出的人之属性来形容，毕竟只是形象化的比喻。柔弱与坚强是人对自身不同秉性的区别，是人与人相对性的一种区别。说这个人柔弱，那个人坚强，那是相对比较的结果。人们会把这些秉性泛化于动物，说这只猫柔弱，那条狗坚强。这也能理解，毕竟生命体也可以有相对的可比性。这种秉性区别泛化到非生命体的物质之上，就有点不妥当了。说这棵草柔弱，那块石头坚强，只能用来当作比喻人的秉性，不能把它当作事物本身的属性。

☺　生：所以老子把水视为柔弱的，终究是不妥当的。

●　师：我的意思是，老子可以这样比喻。但他的柔弱到底是什么，他的坚强到底是什么，我们并不知道。你说女人柔弱，男人坚强，那是男女相对比较而言的，并且是在男权社会里说的。

☺　生：在自然界里毕竟雄性动物力量强，雌性动物力量弱，怎么说也是雄性动物坚强，雌性动物柔弱。

● 师：这才说到关键点。如果以力量之强弱对比而言，男性坚强、女性柔弱没错。如果不以力量对比而言，以韧性对比而言呢？在男权社会里，女性被压迫在社会和家庭的最底层，她们如果没有足够的韧性，生存下去就很难了，女性以足够的韧性才生存着。老子所谓的柔弱胜坚强，指的就是韧性。说水是柔弱的，水可以视为有韧性的东西，滴水穿石就是靠韧性长时间的作用。

☺ 生：把韧性当作柔弱，把力量当作坚强是不对的？

● 师：那要看你衡量柔弱与坚强的标准是什么。比如跑步，你把百米冲刺跑看作坚强，那长跑就是柔弱的；你把马拉松看作坚强，那百米冲刺就太柔弱了，只能跑这么一点点路。

☺ 生：明白了，男性坚强、女性柔弱，是男权社会里男性把力量拿来作标准的结果，要是在母系社会，女性用韧性作标准的话，那就变成了女性坚强，男性柔弱。

● 师：终于抓到了问题的本质。老子所谓柔弱胜坚强，实质上指的是韧性能超过爆发力量，从而达到力量强大达不到的效果。

78-2

弱之胜强，柔之胜刚，天下莫不知，莫能行。

☺ 生：弱胜过强硬，柔胜过刚强，天下人没有不知道的，却没人能去做。没人做是因为没人耗得起，长期坚持是很难的。

● 师：有些是可以耗的，时间过长的话，没必要去耗。马尔克斯写了一本小说《霍乱时期的爱情》，男主人公为追求爱情，耗了整整一辈子，终于耗出了结果，白发苍苍的与追求了一辈子的女人结婚，你们能做到如此柔弱的"坚强"么？马拉松式的爱情追求，估计你们耗不起。人的一生是有限的，我们习惯把相爱一生称为完美的爱情，追一个姑娘追一辈子，从姑娘追成老太婆，终于追到手。你们对这样的爱情怎么看？

☺ 生：那是傻，或者是偏执狂，算不上什么爱情。

● 师：你说傻，别人或许认为是痴情，有姑娘会喜欢这种痴情男的吧？

☺ 生：打死也不肯这样耗。爱情毕竟要有青春才美丽，把青春都耗完了，一直耗到对异性没兴趣的年龄，这样的爱情我看还是算了吧。也就是小说里虚构一下，现实中能找到么？

● 师：能不能找到还真不好说，反正没人找过。老子说大家都知道"耗"的厉害，却没人去耗。这话说得绝对了。耗还是有人耗的，只是耗的人不会多。耗需要极度的耐心、顽强的意志和坚定的信念，一般人具备这三点的并不多。

☺ 生：还得有足够的意义，没意义耗啥耗？追一个姑娘追一辈子，当初就知道最终追到的不再是姑娘，而是一个老太婆，他会追么？

● 师：你的意思他后悔了，可是太晚了。就像有人不肯坐公交车，非得等出租，等啊等，错过了一辆又一辆公交车，最后还没等到出租，结果耽误了很多事。

☺ 生：人生除了爱情，还有许多其他事要做。为了爱情，把自己弄成孤老一个，这跟等公交车错过了要办的事，有啥差别呢？

● 师：这是爱情观的问题了。爱情观并非每个人都一样。两个人长相守，相互扶持，白头偕老是一种爱情观。有人觉得俩人必须彼此默契，彼此心照不宣，相处必须快乐，否则就不能过一辈子，以情感不和、性格不配为由，离婚分手，这也是一种爱情观。不过仔细想想，真能达到这种关系的并不多，人与人过日子总会有摩擦，人与人总会有不同的地方。对爱情一苛刻，感情的发展渠道就变狭窄了。最狭窄的渠道就是非他（她）不行，追求一辈子也值得。不能不说，这也是一种爱情观，你们称之为偏执型也行。你很难区别一个人是真爱还假爱，爱情观不同，爱的方式不同，爱的程度不同。对方要是爱的行为不符合你的爱情观，你认为是假爱，对方会觉得自己很委屈，明明是真心的嘛。

☺ 生：难道就没办法甄别真爱和假爱了么？

● 师：标准是什么？

☺ 生：为了金钱和权力去爱一个人，肯定是假爱。为嫁入豪门而去爱，为搞一门政治婚姻而去爱，难道不是假爱吗？

● 师：我不觉得是假爱。你们恋爱也很想搞清楚对方有多少经济条件吧，最好看看对方的工资条和存折，摸清对方条件不错，才会放心处对象。

☺ 生：找个门当户对的，毕竟要成立家庭过日子的嘛。

● 师：其实这和嫁入豪门而去爱，是五十步笑百步的区别。将经济条件放在首位，有人把经济条件的够格线定得很高，有人定得低一点，只要相当就行。你们总不能说把对方经济条件定得高的是假爱，定得低的是真爱吧？

☺ 生：没有质的区别，都应该是假爱。

● 师：这是一个价值观的问题，是把爱情放在你人生什么位置的问题。爱就把一切献给你，你要一个富豪爱你，就把一切献给你，他会把财产全部献给你么？

☺ 生：怎么可能，想都别想。一个穷人能做到，把所有的钱全给你，反正也没多少财产。

● 师：在金钱与权力面前，爱情肯定居于次要位置。这和一般人相亲谈恋爱，要搞清楚对方有多少收入，是什么社会地位是一样的。恋爱对象赤裸裸地问，你受不了了，觉得这人太俗气，太市侩，旁敲侧击地了解，就觉得这人不错。这两种方式本质是一样的，都想了解，只是方式不一样，赤裸裸地了解，或许是个直肠子，拐弯抹角地了解，或许是个虚伪的家伙。在金钱、权力面前，绝大多数人都是"俗气、市侩"的，只是表现的方式不同，目的和内容是相同的。你要说这不是真爱是假爱，那人世间还有真爱么？

☺ 生：完全不知道对方什么身份职业，有没有钱，而爱上，那是电影里对上眼，反正我是没见过现实中有这种情况。

● 师：你们同学之间恋爱，如果不顾家庭情况，至少也是知道对方跟你一样是大学生，毕业后跟你一样有个前程。

☺ 生：照老师这样说，只有不知道对方情况的恋爱，才是把爱情放在第一位啦？

● 师：我没这么说。爱情在你心里的位置，自己想想就知道了。其实把爱情放在靠后的位置，并不是说你的爱是假爱，而只代表爱在你这里不是最重要的。绝大多数人不会把爱情放在人生的首位，会把金钱或权力放在首位。有的人还会把爱情放在工作之后，放在孝敬父母之后，甚至兄弟姐妹的关系之后，你说他们不爱，他们觉得自己还是爱的，只是爱情在他们价值观里的位置很低罢了。

☺ 生：如此说来，把爱情放在第一位的，怕只有文学作品中才有了。

● 师：你说呢？

78-3   是以圣人云："受国之垢，是谓社稷主，受国不祥，是为天下王。"正言若反。

☺ 生：为此圣人就说了："承受国家不好的地方，这才叫国王，承受国家的灾难，这才是天下的王。"正面的话好像反过来说似的。没啥圣人，是老子胡诌的，肯定没人承担天下的灾难，也承担不了吧？

● 师：当然是胡诌，为了证明自己的观点，胡诌至高无上的人，是许多人的法宝。

☺ 生：现在写论文引证别人观点，要注明出处的。

● 师：胡诌自然没有出处，能把别人的观点融会贯通于自己的思想，又"何须出处"。有出处未必能提高可信度，对证明自己的观点毫无用处。要放到现代，老子肯定不会写圣人说过，直接就写自己说的。

☺ 生：写自己说的，人家马上就反驳，你胡说八道啥？个人能承受国家不好的地方，能承受国家的灾难吗？

● 师：国家有难、有弊端，大多数个人都是有责任的，有些人的责任大点，有些人责任小点。

☺ 生：那老子这话不管是正着说还是反着说，都是错的。

● 师：不是老子错，而是老子时代绝大多数人错了。老子讲这话，暴露出一个前提，天下乃国王之天下，国王一人都承担国家之难。封建时代大多数人都这样想，有极少数人会认为天下乃天下人之天下。

☺ 生：以此来看，真理似乎总是站在少数人这边。

● 师：如果真理是根据某些理想原则来判断对与错的话，那就是站在少数人这边，要是在大多数人这边的话，社会还会异化么？历史还会螺旋式发展么？

☺ 生：就是说，社会整个就是错误的？

● 师：不能说整个社会都是错误的，只能说，社会发展出来的事实让人不满意。这种不满意是绝大多数人有意无意地感受到不应该这样生存，不应该被少数人压迫着剥削着生存，而且这种"不应该"在本质上是铲除人类作为集群生存的性质，可能会使人类因自身不顾种群生存性质而走向自我灭绝。

☺ 生：社会规律其实是人类的希望或愿望？

● 师：不是。是人类对自身种群在地球上不自我灭绝的一种理解，一种朝不灭绝方向发展的理解。"人类命运共同体"并没有指出人类应该走的路。人类走向共产主义，是命运共同体；人类走向自我灭绝，也是命运共同体。人类想要怎样的命运，那是人类自身努力的结果。

七十九章

79-1
和大怨，必有余怨；[报怨以德，]安可以为善？

● 师："报怨以德"是在六十三章的，学者们认为，从意思来说，应该放在这里。

☺ 生：调和大的仇怨，一定会留下些小怨恨；用德行来报答怨恨，怎样做才可以成为最好的办法呢？最后一句好像连不上，是指以德报怨用什么方式最好，还是指以什么方式来对待怨恨最好。

● 师：把"报怨以德"插这里，与前面意思连上了，可最后一句就有些连不上了。我们可以不管到底指什么，只需明白自己对怨恨是啥态度。

☺ 生：有怨恨，结下梁子，因为某件事情吧，这事总有对错的吧？

● 师：可能对错的标准不一样，也可能这事情涉及自身的利益或自身的社会、家庭关系。我问你们，父母跟邻居吵架，就事情来说，是自己父母理亏，你会不会帮父母呢？

☺ 生：应该劝架吧，认为父母理亏，劝父母不要吵，至少不会帮着父母吵。

● 师：有些人并不这样，不管三七二十一，首先站在父母这边，帮着父母吵。亲不亲血缘分，胳膊肘绝不向外拐。

☺ 生：这样的人蛮多的，首先看跟自己的关系，并不在乎事情的对错。

● 师：黑社会就是这样的，事情的好坏不管，关系至上。大哥小弟之类的关系靠江湖义气联系着。大哥的事，小弟去办；小弟有难，大哥出头。这种关系至上的人太多了。家里人、亲戚朋友有事，以关系的远近来决定事情的好坏。再扩大一步，就是老乡。不管事情好坏，只要是老乡，就替他出头说话。

☺ 生：关系的远近决定感情的深浅，事情的好坏"退居二线"，这是不是也属于情感性思维？

● 师：当然是情感性思维，感情的因素决定了对事情思考的方向。亲戚如此、家庭亦如此。

☺ 生：这样一分析，我们还能正常考虑问题么？

● 师：关系的远近决定了利益的大小。往小了说，你不帮父母，父母不给你零用钱；往大了说，你不帮老乡，家乡的利益受损，对你没好处有坏处。这就是私有制社会，有理说不清的原因。私有财产提供人们生存，人们对私有财产的感情，来自于把个人生存放在第一位的执着。

☺ 生：个人生存放在首位，是可以理解的。

● 师：可以理解，却造成了人们对事情理解的本原性偏差。这种本原性偏差进一步扩大化的话，人就成了万物之灵，天地之精华。人就不再是地球上的一种集群性生存的动物，而是凌驾于其他物种之上，能随意决定其他物种存在与否的"神"了。

☺ 生：这是对的吧，人们做事儿，把人类整体生存放在首位。

● 师：当然没错，错的是没有限度，忘却了自身只是地球生物的一种。随着人类活动的发展，导致生态环境的破坏，反而影响了人类的整体生存环境。

☺ 生：人的行为以人为目的没错，错的是扩大化了，超越了人作为地球生物的局限？

● 师：科技发展很快，人可以超越自然，但生存手段的进步不能否定生存的本质。这一点是必须认识清楚的，认识不清是因为我们本原性理解的偏差。

79-2

是以圣人执左契，而不责于人。有德司契，无德司彻。

● ［注］左契：契，合同。债务合同，债权人拿左契，债务人拿右契。责：求。彻：周代的税法。

☺ 生：所以圣人拿着借条，却不要求别人偿还。有德的人管理不去催讨的借条，无德的人管理税收。老子说得蛮奇怪的。既然借钱不要求别人还，那打借条干啥？拿着不用的借条，还用得着管理么？直接扔了不就得了。

● 师：你这是挑刺。老子的意思是，钱借也就借了，不要整天想着催讨，别人不想还，也就算了。这就是他的以德报怨。

☺ 生：欠债还钱，天经地义。否则社会上赖账的人会越来越多，以德报怨到最后，社会上无德之人就会增多。

● 师：借钱不还，要看原因的。穷人借点钱是为了活命，不是不想还，是实在还不上，你催租逼债，无异于催命鬼。你不要求别人偿还，是积德的事儿。不管别人是不是感激你，至少你给了一个活命的机会。有钱不还，那是老赖的行为，肯定属于无德之人。纵容无德之人，谈不上什么以德报怨，而是无视不诚信行为，践踏了人与人之间的社会关系，肯定是没有社会责任感的人才做得出来。

☺ 生：不容易区别的吧，我咋知道别人有没有钱还呢？

● 师：不了解一个人，不了解他的家境，你会借钱给他？

☺ 生：一般朋友借钱都是为了应急，真正穷得揭不开锅，借钱买米的，我看没有。应急过后，拖着不还也是有的。忘记借钱的事，不能说没有。

● 师：借的钱少，忘记是有的。忘就忘了呗，既然是朋友，钱又不多，不用太计较。借的钱多，忘记怕是故意的，私有制社会，借一大笔钱忘了，你们信么？

☺ 生：不信。肯定是老赖。

● 师：虽说私有财产竞争不符合人类发展的理想，可毕竟目前我们的生存只能靠私有财产。有钱不还的老赖，对私有财产看得比谁都重，对这种人催租逼债是必须的，否则人与人之间没诚信可言了。

☺ 生：看来老子没社会责任，只顾个人道德。后代的道家们继承这一传统，还弄出什么"大隐隐于朝"，身在朝廷，心在山野，一点做官的责任都没有。在朝廷上当老好人，对奸臣坏人也讨好奉承，啥都不干，照现在的说法就是行政不为。这样的人一多，朝廷必然奸佞当道。

● 师："大隐隐于朝"肯定是不对的。管着一摊子事儿，却毫无原则，事事不得罪人，这样的官员无疑成了破坏社会的人。不过拿这个来指责老子有些过分了，毕竟老子辞职西去时已经上了年纪，应该到了退休年龄。不让一个退休老人逍遥，处处苛求他承担社会责任，那太过分了。以德报怨肯定是不对的，这是纵容犯罪，纵容干坏事。一个人干了坏事，还能得到被害者的好处，岂不是鼓励坏人坏事吗？我们不容易正确理解别人为啥怨恨自己，要是别人做错事或做坏事，你以德报之，那你就成了罪犯的帮凶。

☺ 生：做坏事应得到惩罚，否则社会成什么样了？

● 师：个人道德必须通过社会，站在社会的角度去看待，跳过社会，不存在纯粹的人与人之间的道德行为。退休老人逍遥，因为他们为社会付出过，他们老了，有权力逍遥。现代青年如果"躺平"，那是没有社会责任，没有社会责任就没有道德。道德是建立在社会之上的。

☺ 生：老子退休了，可以隐于山野，可以隐于市，那是颐养天年，但不能"隐于朝"，"隐于朝"就没退休，就得讲社会责任。

● 师：正是这个意思。借钱不要还，也得通过社会来看。借钱的人在社会中生活艰难，真的无钱偿还，你去催债是不道德；借钱的人在社会中活得滋润，有钱不还，就得催债，否则就是制造老赖，成就无耻之徒，你不催债，就是无德。

☺ 生：明白了，通过债务人在社会中生存状况的分析，可以是有德，也可以是无德。

● 师：许多人讲道德时，忘记了道德是建立在社会之上的。比利时布鲁塞尔发生过这样一件事：一个妇女从楼上跌落，不省人事，一个小偷洗劫了妇女身上的钱财，离开后又回来了，他觉得让妇女躺在地上会死掉的，于是他打了120，把妇女送到了医院。法院后来判决小偷无罪释放。

☺ 生：可他偷了妇女的东西，这是犯罪事实。

● 师：是无法否认的事实。法官的理由是：宁可看到社会上坏人也能救死扶伤，不愿看到社会上好人见死不救。

☺ 生：点赞。这理由太对了。我从布鲁塞尔这位法官的身上，看到了道德的伟大。

79-3

天道无亲，常与善人。

☺ 生：自然规律不讲亲情，常常跟善人在一起。老子所说的善人都是遵循自然规律的人么？

● 师：应该是这样，德是道的具体体现，那么遵循道的人，就是体现德的人了，就是善人了。

☺ 生：我们认识的社会规律与自然规律不同，如果像老子那样的话，那么那些遵循规律的也是善人了？

● 师：未必是这样。我们的道德是社会的基础，是维系集群性的人与人之间的行为规范，并非指社会规律的体现，更不是指自然规律的体现。

☺ 生：基础与规律差不多吧，就是有区别，也应该有联系。

● 师：基础是存在的基石，犹如房子的地基，没有地基的房子，倒塌是必然的。道德是社会存在的基础，是集群性物种存在的基石，不讲道德的社会，是把人类推向灭绝之路的社会。社会规律之所以成为规律，是人们通过基础认识出来的社会应发展之路。这里要强调的是：应发展之路，未必是必然发展之路。人类社会的发展，都应该维护基础，使这块基石稳固并且不破损。自私有制社会诞生以来，人类并不是从维护基础出发来发展社会的，而是以私有财产竞争来发展社会。有的社会非常邪恶，基础破损，道德沦丧，这样的社会最终被人们一次次地否定，社会的基础一次次地被修复。

☺ 生：这就是社会螺旋式发展的原因吧。要是把作为社会基础的道德画成一条轴线的话，人类社会的发展是围绕这条轴线波动的，有时离轴线太远，成了无道德的邪恶社会，有时离轴线近，社会的道德风尚很好。

● 师：可以这么说。因此没有基础就不可能有社会发展规律，没有集群内部成员的道德，人类这个物种早就灭绝了。

☺ 生：那遵循规律的人岂不就是维护基础的人，岂不就是道德者？

● 师：不能这样说。遵循规律并非就是维护基础、维护道德的人。社会是螺旋式发展，意味着有些时代不讲道德，或者不对所有层次的人讲道德，并且是向更坏的方向发展的，这样的时代是道德偏离的时代，偏离是不合理的，却是必然的，你是不是要遵循偏离，遵循不合理呢？

☺ 生：遵循偏离的人，肯定没啥道德可言了。道德者在偏离时代，应该是反社会的吧，对黑暗时代的反抗，才是道德者。

● 师：自然规律可以遵循，但社会规律不是遵循出来的，而是社会发展出来的，也是维护道德者努力出来的。老子把社会规律与自然规律等同，显然是时代和认知的局限性造成的。道家的"与世推移"，即时代有道德的，我就有道德，时代不讲道德，我也不讲道德，这完全是把人类社会推向灭亡的理论。

☺ 生：应该与时俱进，若社会不进反退，我就反抗社会，绝不同流合污。

● 师：对。正是有了好时代的与时俱进和坏时代坚决叛逆的人，才使我们的社会形成了螺旋式发展的规律，才使社会在无数的曲折中向共产主义迈进。

☺ 生：这样说的话，社会规律是人为诞生的，是那些不管什么时代，不管社会多么黑暗，都在努力维护道德的人努力的结果。

● 师：正确。社会永远是人为的社会，规律是人们为了理想，维护基础而努力奋斗出来的。"为实现共产主义而奋斗"绝不是一句空话。

☺ 生：落实到具体现实中，应该是为维护社会道德而奋斗。

● 师：我一直认为维护社会道德应该入法，绝不能再用舆论之类的手段来谴责不道德。如今一些不守公德的行为已开始入法，这让我们看到了社会在不断进步的曙光。

八十章

80-1

　　小国寡民。使有什伯之器而不用；使民重死而不远徙。虽有舟舆，无所乘之；虽有甲兵，无所陈之。使民复结绳而用之。

● [注] 什伯：多，杂。

☺ 生：国家要小，百姓要少。即便有各种器具也不使用；让老百姓看重死亡而不出门。即使有车船，也不会去乘坐；即使有盔甲和兵器，也不会陈列出来。使老百姓回到结绳时代，用结绳来记事。老子公然宣称社会倒退思想，好反动哟。

☻ 师：不能那样说。在摩尔根和马克思揭示社会发展规律之前，人们对社会的认识均谈不上科学。要是有人对现有的社会不满意，得提出解决方案，提出方案得找参照系，发展方向看不清，无一例外都会去找上古时代作为参照。上古时代只是传说耳闻，是怎样的我们说不清，尽可从好的方面去设想。忽略落后之点，从人性角度去看，上古时代肯定比老子所处时代要好，老子提出这样的向往，不能说倒退、反动，只能说他的时代限制了他的目光。

☺ 生：我真觉得"小国寡民"好，欧洲的一些小国，人均收入很高，福利也好，很幸福的。

☻ 师：非洲那些贫穷小国呢？国大国小不是关键，关键在于经济是否发达，百姓是否富裕。固然小国容易受到大国威胁和侵略，可世界平衡一旦形成，对百姓来说，小国未必是弱国。在平衡打破，战乱时代，小国肯定不如大国了。

☺ 生：我看平衡年代军备强弱不重要，国家经济总量也不重要，重要的是人均收入。国家发展就是为百姓生活幸福，百姓收入高才是硬道理。

80-2

　　甘其食，美其服，安其君，乐其俗。邻国相望，鸡犬之声相闻，民至老死，不相往来。故天下莫能与之争。

☺ 生：对自己的食物感到甜美，对自己的衣服感到华丽，安于自己的居所，喜欢自己的风俗。邻国彼此可以远望到，鸡犬的声音也可以听到，但老百姓直到老死，也不会相互来往。前面说得令人蛮向往的，安居乐业，生活乐陶陶。后面取缔了"诗和远方"，把出国旅游彻底拍死了。

● 师：能理解老子的说法，那时的人没富裕到可以旅游，能安居乐业蛮好了。出国旅游更是贵族们的事儿，一般老百姓根本不会有这样的念想。

☺ 生：物质文明还是很重要的，没钱只能老死不相往来，生于斯，死于斯，吃饱穿暖就是福了。

● 师：现在经济全球化了，根据马克思经济基础决定上层建筑，决定意识形态的观点，上层建筑是不是也应该全球化，意识形态是不是也会全球化呢？

☺ 生：有这种可能。人类命运共同体，就是意识形态全球化的提法。冷战结束，各国的价值观似乎在走向对立，但各国人民观念却趋向统一。

● 师：全世界老百姓的价值观还是蛮统一的。安居乐业，彼此互通有无，发展旅游，到处看看，彼此欣赏。人类生存的基础——道德，在百姓中是永存的，不管是哪国的百姓，都不会不讲道德。

八十一章

81-1

> 信言不美，美言不信。

☺ 生：真话不漂亮，漂亮的话都不是真话。老子又绝对了，真话也可以讲得很漂亮的，有语言艺术的人，就可以把话讲得很优美。

● 师：较真。比较多的情况是这样，话讲得太漂亮了，令人怀疑其真实性，老子的话没错。我们仔细去想，话的真实性是指内容，说得漂亮不漂亮指什么呢？

☺ 生：话的形式，同样的内容可以用不同的形式来说。

● 师：噢，以后监考，我不说"不许作弊"，说成"不能引进参照系"，说的话也变漂亮了吧。

☺ 生："引进了参照系"还是被抓，成绩照样取消。

● 师：老子讲的漂亮，未必是说话的形式，或许指的是说话的内容。内容被夸大了，唱高调的话，才是漂亮的话。一个人完全没能力做的事，胸脯拍得山响，说自己不费吹灰之力就能做好；一个根本不会去做善事的人，说自己将如何去做善事。把没有的事说成有，把完全不能实现的事，说成一蹴而就。拔高、造假，无中生有、不切实际，说的话让人钦佩仰止，却跟做的事完全不符合。

☺ 生：老子应该是这个意思。"美言"不是指形式，而是指内容的夸大、空泛。我们说的"假大空"就是指夸大的、空洞的话。

81-2

> 善者不辩，辩者不善。

☺ 生：善于说话的人不会辩论，辩论的人都是不善于说话的。老子喜欢反着说，按他这个意思，辩论不属于说话了。

● 师：善不善于说话是表达能力的问题，辩论是一种表达的方式。说表达能力强的人，不会使用辩论这种表达方式，实属"语不惊人誓不休"。表达能力差的人，或许也会有个别特擅长辩论的，平时表达能力很差，上了辩论场像打了鸡血似的，说起话来如滔滔江水，但，这毕竟是极少数。

☺ 生：大多数情况应该是善于说话者也善于辩论，不善言谈者辩论起来也差劲。老子这话肯定不对。

● 师：老师谈不上善于说话，也不喜欢辩论，但老师喜欢讨论。

☺ 生：讨论和辩论有啥区别？

● 师：辩论是设定对立观点为前提的，双方在设定的观点下寻找理由和证据，也就是说，辩论不是弄清问题的方法，而是训练口才的方法。

☺ 生：这样说是不是有些绝对？

● 师：辩论已经设定赢的一方是对的，或许认定是对的。一个问题可能不仅仅有两种对立的看法，也可能有三种、四种，甚至许多种，这些看法中有没有对的，还是个未知数。更复杂的是，对与错的标准是什么？如果说把理想原则设立为对的标准，可能异化现实中的例子都是错的。如果把现实朝文明更进一步设定为对的标准，那么理想原则就是错的。

☺ 生：这意味着：我们把共产主义设定为对的标准，那么私有制肯定是错的；我们把私有制不可以发展到"朱门酒肉臭，路有冻死骨"的地步，设定为对的标准；那么私有制并没有错，贫富差距过大才是错的。

● 师：除了标准问题，还有思维方法的问题。对错是建立在形式逻辑的思维方法之上的。这种思维方法是静态的，但凡静态的思维方法，应该要有理想的原则作为它的基础。根据这样的原则，建立起对错的标准，因为无论你通过"三段论"，还是通过什么理由来进行认证，最后都必须落到一个被公认为正确的公理上，这个公理就是理想原则。

☺ 生：不用形式逻辑的思维，用什么？辩证思维么？

● 师：辩证思维是用发展的观点看问题，不是静态的，而是动态的。就像几何学建立在静态之上，平面几何必须有个静态不动的平面，才能成立。从动态的观点来看就是地球是圆的，而且在不断转动，甚至宇宙还在爆炸的扩张飞行中，你不可能找到静态的平面，也不存在这样的平面。

☺ 生：那几何学是错误的学问？

● 师：不能这样说。我们设定了静态的平面这个前提后，几何学在这个前提下，是正确的。我们之所以要进行这样的设定，是为了认识的方面达到稳定性，才有可能进行确定性的认知，要是没有这样的设定前提，知识的确定性就成问题。今天认识到的空间和时间，明天就不一样了。比如地球自转与公转决定的时间，每年可能也会少几分之一秒，时间并不是像我们设定的那样准确。但这些空间与时间上的不断变化，可以忽略不计，所以我们能够给空间与时间一个静态的设定，设定它们是不变的，我们是在这样的设定下，才构筑起空间与时间的概念。

☺ 生：要是不进行这样的设定，我们就很难认识事物了吧，没有固定的时间与空间，我们咋认识事物呢？

● 师：正是这样。我们需要形式逻辑的思维方法也是一样的。没有静态的形式逻辑的思维方法，我们的认知就会发生混乱，彼此之间沟通与交流起来就很困难了，甚至你们写论文都成问题。

☺ 生：我们写论文必须用形式逻辑的思维么？

● 师：不用这个，你们会用什么？写论文先得立论，即建立一个正确的观点。怎么建立？

☺ 生：肯定得有一个人们公认的正确的原理，否则咋建立？

● 师：比如你写一篇文章，提出现实存在的问题，你分析了一大堆现实，得出结论你分析得没错，结论也没错。可这篇文章有一个前提才能成立。

☺ 生：明白了，这个前提是一个理想原则，是假设出来的，就像我们设定时间与空间，设定形式逻辑的静态思维方式是正确的。

● 师：很遗憾。私有制社会就是不公平的，就像没有真正的平面存在一样。

☺ 生：要是用辩证思维，用动态的思维会怎么样呢？

● 师：首先你知道目前社会绝对公平是不存在的，并且在很长一段时间里都不可能存在，重要的是，社会不公平是减少了还是增多了，社会是朝不公平方向发展着还是朝公平的方向努力着。社会进一步，可能会倒退半步，甚至大半步，有时甚至倒退比前进的步伐更大。这就是社会螺旋式发展。

☺ 生：看来对错也是相对的，是相对于进步还是倒退而言的。这样看，以对错为原则的辩论真是无法搞清楚问题的。讨论就是分析问题在社会现实中是咋样的，社会是处于什么状态，等等。讨论不是认识问题的对错，而是认识问题产生的来龙去脉。

● 师：讨论也不是那么容易的事儿。除了不设前提，要用辩证思维外，还得考虑参与讨论者的视域局限、感情局限，其价值观的坐标系在哪儿，要是参与讨论者在这些方面完全不相符合，讨论到最后就会变成争论，最后又会陷进辩论的泥潭。

☺ 生：要找一个完全合拍的人讨论，也太难了。

● 师：辩证思维并不是没有理想性原则的，有些原则在人类社会发展中已经建立起来，不能说完全实现，至少给出了发展方向。正因为有了发展方向，我们才有社会是进步还是倒退的概念，我们才有共产主义这个人类终极目标的灯塔。要是连这个都没有，那还有啥可讨论的呢？

☺ 生：会掉进相对主义的怪圈吧。你说大，他说小，你说坏，他说好，各引一个不同的参照系，还能讨论清楚吗？

● 师：就是这个意思。比如说奴隶社会结束，人类建立起自由原则。你跟一些父母讨论孩子恋爱自由，他们要是没有自由的文明原则，咋讨论？弄到最后恋爱就得听父母的，父母同意不同意才是最重要的，这还能讨论下去么？前面我们讲过爱情，每个人价值观不同，爱的程度不同，爱在他人生中的地位也不同。你不能说他不爱，只能说爱情在他那儿地位不高，相对金钱和权力来说，爱情是次要的。最纯粹的爱情，是把爱情放在金钱、权力之上的爱情，或者说完全无视金钱与地位的爱情。

☺ 生：噢，不知道对方是啥身份，有没有能力养家，就对上眼，爱上啦？

● 师：纯粹的爱情爱的是人，而不是身外之物。人是什么？是这个人社会行为的总和，是他的行为，而这些行为是他的情操、性格、价值观等综合影响的结果。

☺ 生：要了解一个人的所作所为，才决定爱不爱他，这也太难了吧？

● 师：不是决定，而是爱上没爱上，那是感受问题。所以纯粹的爱情可遇不可求，真的遇上了，绝大多数人也不会"求"。

☺ 生：为啥？

● 师：往往金钱与权力会阻碍他，而金钱与权力又是社会生存必需的。扪心自问，你们真的能完全不考虑一个人的经济条件和社会地位，就爱上他？

☺ 生：真不敢说能。

81-3

知者不博，博者不知。

☺ 生：智慧的人知识并不广博，知识广博的人并不是智者。智慧与知识应该是相辅相成的吧，老子这话铁定错了。

● 师：不能说全错。有些人学了许多知识，的确是学傻了，我们称之为"书呆子"，不过这是少数例子。大多数情况，应该是知识越广博，越有智慧。

☺ 生：老子一定认为自己是智者吧，要不是，凭啥写这篇东西来开导别人？老子认为自己知识很少么？

☺ 生：老子想推广愚民政策要治国，也不能把知识与智慧对立起来。

● 师：实际的情形跟老子说的恰恰相反，知识的广博才是智慧的基础。

☺ 生：对对对，有些人说起他的专业知识，头头是道，一跨出他的专业，就一无所知。

● 师：现代社会知识爆炸，每个专业的知识量都异常巨大，要产生涵盖各个专业知识的学者几乎是不可能的，像亚里士多德能通晓当时各专业的学者，已经不再可能产生了。人的生命是有限的，纵然你能跨几个专业来培养自己的思考能力，拓展自己的思考范围，你也很难说是智者。你们认为啥才算是智者呢？

☺ 生：对人、社会、世界、宇宙有自己的认识吧。

● 师：爱因斯坦通过物理知识，对社会、世界和宇宙有自己独特的看法，他可以被认为是智者。

81-4

圣人不积，既以为人己愈有，既以与人己愈多。

☺ 生：圣人自己不会积累东西，他们拿东西帮别人，自己就越富有，他们把自己的给予别人，自己就会得到越来越多。老子把圣人说得像道德模范，自己不存钱，用钱帮助别人，生活贫寒，心灵富有，帮助得越多，自己的心灵越富有。

● 师：东西不一定指钱，钱只是一种。帮助别人也不一定是用钱，现在有义工、志愿者，都是帮助别人。

☺ 生：钱还是最重要的吧，钱不是万能的，没钱是万万不能的。

● 师：私有制社会，没钱当然寸步难行。

☺ 生：完全成了人情社会。

● 师：办事得通过社会管理权，权力的管理职能被人情、关系、金钱彻底绑架。这还是社会么？称之为"帮会"还差不多。

☺ 生：私有制社会，真有老子说的，把一切都拿出来帮助别人的"圣人"么？

● 师：老子说的"圣人"还是存在的。有人省吃俭用，把钱捐出来帮助贫困山区的穷人，尤其帮助穷孩子完成学业，他们真的"与人己愈多"，心灵得到了极大的丰富与满足。项羽年轻时学武，力能扛鼎，武功高强。后来他明白了，武功再好也是匹夫之勇，必须要学习"万人敌"。我们拍了许多武打电影，都在灌输匹夫之勇的"一人敌"，令我们渐渐淡忘了自己是社会人。

☺ 生：老师的意思是，个人再善良，再"圣人"，也是"一人敌"的行为，而不是"万人敌"的行为，在本质上不是社会人的行为？

● 师：这就是善良与正直的区别。对不良的社会现象要抵制，抵制不了，也得表示极大的不满；对邪恶的社会风气要阻止，阻止不了，也得大声呵斥；对扭曲的价值观要批判，禁止不了，也得大声说"不"。一个人要有社会责任感，社会兴亡，人人有责，人人生活在社会中，除了你的社会属性，你还能剩下什么呢？这就是正直。好的社会是正义的丛林，不合理现象受批判，歪风邪气流行不了。这要比个人的善良有意义得多，作用也大得多。

☺ 生：对呀，善良是道德，正直是更高层次的道德，是针对整个社会的道德。

☺ 生：没那么简单，人一正直，估计不少人会和你拼命。

● 师：社会总得有人牺牲。没人牺牲，最后的结果就是大家一些玩完。什么是烈士？是那些为群众的利益，敢于伸张正义而牺牲的人。人民利益才是最高利益。

81-5

天之道，利而不害；人之道，为而不争。

☺ 生：自然的规律，有利于万物而不伤害它们；人类社会的规律，应该做些什么，却不是为了争夺什么。老子不是讲无为嘛，这里咋又要做点什么呢？

● 师：这句话应该是老子对自己理论的总结。用遵循天道的彻底无为来应对社会，来遵循人道，行不通是很明显的，所以老子总结时不得不改口，要大家"为而不争"，遵循人道的无为，是不要做竞争之事，要顺应社会潮流，随波逐流。

☺ 生：老子或许认为当时人们的有为，都是为金钱和权力而为，针对这样的为，才提出无为。如果不是为金钱和权力，人还是要有为的，至少活着也是要做点什么的。

● 师：老子的理论并不严谨，你也不能要求两千多年前的理论严谨。但他至少提出了与众不同的观点，这个观点还是从对宇宙的猜想出发的，就此而言，已经很了不起了。老子看到了，社会均为权力和金钱的竞争而为，提出以此而为的"无为"，也是很了不起的。

☺ 生：他还提出要遵循天道和人道，把道的具体体现称之为德，这也是独创的。

● 师：无论从哪点上说，老子够得上人类思想史上的大师。相对孔子而言，我认为老子的学术成就要高得多。

☺ 生：为啥？老子的观点现在看起来，大多不可采纳。

● 师：正是因为有了前人的一系列错误的观点，我们才能得到正确的看法，才能建立起更科学的见解。没有孩子的幼稚与天真，就没有成年人的成熟，没有前人的不成熟甚至是错误的看法，我们就不能更科学地认识世界。

☺ 生：明白了，没有昨天的试错，就没有今天的正确。

● 师：我之所以说老子要比孔子伟大，是因为老子提出了对宇宙的看法，提出天道与人道，提出人们如何去遵循天道与人道，以遵循道来体现德，以此构成了他的"道德"概念。

☺ 生：孔子也提出了对社会的看法，提出人与人相处之道，应该可以和老子媲美吧？

● 师：老子和孔子两个人学说的基础完全不同。老子是一个哲学家，从宇宙观建立世界观、人生观，孔子被称之为教育家，他把教育培训扩大到如何做人，如何处理人与人的关系上。孔子的地位之所以抬到超过老子，那完全是封建社会的努力。孔子等级制的理论符合封建社会的统治需求，孔子的伦理观念又符合"皇权不下乡"的管理模式，所以各朝各代都推孔子为"圣人"。换一个说法就是，中国封建社会是一个亲情至上，道理居其次的国家。我们还经常把伦理道德放在一起说，仔细一想，要是伦理与道德发生矛盾了，咋办？

☺ 生：现在为老不尊的事儿多了，要是你的父母不讲道理，欺负人家，你咋办？

● 师：孔子肯定不会大义灭亲的。父母或孩子犯罪，大义灭亲是必须的。父母或孩子不道德，你咋办？

☺ 生：只是不道德，不构成犯罪，还能咋办？又不能灭，最多说说呗。

● 师：伦理与道德发生矛盾时，道德原则在伦理面前就显得很弱势。讲伦理并不是社会发展的方向，尤其是向共产主义迈进时，社会化养老和社会化抚养孩子会一步步实现，伦理的瓦解也会一步步地实现，亲戚和血缘关系并不是重要的，重要的是人的社会责任。